秉承专业之精神

发现价值之力量

# 评估
INSTRUCTIVE VALUATION DISCOURSE
# 嘉话

嘉学评估◎编著

中国财经出版传媒集团
中国财政经济出版社
·北 京·

**图书在版编目（CIP）数据**

评估嘉话 / 嘉学评估编著 . -- 北京：中国财政经济出版社，2024.3

ISBN 978-7-5223-2915-4

Ⅰ. ①评… Ⅱ. ①嘉… Ⅲ. ①资产评估 - 文集 Ⅳ. ① F20-53

中国国家版本馆 CIP 数据核字（2024）第 038636 号

责任编辑：胡 博　　责任印制：史大鹏

封面设计：陈宇琰　　责任校对：徐艳丽

评估嘉话

PINGGU JIAHUA

中国财政经济出版社 出版

URL：http：//www.cfeph.cn

E-mail：cfeph @cfemg.cn

社址：北京市海淀区阜成路甲 28 号　邮政编码：100142

营销中心电话：010-88191522

天猫网店：中国财政经济出版社旗舰店

网址：https：//zgczjjcbs.tmall.com

中煤（北京）印务有限公司印刷　各地新华书店经销

成品尺寸：185mm × 260mm　16 开　23.5 印张　514 000 字

2024 年 3 月第 1 版　2024 年 3 月北京第 1 次印刷

定价：98.00 元

ISBN 978-7-5223-2915-4

（图书出现印装问题，本社负责调换，电话：010-88190548）

本社质量投诉电话：010-88190744

**打击盗版举报热线：010-88191661　QQ：2242791300**

# 《评估嘉话》

## 编著委员会

**主　任**　丘开浪

**副主任**　王健青

**委　员**　林建漳　邓泽亚　许雯婷

赵德勇　章　庆

PREFACE / 序

从1988年资产评估在大连和厦门开始实践至今，我国资产评估经历过了35年的历史，并发展成为新兴的现代高端服务业的重要领域。相对于较早发展的其他现代高端服务业，资产评估的发展历史并不太长，其理论方法与应用体系建立时间也较短，且需要随着经济社会的发展不断更新与完善，并通过对理论和应用的深入研究来解决实务中的难题，才能持续提升专业能力和服务水平。自2022年3月嘉学评估成立30周年起，嘉学评估的专业团队陆续将长期以来的理论积淀与实践经验进行归纳、提炼并拓展研究，形成一系列贴近评估实务的专业文章，并部分发表于嘉学评估微信公众号中的“评估嘉话”专栏，深受广大读者的欢迎。为更进一步提升专业服务能力和更方便广大读者，嘉学评估决定在该公众号发表和已完成尚未发表的专业文章基础上，并吸收同行专家和公众号读者的有益反馈意见，结集出版为专业书籍《评估嘉话》。

该书内容较丰富，并具有以下几大特色：一是涉及领域广泛，不仅涵盖了资产评估方法与评估模型、特定企业、特殊情形以及不同经济行为对应的评估关注事项，还从评估委托方和报告使用者的视角，系统梳理了评估需求、评估要素确定以及评估报告使用注意事项。二是顺应时代发展趋势，聚焦当前热点，较深入地研究了注册制及其对企业价值的影响、预计市值的分析以及数字化转型背景下的数据资产评估等前沿领域。三是直面评估应用领域的实务难点，对商誉减值测试、或有对价评估以及资产评估涉及的递延所得税、增值税和税收摊销价值等专题开展了相当深入的研究。此外，该书还采用了两种不同体例，一种体例是对行业实践中存在的误区进行识别，再从理论上作研究论证，进而提出正确做法以避免误区；另一种体例是采用疑难问题解答的方式，通过深入而详尽的分析对问题进行解答，通过提出问题、解答结论、分析、实务案例，以及相关资料的方式进行内容编排，提高了阅读体验。

该书由嘉学评估组织出版。嘉学评估是由1992年设立的厦大资产评估事务所经两次更名并延续，其一直秉承专业研究与实务提升相结合的理念，有30多年沉淀的专业底蕴。具体编写该书的嘉学评估专业团队都具有较丰富的评估实务经验和较强的理论及应用研究能力。尤其是该书编著委员会主任丘开浪高级经济师，是全国首批资产评估行业领军人才，并兼任中国资产评估协会教育培训委员会委员、厦门大学及其他多所高校的专业硕士校外导师。

该书的专业底蕴较深厚，贴近资产评估实务，具有较高的专业水准和应用参考价值。同时，通过该书的出版，也高兴地看到嘉学评估专业人才的成长，故乐意为其作序。

该书适合各类评估委托方和评估报告使用者的相关人士、资产评估专业人士以及各类估值人员阅读参考。对于关注价值评估的其他人员，该书也有一定的参考价值。

**厦门大学教授、博士生导师 纪益成 博士**

**2024年2月于厦门大学**

CONTENTS / 目录

第 1 章

# 评估需求与评估要素

## 1.1 经济发展中的资产评估需求主要有哪些?

### 问题：经济发展中的资产评估需求主要有哪些?

### 解答结论

经济发展中的资产评估需求十分广泛。按开展资产评估的强制与否属性，可以将资产评估服务区分为法定评估、其他按规定需要开展的评估、自愿评估这三类。按开展资产评估的重点领域，可以将资产评估需求分为国有资产管理中的资产评估需求、资本市场发展中的资产评估需求、会计计量过程中的资产评估需求、其他经济领域中的资产评估需求这四类。

### 解答分析

经济发展中的资产评估需求十分广泛，也有着不同的分类，可以按委托人、评估对象、评估目的等要素的不同进行区分，也可以根据委托评估的强制属性或重点领域进行分类。

**按开展资产评估的强制与否属性，可以将资产评估服务区分为法定评估、其他按规定需要开展的评估、自愿评估这三类**。《中华人民共和国资产评估法》第三条所规定的法定评估，需同时具备以下两个条件：一是涉及国有资产或者公共利益等事项；二是法律、行政法规规定需要评估的。通过进一步分析可以得知，部门规章规定需要评估，且涉及国有资产或者公共利益的事项，也属于法定评估。除了法定评估以外，还有一些文件规定了应当开展资产评估的情形，我们将这些情形归类为“其他按规定需要开展的评估”。

**按开展资产评估的重点领域，可以将资产评估需求分为国有资产管理中的资产评估需求、资本市场发展中的资产评估需求、会计计量过程中的资产评估需求、其他经济领域中的资产评估需求这四类**。对这四类资产评估需求，具体介绍如下。

**1.国有资产管理中的资产评估需求**

国有资产管理中的资产评估需求可以分为企业国有资产的资产评估需求、行政事业单位的资产评估需求、资源性国有资产的资产评估需求这三类。

企业国有资产的资产评估需求又可进一步分为改制重组类、产权交易类、资产交易类和其他类别。其中，改制重组类主要列举如下：

| 需求类别 | 需求事项 | 法律法规依据 |
| --- | --- | --- |
| 改制重组类 | 国有独资企业改为国有独资公司 | 《企业国有资产法》第四十二条 |
| | 国有独资企业、国有独资公司改为国有资本控股公司或者非国有资本控股公司 | 《企业国有资产法》第四十二条 |
| | 国有资本控股公司改为非国有资本控股公司 | 《企业国有资产法》第四十二条 |
| | 合并、分立、改制 | 《企业国有资产法》第四十七条；《企业国有资产评估管理暂行办法》（国资委令第 12 号）第六条；《金融企业国有资产评估监督管理暂行办法》（财政部令第 47 号）第六条 |
| | 整体或者部分改建为有限责任公司或者股份有限公司 | 《企业国有资产评估管理暂行办法》（国资委令第 12 号）第六条；《金融企业国有资产评估监督管理暂行办法》（财政部令第 47 号）第六条 |

企业国有资产的资产评估需求中的产权交易类主要列举如下：

| 需求类别 | 需求事项 | 法律法规依据 |
| --- | --- | --- |
| 产权交易类 | 企业兼并、出售、联营、股份经营 | 《国有资产评估管理办法》（国务院令第 91 号）第三条 |
| | 非上市公司国有股东股权比例变动 | 《企业国有资产评估管理暂行办法》（国资委令第 12 号）第六条；《金融企业国有资产评估监督管理暂行办法》（财政部令第 47 号）第六条 |
| | 产权转让 | 《企业国有资产评估管理暂行办法》（国资委令第 12 号）第六条；《金融企业国有资产评估监督管理暂行办法》（财政部令第 47 号）第六条；《金融企业国有资产转让管理办法》（财政部令第 54 号）第十四条；《企业国有资产交易监督管理办法》（国资委、财政部令第 32 号）第十二条 |
| | 企业增资 | 《企业国有资产交易监督管理办法》（国资委、财政部令第 32 号）第三十八条 |
| | 与外国公司、企业和其他经济组织或者个人开办外商投资企业 | 《国有资产评估管理办法》（国务院令第 91 号）第三条 |
| | 中央企业股权类投资项目 | 《中央企业境外投资监督管理办法》（国资委令第 35 号）第十三条；《中央企业投资监督管理办法》（国资委令第 34 号）第十五条 |

企业国有资产的资产评估需求中的资产交易类主要列举如下：

| 需求类别 | 需求事项 | 法律法规依据 |
| --- | --- | --- |
| 转让 | 转让重大财产 | 《企业国有资产法》第四十七条 |
| | 资产拍卖、转让 | 《拍卖法》第二十八条；《国有资产评估管理办法》（国务院令第 91 号）第三条；《企业国有资产评估管理暂行办法》（国资委令第 12 号）第六条；《金融企业国有资产评估监督管理暂行办法》（财政部令第 47 号）第六条 |

续表

| 需求类别 | 需求事项 | 法律法规依据 |
|---|---|---|
| 转让 | 收购非国有单位的资产 | 《企业国有资产评估管理暂行办法》（国资委令第 12 号）第六条；《金融企业国有资产评估监督管理暂行办法》（财政部令第 47 号）第六条 |
| 出资 | 以非货币财产对外投资 | 《企业国有资产法》第四十七条；《公司法》第四十八条；《企业国有资产评估管理暂行办法》（国资委令第 12 号）第六条；《金融企业国有资产评估监督管理暂行办法》（财政部令第 47 号）第六条 |
| | 接受非国有单位以非货币资产出资 | 《企业国有资产评估管理暂行办法》（国资委令第 12 号）第六条；《金融企业国有资产评估监督管理暂行办法》（财政部令第 47 号）第六条 |
| | 投资方以非货币资产出资 | 《企业国有资产交易监督管理办法》（国资委、财政部令第 32 号）第四十三条 |
| 偿债 | 以非货币资产偿还债务 | 《企业国有资产评估管理暂行办法》（国资委令第 12 号）第六条；《金融企业国有资产评估监督管理暂行办法》（财政部令第 47 号）第六条；《金融企业国有资产转让管理办法》（财政部令第 54 号）第二十四条 |
| | 接受非国有单位以非货币资产抵债 | 《企业国有资产评估管理暂行办法》（国资委令第 12 号）第六条；《金融企业国有资产评估监督管理暂行办法》（财政部令第 47 号）第六条；《金融企业国有资产转让管理办法》（财政部令第 54 号）第二十四条 |
| 租赁 | 整体资产或者部分资产租赁给非国有单位 | 《企业国有资产评估管理暂行办法》（国资委令第 12 号）第六条 |
| | 全民所有制小型工业企业租赁 | 《全民所有制小型工业企业租赁经营暂行条例》（国务院令第 2 号）第十二条 |
| | 全民所有制工业企业处置（出租、抵押或者有偿转让）固定资产 | 《全民所有制工业企业转换经营机制条例》（国务院令第 103 号）第十五条 |
| 抵押 | 资产抵押及其他担保（当事人认为需要的，可以进行资产评估） | 《国有资产评估管理办法》（国务院令第 91 号）第四条 |
| | 金融企业接受非货币性资产抵押或质押、债权转股权、债务重组、处置不良资产 | 《金融企业国有资产评估监督管理暂行办法》（财政部令第 47 号）第六条 |
| | 中央文化企业的资产抵押、质押 | 《中央文化企业国有资产评估管理暂行办法》（财文资〔2012〕15 号）第五条 |
| 诉讼 | 资产涉讼 | 《企业国有资产评估管理暂行办法》（国资委令第 12 号）第六条；《金融企业国有资产评估监督管理暂行办法》（财政部令第 47 号）第六条 |

企业国有资产的资产评估需求中的其他类别主要列举如下：

| 需求类别 | 需求事项 | 法律法规依据 |
|---|---|---|
| 其他类别 | 清算、破产、解散 | 《企业国有资产法》第四十七条；《金融企业国有资产评估监督管理暂行办法》（财政部令第 47 号）第六条；《企业国有资产评估管理暂行办法》（国资委令第 12 号）第六条 |
| | 以国有资产参与举办民办学校 | 《中华人民共和国民办教育促进法实施条例》（国务院令第 741 号）第八条 |
| | 企业违规经营投资资产损失（或有损失）金额的认定 | 《中央企业违规经营投资责任追究实施办法（试行）》（国资委令第 37 号）第二十一条、第二十二条 |
| | 满 5 年未分红、长期亏损或非持续经营的中央企业参股企业股权 | 《关于中央企业加强参股管理有关事项的通知》（国资发改革规〔2019〕126 号） |
| | 企业章程规定应当进行资产评估的情形 | 《企业国有资产法》第四十七条 |

行政事业单位的资产评估需求主要如下：

| 需求类别 | 需求事项 | 法律法规依据 |
|---|---|---|
| 行政事业单位的资产评估需求 | 行政事业单位配置价值较高的资产 | 《行政事业性国有资产管理条例》（国务院令第 738 号）第九条 |
| | 行政事业单位对无法进行会计确认入账的资产可以进行估价 | 《行政事业性国有资产管理条例》（国务院令第 738 号）第三十二条；《行政单位国有资产管理暂行办法》（财政部令第 35 号）第三十六条 |
| | 行政事业单位转让、拍卖、置换、对外投资 | 《行政事业性国有资产管理条例》（国务院令第 738 号）第三十六条；《行政单位国有资产管理暂行办法》（财政部令第 35 号）第三十六条；《事业单位国有资产管理暂行办法》（财政部令第 36 号）第三十八条 |
| | 行政事业单位经营性基本建设项目以非货币财产作价出资 | 《基本建设财务规则》（财政部令第 81 号）第十三条 |
| | 事业单位整体或者部分改制为企业 | 《事业单位国有资产管理暂行办法》（财政部令第 36 号）第三十八条 |
| | 事业单位合并、分立、清算 | 《事业单位国有资产管理暂行办法》（财政部令第 36 号）第三十八条 |
| | 事业单位确定涉讼资产价值 | 《事业单位国有资产管理暂行办法》（财政部令第 36 号）第三十八条 |
| | 国家设立的研究开发机构、高等院校将其持有的科技成果转让、许可或者作价投资 | 《事业单位国有资产管理暂行办法》（财政部令第 36 号）第三十九条、第四十条 |
| | 事业单位整体或者部分资产租赁给非国有单位 | 《事业单位国有资产管理暂行办法》（财政部令第 36 号）第三十八条 |
| | 行政单位资产出租 | 《财政部关于进一步规范和加强行政事业单位国有资产管理的指导意见》（财资〔2015〕90 号）第（十六）条 |
| | 行政单位转为企业 | 《行政单位财务规则》（财政部令第 71 号）第四十九条 |
| | 执法机关罚没财物 | 《罚没财物管理办法》（财税〔2020〕54 号） |

资源性国有资产的资产评估需求主要如下：

| 需求类别 | 需求事项 | 法律法规依据 |
| --- | --- | --- |
| 资源性国有资产的资产评估需求 | 国家出资勘查形成的探矿权价款 | 《矿产资源勘查区块登记管理办法》（国务院令第 240 号）第十三条 |
| | 国家出资勘查形成的采矿权价款 | 《矿产资源开采登记管理办法》（国务院令第 241 号）第十条 |
| | 转让国家出资勘查所形成的探矿权、采矿权 | 《探矿权采矿权转让管理办法》（国务院令第 242 号）第九条 |
| | 出让国有土地使用权 | 《协议出让国有土地使用权规定》（国土资源部令第 21 号）第十一条；《招标拍卖挂牌出让国有建设用地使用权规定》（国土资源部令第 39 号）第十条 |
| | 出让海域使用权 | 《海域使用权管理规定》（国海发〔2006〕27 号） |

**2.资本市场发展中的资产评估需求**

资本市场发展中的资产评估需求又可进一步区分为上市公司的资产评估需求、非上市公众公司的资产评估需求、证券公司的资产评估需求、期货公司的资产评估需求这四类。

其中，上市公司的资产评估需求主要如下：

| 需求类别 | 需求事项 | 法律法规依据 |
| --- | --- | --- |
| 发行证券 | 公开发行股票 | 《股票发行与交易管理暂行条例》（国务院令第112号）第十二条、第十三条；《金融企业国有资产评估监督管理暂行办法》（财政部令第47号）第十一条；《上市公司证券发行管理办法》（证监会令第163号）第五十九条；《国务院关于股份有限公司境内上市外资股的规定》（国务院令第189号）第十一条 |
| | 发行公司债券 | 《公司债券发行与交易管理办法》（证监会令第 180 号）第四十九条；《上市公司证券发行管理办法》（证监会令第 163 号）第二十条 |
| 资产重组 | 发行股份购买资产、重大资产重组 | 《上市公司重大资产重组管理办法》（证监会令第 166 号）；《创业板上市公司持续监管办法（试行）》（证监会令第 169 号）第二十二条 |
| | 国有股东与上市公司进行资产重组 | 《上市公司国有股权监督管理办法》（国资委、财政部、证监会令第 36 号）第六十八条 |
| | 国有股东产权转让或增资扩股涉及上市公司股份作价 | 《上市公司国有股权监督管理办法》（国资委、财政部、证监会令第 36 号）第四十二条、第四十六条、第四十七条 |
| 转让股份 | 国有股东非公开协议转让上市公司股份 | 《上市公司国有股权监督管理办法》（国资委、财政部、证监会令第 36 号）第三十三条 |
| | 金融企业国有资产转让中，转让方作为上市公司控股股东，拟采取直接协议转让方式转让股份并失去控股权的，转让方认为必要时，可委托评估 | 《金融企业国有资产转让管理办法》（财政部令第 54 号）第四十四条 |
| 受让股份 | 国有股东受让上市公司股份，应当审核财务顾问出具的尽职调查报告和上市公司估值报告（适用于取得控股权的） | 《上市公司国有股权监督管理办法》（国资委、财政部、证监会令第 36 号）第五十五条 |
| | 管理层收购上市公司 | 《上市公司收购管理办法》（2020 年 3 月 20 日中国证券监督管理委员会《关于修改部分证券期货规章的决定》修正） |

需要特别说明的是，对于发行公司债券，不仅上市公司发行公司债券涉及相应的资产评估需求，非上市公司发行公司债券也同样存在资产评估需求。

非上市公众公司的资产评估需求与上市公司的资产评估需求较为类似，在此不再赘述。

证券公司和期货公司的资产评估需求主要如下：

| 需求类别 | 需求事项 | 法律法规依据 |
|---|---|---|
| 证券公司的资产评估需求 | 国务院证券监督管理机构认为有必要时，对证券公司的资产价值进行评估 | 《证券法》第一百三十九条 |
| | 非货币财产出资 | 《证券公司监督管理条例》（国务院令第 522 号）第九条 |
| | 合并、分立 | 《证券公司监督管理条例》（国务院令第 522 号）第十五条 |
| | 涉及客户权益的重大资产转让 | 《证券公司监督管理条例》（国务院令第 522 号）第十五条 |
| 期货公司的资产评估需求 | 国务院期货监督管理机构认为必要时，对期货经营机构的资产价值进行评估 | 《中华人民共和国期货和衍生品法》第七十七条 |

**3.会计计量过程中的资产评估需求**

会计计量过程中的资产评估需求主要包括五种情形：一是交易或交换涉及的资产评估；二是交易价格的分摊涉及的资产评估；三是确定入账价值涉及的资产评估；四是资产的减值测试涉及的资产评估；五是公允价值计量涉及的资产评估。主要列举如下：

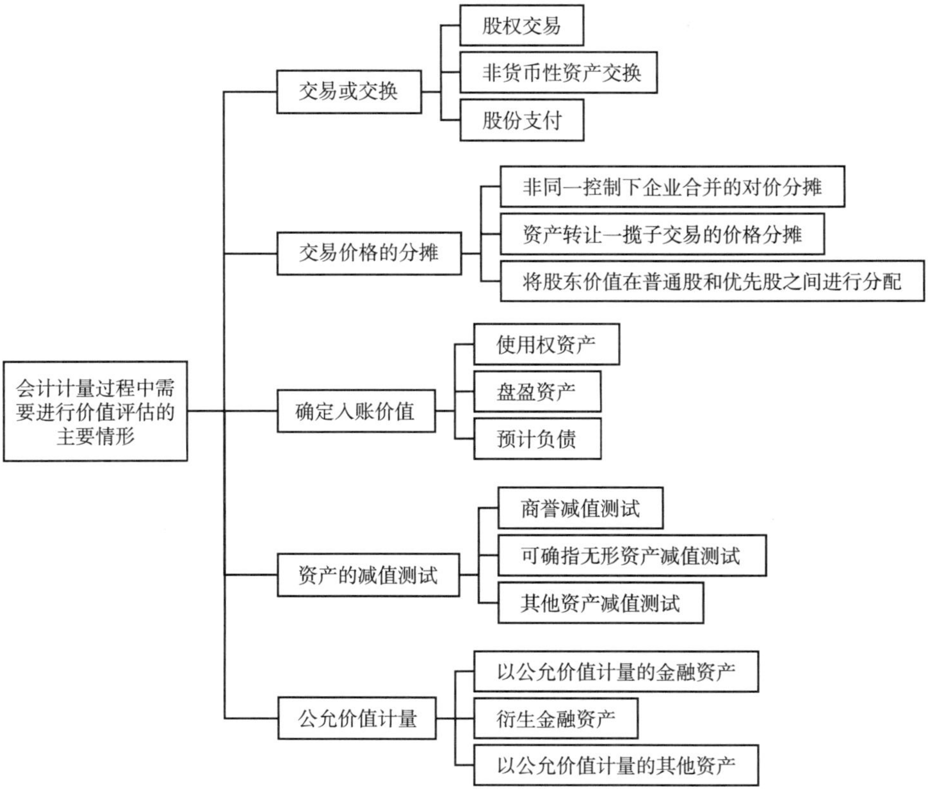

**4.其他经济领域中的资产评估需求**

其他经济领域涉及资产评估的情形也非常广泛。以企业破产涉及的评估需求为例，在企业破产清算或破产重整过程中，存在以下四类评估需求：一是破产财产拍卖变现、抵偿债务过程所涉及的评估；二是在破产重整中接受管理人的委托，开展破产重整涉及的偿债能力分析或测算普通债权偿债率；三是在破产重整中接受重整投资方的委托提供投资价值分析服务；四是基于《最高人民法院关于适用〈中华人民共和国企业破产法〉若干问题的规定（一）》（法释〔2011〕22号）第三条的规定，资产评估报告是判断债务人资产总额是否资不抵债的证据之一。

此外，对于其他经济领域涉及资产评估的情形，再列举部分需求如下：

| 需求类别 | 需求事项 | 法律法规依据 |
|---|---|---|
| 司法评估 | 人民法院确定财产处置参考价 | 《最高人民法院关于人民法院确定财产处置参考价若干问题的规定》（法释〔2018〕15号） |
| 征收评估 | 房屋征收补偿 | 《国有土地上房屋征收与补偿条例》（国务院令第590号）第十九条 |
| 涉税评估 | 旧房及建筑物的评估 | 《中华人民共和国土地增值税暂行条例》（国务院令第138号）第六条 |
|  | 三种情形按照房地产评估价格计算征收 | 《中华人民共和国土地增值税暂行条例》（国务院令第138号）第九条 |
| 其他类别 | 公路收费权的转让 | 《公路法》第六十一条 |
|  | 清理被撤销的金融机构财产 | 《金融机构撤销条例》（国务院令第324号）第十九条 |

# 1.2　全面注册制背景下上市公司相关的资产评估需求有哪些?

## 问题：全面注册制背景下上市公司相关的资产评估需求有哪些？

2023年2月17日，全面实行注册制制度规则的发布实施，标志着注册制的制度安排基本定型，也标志着注册制推广到全市场和各类公开发行股票行为，在中国资本市场改革发展进程中具有里程碑意义。

注册制以信息披露为核心。在上市公司信息披露中，资产评估的重要作用至少体现于两方面：一方面，资产评估报告及相关信息是重要的披露信息；另一方面，发挥资产评估的作用，有利于提升上市公司信息披露质量。

那么，在全面实行注册制背景下，上市公司相关的资产评估需求主要有哪些？

## 解答结论

在全面实行注册制背景下，上市公司相关的资产评估需求主要包括上市公司的资产评估需求以及交易上市公司股份涉及的资产评估需求这两大类。上市公司的资产评估需求又可区分为上市前、上市中、上市后这三类，其中，上市前的资产评估需求主要对应于企业设立、整体变更、股权变动以及会计计量等事项，上市中的资产评估需求主要包括首次公开发行股票涉及的资产评估需求以及预计市值的评估，上市后的资产评估需求主要涉及公开发行证券、资产重组以及会计计量对应的资产评估需求。

## 解答分析

在全面实行注册制背景下，上市公司相关的资产评估需求主要包括上市公司的资产评估需求以及交易上市公司股份涉及的资产评估需求这两大类。

### 一、上市公司的资产评估需求

对于上市公司的资产评估需求，按开展资产评估所处期间，可以将上市公司的资产评估需求区分为上市前、上市中、上市后这三类。

#### （一）上市前的资产评估需求

公司依法设立、公司的股份权属清晰，是首次公开发行股票并上市的条件之一。企业在上市前的设立、整体变更、股权变动过程中，是否根据法律法规的规定履行资产评估程序，**是影响企业是否具备上市条件的重要因素**。此外，在会计计量中利用资产评估报告或估值报告，有利于提升会计信息的质量，而企业的会计基础工作是否规范，**也是影响企业是否具备上市条件的重要因素**。

相对应地，企业上市前，与发行条件直接或间接相关的资产评估需求主要包括以下四类。

**1.企业设立阶段对用于出资的非货币财产进行评估**

根据公司法的规定，对作为出资的非货币财产应当评估作价。比如，首次公开发行股票前实施员工持股计划，员工以科技成果出资入股的，应当依法评估作价。

**2.有限责任公司整体变更为股份有限公司涉及的资产评估**

**3.企业自设立至上市的股权变动涉及的资产评估**

企业上市前属于国有及国有控股企业、国有实际控制企业的，根据《企业国有资产交易监督管理办法》（国资委、财政部令第32号）等文件的规定，企业股权变动时应当开展资产评估。另外，首次公开发行股票前制定、上市后实施的期权激励计划，期权的行权价格原则上不应低于最近一年经审计的净资产或者评估值，由此也可能形成相应的资产评估需求。

**4.会计计量中的资产评估需求**

会计计量中的资产评估需求主要包括三种：一是合并对价分摊涉及的资产评估；二是资产减值测试涉及的资产评估；三是公允价值计量涉及的资产评估。

证监会发布的《监管规则适用指引——发行类第5号》《监管规则适用指引——发行类第7号》等文件，也涉及了上述三种资产评估的一些监管要求。

根据证监会、司法部、中华全国律师协会2022年1月28日联合发布的《监管规则适用指引——法律类第2号：律师事务所从事首次公开发行股票并上市法律业务执业细则》的规定，上述1至3类的资产评估事项也属于律师应当核查验证的内容。

根据《公开发行证券的公司信息披露内容与格式准则第58号——首次公开发行股票并上市申请文件》（证监会公告〔2023〕5号）的规定，首次公开发行股票并上市申请文件中，包含了“发行人设立时和最近三年及一期的资产评估报告（如有）”。

### （二）上市中的资产评估需求

在企业申请首次公开发行股票并上市的过程中，主要涉及以下两类资产评估需求。

**1.首次公开发行股票涉及的资产评估需求**

首次公开发行股票涉及的资产评估需求，主要包括招股说明书等股票发行信息披露文件所需要引用的资产评估报告。此外，要求披露发行人设立时和最近三年及一期的资产评估报告（如有）。

对于拟在境内或者境外上市的占有国有资产的金融企业、金融控股公司、担保公司，除上述资产评估需求以外，还应对企业进行评估并实行核准制。

**2.预计市值的评估**

预计市值，是指股票公开发行后按照总股本乘以发行价格计算出来的发行人股票名义总价值。

在各证券交易所、各板块、各类发行人申请上市的各套市值及财务指标中，仅有一项未涉及预计市值（上交所的主板、深交所的主板和创业板上市规则中，对于境内发行人上市设置了三套市值及财务指标，其中的一套指标未涉及预计市值），其余均涉及预计市值。为了测算预计市值，可能形成资产评估需求。

### （三）上市后的资产评估需求

企业上市后涉及的资产评估需求，主要包括以下两类。

**1.公开发行证券涉及的资产评估需求**

上市公司发行证券（包括股票、可转换公司债券、存托凭证、优先股等品种）涉及的资产评估需求，主要为募集资金用于收购资产时，对标的资产进行评估的需求。收购的资产在最近三年曾进行过评估或交易的，通常还要求披露相关信息。

此外，对于试点红筹企业公开发行存托凭证并上市的，其申请文件包括“境外基础证券发行人设立时和最近三年及一期的资产评估报告（含土地评估报告）（如有）”。

**2.资产重组涉及的资产评估需求**

上市公司及其控股或者控制的公司购买、出售资产（以下简称资产重组）对应的资产评估需求，具体可依次分析如下。

**（1）资产重组的买方或卖方若为国有及国有控股企业、国有实际控制企业，且交易标的不是上市公司股份**，则适用《企业国有资产评估管理暂行办法》（国资委令第12号）、《企业国有资产交易监督管理办法》（国资委、财政部令第32号）等相关国资监管文件的规定，应当开展资产评估。

国有上市公司（包括国有控股上市公司和国有实际控制上市公司）的控股子公司（非上市企业）增资，也适用《企业国有资产交易监督管理办法》（国资委、财政部令第32号），应当开展资产评估。

上市公司的国有股东与上市公司进行资产重组时，也应当开展资产评估并进行备案或核准。

**（2）资产重组若构成上市公司重大资产重组，或为上市公司发行股份购买资产**，均应当开展资产评估或估值，为资产交易定价提供依据。还应披露交易标的最近三年的交易及其资产评估或估值的情况。

**（3）根据相关证券交易所股票上市规则的规定，或证券交易所认为必要时，应披露或提供资产评估报告。**

**（4）对于同时不属于以上情形的资产重组**，尽管没有强制要求开展资产评估，但上市公司基于规范交易、防范风险以及科学决策等方面的考虑，**也通常会开展资产评估**。

**3.会计计量中的资产评估需求**

这部分与上市前会计计量中的资产评估需求类似，不再赘述。

值得注意的是，**上市公司涉及的资产评估需求，应选择从事证券服务业务的资产评估机构**。除此之外，证券公司、期货公司以及非上市公众公司涉及的资产评估需求，也应选择从事证券服务业务的资产评估机构。

## 二、交易上市公司股份涉及的资产评估需求

交易上市公司股份涉及的资产评估需求，可以分别从转让方和受让方的视角进行区分。

**1.转让上市公司股份涉及的资产评估需求**

上市公司的股东将其所持上市公司股份直接或间接对外转让，可能存在资产评估的需求。

上市公司的国有股东因实施国有产权转让或增资扩股涉及上市公司股份作价，不论是否构成“国资委、财政部、证监会令第36号”所指的间接转让，以及国有股东非公开协议转让上市公司股份，资产评估涉及上市公司股份作价，均不得低于下列两者之中的较高者：（1）提示性公告日前30个交易日的每日加权平均价格的算术平均值；（2）最近一个会计年度上市公司经审计的每股净资产值。

金融企业［获得金融业务许可证的企业和金融控股（集团）公司］国有资产转让中，转让方作为上市公司控股股东，拟采取直接协议转让方式转让股份并失去控股权的，转让方认为必要时，可委托具有证券评估资格的资产评估机构对转让标的资产进行评估。

**2.受让上市公司股份涉及的资产评估需求**

企业直接或间接受让上市公司股份，也可能存在资产评估的需求。

国有股东通过证券交易系统增持、协议受让、间接受让、要约收购上市公司股份和认购上市公司发行股票且取得上市公司控股权的，国家出资企业、国有资产监督管理机构批准国有股东受让上市公司股份时，应当审核财务顾问出具的尽职调查报告和上市公司估值报告。

上市公司董事、监事、高级管理人员、员工或者其所控制或者委托的法人或者其他组织，拟对上市公司进行收购或者通过其他规定的方式取得上市公司控制权的，上市公司应当聘请符合《证券法》规定的资产评估机构提供资产评估报告。

## 1.3　在并购对赌中评估机构可以提供哪些估值服务？

### 问题：在并购对赌中评估机构可以提供哪些估值服务？

在企业并购活动中，评估机构的专业服务更多地体现在两个方面：一是为交易定价提供价值参考，这部分还可能涉及法定资产评估服务；二是为并购交易涉及的财务报告提供价值参考，比如，合并对价分摊、资产减值测试。

除了以上评估服务范畴以外，在企业并购活动中，对于交易双方作出的对赌安排，评估机构还可以提供哪些估值服务？

### 解答结论

在企业并购活动中，对于交易双方作出的对赌安排，评估机构可以提供的估值服务主要包括：**在对赌条款签署前**，对拟作出的对赌条款的内含价值进行评估；**在对赌条款签署日**（收购日），就对赌条款所反映的或有对价的初始计量提供价值评估服务；**在对赌条款签署后**，对或有对价对应的金融资产或金融负债后续计量的公允价值提供评估服务，对业绩补偿承诺条款的变更提供相应的评估服务，对资产减值额的计算提供相应的评估服务。

### 解答分析

**1.对赌条款签署前**

在企业并购活动中，交易双方是否达成对赌协议，对交易价格的影响是显而易见的。比如，在出售方作出的业绩补偿承诺和资产减值补偿承诺中，由出售方对收购方作出承诺，当约定的业绩条件未实现或购买资产出现减值情形时，由出售方向收购方返还部分甚至全部的并购价款，出售方的这些承诺降低了收购方面临的不确定性风险。

因而，在出售方作出承诺方式下收购方愿意支付的交易价格，肯定高于出售方不作出承诺时的交易价格。但两种方式下的交易价格到底差异多少才是合理的，则应当通过专业的评估服务予以明确。从理论上看，**出售方作出承诺方式下的交易价格=出售方不作出承诺方式下的交易价格+出售方作出承诺的内含价值**。如果未就对赌条款所内含的价值进行评估，交易双方的定价决策可能陷于盲目。而**就对赌条款的内含价值进行评估，可以使交易双方的定价谈判更加透明和公平，提高定价决策的科学性**。

**2.对赌条款签署日**

在非同一控制下的企业合并中，交易双方作出的对赌约定，构成了企业合并转移对价中的或有对价，根据会计准则的规定，应当于收购日对或有对价进行单独确认和计量。对或有对价进行评估，通常选用收益途径中的期权定价法或情景分析法。**评估机构可以就或有对价的初始计量提供价值评估服务**，为收购方调整合并成本提供专业支持，这也属于以财务报告为目的的评估服务。

**3.对赌条款签署后**

对赌条款签署后，评估机构可以提供的估值服务主要包括三个方面：

**一是对或有对价对应的金融资产或金融负债后续计量的公允价值提供评估服务**。对于收购日单独计量的或有对价，收购方在个别和合并报表中应将或有对价确认为一项金融资产或金融负债，这些金融资产和金融负债应当以公允价值进行后续计量。**评估机构可以就这些金融资产或金融负债的公允价值提供评估服务，这也属于以财务报告为目的的评估服务**。

**二是对业绩补偿承诺条款的变更提供相应的评估服务**。在对赌条款的履行过程中，受客观条件变化等因素的影响，交易双方可能拟变更或调整对赌条款，在此环节，评估机构可以就对赌条款变更后收购方所拥有的期权组合价值进行评估。**通过将对赌条款变更前和变更后收购方所拥有的期权组合价值进行对比分析，可以得出对赌条款变更方案是否公平合理的结论**。

对于上市公司重大资产重组中的业绩补偿承诺，根据证监会发布的《监管规则适用指引——上市类第1号》和《上市公司监管指引第4号——上市公司及其相关方承诺》的规定，除中国证监会明确的情形外，不得擅自变更上市公司重大资产重组中按照业绩补偿协议作出的承诺。

另据2020年5月15日证监会有关部门负责人就上市公司并购重组中标的资产受疫情影响相关问题答记者问的回答内容，若标的资产业绩受疫情影响需变更业绩补偿承诺，原则上可延长标的资产业绩承诺期或适当调整承诺内容，但要求中介机构应当就调整事项的合理性发表明确意见。而对业绩补偿承诺对应的期权组合价值进行评估和对比，是判断调整事项是否合理最为重要的证据。

**三是对资产减值额的计算提供相应的评估服务**。在“出售方承诺”的对赌安排中，出售方向购买方作出的承诺主要包括业绩补偿承诺和资产减值补偿承诺。资产减值补偿承诺，是指承诺期限届满时，若标的资产价值出现减值且减值金额超过已作出的业绩补偿，出售方应就超额减值金额向购买方作追加补偿。资产减值补偿承诺可视为对业绩补偿承诺的履行情况作最终汇算，是业绩补偿协议中的“兜底”承诺。**在资产减值补偿承诺的履行过程中，对于资产减值额的确定，需要借助评估机构的评估服务**。

# 实务案例

## 1.案例背景

A公司于20×2年末发行价值为75000万元的股份，收购B公司所持C公司100%的股权，属于在非同一控制下的企业合并。根据A公司与B公司于收购日签署的业绩补偿协议，B公司作出承诺：C公司于未来三年的净利润分别不低于8200万元、9800万元和12000万元，承诺期各年的补偿金额的计算公式：max［（累计承诺净利润–累计实际净利润），0］×标的股权转让价款÷承诺净利润总和–已补偿金额。

其他假设条件为：C公司20×2年度的净利润为7000万元，净利润在未来三年的平均预期增长率μ为15%，贝塔系数β为1.2，净利润的年波动率σ为16%，股票指数收益率$\mu_m$为6.98%，无风险利率为3%，B公司违约利差为5%。

20×3年6月，因出现一些客观条件等因素，对C公司的经营产生不利影响，预计C公司净利润在未来三年的平均预期增长率μ，将由原先估计的15%下降为10%，A公司和B公司经协商一致，拟变更业绩补偿条款，变更方案为B公司改按以下承诺：业绩补偿承诺期延长为四年，C公司于未来四年的净利润分别不低于7500万元、8500万元、9500万元和12000万元，承诺期各年的补偿金额的计算公式：max［（累计承诺净利润–累计实际净利润），0］×标的股权转让价款÷承诺净利润总和–已补偿金额。假设C公司净利润在未来四年的平均预期增长率μ为10%，其他假设条件不变。

那么，A公司与B公司拟达成的上述业绩补偿协议的变更方案，对双方是否公平合理？

## 2.案例分析

我们分别对业绩补偿方案变更前后的A公司所拥有的期权组合价值进行评估，然后进行对比分析，以作出业绩补偿方案变更是否公平合理的判断。

运用调整后的布莱克–斯科尔斯–默顿定价公式，业绩补偿方案变更前，A公司所拥有的期权组合价值（已考虑信用风险）为6343.80万元，具体构成如下：

| 对应年份 | A公司拥有的期权价值（尚未考虑支付倍数的影响） | | A公司拥有的期权组合的价值（尚未考虑信用风险） | A公司拥有的期权组合的价值（已考虑信用风险） |
|---|---|---|---|---|
| | 看涨期权 | 看跌期权 | | |
| 20×3年 | 405.42 | 609.53 | 1523.83 | 1449.51 |
| 20×4年 | 522.03 | 1163.11 | 1894.23 | 1713.97 |
| 20×5年 | | 2000.03 | 3695.00 | 3180.32 |
| 合计 | 927.44 | 3772.67 | 7113.06 | 6343.80 |

运用相同的评估方法，将方案调整后的相关参数代入进行计算，业绩补偿方案变更后，A公司所拥有的期权组合价值（已考虑信用风险）为6122.22万元，具体构成如下：

| 对应年份 | A公司拥有的期权价值（尚未考虑支付倍数的影响） | | A公司拥有的期权组合的价值（尚未考虑信用风险） | A公司拥有的期权组合的价值（已考虑信用风险） |
|---|---|---|---|---|
| | 看涨期权 | 看跌期权 | | |
| 20×3年 | 517.31 | 420.25 | 840.50 | 799.51 |
| 20×4年 | 599.58 | 833.64 | 632.67 | 572.46 |
| 20×5年 | 702.86 | 1197.53 | 1195.90 | 1029.32 |
| 20×6年 | | 2975.23 | 4544.75 | 3720.93 |
| 合计 | 1819.75 | 5426.65 | 7213.82 | 6122.22 |

通过上述评估分析，基于调整后的业绩补偿方案，A公司所拥有的期权组合价值（尚未考虑信用风险）比调整前略有上升，上升幅度为1.42%；A公司所拥有的期权组合价值（已考虑信用风险）比调整前略有下降，下降幅度为3.49%。因此，业绩补偿方案变更前后的A公司所拥有的期权组合价值基本持平，本案例中A公司与B公司拟达成的上述业绩补偿协议的变更方案，对交易双方是公平合理的。

## 相关资料

《监管规则适用指引——上市类第1号》对于上市公司重大资产重组中的业绩补偿，规定："上市公司重大资产重组中，重组方业绩补偿承诺是基于其与上市公司签订的业绩补偿协议作出的，该承诺是重组方案重要组成部分。因此，重组方应当严格按照业绩补偿协议履行承诺。除我会明确的情形外，重组方不得适用《上市公司监管指引第4号——上市公司实际控制人、股东、关联方、收购人以及上市公司承诺及履行》第五条的规定，变更其作出的业绩补偿承诺。"

2020年5月15日，证监会有关部门负责人就上市公司并购重组中标的资产受疫情影响相关问题答记者问："在上市公司会同业绩承诺方对标的资产业绩受疫情影响情况做出充分评估，经双方协商一致，严格履行股东大会等必要程序后，原则上可延长标的资产业绩承诺期或适当调整承诺内容，调整事项应当在2020年业绩数据确定后进行。独立财务顾问、会计师等中介机构应当就调整事项的合理性发表明确意见。"

《上市公司监管指引第4号——上市公司及其相关方承诺》第十二条规定："承诺人应当严格履行其作出的各项承诺，采取有效措施确保承诺的履行，不得擅自变更或者豁免。下列承诺不得变更或豁免：（一）依照法律法规、中国证监会规定作出的承诺；（二）除中国证监会明确的情形外，上市公司重大资产重组中按照业绩补偿协议作出的承诺；（三）承诺人已明确不可变更或撤销的承诺。"

# 1.4　数据资产涉及的估值需求有哪些？

## 问题：数据资产涉及的估值需求有哪些？

为规范企业数据资源相关会计处理，强化相关会计信息披露，财政部于2023年8月1日发布《企业数据资源相关会计处理暂行规定》（财会〔2023〕11号），该暂行规定自2024年1月1日起施行。

为规范数据资产评估行为，保护资产评估当事人合法权益和公共利益，中国资产评估协会于2023年9月8日发布《数据资产评估指导意见》（中评协〔2023〕17号），该指导意见自2023年10月1日起施行。

这两份文件的发布与实施，标志着数据资产计量时代的来临。那么，数据资产涉及的估值需求有哪些？在数据资源相关会计处理中是否需要估值服务？

## 解答结论

企业涉及的数据资产估值需求主要包括两类：一是以数据资产为评估对象涉及的估值需求，具体包括流通交易、财务报告、内部管理以及其他目的所形成的数据资产评估需求；二是企业价值评估涉及的数据资产估值需求，随着数据资产计量时代的来临，识别企业是否存在数据资产，以及在识别出数据资产后对其进行评估或考虑，成为企业价值评估中的必经且重要的程序。

## 解答分析

对数据资产涉及的估值需求进行梳理，存在委托人、评估对象、评估目的这三个划分维度。从委托人的维度看，鉴于数据资产具有价值密度低的特征，对于单个用户而言，一般不存在对其拥有的个人数据的价值进行评估的需求，数据资产的估值需求主要来源于法人和非法人组织。从评估对象的维度看，可以划分单项资产评估（即以数据资产为评估对象）涉及的估值需求、企业价值评估涉及的数据资产估值需求这两大类。从评估目的维度看，可以划分为流通交易目的、财务报告目的、内部管理目的以及其他目的。

本书以下列举企业涉及的数据资产估值需求，首先按评估对象的维度进行划分，然后就单项资产评估需求进一步按评估目的细分。

**1.以数据资产为评估对象涉及的估值需求**

**（1）以流通交易为目的涉及的估值需求**。在权属人**将其持有的数据资产进行转让**的行为中，对数据资产价值进行评估，可以为其转让定价提供参考或依据。将可以依法转让的数据资产进行出资，根据公司法第四十八条的规定，应当对作为出资的数据资产进行评估作价。**将数据资产抵偿债务、将数据资产与其他非货币资产进行交换以及司法拍卖、处置数据资产等交易行为**，也同样涉及估值需求。

**数据资产可以通过许可等方式授权他人使用，或向用户提供数据服务**，被许可人或用户以按使用次数、使用时间长度、使用数据量及其组合等方式，向数据资产权属人支付使用费或服务费。为了合理确定数据资产使用费或服务费，可以委托开展估值服务。

企业还可以**将数据资产进行质押融资**，为合理确定融资金额，防范融资风险，有必要对数据资产的价值进行评估。此外，数据资产证券化、数据资产信托等业务的开展，也需要数据资产的价值评估为基础。

**（2）以财务报告为目的涉及的估值需求**。在财务报表中披露数据资产评估的相关信息，可以降低财务报告使用者面临的信息不对称，而在财务报告过程中利用数据资产评估报告，可以提高数据资产计量的质量。**数据资产的成本划分存在模糊地带，数据资产计量存在较大的信息不对称，企业可能以此为“掩护”，在数据资产入表及后续计量中实施盈余管理甚至财务操纵行为，这更加凸显了以财务报告为目的的数据资产评估的重要性**。

**数据资产的初始计量一般不涉及估值需求**。不论是确认为无形资产的数据资产，还是确认为存货的数据资产，在会计核算的初始计量环节，其采用的计量属性均为历史成本，不涉及对数据资产价值进行评估事宜。

**数据资产的后续计量通常会涉及估值需求**。对于确认为存货的数据资产，在资产负债表日应当按照成本与可变现净值孰低计量，可能形成对数据资产的可变现净值进行估值的需求。对于确认为无形资产的数据资产，若其在资产负债表日存在减值迹象，应当估计其可收回金额（其中，对于使用寿命不确定的数据资产，无论是否存在减值迹象，每年都应当进行减值测试），通常需要专业的评估服务。

在非同一控制下的企业合并中，**购买方在购买日应当对合并成本进行分配**，确认所取得的被购买方各项可辨认资产、负债及或有负债，若被购买方的可辨认资产中包括数据资产，则需要对数据资产的价值进行评估。类似地，**在资产转让一揽子交易中**，交易对象若包含数据资产，也需要对数据资产的价值进行评估，以完成交易价格的分摊。

**对于企业拥有的表外数据资产，能否以评估值进行入账？**关于这个问题，需要首先区分数据资产在表外的原因。对于企业接受捐赠而拥有的数据资产，如果捐赠方没有提供有关凭据，通常按照公允价值进行入账，这一过程可能涉及对数据资产进行价值评估。对于其他表外数据资产，并不允许以评估值入账。值得注意的是，根据《企业数据资源相关会计处理暂行规定》的规定，即便某项数据资产满足确认为无形资产或存货的条件，也不允许将2024年1月1日之前已经费用化的数据资源重新进行资本化处理。

**（3）以内部管理为目的涉及的估值需求**。在资产管理的实践中，对资产的价值作出量化是实现精细化管理的条件和基础。**对数据资产进行估值，可以合理衡量企业数字化建设成效以及数据资产运营绩效，为企业内部决策提供参考**。

随着数据要素成为新的生产要素以及数据资产计量时代的来临，企业会更加重视数据的应用与利用，进而实现数据资产化。但数据的应用或利用过程需要投入数据分析、数据处理等成本，如果数据资产化带来的经济利益流入无法覆盖数据资产化的成本，这样的数据资产化是不经济的，无法为企业创造新的价值。为此，在数据资产化之前的决策阶段以及数据资产化之后的绩效评价环节，均可能需要数据资产估值服务。

对于已经构建内部结算管理体系的企业，其按工作职能或者生产经营工序将企业的各经营单元分解为一些内部责任主体，各责任主体分别单独核算，对各责任主体相互之间提供的产品、劳务或服务视为经营活动进行计价结算。该类企业**在确定数据资产内部使用的结算价格时，可能需要估值服务**。

**（4）其他目的涉及的估值需求**。除上述估值需求以外，还可能存在一些其他的估值需求。比如，数据资产涉及诉讼时，可能需要对其价值进行评估；为确定数据资产相关的纳税基数，也可能存在估值需求。此外，为了认定企业是否具备资不抵债这一破产原因，可能需要对包括数据资产在内的全部资产进行评估；对于待报废的数据资产，资产评估机构出具的报告，也可能成为确定资产损失的证据之一。

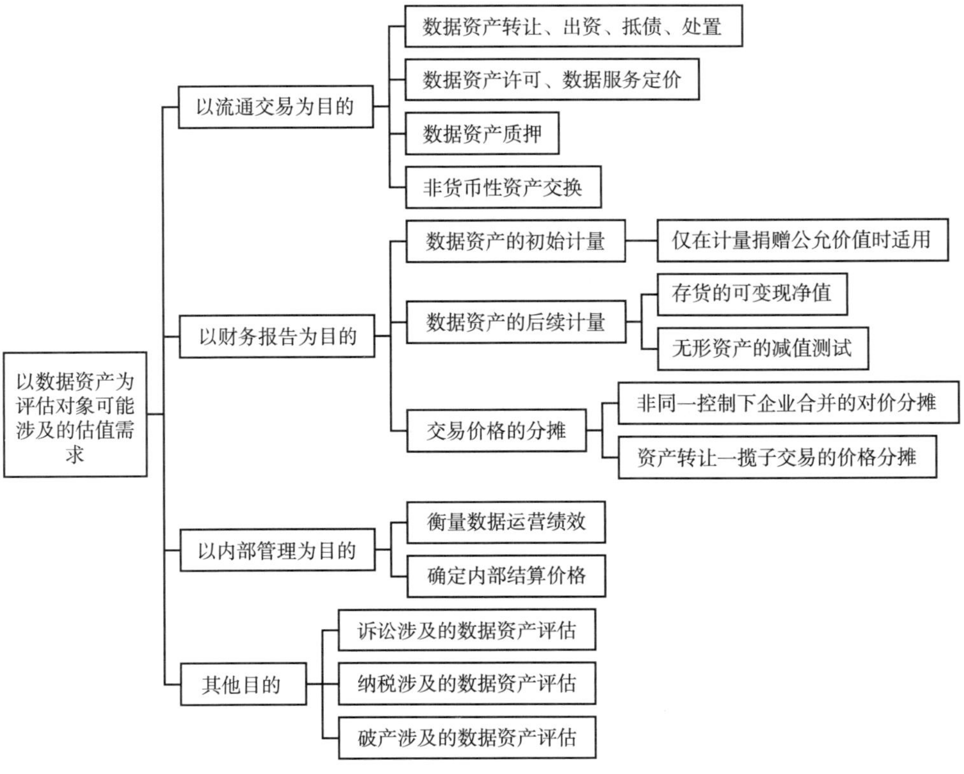

**2.企业价值评估涉及的数据资产估值需求**

随着信息技术和数字经济的迅速发展，数据要素已成为一项重要的甚至是核心的生产要素。随着数据资产计量时代的来临，数据资产的量化和列报有利于彰显数据要素的重要作用。一般而言，企业的信息化、数字化程度越高，其数据资产在总资产中的比重也越大。对于一些采用数字化运营模式的企业，数据资产可能成为其关键资产。在这样的背景下，**在企业价值评估中界定评估范围时，识别企业是否存在数据资产，已经成为一项必需且重要的程序**。

**在资产基础法中**，对于识别出的数据资产，应结合其对企业价值的贡献，选择恰当的方法，对数据资产价值进行单独评估。**如果无法判断企业是否拥有数据资产，或者对于识别出的数据资产无法采用恰当的方法进行评估，则可能不适宜选用资产基础法**。

鉴于数据资产在会计上“入表”一般采用历史成本的计量属性，在资产基础法中，对于会计计量中已作资本化处理的数据资产，仍应单独进行评估。数据资产在会计上“入表”时，不允许将2024年1月1日之前已经费用化的数据资源重新进行资本化处理，这可能使得有些数据资产的历史成本计量不完整，在资产基础法中对数据资产进行单独评估时，该因素也可能成为数据资产评估值高于账面值的原因之一。

**在收益法和市场法中，也应当考虑数据资产对企业价值的影响**。比如，在收益法的未来收益预测中，应考虑数据资产对收入和成本的影响；在市场法中，数据资产可能成为筛选可比企业或进行价值比率修正的重要考虑因素。

**相关资料**

《企业数据资源相关会计处理暂行规定》（财会〔2023〕11号）规定：“企业使用的数据资源，符合《企业会计准则第6号——无形资产》（财会〔2006〕3号）规定的定义和确认条件的，应当确认为无形资产。”“企业日常活动中持有、最终目的用于出售的数据资源，符合《企业会计准则第1号——存货》（财会〔2006〕3号）规定的定义和确认条件的，应当确认为存货。”“本规定自2024年1月1日起施行。企业应当采用未来适用法执行本规定，本规定施行前已经费用化计入损益的数据资源相关支出不再调整。”

《数据资产评估指导意见》（中评协〔2023〕17号）第二条规定：“本指导意见所称数据资产，是指特定主体合法拥有或者控制的，能进行货币计量的，且能带来直接或者间接经济利益的数据资源。”第九条规定：“执行企业价值评估中的数据资产评估业务，应当了解数据资产作为企业资产组成部分的价值可能有别于作为单项资产的价值，其价值取决于它对企业价值的贡献程度。数据资产与其他资产共同发挥作用时，需要采用适当方法区分数据资产和其他资产的贡献，合理评估数据资产价值。”

《中华人民共和国公司法》(2023年12月29日第十四届全国人民代表大会常务委员会第七次会议第二次修订)第四十八条规定:"股东可以用货币出资,也可以用实物、知识产权、土地使用权、股权、债权等可以用货币估价并可以依法转让的非货币财产作价出资;但是,法律、行政法规规定不得作为出资的财产除外。对作为出资的非货币财产应当评估作价,核实财产,不得高估或者低估作价。法律、行政法规对评估作价有规定的,从其规定。"

《企业会计准则第7号——非货币性资产交换》第三条规定:"非货币性资产交换同时满足下列条件的,应当以公允价值和应支付的相关税费作为换入资产的成本,公允价值与换出资产账面价值的差额计入当期损益:(一)该项交换具有商业实质;(二)换入资产或换出资产的公允价值能够可靠地计量。"

《企业会计准则第1号——存货》第十五条规定:"资产负债表日,存货应当按照成本与可变现净值孰低计量。存货成本高于其可变现净值的,应当计提存货跌价准备,计入当期损益。"

《企业会计准则第8号——资产减值》第四条规定:"企业应当在资产负债表日判断资产是否存在可能发生减值的迹象。因企业合并所形成的商誉和使用寿命不确定的无形资产,无论是否存在减值迹象,每年都应当进行减值测试。"第六条规定:"资产存在减值迹象的,应当估计其可收回金额。"

《企业会计准则第20号——企业合并》第十三条规定:"购买方在购买日应当对合并成本进行分配,按照本准则第十四条的规定确认所取得的被购买方各项可辨认资产、负债及或有负债。"

# 1.5 部门规章规定的评估事项是否属于法定评估?

## 问题：部门规章规定的评估事项是否属于法定评估?

《中华人民共和国资产评估法》第三条所规定的法定评估，需同时具备以下两个条件：一是涉及国有资产或者公共利益等事项；二是法律、行政法规规定需要评估的。那么，涉及国有资产或者公共利益，仅由部门规章规定需要评估的事项是否属于法定评估呢?

## 解答结论

由部门规章规定需要评估，且涉及国有资产或者公共利益的事项，属于法定评估。

## 解答分析

### 1.法律、行政法规规定需要评估事项的分析

直接从《中华人民共和国资产评估法》第三条的语义进行分析，可以直观地得出“仅由部门规章规定需要评估的事项不属于法定评估”的结论，但我们需要对法律、行政法规所规定的需要评估事项作进一步的分析。

据查询，**截至目前，共有八部法律、十六部行政法规规定了必须进行评估的事项**。其中，八部法律分别为《企业国有资产法》《证券法》《公司法》《公路法》《城市房产管理法》《拍卖法》《政府采购法》《期货和衍生品法》；十六部行政法规如下表所示：

| 行政法规名称 | 文号 |
|---|---|
| 《全民所有制小型工业企业租赁经营暂行条例》 | 国务院令第 2 号 |
| 《国有资产评估管理办法》 | 国务院令第 91 号 |
| 《全民所有制工业企业转换经营机制条例》 | 国务院令第 103 号 |
| 《股票发行与交易管理暂行条例》 | 国务院令第 112 号 |
| 《中华人民共和国土地增值税暂行条例》 | 国务院令第 138 号 |
| 《国务院关于股份有限公司境内上市外资股的规定》 | 国务院令第 189 号 |
| 《矿产资源勘查区块登记管理办法》 | 国务院令第 240 号 |
| 《矿产资源开采登记管理办法》 | 国务院令第 241 号 |
| 《探矿权采矿权转让管理办法》 | 国务院令第 242 号 |
| 《金融机构撤销条例》 | 国务院令第 324 号 |
| 《证券公司监督管理条例》 | 国务院令第 522 号 |

续表

| 行政法规名称 | 文号 |
|---|---|
| 《森林防火条例》 | 国务院令第 541 号 |
| 《国有土地上房屋征收与补偿条例》 | 国务院令第 590 号 |
| 《社会救助暂行办法》 | 国务院令第 649 号 |
| 《行政事业性国有资产管理条例》 | 国务院令第 738 号 |
| 《中华人民共和国民办教育促进法实施条例》 | 国务院令第 741 号 |

在上述法律、行政法规中，大部分在其管理和规范领域内规定了必须进行资产评估的条款，但**《国有资产评估管理办法》（国务院令第91号）则是专门规定资产评估行为的行政法规**。该办法第三条规定了国有资产占有单位应当进行资产评估的情形，该条前四款列举了应当进行资产评估的具体情形，而第五款“依照国家有关规定需要进行资产评估的其他情形”则属于概括式的兜底条款。那么，该兜底条款中“国家有关规定”的范畴是什么？是否包含部门规章呢？

**2.关于“国家有关规定”范畴的分析**

根据刑法第九十六条的规定，刑法中的“国家规定”是指，全国人民代表大会及其常务委员会制定的法律和决定，国务院制定的行政法规、规定的行政措施、发布的决定和命令。从该条款可以得出，**刑法中的“国家规定”不包含部门规章**。

那么，在民法与行政法中的“国家规定”是否包含部门规章呢？我们暂未在民法和行政法中找到关于“国家规定”范围的规定条款，但不少学者主张“行政法和民法中的‘国家规定’的范围可以略大于刑法中‘国家规定’的范围，民法与行政法中的‘国家规定’应包含部门规章”。

根据《立法法》的规定，部门规章规定的事项应当属于执行法律或者国务院的行政法规、决定、命令的事项。资产评估主要应用于具体的经济行为或管理环节，部门规章中所规定的必须开展资产评估的情形，是执行相关法律、行政法规中的具体事项。“国资委令第12号”和“财政部令第14号”都是专门规定资产评估行为的部门规章，其制定依据均包含“国务院令第91号”这部行政法规。**若部门规章规定的评估事项不作为法定评估，则将导致相关法律、行政法规的要求在执行中脱节**。

根据《企业国有资产法》第四十七条的规定，国有独资企业、国有独资公司和国有资本控股公司**企业章程规定应当进行资产评估的情形，也属于法定评估**。借鉴“举轻以明重”的原则，相比于企业章程的规定，部门规章规定的评估事项更应当属于法定评估。

当然，“国务院令第91号”第三条第五款表述的并非“国家规定”，而是“国家有关规定”。**根据自2017年6月1日起施行的《最高人民法院、最高人民检察院关于办理侵犯公民个人信息刑事案件适用法律若干问题的解释》第二条的规定，“国家有关规定”包括法律、行政法规和部门规章**。此外，在民法典中，存在“法律、行政法规和国家有关规定”的表述方式，这也可以佐证“国家有关规定”的外延不仅仅是法律和行政法规。

我们还注意到，在财政部于2020年10月27日公布的《国有资产评估管理办法（公开征求意见稿）》中，已将应当进行资产评估的兜底情形修改为“国有资产监督管理机构规定应当进行资产评估的其他情形”。

**相关资料**

《中华人民共和国资产评估法》第三条规定：“自然人、法人或者其他组织需要确定评估对象价值的，可以自愿委托评估机构评估。涉及国有资产或者公共利益等事项，法律、行政法规规定需要评估的（以下称法定评估），应当依法委托评估机构评估。”

《国有资产评估管理办法》（国务院令第91号）第三条规定：“国有资产占有单位（以下简称占有单位）有下列情形之一的，应当进行资产评估：（一）资产拍卖、转让；（二）企业兼并、出售、联营、股份经营；（三）与外国公司、企业和其他经济组织或者个人开办外商投资企业；（四）企业清算；（五）依照国家有关规定需要进行资产评估的其他情形。”

《中华人民共和国立法法》第八十条规定：“国务院各部、委员会、中国人民银行、审计署和具有行政管理职能的直属机构，可以根据法律和国务院的行政法规、决定、命令，在本部门的权限范围内，制定规章。部门规章规定的事项应当属于执行法律或者国务院的行政法规、决定、命令的事项。没有法律或者国务院的行政法规、决定、命令的依据，部门规章不得设定减损公民、法人和其他组织权利或者增加其义务的规范，不得增加本部门的权力或者减少本部门的法定职责。”

《最高人民法院、最高人民检察院关于办理侵犯公民个人信息刑事案件适用法律若干问题的解释》第二条规定：“违反法律、行政法规、部门规章有关公民个人信息保护的规定的，应当认定为刑法第二百五十三条之一规定的‘违反国家有关规定’。”

# 1.6 选聘评估机构适宜按“最低价中标”吗?

## 问题：选聘评估机构适宜按“最低价中标”吗?

“最低价中标”，是指在满足招标文件的实质性要求的前提下，以经评审的投标报价最低的投标人为中标人的评标方法。

2023年5月4日，财政部、国资委、证监会制定的《国有企业、上市公司选聘会计师事务所管理办法》(财会〔2023〕4号)正式发布。根据该办法的规定，国有企业和上市公司选聘会计师事务所，不得采用“最低价中标”。

注册会计师行业和资产评估行业，同属现代高端服务业。那么，选聘评估机构适宜按“最低价中标”吗?

## 解答结论

鉴于不同评估机构所提供的评估服务“效用”不同，不满足“最低价中标”的适用前提，**选聘评估机构不宜采用“最低价中标”**。选聘评估机构若采用“最低价中标”，不仅损害委托人或相关当事方的利益，而且对资产评估行业发展产生不利影响。**委托人选聘评估机构时**，可以借鉴“财会〔2023〕4号”文件中规定的评价办法，**将质量管理水平列作最重要的评价要素**。

## 解答分析

### 1.采用“最低价中标”有何原因?

在招标或采购活动中，招标人或购买方采用“最低价中标”的根本原因是为了节约资金，降低成本，追求性价性最优的绩效目标。采用“最低价中标”，也是市场发现价格功能的具体体现，市场竞争是市场经济的基本特征，而价格竞争是市场竞争的基本方式。

招标人或购买方采用“最低价中标”的另一个原因，在于“最低价中标”的评标环节操作简单，评价标准更为客观，减少了人为操纵或权力寻租的可能。

### 2.“最低价中标”有何适用前提?

招标人或购买方采用“最低价中标”，旨在追求性价比最优的绩效目标。招标或采购活动中的绩效，可以用“$绩效=\frac{效用}{价格}$”这一分数的形式进行衡量，当分母中的价格最低时绩效最大的前提在于分子中的**效用相同，这也是“最低价中标”的第一项适用前提**。也就是说，“最低价中标”的适用前提是所采购项目的质量达标且相同，“最低价中标”是在所采购项目质量相同基础上进行的价格竞争。

根据现行《中华人民共和国政府采购法》的规定，按报价最低的原则确定成交供应商的前提是“符合采购需求、质量和服务相等”。根据现行《中华人民共和国政府采购法实施条例》(国务院令第658号)的规定，应当采用最低评标价法的项目特指“技术、服务等标准统一的货物和服务项目”。而在2022年7月15日财政部发布的《中华人民共和国政府采购法(修订草案征求意见稿)》中，将“最低价中标”的适用范围限制为“通用货物、服务，内容单一、方案简单的小型工程的招标采购”；对于专业化服务，需要综合评价性价比的，采用综合评分法。

**招标人或购买方采用“最低价中标”的第二个适用前提，是投标价格不低于成本**。根据《中华人民共和国招标投标法》的规定，投标人不得以低于成本的报价竞标，“投标价格低于成本”被排除在“最低价中标”的适用范围之外。

**只有在同时满足以上两个前提时，才适用“最低价中标”**。

**3.选聘评估机构适宜采用“最低价中标”吗?**

不同的资产评估机构，其专业胜任能力和风险控制水平往往不同，所提供的资产评估服务质量也就存在差异。**在委托人选聘评估机构过程中，无法确保不同的评估机构提供相同的评估服务“效用”，不满足“最低价中标”的第一项适用前提。因此，选聘评估机构不宜采用“最低价中标”**。

此外，评估机构的成本难以准确衡量，判断是否满足“最低价中标”的第二个适用前提，缺乏可操作性，这也进一步说明选聘评估机构不宜采用“最低价中标”。

**4.选聘评估机构若采用“最低价中标”有何危害?**

选聘评估机构不宜采用“最低价中标”。选聘评估机构若采用“最低价中标”，将产生以下两个方面的危害：

**一是损害委托人或相关当事方的利益**。不同的资产评估机构提供的评估服务质量通常存在差异，委托人也难以对不同评估机构的服务质量进行衡量。选聘评估机构若采用“最低价中标”，将催生一些评估机构的投机行为，促使其删减必要的评估程序，徒增随意性。而委托人在判断评估机构的服务质量时，存在明显的信息不对称，委托人通常无法直观地对评估报告的质量作出评价，**有时，劣质评估报告的证据或风险可能需要很长时间才会暴露**。

选聘评估机构若采用“最低价中标”，在评估机构投机行为以及评估报告质量信息不对称的共同作用下，将导致“劣币驱逐良币”，使劣质评估服务充斥市场，出现“价格低，质量更低”的不良后果，**这将损害委托人或相关当事方的利益，甚至损害公共利益或公众利益**。

劣质评估服务可能致使委托人或相关当事方作出错误决策，隐藏着巨大风险，其**对委**

**托人或相关当事方可能造成的损害，远远高于采用“最低价中标”所节省的评估费用**。

**二是影响资产评估行业的健康发展**。选聘评估机构若采用“最低价中标”，不仅将引发评估机构之间的恶性压价竞争，导致评估服务资源投入不足，甚至出现“无底稿评估”“无过程评估”等情形，评估服务质量根本无法得到有效保证，而且可能对评估机构形成“只重视价格竞争，不注重评估质量”的错误引导，对资产评估行业发展产生不利影响。

**5. 如何科学地选聘评估机构？**

对于委托人如何科学地选聘评估机构，目前仍缺乏国家层面的文件或规定。鉴于资产评估行业和注册会计师行业同属现代高端服务业，《国有企业、上市公司选聘会计师事务所管理办法》（财会〔2023〕4号）中规定的对会计师事务所应聘文件的评价办法，**非常值得委托人选聘评估机构时借鉴**。

根据“财会〔2023〕4号”文件的规定，质量管理水平是最重要的评价要素，其分值权重应不低于40%，而报价的分值权重应不高于15%。

借鉴上述文件的规定，委托人在选聘评估机构时，评估机构的质量管理水平也理应成为最重要的评价要素。**那么，应如何评价评估机构的质量管理水平呢？**应重点评价质量管理制度及实施情况，不过此过程较为复杂和抽象，**可以借助一些客观指标进行评价**。比如，评估机构可以借助执业辅助系统提升质量管理水平，评估机构的执业辅助系统若通过中国资产评估协会的认证，可以作为质量管理水平加分项的客观指标。

**相关资料**

《中华人民共和国招标投标法》第三十三条规定：“投标人不得以低于成本的报价竞标，也不得以他人名义投标或者以其他方式弄虚作假，骗取中标。”第四十一条规定：“中标人的投标应当符合下列条件之一：（一）能够最大限度地满足招标文件中规定的各项综合评价标准；（二）能够满足招标文件的实质性要求，并且经评审的投标价格最低；但是投标价格低于成本的除外。”

《中华人民共和国政府采购法实施条例》（国务院令第658号）第三十四条规定：“政府采购招标评标方法分为最低评标价法和综合评分法。最低评标价法，是指投标文件满足招标文件全部实质性要求且投标报价最低的供应商为中标候选人的评标方法。综合评分法，是指投标文件满足招标文件全部实质性要求且按照评审因素的量化指标评审得分最高的供应商为中标候选人的评标方法。技术、服务等标准统一的货物和服务项目，应当采用最低评标价法。采用综合评分法的，评审标准中的分值设置应当与评审因素的量化指标相对应。招标文件中没有规定的评标标准不得作为评审的依据。”

《国有企业、上市公司选聘会计师事务所管理办法》（财会〔2023〕4号）第七条规定："国有企业、上市公司应当细化选聘会计师事务所的评价标准，对会计师事务所的应聘文件进行评价，并对参与评价人员的评价意见予以记录并保存。选聘会计师事务所的评价要素，至少应当包括审计费用报价、会计师事务所的资质条件、执业记录、质量管理水平、工作方案、人力及其他资源配备、信息安全管理、风险承担能力水平等。选聘方应当对每个有效的应聘文件单独评价、打分，汇总各评价要素的得分。其中，质量管理水平的分值权重应不低于40%，审计费用报价的分值权重应不高于15%。"

第八条规定："国有企业、上市公司评价会计师事务所的质量管理水平时，应当重点评价质量管理制度及实施情况，包括项目咨询、意见分歧解决、项目质量复核、项目质量检查、质量管理缺陷识别与整改等方面的政策与程序。"

第九条规定："国有企业、上市公司评价会计师事务所审计费用报价时，应当将满足选聘文件要求的所有会计师事务所审计费用报价的平均值作为选聘基准价，按照下列公式计算审计费用报价得分：审计费用报价得分=（1-｜选聘基准价-审计费用报价｜/选聘基准价）×审计费用报价要素所占权重分值。"

第十条规定："国有企业、上市公司选聘会计师事务所原则上不得设置最高限价，确需设置的，应当在选聘文件中说明该最高限价的确定依据及合理性。"

## 1.7　评估对象和评估范围的十大关注事项

根据《资产评估准则术语2020》，评估对象是指被评估的具体标的或者被评估的资产，即资产评估的具体对象。评估对象可以是不动产、动产、无形资产、企业价值、资产损失、其他经济权益或者负债等可以量化的标的。评估范围是指评估对象的具体表现形态及其权利边界和数量边界。

对于评估对象和评估范围的确定，我们列举了十大关注事项，分别作出分析，以供参考。

**关注事项十：评估对象和评估范围的确定主体**

评估对象和评估范围的确定主体是委托人，委托人应依据法律法规的规定和经济行为要求确定评估对象和评估范围。为避免出现错误，在委托人确定评估对象和评估范围时，资产评估机构应给予必要的指导或沟通。

在界定评估对象和评估范围时，若资产评估机构与委托人意见不一致，应根据具体分歧及其可能产生的影响，决定是否采纳委托人的意见。如果委托人的意见不存在错误或不合理之处，通常可以采纳委托人的意见。比如，根据《资产评估专家指引第11号——商誉减值测试评估》的规定，在商誉减值测试业务中，资产评估机构应与委托人、审计机构就包含商誉的资产组或资产组组合的范围进行沟通，如果资产评估机构与委托人、审计机构意见不一致，可以采纳委托人、审计机构的意见，并取得委托人、审计机构的确认。

评估对象和评估范围是非常重要的评估要素，应当在资产评估委托合同中进行约定。评估报告中描述的评估对象和评估范围，应与资产评估委托合同的约定一致。在评估过程中，若委托人对评估对象和评估范围进行了调整，应及时变更资产评估委托合同。

**关注事项九：评估对象和评估范围的规范表述**

评估对象应为具体的对象或标的，如不动产、动产、无形资产、资产组合、股东权益价值等，实务中存在不少对评估对象表述为“评估对象+价值类型”之类的不规范表述，如“××不动产公允价值”“××资产组可收回金额”“××公司股东全部权益投资价值”等。

评估范围应完整界定，避免重复或遗漏。关于评估范围的描述，通常应当说明委托评估的资产类型、取得成本和账面价值、权属状况、资产数量以及评估基准日的现状等情况。通过对评估范围的规范描述，可以使评估报告使用者了解经济行为涉及的资产、权益的范畴，避免产生分歧或误解。

**关注事项八：评估对象和评估范围的内在关联**

评估对象是指被评估的具体标的或者被评估的资产，评估范围是指评估对象的具体表现形态及其权利边界和数量边界。从评估对象和评估范围的定义可以看出，评估对象决定着评估范围，评估范围是对评估对象所进行的详细描述。通常情况下，应先确定评估对象，再界定评估范围。评估对象和评估范围之间不得相互矛盾。

当评估对象为股东权益价值时，其评估范围应该是被评估企业的全部资产及负债。当评估对象为业务资产组时，其评估范围应该是构成该业务资产组的全部资产及负债。当评估对象为单项资产时，评估范围通常与评估对象相同。

**关注事项七：与财务报表的关系**

财务报表是确定评估对象和评估范围的重要基础，但在利用财务报表界定评估范围时，应关注财务报表存在的局限性。受会计核算的谨慎性原则等因素的影响，企业拥有的资产可能没有全部体现在资产负债表中。比如，当企业通过自主研发取得无形资产，但没有将研发支出作资本化处理时，企业的资产负债表就没有反映该无形资产，该无形资产成为企业的表外资产。

当评估对象是股东权益价值时，评估范围为被评估单位的全部资产及负债，既包括资产负债表列示的资产及负债，也包括财务报表中未列示的资产及负债，应避免遗漏。在企业价值评估中，评估范围的界定不应受评估方法的制约，评估范围是否完整界定，与纳入评估范围的各项资产能否分别进行单独评估，是两个不同维度的事项。比如，对于企业通过行政许可而被授予的资质，通常应界定为企业拥有的一项无形资产，能否对该资质进行单独评估，不影响评估范围的界定，只影响资产基础法的适用性。

在利用财务报表界定评估范围时，还应对资产负债表的账面价值及其构成内容进行核实，避免出现漏评现象。比如，若企业在会计核算中未规范核算资产明细，将多项资产的账面价值汇总列示，评估时应避免遗漏。

企业由有限责任公司整体变更为股份有限公司过程中，在法律主体上是同一法人主体的延续，不是法人主体变更，在工商登记方面只是公司类型的变更登记，而非设立登记，有限责任公司的股东以净资产“认购”或“折合”股份有限公司的股份，并不存在股权变更或股权交易。因此，对于有限责任公司整体变更为股份有限公司的项目，评估对象可以确定为“资产负债表中列示的净资产”，相应地，评估范围可以界定为“资产负债表中列示的资产和负债”，这种情形不属于企业价值评估，而是企业部分资产负债组合的评估。

此外，根据《企业会计准则第13号——或有事项》的规定，企业不应当确认或有负债和或有资产。因此，通常情况下，企业的或有资产和或有负债不纳入评估范围，仅作为特别事项进行披露。而根据《企业会计准则第20号——企业合并》及其应用指南的规定，取得的被购买方的或有负债，其公允价值在购买日能够可靠计量的，应确认为预计负债。因此，在合并对价分摊评估项目中，对于符合确认条件的或有负债，应纳入评估范围。

**关注事项六：与价值类型和评估假设的关系**

价值类型的选择、评估假设条件的设定，都有可能影响评估对象和评估范围的确定。

比如，在投资价值类型下的企业并购评估中，评估假设通常需要考虑并购方案的影响，评估范围应根据企业并购价格支付口径进行确定，通常情况下，评估范围应以委托人提供的、并购支付价格对应的资产范围为准。根据《企业并购投资价值评估指导意见》的规定，在企业并购投资价值评估业务中，评估对象为企业整体、股东权益时，应当根据会计政策、企业并购后未来经营模式等，对因并购方案带来的标的公司资产负债表的表内以及表外资产进行识别，根据企业并购价格支付口径，要求委托人明确是否将其纳入评估范围。

再比如，在资产减值测试中，以可收回金额为价值类型时，根据会计准则的规定，已确认的负债通常不纳入资产组的评估范围，但如不考虑该负债金额就无法确定资产组可收回金额的除外。

又比如，在清算价值类型下的设备资产评估中，可能基于变现假设，其评估对象和范围可能只包括设备本体及附件，而不包括安装调试因素、设备基础及附属设施等。

**关注事项五：与经济行为的关系**

资产评估涉及的经济行为包括产权转让、企业重组、资产抵押、资产课税、财务报告等。通常情况下，评估对象和评估范围需依据经济行为要求进行确定，评估对象和评估范围应与经济行为涉及的资产范围保持一致。

对于国有资产评估项目，《企业国有资产评估报告指南》（中评协〔2017〕42号）规定，应当说明委托评估对象和评估范围与经济行为涉及的评估对象和评估范围是否一致。《企业国有资产评估管理暂行办法》（国资委令第12号）规定，企业国有资产评估项目的核准或备案机构，应当对资产评估范围与经济行为批准文件确定的资产范围是否一致进行审核。

此外，还应关注评估对象与交易对象是否一致，如果两者不一致，可能会影响评估报告的利用方式。比如，在转让部分股权的经济行为中，委托人的交易对象是股东部分权益，而评估对象的确定在实务中可能存在两种做法，一是将评估对象确定为股东部分权益，二是将评估对象确定为股东全部权益，若选择后者，则委托人需要在股东全部权益评估值基础上自行确定股东部分权益价值。

**关注事项四：涉税事项的考虑**

在属于增值税应税事项的资产交易中，执行对应的资产评估业务时，应与委托人充分沟通评估对象和评估范围是否包含资产交易涉及的增值税。

增值税属于价外税，资产的定价采用价税分离的方式。基于增值税的这一特征，在资产交易的评估项目中，评估范围可以包含增值税，也可以不包括增值税。如果增值税未纳入评估范围，得出的评估值为不含增值税价，委托人需在使用评估报告时另行计算增值税；如果增值税纳入评估范围，则得出的评估结果为含增值税价，委托人在使用评估报告时无须再另行计算增值税。

在属于增值税应税事项的资产交易中，通常建议将资产交易涉及的增值税纳入评估范围，特别是国有企业作为购买方的交易事项。

在尚未办妥产权证的不动产交易中，执行对应的资产评估业务时，应与委托人充分沟通评估对象和评估范围是否包含办理产权证涉及的契税。若评估范围包含了办理产权证涉及的契税，则得出的评估结论以产权证已办妥为假设前提，基于该评估结论达成交易时，在交易之前办理产权证的契税由出售方承担；若评估范围未包括办理产权证涉及的契税，则得出的评估结论以产权证未办妥为假设前提，基于该评估结论达成交易时，在交易之前办理产权证的契税由购买方承担。

**关注事项三：负债事项的考虑**

评估对象为股东权益时，被评估单位的各项负债均应纳入评估范围，不得遗漏。对于实务中可能存在的无负债并购方式，评估对象和评估范围的确定有两种做法：一是评估对象为股东权益，被评估单位的各项负债均纳入评估范围，报告使用者在股东权益评估值基础上，根据被评估单位负债剥离或承担方案确定并购价；二是评估对象为业务资产组，被评估单位的负债不纳入评估范围。

评估对象为单项资产时，通常情况下并不需要将负债捆绑纳入评估范围，但也有例外情形。比如，对于尚欠工程款的建设工程，根据《中华人民共和国民法典》第八百零七条以及《最高人民法院关于审理建设工程施工合同纠纷案件适用法律问题的解释（一）》第三十五条、第三十六条的规定，与发包人订立建设工程施工合同的承包人享有建设工程价款优先受偿权。因此，在此类工程项目转让评估中，应明确是否将工程欠款纳入评估范围。若未将工程欠款纳入评估范围，也建议在评估报告中进行披露，以提醒报告使用者防范相关风险。

此外，对于在建工程评估项目，在确定评估对象和评估范围时，还应关注在建工程交易时点工程进度与评估基准日形象进度的差异、评估基准日在建工程形象进度与付款进度的差异、评估基准日及期后工程欠款的支付义务由哪方承担等事项。

**关注事项二：权利类别的考虑**

所有权人对自己的不动产或者动产，依法享有占有、使用、收益和处分的权利。在所有权基础上，还可以派生出使用权、租赁权等其他权利。还可以创设收益权、收费权、经营权等权利。因此，在确定评估对象和评估范围时，应准确界定资产的权利类别和权利范畴，关注是否存在权利限制。

比如，在知识产权资产的评估项目中，对于著作权资产评估项目，其评估对象只能是可转让或许可的复制权、发行权、出租权等财产权，而不能包括发表权、署名权、修改权等人身权；对于专利权资产评估项目，其评估对象可区分为专利所有权和专利使用权，其中，专利使用权又可进一步细分为专利权独占许可权、独家许可权、普通许可权或其他许可形式；对于商标资产评估项目，其评估对象可区分为商标专用权和商标许可权。

再比如，对于不动产交易目的评估项目，其评估对象和评估范围应为建筑物所有权及土地使用权；而不动产租赁目的评估项目，其评估对象和评估范围应为与租赁权相关的一定期限内的使用、收益、优先购买等权益。

又比如，评估对象为收益权、收费权、经营权等权利时，应完整描述权利人享有的权利范畴以及其应承担的具体义务，避免歧义。

**关注事项一：普通股权益的界定**

在企业财务报表列示的所有者权益项下，不仅包括普通股，还可能包括优先股和分类为权益工具的永续债。优先股和分类为权益工具的永续债，具有没有明确的到期期限，清偿顺序在普通债权之后、在普通股之前，股息率、利率事先设定等特点。虽然优先股和分类为权益工具的永续债在所有者权益科目列示，但优先股和分类为权益工具的永续债投资者没有投票权，不稀释公司股权，并不享有公司法规定的参与重大决策和选择管理者等股东权利，也不享有除自身价格以外的所有者权益，其实质是一种介于债权和股权之间的融资工具。

因此，对于发行了优先股以及发行了永续债且分类为权益工具的被评估单位，对其股东权益价值进行评估时，评估对象不宜界定为“股东全部权益”或“股东部分权益”，建议明确为“普通股股东全部权益”或“普通股股东部分权益”，且这种情形涉及股权价值分配，应在企业整体价值减去付息债务价值所得出的股东全部权益价值基础上，将股权价值在普通股、优先股以及分类为权益工具的永续债之间进行分配。

# 1.8 如何确定评估基准日？

## 问题：如何确定评估基准日？

评估基准日是一项重要的评估要素。资产评估价值往往随着时间的变化而变化，在不同的评估基准日，其资产价值也通常不同。作为一项基本的评估要素，评估基准日的选择和确定看起来很容易，但实际上是一项专业要求较高的工作。不恰当地选择评估基准日，可能会对评估目的对应的经济行为产生不利影响，甚至可能由此引发纠纷。那么，应如何确定评估基准日呢？

## 解答结论

评估基准日的选择，首先应满足评估目的的需要、符合法律法规的规定及合同的约定这两个前提条件，还应考虑评估报告有效期、评估报告使用前的审核周期、被评估单位的过渡期损益、评估报告的期后事项、评估活动使用资料的可获得性、会计期间和会计列报方式等六项制约因素的影响。对于可选择的评估基准日，应尽可能与评估目的实现日接近。

## 解答分析

**1.两个前提条件**

**第一个前提条件是满足评估目的的需要**。评估目的通常是指资产评估报告和评估结论的预期用途。为了服务于评估报告和评估结论的用途，评估基准日不得迟于用途实现日（也可称作评估目的实现日），具体又可区分为以下两种情形。

**第一种情形是，评估基准日早于用途实现日，交易类评估目的基本属于这种情形**。在以交易为目的的评估项目中，因评估机构实施评估程序以及委托人履行交易步骤均需要一定的时间，交易行为达成日通常会晚于评估基准日。大多数情况下，可以在用途实现日之前的一段周期内选择评估基准日，比如，在股权转让评估项目中，通常可以在多个月内的月末之间选择评估基准日；有些情况下，评估基准日是指定或固定的，委托人不能自由选择，比如，在征收评估项目中，评估基准日通常为征收决定公告之日。

**第二种情形是，评估基准日即为用途实现日，以财务报告为目的的评估通常属于这种情形**。例如，根据《企业会计准则第20号——企业合并》的规定，购买方在购买日应当对合并成本进行分配，由此形成合并对价分摊为目的的评估需求。在此类评估项目中，购买日即为评估报告和评估结论用途得以实现的日期（即评估报告作用得以发挥的日期），购买日就是评估基准日。而在资产减值测试或公允价值计量涉及的评估项目中，评估基准日通常为对应的资产负债表日。在以财务报告为目的的评估项目中，还应区分用途实现日与财务报告完成日，比如，企业因2022年度的年报需要而委托开展的资产减值测试评估，资产减值测试这一用途的实现日为2022年12月31日，而财务报告完成日必然晚于用途实现日。

**第二个前提条件是符合法律法规的规定以及合同的约定**。为了满足评估目的的需要，维护相关当事方的合法权益，避免或减少分歧或纠纷，对于有些经济行为，法律法规直接或间接规定了评估基准日。还有些评估项目是为了履行合同约定而作出的，其评估基准日也可能是合同约定的。举例如下。

比如，**在财产损失赔偿为目的的评估项目中**，基于《中华人民共和国民法典》"侵害他人财产的，财产损失按照损失发生时的市场价格或者其他合理方式计算"之规定，**评估基准日通常为财产损失发生时点**，不应将现场勘察日作为评估基准日，一般也不宜将财产损失赔偿支付日确定为评估基准日。对于评估基准日为财产损失发生时点的评估项目，财产损失赔偿金额是否应考虑赔偿支付时点与财产损失发生时点之间的利息损失，不属于评估考虑范畴。

比如，**在破产评估项目中**，根据《中华人民共和国企业破产法》"破产申请受理时属于债务人的全部财产，以及破产申请受理后至破产程序终结前债务人取得的财产，为债务人财产"之规定，为了对债务人财产进行评估，理论上看破产申请受理日至破产程序终结前的日期均可选作评估基准日，如果预计破产申请受理后债务人财产变化不大，**通常可以法院裁定受理日作为评估基准日**。

比如，**在征收评估项目中**，根据《国有土地上房屋征收评估办法》（建房〔2011〕77号）"被征收房屋价值评估时点为房屋征收决定公告之日"之规定，**评估基准日为征收决定日**。不过，对于行政机关违法征收的赔偿，也有以作出赔偿决定日为评估基准日的司法判例。

比如，**在计缴土地增值税涉及的旧房及建筑物评估项目中**，《北京市土地增值税扣除项目评估技术指引（旧房及建筑物评估）》作出规定，**价值时点为纳税人转让旧房及建筑物的时点**。

比如，若企业并购中作出业绩补偿承诺及资产减值补偿承诺安排，且交易各方在合同中约定于业绩补偿承诺期届满时进行资产减值补偿，则**资产减值补偿涉及的评估基准日为业绩补偿承诺期届满日**。

**2. 六个制约因素**

**第一个制约因素是评估报告的有效期**。资产评估报告通常自评估基准日起一年内有效，不得超期使用评估报告。如果评估基准日大幅早于评估现场工作日，可能导致评估报告日即将或已经超过评估报告有效期。

**第二个制约因素是评估报告使用前的审核周期**。对于企业国有资产评估项目，使用评估报告之前应当先办理核准或备案手续，应在评估报告有效期之内，为评估报告的核准或备案程序预留足够的时间。根据《企业国有资产评估管理暂行办法》（国资委令第12号）的规定，对于需要核准的企业国有资产评估报告，应于评估基准日起8个月内向国有资产监督管理机构提出核准申请；对于需要备案的企业国有资产评估报告，应于评估基准日起9个月内向国有资产监督管理机构提出备案申请。如果评估基准日过早，可能出现评估报告提交时已超过核准或备案申请日的问题。

在上市公司重大资产重组以及上市公司向不特定对象发行证券等事项涉及的评估项目中，根据《上市公司重大资产重组管理办法》（证监会令第214号）以及“证监会公告〔2023〕7号”“证监会公告〔2023〕8号”“证监会公告〔2023〕19号”的规定，上市公司董事会应当对评估机构的独立性、评估假设前提的合理性、评估方法与评估目的的相关性以及评估定价的公允性发表明确意见。上市公司董事会履行该等程序，也需要一定的周期。

**第三个制约因素是被评估单位的过渡期损益**。过渡期损益是指评估基准日至交易完成日的期间被评估单位的企业经营收益的形成或变化。根据相关文件的规定，对于通过产权市场公开转让的国有企业产权，交易双方不得以交易期间企业经营性损益等理由对已达成的交易条件和交易价格进行调整；对于上市公司重大资产重组涉及的购买资产，且以收益现值法、假设开发法等基于未来收益预期的估值方法作为主要评估方法的，过渡期收益归上市公司（受让方）所有，过渡期亏损则由交易对手（转让方）补足。对于其他情形下的股权交易，过渡期损益原则上归属于转让方。涉及企业国有资产的，还应遵循相关法律法规的规定。

过渡期损益如果很大，可能增加股权交易定价的风险或增加分配过渡期损益的操作成本，甚至可能引发交易双方的分歧或纠纷。为了降低过渡期损益的影响，通常的做法是缩短过渡期。

**第四个制约因素是评估报告的期后事项**。如果将期后时点截止于经济行为完成日，则期后事项按事项发生期间可以分为三段：第一段是评估基准日至评估报告日，第二段是评估报告日至评估报告使用日，第三段是评估报告使用日至经济行为完成日。第二段和第三段的期后事项均在评估报告日之后，评估报告根本无法对其进行考虑或披露。对于第一段的期后事项，可能在评估结论中进行了考虑；也可能未在评估结论中考虑，只在评估报告中进行披露。

如果第二段、第三段以及仅在评估报告中作披露的第一段期后事项较多或涉及金额较大，可能致使评估基准日的评估结论无法用于衡量评估报告使用日或经济行为完成日的价值水平。在这种情况下若继续使用评估报告，如果直接根据评估结论定价，可能损害相关当事方的利益；如果委托人自行根据期后事项调整交易价格，则加大了委托人使用评估报告的风险，甚至可能违反相关规定。当出现这种情况时，更改评估基准日可能是更佳的选择。在司法拍卖项目中，存在着因期后资产价格波动明显而撤拍并重新定价的司法判例。

在涉及国有股东持有上市公司股份间接转让的项目中，《上市公司国有股权监督管理办法》（国资委、财政部、证监会令第36号）规定，国有产权转让或增资扩股到产权交易机构挂牌时，因上市公司股价发生大幅变化等原因，导致资产评估报告的结论已不能反映交易标的真实价值的，原决策机构应对间接转让行为重新审议。

因此，通常情况下，确定评估基准日应使得期后事项越少越好，避免出现影响价值但无法在评估结论中进行考虑的重大期后事项。

**第五个制约因素是评估活动使用资料的可获得性**。如果在某个时点，待评估资产的权属存在问题或权属存在纠纷，以该时点为评估基准日可能是不恰当的，可能需要待资产的权属问题得到解决后再确定评估基准日。比如，被评估单位主要资产中有一块闲置土地，可能面临被征缴土地闲置费甚至被无偿收回等处置风险，则建议将评估基准日确定在该闲置土地处置方案明确之后。在企业国有资产评估项目中，提供审计报告的要求也可能影响评估基准日的选择。

**第六个制约因素是会计期间和会计列报方式**。在企业价值评估中，企业财务报表是评估所需的一项重要资料，评估基准日通常为某一个会计期间的期末（如月末、季末或年末）。对于需要根据评估结果调整账务处理的情形，也通常要求评估基准日选择某一会计期间的期末。对于无须根据评估结果调账且无须以完整会计期间的会计资料作为评估基础资料的，评估基准日不要求确定为某一会计期间的期末，可以选择其他自然日。

**上述六个制约因素中，前四个制约因素（特别是第三和第四个制约因素），均要求评估基准日尽可能与评估目的实现日接近**。为了使评估基准日与评估目的实现日尽量接近，有些文件对评估基准日的确定进行了规定。比如，《上市公司国有股权监督管理办法》（国资委、财政部、证监会令第36号）规定，国有股东所持上市公司股份间接转让，上市公司股份价值确定的基准日应与国有股东资产评估的基准日一致，且与国有股东产权直接持有单位对该产权变动决策的日期相差不得超过一个月。再比如，上海国资委发布的《本市国有企业混合所有制改制操作指引（试行）》（沪国资委改革〔2016〕26号）规定，原则上应采用评估机构进场前一个月的月末为评估基准日，否则应说明原因。

**相关资料**

《中华人民共和国民法典》第一千一百八十四条规定："侵害他人财产的，财产损失按照损失发生时的市场价格或者其他合理方式计算。"

《中华人民共和国企业破产法》第三十条规定："破产申请受理时属于债务人的全部财产，以及破产申请受理后至破产程序终结前债务人取得的财产，为债务人财产。"

《企业国有资产评估管理暂行办法》（国资委令第12号）规定："企业收到资产评估机构出具的评估报告后应当逐级上报初审，经初审同意后，自评估基准日起8个月内向国有资产监督管理机构提出核准申请。""企业收到资产评估机构出具的评估报告后，将备案材料逐级报送国有资产监督管理机构或其所出资企业，自评估基准日起9个月内提出备案申请。"

《上市公司国有股权监督管理办法》（国资委、财政部、证监会令第36号）第四十三条规定："国有股东所持上市公司股份间接转让应当按照本办法第二十三条规定确定其所持上市公司股份价值，上市公司股份价值确定的基准日应与国有股东资产评估的基准日一致，且与国有股东产权直接持有单位对该产权变动决策的日期相差不得超过1个月。国有产权转让或增资扩股到产权交易机构挂牌时，因上市公司股价发生大幅变化等原因，导致资产评估报告的结论已不能反映交易标的真实价值的，原决策机构应对间接转让行为重新审议。"

《企业国有资产评估项目备案工作指引》（国资发产权〔2013〕64号）第十五条规定："备案管理单位审核评估基准日，应当关注评估基准日的选择是否接近评估目的对应的经济行为或特定事项的实施日期。企业在评估基准日后如遇重大事项，如汇率变动，国家重大政策调整，企业资产权属或数量、价值发生重大变化等，可能对评估结果产生重大影响时，应当关注评估基准日或评估结果是否进行了合理调整。"

《国有土地上房屋征收评估办法》（建房〔2011〕77号）第十条规定："被征收房屋价值评估时点为房屋征收决定公告之日。"

《国有建设用地使用权出让地价评估技术规范》（国土资厅发〔2018〕4号）规定："土地出让后经原出让方批准改变用途或容积率等土地使用条件的，在评估需补缴地价款时，估价期日应以国土资源主管部门依法受理补缴地价申请时点为准。"

《资产评估准则术语2020》提出："评估目的通常是指资产评估报告和评估结论的预期用途。"

《企业会计准则第20号——企业合并》第十三条规定："购买方在购买日应当对合并成本进行分配，按照本准则第十四条的规定确认所取得的被购买方各项可辨认资产、负债及或有负债。"

《北京市土地增值税扣除项目评估技术指引（旧房及建筑物评估）》规定："依据本指引开展旧房及建筑物价格估价活动，价值时点为纳税人转让旧房及建筑物的时点。"

上海市国有资产监督管理委员会在《本市国有企业混合所有制改制操作指引（试行）》（沪国资委改革〔2016〕26号）中，对评估基准日的确定作出了以下规定："（1）由委托方与评估机构协商确定，尽可能与评估目的的实现日接近。原则上应采用评估机构进场前一个月的月末为评估基准日，否则应说明原因。（2）涉及上市公司的资产置换、发行股份收购资产等产权变动，评估基准日应为上市公司公告（停牌日）前后一个月内；如停牌期限较长，也可选择停牌期间的某月末为基准日。（3）评估基准日期后发生重大资产或国家政策等调整事项，致使评估结果无法有效地服务于评估目的的，应调整评估基准日或评估结果。"

## 1.9　关于评估基准日的十大关注事项

根据中国资产评估协会颁布的《资产评估准则术语2020年》，评估基准日是指为量化和表达资产价值数额所选定的具体时间点，即为确定特定条件下资产评估价值所选定的具体体现资产时间价值属性的时间基准点。

在实务中，有些委托人或评估人员对评估基准日存在一些疑问或困惑，我们对这些问题进行梳理和归纳，整理出关于评估基准日的十大关注事项，供委托人及评估人员参考。

**关注事项十：谁是评估基准日的确定主体?**

评估基准日的确定主体是委托方，评估人员可以根据专业经验提供建议。根据《资产评估基本准则》(财资〔2017〕43号)的规定，评估基准日是资产评估机构受理资产评估业务前应当明确的资产评估业务基本事项之一。而根据《资产评估执业准则——资产评估委托合同》(中评协〔2017〕33号)的规定，评估基准日是资产评估委托合同应当约定的事项之一。

在评估过程中，评估人员若发现原定评估基准日存在明显瑕疵，宜及时建议委托方更改评估基准日。

**关注事项九：评估基准日如何表示?**

评估基准日以年月日表示。评估基准日应是一个时点单位，不应采用年、季、月、旬、周以及两个时点之间的周期作为单位。而根据市场中的交易习惯和计量惯例，时点单位精确到日即可，无须进一步细化为小时等更小的时间单位。

**关注事项八：评估基准日是指定的还是可选择的?**

实务中，大多数的评估基准日并非是指定的，而是可以在一定的期间内作出选择，表现为评估基准日早于评估报告和评估结论的用途实现日。不过，也存在评估基准日是指定的情形，以财务报告为目的的评估通常属于这种类别，有些法律法规也会直接或间接指定评估基准日，不允许选择其他时点。

**关注事项七：评估基准日与会计报表日有何关联?**

对于企业价值评估、以财务报告为目的的评估、需以完整会计期间的会计资料作为评估基础资料以及需要根据评估结果进行调整的情形，评估基准日通常是会计报表日。除此之外，评估基准日可以选择会计报表日，也可以选择其他日期。

**关注事项六：评估基准日与评估进场日有何关联？**

进行评估现场调查，是《资产评估执业准则——资产评估程序》（中评协〔2018〕36号）规定的资产评估基本程序之一。通常情况下，评估人员进行评估现场调查的期间，均位于评估基准日之后。

但也有例外情形，有时为了在评估基准日之后尽快完成评估工作，在有些情况下，评估人员可能需要在评估基准日之前开始现场工作，类似于年度审计前的预审。但需要特别注意的是，评估现场调查通常无法在评估基准日之前全部完成，评估基准日之前的工作主要是为了节约评估基准日之后的现场调查时间，这种情况下，完整的评估现场调查时间会跨越评估基准日。

对评估目的实现日存在严格节点要求的项目，建议委托人提前作好计划，及时确定评估基准日并委托评估，必要时可与评估机构协商在评估基准日前开展部分现场工作。

**关注事项五：评估基准日与评估报告日有何关联？**

按照评估基准日和评估报告日之间的关系，可以把评估活动区分为追溯性评估、现时性评估和预测性评估这三种类别。其中，追溯性评估和现时性评估，其评估基准日均位于评估报告日之前，区别在于前者的评估基准日与评估报告日间隔超过一年，而后者的评估基准日与评估报告日间隔小于一年；预测性评估的评估基准日则位于评估报告日之后。

实务中绝大多数的评估项目属于现时性评估。对于现时性评估，通常要求尽可能与评估目的实现日接近，以预留出足够的履行评估报告使用前的审核及交易程序所需的时间，并减少期后事项及过渡期损益的影响。

追溯性评估常见于一些司法评估项目当中，比如，在财产损失赔偿为目的的评估项目中，财产损失发生时点若早于评估报告日一年以上，则属于追溯性评估。此外，对于历史上已经完成的经济行为，事后若需要验证或补充该经济行为的定价依据，也可能会产生追溯性评估的需求。应提醒注意的是，追溯性评估项目的评估报告日是当前时点。

实务中预测性评估较少。首次公开发行股票涉及的预计市值的评估，属于预测性评估，其评估基准日为预计的股票公开发行日，位于作出《关于发行人预计市值的分析报告》的时点之后。

**关注事项四：评估基准日与评估目的实现日有何关联？**

评估目的实现日，是指评估报告和评估结论用途的实现日。通常情况下，评估基准日要早于或等于评估目的实现日。其中，对于交易类评估项目，其评估基准日通常早于用途实现日；对于以财务报告为目的的评估项目，其评估基准日通常为用途实现日。

**关注事项三：一份评估报告的评估基准日是唯一的吗？**

通常情况下，一份评估报告中只能有一个评估基准日。不同的评估基准日，其评估对象和评估范围、评估活动所使用的资料和评估结论必然不同，评估报告使用人、评估目的、评估假设、评估程序履行的时间以及特别事项说明等内容也可能不同。如果在一份评估报告中存在两个或两个以上的评估基准日，评估报告的内容将十分混乱，可能徒增评估执业风险和评估报告使用风险。

因此，一份评估报告的评估基准日是唯一的。即便在同一份评估委托合同中同时委托对多个评估基准日的资产价值进行评估，也要求对每一个评估基准日分别出具评估报告。

**关注事项二：如何确定评估基准日？**

评估基准日的选择，首先应满足评估目的的需要、符合法律法规的规定及合同的约定这两个前提条件，还应考虑评估报告有效期、评估报告使用前的审核周期、被评估单位的过渡期损益、评估报告的期后事项、评估活动使用资料的可获得性、会计期间和会计列报方式等六项制约因素的影响。对于可选择的评估基准日，应尽可能与评估目的实现日接近。

**关注事项一：如何更改评估基准日？**

更改评估基准日后，需要修改或重新签署评估委托合同，评估活动所使用的资料也需要进行更新或替换，还需要重新履行完整的资产评估程序。因此，更改评估基准日，其实质相当于开启一个新的资产评估项目。

## 1.10 关于评估假设的十大误区

根据《资产评估准则术语2020》的规定，评估假设是指资产评估专业人员在现实普遍认知的基础上，依据客观事实及事物发展的规律与趋势，通过逻辑推理，对评估结论的成立所依托的前提条件或者未来可能的发展状况作出的合理的推断或者假定。

评估假设是一项十分重要的评估要素，评估假设合理与否会影响甚至决定评估报告的质量。相比于单项资产评估，企业价值评估中的假设条件更为复杂。根据《资产评估执业准则——企业价值》的规定，资产评估机构受理企业价值评估业务前，应当明确的基本事项中就包括了评估假设，在执行企业价值评估业务过程中应当合理使用评估假设，在收益预测中要求合理确定评估假设。

但在企业价值评估实务中，不合理的假设屡见不鲜，这些不合理的评估假设，可能影响甚至决定评估报告的质量，进而可能损害委托人或相关当事方的利益，也可能加大评估机构的执业风险。

我们从历年监管部门对相关评估机构作出的处罚文件中，以及从其他公开渠道查询的评估报告中，收集了大量不合理的评估假设案例，整理归纳为十类误区，并对这些不合理的评估假设案例逐例进行分析，指出其错误之处，再提出正确做法的建议，以供评估同行参考。

### 误区十：评估假设与项目类别不契合

示例 1

| | |
|---|---|
| 错误示例 | 在股权交易评估项目中，对于被评估单位存在已查封资产的情形，却假设被评估单位资产未被查封 |
| 示例分析 | 该假设可能是错误引用了司法评估中的假设条款。《人民法院委托司法执行财产处置资产评估指导意见》第十七条规定：“资产评估机构及其资产评估师执行人民法院委托司法执行财产处置资产评估业务，不应当考虑评估对象被查封以及原有的担保物权和其他优先受偿权情况对评估结论的影响，应当视为没有查封、未设立担保物权和其他优先受偿权的财产进行评估，并在资产评估报告的评估假设中予以说明。”但该条款并不适用于非司法评估项目 |
| 建议做法 | 在股权交易评估项目中，对于被评估单位存在资产已被查封等情形，应进一步分析查封原因以及查封可能对被评估单位产生的影响。若查封行为会影响被评估单位于评估基准日的现时义务，应在评估过程予以考虑；若仅为或有事项，则在评估报告中进行披露 |

## 误区九：评估假设与折现口径不匹配

示例 2

| | |
|---|---|
| 错误示例 | 假设被评估单位的管理风险、资金风险、市场风险、技术风险、人才风险等处于可控范围或可以得到有效化解 |
| 示例分析 | 如果被评估单位的全部风险都得到了化解，由此得到的现金流属于无风险现金流，对于无风险现金流应采用无风险折现率进行折现。但在实务中，要预测无风险现金流通常是不现实的 |
| 建议做法 | 折现率的高低应与未来收益风险相匹配 |

示例 3

| | |
|---|---|
| 错误示例 | 假设本次评估测算的各项参数取值是按照现时价格体系确定的，未考虑基准日后通货膨胀因素的影响 |
| 示例分析 | 通常情况下，无风险回报率中包含了通货膨胀因素，因此折现率也是考虑了通货膨胀因素的。未来收益预测中的参数取值若仍采用评估基准日的价格体系，会使得收益预测与折现率在是否考虑通货膨胀因素方面不一致 |
| 建议做法 | 在未来收益预测中的参数取值，应在评估基准日价格体系基础上，考虑折现率中包含的通货膨胀因素 |

## 误区八：评估假设与特别事项相混淆

示例 4

| | |
|---|---|
| 错误示例 | 本次评估不考虑评估基准日后被评估单位发生的对外股权投资项目对其价值的影响 |
| 示例分析 | 该条款不属于评估假设，属于特别事项说明 |
| 建议做法 | 若被评估单位在评估报告日前发生重大的对外股权投资项目，应作为重大期后事项在特别事项说明中进行披露。除此之外，不需要在特别事项说明中披露该条款 |

示例 5

| | |
|---|---|
| 错误示例 | 在可预见经营期内，未考虑公司经营可能发生的非经常性损益，包括但不局限于以下项目：处置固定资产、无形资产、其他长期资产产生的损益以及其他营业外收入、支出，未考虑委托人及被评估单位申请评估范围之外可能存在的或有资产及或有负债 |
| 示例分析 | 该条款不属于评估假设，属于特别事项说明 |
| 建议做法 | 对于或有事项，在特别事项说明中进行披露。对于非经常性损益，若在评估报告日之前已有资产的出售计划，可以在收益预测中考虑，或作为期后事项进行披露；除此之外，无须作为特别事项进行说明 |

示例 6

| | |
|---|---|
| 错误示例 | 我们对价值的估算是根据评估基准日本地货币购买力作出的。本次评估没有考虑特殊的交易方式可能追加付出的成本费用等对其评估值的影响 |
| 示例分析 | 该条款不属于评估假设，属于特别事项说明 |
| 建议做法 | 在评估报告中已载明“评估结论不等同于评估对象可实现价格，评估结论不应当被认为是对评估对象可实现价格的保证”等内容的情况下，本示例中的条款是多余的 |

## 误区七：评估假设与价值类型相抵触

示例 7

| | |
|---|---|
| 错误示例 | 价值类型为市场价值时，假定被评估资产按目前的用途和使用方式、规模、频度、环境等情况继续使用，并未考虑各项资产各自的最佳利用 |
| 示例分析 | 该假设条款实际上反映的是在用价值的价值类型。当价值类型为市场价值时，不得使用该假设。当价值类型为在用价值时，不需要作出该假设 |
| 建议做法 | 删除该假设条款 |

示例 8

| | |
|---|---|
| 错误示例 | 价值类型为市场价值时，假设被评估单位未来收益期不进行影响其经营的重大固定资产投资活动，企业产品生产能力以评估基准日状况进行估算；或假设被评估单位以评估基准日的实际存量为前提；或假设未来没有来自企业外部的新增追加投资影响企业的生产能力 |
| 示例分析 | 该假设条款实际上匹配于在用价值的价值类型 |
| 建议做法 | 当价值类型为市场价值时，应基于被评估单位的竞争能力及发展规划，合理预测未来的资本性支出 |

示例 9

| | |
|---|---|
| 错误示例 | 本次评估只基于基准日现有的经营能力，金融杠杆不发生变动，不考虑未来可能由于管理层、经营策略和追加投资等情况导致的经营能力扩大 |
| 示例分析 | 在价值类型为市场价值的股权评估中，不宜设定企业规模和经营能力不变 |
| 建议做法 | 当价值类型为市场价值时，应基于被评估单位的竞争能力及发展规划，合理预测未来的资本性支出及规模变化 |

示例 10

| | |
|---|---|
| 错误示例 | 假设在市场上交易的资产，或拟在市场上交易的资产，资产交易双方彼此地位平等，彼此都有获取足够市场信息的机会和时间，交易行为都是自愿的、理智的，都能对资产的功能、用途及其交易价格等作出理智的判断 |
| 示例分析 | 该假设与市场价值的内涵相重叠。当价值类型选择市场价值时，该假设是多余的；当价值类型选择市场价值以外的类型时，该假设与价值类型相抵触 |
| 建议做法 | 删除该假设条款 |

## 误区六：评估假设与法律法规相冲突

示例 11

| | |
|---|---|
| 错误示例 | 评估标的资产未办妥土地使用权证，长期未按约定开发，且处于协议约定的政府有权无偿收回的状态，仍以委托方提供的土地开发实施方案作为评估假设 |
| 示例分析 | 该土地使用权很可能被政府无偿收回，说明该土地使用权存在非常严重的权属问题。而资产权属问题不得通过假设的方式予以掩盖 |
| 建议做法 | 待土地使用权的权属问题得到解决（比如，获得有权部门作出同意延期开发的批准文件）之后，才可开展评估，这还可能涉及评估基准日的变更 |

示例 12

| | |
|---|---|
| 错误示例 | 在尚未获取关于被评估地块允许工业用地性质变更的政策或文件的情况下，即假设在工业用地上建设可供出售的办公性质商品房 |
| 示例分析 | 根据土地管理法的规定，国家实行土地用途管制制度。建设单位使用国有土地，确需改变土地建设用途的，应当经有关人民政府自然资源主管部门同意，报原批准用地的人民政府批准。其中，在城市规划区内改变土地用途的，在报批前，应当先经有关城市规划行政主管部门同意 |
| 建议做法 | 应分析土地用途变更符合规划条件和政策预期，了解是否已获有权部门的同意或批准。当土地用途变更符合规划条件和政策预期或已获有权部门的同意或批准，但尚未办妥土地用途的全部手续时，可以作出土地用途变更的评估假设，并考虑按相关政策计算并扣减土地用途变更应缴交出让金等价款 |

示例 13

| | |
|---|---|
| 错误示例 | 截至评估基准日，某项政策已发布但尚未实施，以开始实施日期位于评估报告日之后且该政策实施效果有待观察为由，假设不考虑该政策的影响 |
| 示例分析 | 该假设与评估通常采用的“假设法律法规、政策及制度无重大变化”相悖 |
| 建议做法 | 删除此项假设。对于评估基准日已发布的政策，当然应纳入考虑范畴。并建议在评估报告中的特别事项中进行披露 |

## 误区五：评估假设与评估过程相矛盾

示例 14

| | |
|---|---|
| 错误示例 | 被评估单位在详细预测期的研发投入明显滞后于业务规模的发展，实质上不具备高新技术企业的条件，却假设被评估单位的高新技术企业证书持续可获得 |
| 示例分析 | 根据《高新技术企业认定管理办法》（国科发火〔2016〕32 号）及《高新技术企业认定管理工作指引》（国科发火〔2016〕195 号）等文件的规定，通过认定的高新技术企业，其资格自颁发证书之日起有效期为 3 年。认定高新技术企业需同时满足具有知识产权、高新技术产品（服务）收入占比、研发支出占比、企业科技人员占比等条件 |
| 建议做法 | 结合预测期的预测数据，分析被评估单位是否在实质上满足认定为高新技术企业的条件。若被评估单位在预测期持续满足高新技术产品（服务）收入占比、研发支出占比、企业科技人员占比等高新技术企业认定条件，则可以假设被评估单位的高新技术企业认证到期后能够顺利如期续展；若被评估单位在预测期实质上不具备高新技术企业的认定条件，不得假设被评估单位的高新技术企业证书持续可获得 |

示例 15

| | |
|---|---|
| 错误示例 | 假设评估基准日之后维持现状生产能力持续经营（即以评估基准日企业的产能为预测基础，不考虑后续进行融资新增产线等情况对未来现金流的影响），但未来收益预测中产销量及资本性支出有明显增加。或假设经营规模不发生重大变化，但预测期收入明显增长 |
| 示例分析 | 评估假设与评估过程中的未来收益预测过程相矛盾 |
| 建议做法 | 评估假设和收益预测都是对未来不确定性变量的处理方式，两者不得相互矛盾 |

示例 16

| | |
|---|---|
| 错误示例 | 在收益预测中假设期间费用不会在现有基础上发生大幅变化，但收益预测结果却显示收入大幅增加、营业费用降低。或假设企业未来的经营策略以及成本控制与企业最近一年的经营情况不发生较大变化，但预测期的成本有了较大变化 |
| 示例分析 | 此类假设存在两个方面的错误，一是评估假设与评估过程中的未来收益预测过程相矛盾，二是企业的成本费用属于预测的对象，不属于假设的对象 |
| 建议做法 | 放弃此类假设，合理形成未来收益预测 |

示例 17

| | |
|---|---|
| 错误示例 | 假设被评估单位每年均匀取得现金流，却采用期末折现的方式 |
| 示例分析 | 被评估单位每年均匀取得现金流的假设，应与期中折现相匹配 |
| 建议做法 | 通常不需要对现金流的分布特征作出假设。尽管企业的现金流分布往往并不集中于年末，但年末折现方式是与折现率的年期口径相匹配的一种“合理简化”的做法，年末折现并无不妥，年中折现方式并不比年末折现方式更为优越，反而年中折现方式更易被误用 |

## 误区四：评估假设代替核查验证程序

示例 18

| | |
|---|---|
| 错误示例 | 假设被评估单位为增值税一般纳税人，购置设备时已取得合规合法的增值税发票，且被评估单位所在地税务机构允许其购置设备的进项税可抵扣 |
| 示例分析 | 不能通过假设被评估单位提供的资料是真实完整，而省略了应有的对评估资料进行核查验证的评估程序。没有进行必要的分析和判断，未履行必要的调查分析或核实程序，直接以评估假设提出免责条款，这样的免责条款犹如“掩耳盗铃”反而暴露了风险。更不得在已知委托方或其他信息来源方提供的某些信息资料不真实的情况下，用假设形式设定这些资料是真实的，并在此基础上出具评估报告 |
| 建议做法 | 对被评估单位购置设备时是否已取得合规合法的增值税发票，应通过查询、书面审查等方式进行核查验证 |

## 误区三：评估假设缺乏基本现实条件

示例 19

| | |
|---|---|
| 错误示例 | 假设被评估单位在详细预测期能按计划实现预计的产能。但现实情况是，从被评估单位截至评估报告日的投入进度看，要实现假设条件中的计划产能是一项不可能完成的任务 |
| 示例分析 | 根据《资产评估准则术语 2020》关于评估假设的定义，评估假设是依据客观事实及事物发展的规律与趋势作出的合理的推断或者假定。因此，客观事实是评估假设的起点，评估假设不能与客观事实及其发展趋势相脱离 |
| 建议做法 | 基于被评估单位评估基准日的客观现状以及预测期的投入预测值，合理估计被评估单位在预测期能实现的产能 |

示例 20

| | |
|---|---|
| 错误示例 | 在被评估单位的授信协议均已过期的情况下，却假设能获融资而顺利完成开发建设 |
| 示例分析 | 被评估单位的融资规模、融资进度与融资成本，与被评估单位的资本结构、盈利前景及增信措施等因素密切相关 |
| 建议做法 | 重新分析被评估单位的融资能力，合理估计融资规模、融资进度与融资成本 |

示例 21

| | |
|---|---|
| 错误示例 | 评估基准日尚有大额补助款已拖欠很长时间、未能及时收回，但假设补贴款能够及时发放、企业营运资金周转情况得到有效改善 |
| 示例分析 | 该假设缺乏基本的现实条件，甚至与现实情况相反 |
| 建议做法 | 应在分析评估基准日大额补助款拖欠的原因的基础上，结合其他预测资料，合理估计大额补助款的发放时点 |

示例 22

| | |
|---|---|
| 错误示例 | 假设被评估单位未来不再依赖目前构成严重依赖关系的客户或者供应商 |
| 示例分析 | 被评估单位目前严重依赖客户或供应商，说明在产业链中被评估单位处于明显的弱势地位，缺乏竞争力。评估假设的设置本身并无法改变被评估单位未来竞争地位，被评估单位未来竞争地位能否提升，取决于被评估单位能否解决目前经营管理中存在的问题以及未来的投入 |
| 建议做法 | 分析被评估单位目前严重依赖客户或供应商的原因，了解被评估单位拟采取的应对举措及投入计划，在此基础上合理作出判断与预测。若预测趋势与现实经营状况存在重大差异，还应按《资产评估执业准则——企业价值》的要求进行披露，并对产生差异的原因及其合理性进行说明 |

示例 23

| | |
|---|---|
| 错误示例 | 经营原矿石的被评估单位，截至评估基准日尚未开始建设选矿厂，也不具备选矿相关的技术团队及经营管理团队，却假设被评估单位在详细预测期的经营业务改按选矿业务 |
| 示例分析 | 被评估单位经营的业务种类在未来能否改变以及何时能够改变，取决于追加投资的规模与进度，以及经营管理能力的达成 |
| 建议做法 | 首先判断被评估单位改变经营业务种类对应的现金流能否预测、风险能否合理量化，若可以，再基于被评估单位未来追加投资的规模与进度，以及经营管理能力的达成进度，合理预计经营业务转型周期 |

## 误区二：评估假设代替收益预测分析

示例 24

| | |
|---|---|
| 错误示例 | 鉴于企业的货币资金或其银行存款等在生产经营过程中频繁变化且闲置资金均已作为溢余资产考虑，评估时假设企业不存在利息收入 |
| 示例分析 | 溢余货币资金不应重复考虑其利息收入，但最佳现金保有量的利息收入是要考虑的 |
| 建议做法 | 分别确定评估基准日以及详细预测期各期的最佳现金保有量，在未来收益预测中逐期预测利息收入。当然，若利息收入金额很小，也可忽略不计 |

示例 25

| | |
|---|---|
| 错误示例 | 假设被评估单位未来收益期应纳税所得额的金额与利润总额基本一致，不存在重大的永久性差异和时间性差异调整事项 |
| 示例分析 | 被评估单位未来收益期应纳税所得额，属于一项预测内容，应作出判断或预测 |
| 建议做法 | 经分析，若被评估单位的应纳税所得额与利润总额基本一致，则可根据利润总额及被评估单位的适用税率，预测所得税费用；否则，应单独预测应纳税所得额，再结合被评估单位的适用税率预测所得税费用 |

示例 26

| | |
|---|---|
| 错误示例 | 假设被评估单位未来应收账款全部可以按期收回，不会发生坏账 |
| 示例分析 | 被评估单位未来是否发生坏账，与其销售方式及信用政策息息相关 |
| 建议做法 | 在预测企业营运资金时，对于应收账款应分别预测应收账款科目余额及收款损失金额 |

示例 27

| | |
|---|---|
| 错误示例 | 假设被评估单位目前执行的集团内部定价在未来保持不变，假设集团内部的关联交易规模在未来保持不变 |
| 示例分析 | 在缺乏市场机制及合同约束的情况下，这样的假设可能与实际情况相去甚远 |
| 建议做法 | 应首先分析目前执行的集团内部定价是否为市场化定价、评估目的实现后股权关系是否发生重大变化、集团内部关联交易是否存在合同安排或保障措施，在此基础上结合市场机制合理预测关联交易规模及内部定价 |

示例 28

| | |
|---|---|
| 错误示例 | 假设被评估单位的核心人员不发生流失 |
| 示例分析 | 被评估单位的核心人员是否发生流失，以及人员流失会产生怎样的影响，都属于未来收益预测中的应作出预测或判断的具体事项 |
| 建议做法 | 对被评估单位技术队伍及高管人员的稳定性执行必要的调查和分析程序，在此基础上对企业未来收益及其风险进行预测或判断 |

## 误区一：直接将预测的结果作为假设

示例 29

| | |
|---|---|
| 错误示例 | 假设被评估单位的盈利预测成果能够如期实现。或假设被评估单位的生产经营计划能如期实现。或假设公司未来经营发展按照企业的整体发展规划顺利实施并基本实现预期目标。或假设收益期被评估单位制定的目标和措施能按预定的时间和进度如期实现，并取得预期效益。或假设企业管理能稳步推进企业的发展计划，尽力实现预计的经营态势 |
| 示例分析 | 假设和预测都是对评估涉及的不确定性变量的处理方式，假设的本质是将变量固化为常量。该假设的实质是将企业未来收益这一变量固化为常量，而企业未来收益不可能是一项常量 |
| 建议做法 | 放弃该假设，只可对盈利预测涉及的无法估计概率的变量设置假设。类似地，在价值类型选择投资价值的项目中，可以将企业的并购方式及并购整合方案作为假设条件，但不得将并购整合预期实现的协同效应作为假设条件 |

示例 30

| | |
|---|---|
| 错误示例 | 假设企业生产能力 100% 释放并完全销售 |
| 示例分析 | 企业的生产能力能否得到释放取决于企业的销售情况，企业能否完全销售取决于市场状况、企业的竞争能力以及为打造竞争能力而增加的投入情况 |
| 建议做法 | 基于被评估单位在行业中的竞争地位、在产业链中的市场地位以及为此而作出的投入，合理预测销售规模 |

示例 31

| | |
|---|---|
| 错误示例 | 假设企业在未来经营期内的各项期间费用不会在现有基础上发生大幅的变化，仍将保持其最近几年的变化趋势。或假设被评估单位经营成本控制能按计划实现 |
| 示例分析 | 从成本费用的绝对金额上看，成本费用一般随企业销售规模的扩大而增长。从成本费用占收入的比例上看，在销售价格不变的前提下，成本费用率通常随销售规模的扩大而下降 |
| 建议做法 | 将各项成本费用区分为固定和变动两部分，对于变动的成本费用，还可以考虑因销售规模变动对单位成本费用的影响（这也是规模经济效应的体现方式之一） |

示例 32

| | |
|---|---|
| 错误示例 | 假设被评估单位构建主营业务相关主体资产所需投入的资金能够及时、足额到账。或假设被评估单位能够根据经营需要筹措到所需资金，不会因融资事宜影响企业正常经营及新项目进程。或假设被评估单位在未来的经营期限内的财务结构、资本规模未发生重大变化。或假设被评估单位在未来的经营期内，保持评估基准日的负债水平，资本结构不发生重大变化 |
| 示例分析 | 被评估单位在预测期的财务结构和资本规模，取决于被评估单位的资金需求与融资能力。也就是说，财务结构和资本规模是企业未来收益预测中基于其资金需求与融资能力而得出的预测结果。而此类示例中的最后一项，同一条假设条件本身自相矛盾，因为预测期的权益资本是动态变化的，保持评估基准日的负债水平通常会导致资本结构的变化 |
| 建议做法 | 在未来收益预测中，通过现金流的预测结果分析企业的资金需求，判断企业的融资能力，在此基础上预测企业的资金来源、资本结构及融资成本 |

示例 33

| | |
|---|---|
| 错误示例 | 假定被评估单位能够按照可行性研究报告的产能进行生产 |
| 示例分析 | 可行性研究报告中的经济可行性分析，也是一种收益预测，不宜将一种预测结果作为另一种预测的假设条件。实务中，有些“可行性研究报告”的实质是“可批性研究报告”，对其中的经济可行性分析内容，不宜直接引用，更不得将其作为一项评估假设 |
| 建议做法 | 在开展未来收益预测中，应避免被可行性研究报告所左右甚至被其误导。被评估单位的可行性研究报告，只是形成收益预测的众多参考资料中的一项资料 |

# 第 2 章

# 评估方法与评估模型

## 2.1 企业估值中资本结构的十大误区

**误区第十名：资本结构中的资本类别仅为两类**

资本结构，是指企业各种资本的价值构成及其比例关系。一般情况下，企业的资本只需区分为权益资本和债务资本这两类即可，但也有例外。对于发行优先股、永续债的企业，需要将资本进一步划分出优先股、永续债的类别；对于短期债务和长期债务的融资成本相差较大时，有必要将债务资本进一步细分为短期债务资本和长期债务资本。

因此，资本结构中的资本类别不一定只有两类，有时需要进一步细分为更多的类别，以恰当反映各类资本的风险及成本差异。

**误区第九名：资本结构不具有行业特征**

不同的细分行业，其资本结构呈现出不同的特征。一般来说，收益及现金流稳定的行业，可以容忍更高的债务水平，以更小的权益资本撬动更大的债务资本，比如基础设施行业；收益及现金流波动较大的行业，其债务比率通常较低，以防范企业的破产风险，比如一些尚处在摸索阶段的创新型企业。

因此，资本结构具有明显的行业特征。明确这一点，具有很强的现实意义。在企业估值实践中，不宜将不同行业的资本结构进行横向对比。

**误区第八名：资本结构与债务资本成本存在函数关系**

该观点认为，在债务资本成本与资本结构的关系中，资本结构是自变量，债务资本成本是因变量，当资本结构变化时，债务资本成本将按照某种确定的函数形式予以变化。

企业的财务杠杆越大，其面临的财务风险也越大，债务资本成本也越大，但债务资本成本的变化过程通常是“从量变到质变”的过程，在一定幅度内，财务杠杆的变化并不必然带来财务风险和债务资本成本的变化，财务杠杆累积到一定程度时，才会引起债务资本成本的上升，债务资本成本随财务杠杆的上升而呈现“阶梯式”上升态势。因此，寻求资本结构与债务资本成本之间函数关系的努力往往是徒劳的，资本结构与债务资本成本之间只存在相关关系，不存在函数关系。

**误区第七名：财务杠杆越大越好**

该观点其实是1963年MM理论（有税）的主张。MM理论（有税）认为，在有公司税的情况下，有举债公司的价值等于相同企业风险的完全权益公司的价值，再加上负债的节税利益，财务杠杆越大，节税利益越高，当企业负债率为100%时企业价值达到最大。但在现实中，没有企业是通过无限扩大财务杠杆直至100%负债来提升企业价值的，因为高企的财务杠杆可能引发财务危机，甚至可能同时出现财务融资能力透支与资产低效运转的双重问题，进而侵蚀企业价值。

因此，财务杠杆并非越大越好。企业应权衡债务税盾优势、企业破产风险、融资交易费用、不对称信息及代理问题等因素，寻求最佳资本结构。

**误区第六名：资本结构仅通过资本权重值对折现率产生影响**

资本结构对折现率的影响过程是双重的，不仅影响加权平均资本成本中的权重值，也会对权益资本成本和债务资本成本产生影响。

随着债务金额的增加，违约风险增加，债务取得的难度也会加大，企业的债务资本成本将呈现阶梯式上升态势。而债务资本作为一项财务杠杆，其变动将进一步撬动权益资本面临的风险水平，影响权益资本报酬的波动程度。在其他条件不变的前提下，债务资本占比越大，权益资本成本也越大。

**误区第五名：采用母公司口径计算资本结构**

在集团型企业中，为了防范资金流动性风险、降低资金成本、减少资金闲置，需要在集团内实施资金集中管理或其他管控措施，集团内某个单体公司的资本结构无法反映整个集团的资本结构。因此，在集团型企业中，采用母公司口径计算资本结构是片面的，甚至是错误的。

正确的做法是，对集团型企业以合并口径计算资本结构，债务资本采用合并口径数据，权益资本采用合并口径股东全部权益价值（无须扣除少数股权价值）。

**误区第四名：预测期资本结构固定不变**

从资金来源的角度看，在预测期，企业的债务资本往往是不断变化的，当然，也可能出现债务资本不变的情形（比如，通过借新还旧的方式保持债务资本不变，且其利率合理反映了客观融资成本）。相对于债务资本，权益资本的动态特征更加显著。在预测期，企业的权益资本一定是变动的。因此，在预测期，应当逐年计算当年的债务资本和权益资本价值，逐年计算资本结构。另外，从资金运用的角度看，随着企业的运营，企业所占用的资金（即投入的资本）总额不断发生变化。

因此，不论从资金来源的角度，还是基于资金运用的角度，预测期企业的资本结构都不可能固定不变。假设预测期企业资本结构不变的做法，与事实不符，是一种“偷懒”的做法。

**误区第三名：以账面值为基础计算资本结构**

资本的账面价值可能偏离于其市场价值，甚至有些资本缺乏账面价值的记载（比如，基于旧租赁会计准则，企业经营租入资产并不在账面计量债务资本；再比如，认缴制下未实缴的权益资本，缺乏完整的账面价值记载），以账面价值衡量企业所占用资本的规模是不准确的。另外，企业的普通股、优先股和债务，均是按市场价值而非账面价值发行的。

因此，在计算资本结构过程中，权益资本和债务资本的价值指市场价值。在评估企业股权价值的过程中需要确定资本结构，而确定资本结构的前提是知晓企业股权价值，因此，资本结构与企业股权价值互为条件，形成循环推导问题，通过迭代法解决此问题。

有些企业的权益资本的账面价值（即账面净资产）与其市场价值存在巨大差异，若以权益资本账面价值为基础计算资本结构，将产生显著估值误差，有些企业因此导致的估值偏差甚至达到30%以上。

**误区第二名：直接将目标资本结构作为假设条件**

这个误区犯了“将条件与结果颠倒”的错误。企业的目标资本结构是计算得出的一项结果，不是一项假设条件。企业在预测期的资本结构将如何变化，是在企业未来盈利预测、资金需求、资金来源以及融资能力等因素基础上，通过动态计算得到的结果，即“先作计算，后有结果”，而不是“先假设结果，再代入计算”，资本结构本身不应作为“输入”的假设条件。更有甚者，通过人为设定所谓的目标资本结构，以达到避免迭代循环计算权益资本价值的目的。

直接将目标资本结构作为假设条件，可能脱离于企业的实际情况。比如，有些企业缺乏进一步融资的能力，不具备达到目标资本结构的条件；有些企业缺乏新的投资需求，人为设定目标资本结构可能导致资金闲置。再比如，对有些非上市企业进行评估时，直接采用同行业上市公司的平均资本结构作为目标资本结构，没有关注上市公司与非上市企业在融资条件和融资能力方面的差异。

**误区第一名：资本结构不影响企业整体价值**

该观点其实是1958年MM理论（无税）的推论之一，MM理论（无税）认为，公司的价值是由其本身资产或投资项目所决定的，公司的价值与其资本结构无关。但MM理论（无税）是建立在严苛的假设条件（比如，无交易成本、无税负、无破产成本和代理成本）之下的，在现实中这些假设几乎都不成立。此外，该观点还有另外一个前提是假设公司的总投入资本不变，但在现实中，公司的总投入资本往往是动态变化的。

因此，在现实条件下，公司的价值与资本结构有关。当总投入资本变化时，资本结构的变化会引起加权平均资本成本（WACC）和公司价值的变化。

## 2.2　企业估值中折现率的十大误区

**误区第十名：直接采用可比公司历史β系数**

在资本资产定价模型（CAPM）中，直接将可比公司历史（原始）β系数作为被评估单位的β系数的做法，相当于将被评估单位股权价值的期望波动程度，直接等同于可比公司股价的历史波动程度，显然是错误的。

正确的做法是，在可比公司历史（原始）β系数基础上，应作出以下调整。

首先，将可比公司历史（原始）β系数调整为期望β系数。实务中，一般通过对可比公司历史（原始）β系数进行平滑调整予以实现。

其次，将可比公司调整后（期望）β系数去财务杠杆，得出可比上市公司调整后无财务杠杆β系数，再加上被评估单位的财务杠杆，得出被评估单位的有财务杠杆β系数。这一过程的实质，是对被评估单位和可比公司的资本结构差异进行修正。

最后，基于被评估单位和可比公司其他方面的差异，估计被评估单位的特有风险报酬率。被评估单位的特有风险，最主要的构成通常是规模溢价风险。

**误区第九名：在加权平均资本成本（WACC）中考虑公司特有风险**

在WACC中考虑公司特有风险（如下式，在计算WACC时，将公司特有风险报酬率$R_s$作为WACC一个构成项）是错误的。

$$WACC = \frac{E}{D+E} \times R_e + \frac{D}{D+E} \times R_d \times (1-T) + R_S$$

WACC的计算，其实质是从资金来源的视角测算资金运用的风险水平。公司特有风险报酬率，并非企业某一类资金来源的成本。因此，不应在WACC中考虑公司特有风险。

公司特有风险报酬率，是基于市场比较而产生的一项修正系数。比如，在运用资本资产定价模型（CAPM）计算权益资本成本过程中，在利用可比公司β系数基础上，通常还需要考虑公司特有风险报酬率。在这一过程中，应特别注意的是，对可比公司β系数进行利用和修正的过程，与考虑公司特有风险报酬率之间，不应出现重复或遗漏的情形。

若对可比公司β系数进行了资本结构修正，那么在估计公司特有风险报酬率时就不能再重复考虑资本结构的差异；若对可比公司β系数作了经营杠杆修正，那么在估计公司特有风险报酬率时就不得再重复考虑规模溢价的风险。再比如，在利用贷款市场报价利率（LPR）测算债务资本成本时，可能需要考虑公司特有财务风险而作出调整。

**误区第八名：折现率与资本化率相同**

资本化率可理解为折现率的一种特殊的形式。只有现金流固定且永续不变，折现率才会与资本化率相同。除此之外，折现率与资本化率往往不同。

在运用收益法评估企业价值过程中，常用的两阶段模型实质是折现过程和资本化过程的结合：第一阶段为详细预测期，逐年进行折现，此阶段现金流的变化被反映在分子中；第二阶段为稳定期，此阶段现金流的变化折算为年长期增长率，从分母中的折现率数值中扣减，然后作资本化处理，与此同时，为了维持分母中的长期增长率，分子中的现金流应当相应扣减长期增长率所需的增量投资。

**误区第七名：未选择WACC计算资本性支出与折旧的年金值**

在运用收益法对收益期限永续的企业进行评估时，通常采用两阶段模型，在第二阶段的稳定期，需要分别计算资本性支出的年金值和折旧的年金值。关于这两类年金值计算时采用的折现率，有观点主张按固定资产投资回报率或贷款利率进行确定，这种观点试图“把现金流中各个构成项目拆开，各个构成项目分别适用一个折现率”，这显然是不合理的。

不论是在FCFF折现模型中，还是在FCFE折现模型或EVA折现模型中，计算资本性支出的年金值和折旧的年金值，应选择WACC，理由有二：一是资本性支出和折旧，本身是企业层面的指标，对应于全投资口径，与WACC在口径上是匹配的；二是资本性支出的年金值和折旧的年金值，反映了详细预测期（第一阶段）期末存量资产的数据指标，其本身就是企业自由现金流量的构成项目。

**误区第六名：对可比公司β系数作流动性折扣调整**

β系数是衡量一种证券或一个投资组合相对于总体市场的波动性的一种风险评价工具，受收益率等数据可得性的限制，只有上市公司才能计算其β系数，对于非上市企业进行评估时，需要以可比上市公司β系数为对照基础，经修正调整后得到适用于非上市企业的β系数。

对比于非上市企业，上市公司具有流动性溢价，因此有观点认为，在可比上市公司β系数基础上，应进行流动性折扣调整，才可得到适用于非上市企业的β系数。这种观点是错误的，理由如下：

相对于产权市场，证券市场具有流动性溢价功能。而可比上市公司β系数反映的是该上市公司股票的收益率相对于市场收益率的波动程度，波动程度越大，说明该公司收益的不确定性和风险越大。

流动性与波动性是完全不同的两个指标，两者之间缺乏内在关联。流动性高低与波动性大小的决定因素也不同，流动性高低取决于公司股票的交易机制及供需关系对比，而股票价格波动性的大小则取决于该公司的业务类型、经营杠杆和财务杠杆。因此，在可比上市公司β系数基础上进行流动性折扣调整的做法，缺乏理论依据。

**误区第五名：WACC中企业所得税率一律采用25%**

在WACC计算中，有两处需要直接引用企业所得税率T（一处是在确定税后债务资本成本时需要使用T；另一处是采用CAPM计算权益资本成本时，去财务杠杆和加财务杠杆时需要使用T）。有一种观点认为，不论企业是否适用优惠税率，对于WACC中这两处的T一律按25%取值。这种观点是错误的，具体分析如下：

以计算税后债务资本成本的过程为例，假设标的企业的债务资本成本与实际利率相同（基于该假设，债务资本的市场价值与账面价值相同），当标的企业作为国家需要重点扶持的高新技术企业减按15%的税率缴纳企业所得税时，其利息支出实际是按照适用的优惠税率（15%）享受税盾带来的好处，但若折现率中的债务资本的企业所得税税率按25%取值，会高估折现率中的税盾作用，使折现率虚低，进而使得债务资本的折现值大于账面值，即分别高估企业整体价值和付息债务的价值。此时，若在企业整体价值基础上扣减付息债务的账面值，得到的股权价值也会虚高。因此，预期收益中企业实际享受的税盾好处，应与折现率中债务资本的税盾口径相匹配。

类似地，在采用CAPM计算权益资本成本时，对可比公司的β系数去财务杠杆时应采用可比公司的适用税率，对被评估单位加财务杠杆时应采用被评估单位的适用税率。

因此，在计算WACC过程中，对于直接引用企业所得税率T的两处，不能忽略企业是否适用优惠税率的事实而一律采用25%，应采用企业的适用税率。当然，也不能采用企业的实际税率，实际税率是会计上的一个指标，等于所得税费用除以税前会计利润，当企业存在纳税调整事项（比如，研发费加计扣除、资产加速折旧）时实际税率不同于适用税率。不论企业存在哪些纳税调整事项，都是按适用税率享受利息支付的税盾好处。

**误区第四名：计算WACC涉及的各处资本结构取值不一致**

在WACC计算过程中，有三处的计算或取值与资本结构有关：一是对可比公司调整后无财务杠杆β系数进行加杠杆时，需要采用被评估单位的资本结构数据；二是在确定债务资本成本时，应考虑企业资本结构的影响；三是计算加权平均资本成本过程中确定资本权重时，需要运用被评估单位的资本结构数据。这三处的资本结构的取值应一致。

鉴于资本结构应基于市场价值进行计算，资本结构与企业股权价值互为条件，形成循环推导问题，应通过迭代法进行解决。资本结构与债务资本成本并不存在函数关系。

因此，在WACC计算过程中，对β系数进行加杠杆调整以及确定资本权重这两处应采用相同的资本结构，且均应通过迭代法进行计算，需要进行双重迭代计算。需要提醒注意的是，在迭代计算中，迭代的对象是不含非经营性资产的股权价值。此外，虽然资本结构与债务资本成本并不存在函数关系，但仍应以基于前述双重迭代计算得出的资本结构为条件，进而对债务资本成本作出测算。

**误区第三名：折现率口径与收益口径不匹配**

折现率的作用在于将未来收益折为现值。因此，折现率与收益指标在口径或内涵上应匹配。现列举以下八类关于折现率口径与收益口径不匹配的情形：

第一类，预期收益与折现率在涵盖范畴上口径不一致。比如，预期收益口径为股权自由现金流，但折现率口径为加权平均资本成本。

第二类，预期收益与折现率在涉税事项上口径不一致。比如，预期收益是税后收益，但折现率采用税前折现率。

第三类，预期收益与折现率在通货膨胀因素上口径不一致。比如，在无风险利率中包含了预期通货膨胀率（名义价格口径），但在预期现金流中却没有考虑预期通货膨胀率的影响（实际价格口径）。

第四类，预期收益与折现率在币种选择上口径不一致。比如，利用外币预测外币现金流时，直接以本币的资本成本进行折现。

第五类，预期收益与折现率在风险考量上口径不一致。比如，利用无风险报酬率对期望现金流（期望现金流，指基于情景分配法得出的加权平均现金流，仍属于有风险现金流）进行折现。

第六类，预期收益与折现率在资本结构上口径不一致。比如，被评估单位在评估基准日前期及预测期内均不存在有息债务融资，即未来债务比重为0，但在加权平均资本成本计算折现率过程中，债务比重不为0。

第七类，预期收益与折现率在非经营性资产的处理口径上不一致。比如，预期收益没有考虑非经营性资产的贡献（因为非经营性资产是单独加回的），但在计算资本结构时，权益资本价值却采用含非经营性资产的价值口径。

第八类，预期收益与折现率在期限选择上口径不一致。比如，对收益期限永续的企业，采用短期国债到期收益率作为无风险报酬率。

**误区第二名：各年度的权益资本成本固定不变**

企业在预测期各年度的权益资本成本固定不变，需同时满足三个条件：一是企业的收入结构固定不变；二是企业的成本结构固定不变；三是企业的资本结构固定不变。

企业的收入结构可通过企业的业务类型及其结构予以体现，当企业的业务类型或业务类型的结构发生变化时，企业收入的不确定性也往往随着改变，进而对权益资本成本产生影响。

企业的成本结构体现为企业的经营杠杆，当企业固定成本占比较大时，收入的小幅度波动可能导致净利润的大幅度波动，从而导致权益资本成本上升。

企业的资本结构表现为企业的财务杠杆，当债务资本成本低于权益资本成本和投入资本回报率时，债务资本在一定程度内的增加可以给股东带来正的财务杠杆效应（利息支出的抵税效应将放大债务资本的作用），但与此同时，利息支出可视为一种固定成本，随着财务杠杆系数的加大，股东可获取收益的波动程度加大，进而推高权益资本成本。

显然，企业在预测期各年度的收入结构、成本结构和资本结构均保持不变，是不现实的。因此，企业在预测期各年度的权益资本成本，往往呈现出动态变化的特征。

**误区第一名：各年度的WACC固定不变**

企业在预测期各年度的WACC固定不变，需同时满足三个条件：一是企业的总投入资本不变；二是企业的资本结构不变；三是企业资产的必要报酬率不变。但在现实中，企业的总投入资本，会随着企业经营活动和投资活动的开展而动态变化；企业资产的必要报酬率，会随着企业经营环境和竞争状况的变化而变化。另外，我们也可以论证得出“预测期企业的资本结构不可能固定不变”的结论。因此，在现实中要同时满足以上三个条件几乎是不可能的，企业在预测期各年度的WACC不可能固定不变。

从WACC的计量方法看，难以从资金运用端（即资产负债表的左边）直接计量WACC，而选择从资金来源端（即资产负债表的右边）间接计量WACC，即WACC的计量是以资金来源的加权风险来反映资金运用的必要报酬率水平。这样一来，当资金来源的总量和结构发生变化时，权益资本成本和债务资本成本随资本结构的变化而变化（在现实条件下，资本结构对这两类资本成本的影响通常无法直接抵消），WACC也往往随之改变。

因此，企业在预测期各年度的WACC并非固定不变的，假设各年度WACC固定不变将导致企业估值错误。当企业在预测期各年度的债务占比呈下降趋势时，假设各年度WACC固定不变将导致企业估值虚高，反之亦然。

## 2.3 企业估值中折现模型的十大误区

如果说“评估是科学与艺术的统一”，那么，折现模型构建这件事就属于“科学”的部分。对于科学，应力求严谨，避免“偷懒式躺平”。

运用收益法评估企业价值，按收益口径的不同，主要有企业自由现金流折现模型（以下简称FCFF折现模型）、股权自由现金流折现模型（以下简称FCFE折现模型）和经济增加值折现模型（以下简称EVA折现模型）这三种折现模型。在构建折现模型过程中，可能存在以下误区。

**误区第十名：详细预测期与稳定期之间存在巨大“断层”**

对收益期限较长或收益期限永续的企业，一般采用两阶段模型，将收益期划分为详细预测期和稳定期。在详细预测期，企业收益呈现较大波动，需要逐年进行预测和折现；在稳定期，企业收益呈现稳定上升、稳定下降或持平的状态，可以对稳定期的现金流作资本化处理。

详细预测期和稳定期划分的理论基础是竞争均衡理论，企业收益在竞争的作用下逐步趋于稳定。虽然实务中详细预测期大多取3—5年，但这并不是固定的方式。从详细预测期到稳定期，企业收益的波动是逐步收窄的过程，应防止在详细预测期与稳定期之间出现巨大“断层”。比如，有些企业的收入在详细预测期最后一年仍保持着大幅的增长，却突然“戛然而止”，一步跨入稳定期，这是不合理的，应恰当延长详细预测期以实现平稳过渡。再比如，有些企业在详细预测期最后一年仍存在大额增量投资或营运资金变动，这也是不合理的，因为大额增量投资或营运资金变动将导致企业收益波动，说明企业收益还不稳定。

**误区第九名：稳定期价值的折现期为N+1**

在详细预测期，逐期（年）进行折现，详细预测期最后一年（N）的折现期为N。由此，有人错误地推断，稳定期价值的折现期为N+1，这种观点没有认清详细预测期末与稳定期价值时点的关系，错误地认为稳定期价值时点与详细预测期末相差1年。但事实上，我们在采用两阶段模型时，采用第二阶段公式求取的稳定期价值的时点是稳定期的期初，而稳定期的期初与详细预测期的期末是重叠的时点，因此，稳定期价值的折现期应当为N。

**误区第八名：基准日无付息债务时不得选择FCFF折现模型**

有观点认为，对于评估基准日无付息债务的企业，只能选择FCFE折现模型，不得选择FCFF折现模型。这种观点是片面的。

在理论上，通过公式推导和演算，可证明FCFF折现模型与FCFE折现模型是等价的。评估基准日是否有付息债务，并非能否选择FCFF折现模型的前提条件。事实上，当企业的长期增长率不为零时，运用FCFE折现模型无法恰当地将长期增长率对应的增量追加投入因素进行考量，只能选择FCFF折现模型。

当基准日付息债务的账面价值和市场价值均为零时，企业整体价值即为其股权价值。

需要特别提醒的是，对于评估基准日无付息债务的企业，不论选择哪种折现模型，都不能直接将目标资本结构作为假设条件。

**误区第七名：假设稳定期的资本性支出与折旧摊销金额相同**

对收益期限永续的企业，当同时满足折旧摊销年限与资产经济使用年限一致、资本性支出的时点与计提折旧摊销的时点一致时，稳定期资本性支出才会与折旧摊销金额相同。在现实中，要同时满足上述两个条件几乎是不可能的。假设稳定期的资本性支出与折旧摊销金额相同的做法，是“偷工减料”式的错误臆断。当企业长期资产占比较大时，这种错误做法将导致估值的显著误差。

正确的做法是，在详细预测期期末，分别测算稳定期资本性支出和折旧摊销的年金值。

**误区第六名：FCFE折现模型比FCFF折现模型更优越**

关于FCFE折现模型和FCFF折现模型的对比和选择，有观点倾向于优先使用FCFE折现模型，其理由主要有两点：一是FCFF折现模型的运用过程更加烦冗，需要动态计算资本结构，且需要运用迭代法进行循环计算；二是在FCFF折现模型的运用过程中，还需要确定债务资本成本，进而计算WACC。因此，该观点认为，FCFE折现模型更加直接，更为经济，具有更高的效率，能够节约评估成本，同时其运算过程更为简洁，运算环节更少，有利于减少误差。

但上述理由其实并不成立。在FCFE运用过程中，运用资本资产定价模型（CAPM）计算权益资本成本时，同样需要动态计算资本结构，也需要运用迭代法进行循环计算，在计算利息支出时同样需要先确定债务资本成本。FCFE折现模型并不具有更经济、更便捷的特征。

在理论上，可通过公式推导和演算，证明FCFF折现模型与FCFE折现模型完全等价。在实务运用中，FCFF折现模型具有更为广泛的适应性。比如，当长期增长率不为0时，FCFE折现模型因无法恰当地将长期增长率对应的增量追加投入因素进行量化而失去运用条件，但FCFF折现模型并无此局限。

**误区第五名：年中折现比年末折现更优越**

因企业的现金流分布往往并不集中于年末，而更可能是均匀发生，因此有人特别推崇年中折现方式，认为年中折现方式比年末折现方式更加优越。这种观点是片面的。事实上，年末折现并无不妥，而年中折现方式的运用要求更为复杂，更有可能因运用错误而导致估值偏差。

年末折现方式，与市场风险溢价（ERP）计算口径以及付息债务“年利率”的按年付息口径是匹配的，此方式下企业现金流集中于年末的假设是一种“合理简化”的做法。年中折现方式，对于改善企业现金流分布与折现周期关系并没有太大的贡献，因为年中折现方式相当于把各期现金流同步前移半年，两期之间的现金流仍假设集中于该期的期末。因此，在折现模型构建过程中，在现金流分布特征与折现周期的关系上，大可不必锱铢必较，否则应采用逐月折现甚至逐日折现的做法。

相对而言，年中折现方式的适用条件与运用要求更为复杂。比如，采用年中折现方式相当于将首期的折现时点前移半年，其效果也等同于将评估基准日后移半年，预测首期的折现的时间长度小于一年，即小于折现率对应的计息周期，在计算预测首期的折现系数时，应按单利方式考虑年中折现指数的影响。再比如，采用年中折现方式相当于将首期的折现时点前移半年，不论是详细预测期还是稳定期价值都要同步前移半年。只将详细预测期的折现时点前移而未将稳定期价值的折现时点前移的做法是错误的。又比如，在年中折现方式下，债务资本在首期的利息只能计算半年。

此外，为避免错误，评估基准日非年末时，不建议选择年中折现方式。理由在于：若首期为0.2年，在采用年末折现时，各期的折现年期依次为0.2年、1.2年、2.2年、3.2年，每期之间相差一年；但在年中折现时，各期的折现年期依次为0.1年、0.7（0.2+0.5）年、1.7（0.2+1+0.5）年，第一期与第二期之间相差0.6年，原因在于首期只有0.2年，其一半并非“年中折现”而相当于是“月中折现”。

因此，年中折现方式并不比年末折现方式更为优越，反而年中折现方式更易被误用。

**误区第四名：预测首期的折现系数按复利计算**

在运用收益法评估企业价值时，折现频率应与折现率对应的计息周期相匹配。当折现率为年度折现率时，因年度折现率的计息周期为一年，则折现频率为一年折现一次，或每12个月折现一次。

当评估基准日为非年末时，存在两种折现思路：第一种思路是，以基准日当年剩余月数为预测首期，先对预测首期进行折现，之后再逐年进行预测并折现；第二种思路是，以12个月为预测首期，此后各期也均为12个月，12个月折现一次。为简便起见，实务中通常采用第一种思路，在这种思路下，预测首期的折现系数，又有两种计算方法：

第一种计算方法，采用复利方式计算，其计算公式如下：

$$DF_1 = \frac{1}{(1+R_1)^F} \text{或} DF_1 = \frac{1}{(1+WACC_1)^F}$$

F——预测期首期的年数，即预测期首期月数除以12的值。

第二种计算方法，采用单利方式计算，其计算公式如下：

$$DF_1 = \frac{1}{(1+R_1 \times F)} \text{或} DF_1 = \frac{1}{(1+WACC_1 \times F)}$$

那么，预测首期的折现系数，究竟是按复利方式还是按单利方式计算呢？鉴于其折现率是年度折现率，相当于一年为一个计息周期，预测首期非整年时，预测首期也就小于折现率对应的计息周期，此时应按单利方式计算折现系数，因为预测首期期末折现至评估基准日的时间长度小于计息周期。

以基准日为6月30日为例，预测首期的时间长度为半年，但预测首期的折现率的折现周期口径仍为一年，若预测首期的折现系数按复利计算，则会出现折现率的周期口径（为一年）与预测首期的时间口径（为半年）不匹配的情形，也就是说，如果预测首期的折现系数按复利计算，则其匹配的折现率也应为“半年折现率”，且之后年份的计息周期和折现频率也要延续这一影响，即在整个收益期都要每半年折现一次，这显然与折现率通常以一年为折现周期不相匹配。

### 误区第三名：按照 $\frac{1}{(1+R_e)^t}$ 或 $\frac{1}{(1+WACC)^t}$ 计算折现系数

鉴于详细预测期各年度的资本结构是动态变化的，企业在各年度的权益资本回报率和加权平均资本成本也是不同的，因此，在折现模型中各年度统一按照 $\frac{1}{(1+R_e)^t}$ 或 $\frac{1}{(1+WACC)^t}$ 的公式计算各年度的折现系数已不再可行。相应地，预测详细期各年度折现系数应按逐年滚动方式进行计算。

在FCFF折现模型和EVA折现模型中，预测期各年度折现系数按以下公式计算：

$$DF_1=\frac{1}{(1+WACC_1)}$$

$$DF_2=\frac{1}{(1+WACC_1)\times(1+WACC_2)}$$

$$DF_3=\frac{1}{(1+WACC_1)\times(1+WACC_2)\times(1+WACC_3)}$$

$$DF_n=\frac{1}{(1+WACC_1)\times(1+WACC_2)\times(1+WACC_3)\times\cdots\times(1+WACC_n)}$$

在FCFE折现模型中，预测期各年度折现系数按以下公式计算：

$$DF_1=\frac{1}{(1+R_1)}$$

$$DF_2=\frac{1}{(1+R_1)\times(1+R_2)}$$

$$DF_3=\frac{1}{(1+R_1)\times(1+R_2)\times(1+R_3)}$$

$$DF_n = \frac{1}{(1+R_1)\times(1+R_2)\times(1+R_3)\times\cdots\times(1+R_n)}$$

**误区第二名：直接将详细预测期最后一年的现金流平移至稳定期**

在FCFF折现模型中，直接将详细预测期最后一年的现金流平移至稳定期，即采用 $\frac{FCFF_n}{WACC-g}$ 的公式计算稳定期价值的做法，至少存在三处错误：一是没有分析和消除详细预测期最后一年可能存在的非经常性损益的影响；二是没有对详细预测期期末的存量资产的折旧摊销及资本性支出作年金化换算，人为设定存量资产的折旧摊销及资本性支出相同；三是没有合理量化长期增长所需的现金流“代价”。

在FCFF折现模型中，稳定期价值的计算，可在详细预测期最后一年（N期）的NOPAT（税后净营业利润）以及详细预测期末存量资产在稳定期的资本性支出年金值和折旧摊销年金值的基础上，进行相应计算，得出稳定期（N+1期）的调整后NOPAT。在稳定期的调整后NOPAT基础上，还需要考虑长期增长所需要的发展“代价”，采用以下公式进行计算，得出稳定期价值。

$$稳定期价值 = \frac{调整后NOPAT_{n+1}\times\left(1-\frac{g}{ROIC}\right)\times 折现系数_n}{(WACC_{n+1}-g)}$$

其中：

$$稳定期的投入资本回报率(ROIC) = \frac{调整后NOPAT_{n+1}}{详细预测期末的投入资本}$$

**误区第一名：搭建的折现模型未经验证**

如果不对搭建的折现模型进行交互验证，可能无法发现折现模型中存在的问题，而如果模型是错误的，则必然导致估值偏差。

在理论上，通过公式推导和演算，可证明FCFF折现模型、FCFE折现模型和EVA折现模型之间“两两相互等价”。利用三种折现模型的等价性，可以进行模型间的相互验证以提高运用收益法评估企业价值的可靠性。

在实务中，结合运用三种折现模型的现实客观条件，可进一步论证得出以下“三种折现模型的相互等价关系”：当长期增长率不为0时，不宜选用FCFE折现模型，但可同时选择FCFF折现模型和EVA折现模型进行相互验证；当收益期限为有限期时，不宜选用EVA折现模型，但可同时选择FCFF折现模型和FCFE折现模型进行相互验证。除此之外，FCFF折现模型、FCFE折现模型和EVA折现模型之间“两两相互等价”。

## 2.4 计算自由现金流的十大误区

自由现金流不仅是企业估值中最为重要的收益指标，也是企业财务管理、风险控制和公司治理的一项重要指标。计算自由现金流，可能存在以下误区。

**误区第十名：自由现金流仅包括两类**

一般认为，自由现金流包括企业自由现金流（FCFF）和股权自由现金流（FCFE）这两类。这种观点是不全面的。

按自由现金流的可支配主体的不同，自由现金流至少包括三类：企业自由现金流（FCFF）、债权自由现金流（FCFD）和股权自由现金流（FCFE）。与“企业整体价值=付息债务价值+股权价值”相类似的是，FCFF=FCFD+FCFE。因此，这三类自由现金流的常规计算公式如下：

FCFF=税后净营业利润+折旧及摊销–资本性支出–营运资本增加额

FCFD=税后利息支出+偿还债务本金–新发行债务

FCFE= FCFF–FCFD=净利润+折旧及摊销–资本性支出–营运资本增加额
–偿还债务本金+新发行债务

**误区第九名：混淆财务费用与利息费用**

财务费用由利息费用、利息收入和其他费用这三类构成，即财务费用=利息费用–利息收入+其他费用。而从债权自由现金流（FCFD）的计算公式可以看出，利息收入和银行手续费等其他费用并不是FCFD的构成项目。因此，在计算企业自由现金流过程中，不能将财务费用与利息费用混为一谈。现将实务中可能出现的错误公式列举如下：

| 序号 | 错误的计算公式 | 存在的错误情况 |
|---|---|---|
| 1 | FCFF=（净利润＋折旧及摊销）–（资本性支出＋营运资金增加） | 该公式遗漏了利息费用项目 |
| 2 | FCFF=（净利润＋利息费用＋折旧及摊销）–（资本性支出＋营运资金增加） | 该公式未考虑利息费用的税盾因素 |
| 3 | FCFF=（净利润＋税后财务费用＋折旧及摊销）–（资本性支出＋营运资金增加） | 该公式将财务费用与利息费用混为一谈 |

**误区第八名：忽略了发行优先股等其他权益工具的影响**

当企业发行优先股等其他权益工具时，并不影响企业自由现金流，但会对股权自由现金流的构成内容产生直接影响。此时，需要将股权自由现金流进一步区分为普通股股东的股权自由现金流和其他权益主体的股权自由现金流。其中，普通股股东的股权自由现金流的计算公式如下：

普通股股东的股权自由现金流量=（净利润+折旧及摊销）-（资本性支出+营运资本增加）+（新发行优先股-优先股分红+新发行债务-债务本金支付）

**误区第七名：权益资本的变动会影响企业自由现金流**

按照企业自由现金流的计算公式及其内涵，在预测期内不论是增加负债，还是减少负债，也不论是增加权益资本，还是减少权益资本，也不论是评估基准日原股东增加权益，还是增资扩股方式下新股东的投入，均不直接增加或减少企业自由现金流。

因此，预测期权益资本的增减变动，并不直接影响企业自由现金流的计算结果。但预测期权益资本的变化，会间接影响企业的资本结构，进而对企业价值产生影响。

**误区第六名：分配股利将减少自由现金流**

企业自由现金流也称为实体自由现金流，是企业全部资本投资者（包括普通股股东、优先股股东和付息债务的债权人）共同支配的现金流量，无须对不同投资者可支配的现金流量进行区分，因此，面向全部资本投资者的筹资活动对应的现金流并不影响企业自由现金流。类似地，股权自由现金流可理解为普通股股东可自由支配的现金流量，那么面向普通股股东的筹资活动对应的现金流并不影响股权自由现金流。

因此，作为面向普通股股东的一项筹资行为，普通股的股利分配政策，并不会对企业自由现金流和股权自由现金流产生直接影响。向普通股股东分配股利的行为，不会减少自由现金流；将收益留存的行为，也不会增加自由现金流。

普通股的股利分配政策，虽然不会对自由现金流产生直接影响，但会通过以下两点对企业价值产生间接影响：一是影响企业的筹资渠道和资金来源；二是改变企业的资本结构。

**误区第五名：将预测期新增付息债务从整体价值中扣减**

有观点认为“因为股权价值=整体价值-付息债务，如果预测期有新增付息债务，需要在公司整体价值基础上扣减这些新增债务”。这种观点是错误的。

预测期不论是债务资本增减还是权益资本增减，都不会影响企业自由现金流本身，只会影响预测期的资本结构。在预测期预计新增举借债务时，并未增加企业自由现金流，也就不存在“因为股权价值=整体价值-付息债务，如果预测期有新增付息债务，需要在公司整体价值基础上扣减这些新增债务”之说。

当企业的实际借款利率完全符合其偿债风险时（即实际借款利率与债务资本折现率相同），不论未来债务资本作何增减，也不论债务举借期限长短，付息债务相关现金流的折现值恒等于基准日付息债务账面价值。

**误区第四名：无法基于现金流量表计算自由现金流**

自由现金流和现金流量表的分类逻辑不同，自由现金流按其可支配主体区分为企业自由现金流、债权自由现金流和股权自由现金流，会计报表中的现金流量表则由经营活动、投资活动和筹资活动所产生的现金流量净额组成。

从表面上看，自由现金流与现金流量表缺乏对应关系，无法基于现金流量表计算自由现金流。这种认识是片面的。事实上，我们可以利用现金流量表快速计算自由现金流。

在假设企业不存在非经营性资产以及不考虑最佳现金保有量对营运资本的影响的条件下，自由现金流与现金流量表之间可以建立以下关联：

企业自由现金流=经营活动产生的现金流量+投资活动产生的现金流量

股权自由现金流=经营活动产生的现金流量+投资活动产生的现金流量+债务资本对应的筹资活动产生的现金流量

需要指出的是，实务中存在的“企业自由现金流=经营活动产生的现金流–资本性支出”这一公式隐含了“企业不存在处置资产情形”的假设前提。当企业存在处置资产情形时，该公式应修改为“企业自由现金流=经营活动产生的现金流–资本性支出+处置资产收到的现金”。

**误区第三名：将股权自由现金流视为现金流量净额**

将股权自由现金流视为现金流量净额的观点认为，股权自由现金流=期末货币资金–期初货币资金。这种观点是错误的。

资产负债表与现金流量表存在以下勾稽关系：

期末货币资金–期初货币资金=经营活动产生的现金流量+投资活动产生的现金流量+筹资活动产生的现金流量

企业的货币资金可以进一步区分为最佳现金保有量和溢余货币资金，筹资活动产生的现金流量可划分为债务资本对应的筹资活动产生的现金流量以及权益资本对应的筹资活动产生的现金流量。因此，上式可演变如下：

（期末最佳现金保有量+期末溢余货币资金）–（期初最佳现金保有量+期初溢余货币资金）=经营活动产生的现金流量+投资活动产生的现金流量+债务资本对应的筹资活动产生的现金流量+权益资本对应的筹资活动产生的现金流量

期末溢余货币资金–期初溢余货币资金=期初最佳现金保有量–期末最佳现金保有量+股权自由现金流（暂未考虑最佳现金保有量的影响）+权益资本对应的筹资活动产生的现金流量

期末溢余货币资金–期初溢余货币资金=股权自由现金流+权益资本对应的筹资活动产生的现金流量

**误区第二名：常规的股权自由现金流计算公式不适用于金融企业**

在中国资产评估协会发布的《资产评估专家指引第3号——金融企业收益法评估模型与参数确定》中，金融企业的股权自由现金流量计算公式如下：

金融企业的股权自由现金流量=净利润–权益增加额+其他综合收益

从形式上看，上述计算公式完全不同于常规的股权自由现金流计算公式。因此有观点认为，常规的股权自由现金流计算公式并不适用于金融企业。其实这是一种误解，我们可以从常规的股权自由现金流计算公式，推导出金融企业的股权自由现金流量计算公式，具体推导过程如下：

| 序号 | 公式推导过程 | 公式推导说明 |
|---|---|---|
| 1 | FCFE= 税后净营业利润 + 折旧及摊销 – 资本性支出 – 营运资本增加额 – 税后利息费用 + 新发行债务 – 偿还本金 | |
| 2 | FCFE=净利润+税后利息费用+折旧及摊销–资本性支出 – 营运资本增加额 – 税后利息费用 + 新发行债务 – 偿还本金 | 税后净营业利润 = 净利润 + 税后利息费用 |
| 3 | FCFE= 净利润 + 折旧及摊销 – 资本性支出 – 营运资本增加额 + 新发行债务 – 偿还本金 | 将税后利息费用的加项和减项对冲 |
| 4 | 金融企业 FCFE= 净利润 + 折旧及摊销 – 资本性支出 – 营运资本增加额 | 对于金融企业而言，资金本身就是金融企业的经营对象，金融企业的付息债务本身就是营运负债。因此，金融企业的“新发行债务”和“偿还本金”已包含在“营运资本增加额”中 |
| 5 | 金融企业 FCFE= 净利润 – 营运资本增加额 | 从企业全生命周期来看，资本性支出的累计值与折旧摊销的累计值相同，且金融企业的固定资产占总资产之比通常较低，因此可假设金融企业的折旧摊销与资本性支出相对抵 |
| 6 | 金融企业 FCFE= 净利润 – 留存收益 – 新发行股份 | 根据金融企业的特征，可以假设金融企业新增的资金来源全部运用于营运资产，而资金来源包括付息债务的增加、新发行股份以及留存收益，其中金融企业的付息债务本身就是营运负债。因此，金融企业的营运资本增加额即为留存收益与新发行股份之和 |
| 7 | 金融企业 FCFE= 净利润 – 权益增加额 + 其他综合收益 | 其他综合收益是企业所有者权益的构成项目之一。因此，企业的权益增加额 = 其他综合收益 + 留存收益 + 新发行股份，进而可推导出：留存收益 + 新发行股份 = 企业的权益增加额 – 其他综合收益 |

从上表可以看出，在常规的股权自由现金流计算公式基础上，结合金融企业以资金本身作为经营对象的特征，再建立合理假设，可以推导出金融企业的股权自由现金流量计算公式。需要提醒的是，前述关于金融企业的股权自由现金流计算公式，并不适用于非金融企业。

**误区第一名：一律将预测期内追加的权益资本从评估值中扣减**

有观点认为，“如果预测期内需要追加权益资本，必须考虑由于追加资本金对评估基准日股权价值的影响，即在追加权益资本金的年份，需要将新增的资本价值在最终折现到评估基准日时扣除，从而求出评估基准日待估企业股权的价值”（以下简称“权益资本扣除观点”）。该观点叙述的内容并不完整，没有考虑追加权益资本当期待估企业的自由现金流计算问题，可能会导致误用。具体分析如下。

1.在股权自由现金流折现模型下，如果追加权益资本当期，将追加权益资本金额作为当期股权自由现金流的增加项，则“权益资本扣除观点”成立；但如果追加权益资本当期，未将追加权益资本金额作为当期股权自由现金流的增加项，则“权益资本扣除观点”是错误的。

若仅作“在追加权益资本金的年份，将新增的资本价值在最终折现到评估基准日时扣除”处理，而不在股东追加权益资本金的年份相应增加当期自由现金流，则会出现“股东追加投资多少金额，股东全部权益价值就减少多少金额”的错误现象。

2. 在企业自由现金流折现模型下，预测期的追加权益资本并不影响企业当期的企业自由现金流，相应地也不应将预测期追加权益资本的折现值从评估结论中扣除。

## 2.5 预测营运资金的十大误区

在企业估值过程中，预测营运资金，可能存在以下误区。

**误区第十名：企业估值中的营运资金=流动资产-流动负债**

在财务管理领域，通常将营运资金定义为企业流动资产减流动负债后的余额。在企业价值评估实务中，也存在直接将企业流动资产减流动负债作为营运资金的占用金额的做法，这种做法属于“生搬硬套”，是不妥的。

企业价值评估领域的营运资金与财务管理领域的营运资金在范畴上存在差异。在企业价值评估领域，营运资金是自由现金流的组成部分，而现金流折现模型计算得出的是企业经营性资产的价值，非经营性资产、非经营性负债和溢余资产不属于营运资金的构成内容。另外，付息债务也不属于营运资金的构成内容。

因此，流动资产中的交易性金融资产、衍生金融资产、其他应收款、持有待售资产和溢余货币资金，以及流动负债中的短期借款、交易性金融负债、衍生金融负债、其他应付款和持有待售负债，通常不作为营运资金的构成内容。

企业价值评估中的营运资金，是指经营活动对应的流动资产和流动负债的差额。投资活动和筹资活动对应的流动资产、流动负债也不是营运资金的构成内容。比如，预付账款中的预付工程款、预付设备款以及处置固定资产对应的应收款，属于投资活动对应的资产，不作为计算营运资金的基础。

**误区第九名：营运资金只考虑应收账款、应付账款和存货这三个科目**

按经营活动占用资金的途径，可以将营运资金分为三类：第一类是被别人所占用的资金，典型科目是应收账款；第二类是占用别人的资金，典型科目是应付账款；第三类是正常经营所需保持或占用的资金，典型科目是存货。

应收账款、应付账款和存货这三个科目，只是营运资金构成项目的典型科目，并非营运资金的全部构成内容。第一类营运资金还包括应收票据、应收款项融资、预付款项、合同资产，第二类营运资金还包括应付票据、预收款项、合同负债、应付职工薪酬和应交税金，第三类营运资金还包括最佳现金保有量。

**误区第八名：营运资金不包括最佳现金保有量**

有观点认为，最佳现金保有量只是暂时闲置的资金，并未被占用，在未来经营活动中才会被真实使用，因此最佳现金保有量不是营运资金的构成项目。这种观点混淆了资金占用与资金支付的关系，是错误的。

在一个完整的生产经营周期内，当"占用别人的资金"小于"被别人所占用的资金"与存货所占用的资金之和时，或付现成本的支付时点早于营业收入的回款时，企业需要以现金"垫付"成本费用，以维持企业的正常生产经营。在这种背景下，如果企业没有事先储备一定额度的现金，可能会使得企业的生产经营被迫中断或延迟。为防止出现这种风险，需要事先储备一定额度的现金以备不时之需，这是企业配置最佳现金保有量的根源。

企业配置的最佳现金保有量，以事先"锁定"的方式被"占用"，使这部分资金"不自由"，这也是企业开展生产经营活动所需要承担的一项"代价"。因此，最佳现金保有量是营运资金的一项构成要素。

**误区第七名：计算营运资金的时间口径不匹配**

我们通常以资产或负债的周转次数来衡量营运资金的占用水平。以计算应收账款周转次数（主营业务收入 ÷ 应收账款余额）为例，分子是期间数，分母是时点数，通常默认以年为单位反映分子的期间值。比如，假设企业2021年度的主营业务收入为4亿元，2021年底的应收账款余额为1亿元，则应收账款周转次数为4次，将该周转次数运用于预测期时，假设企业2022年度的营业收入为6亿元，则2022年底的应收账款余额预计为1.5亿元，反映出企业2022年度应收账款将追加0.5亿元。

当评估基准日非年末时，应防止出现计算营运资金的时间口径不匹配的情形。比如，假设评估基准日为2021年9月30日，企业在2021年前三个季度的主营业务收入为3亿元，2021年9月30日的应收账款余额为1亿元，若由此计算得出应收账款周转次数为3次并运用于预测期，则会出现计算营运资金的时间口径不匹配的情形。正确的做法是，不论是计算历史周转次数，还是将周转次数运用于预测期，主营业务收入的时间口径统一以年为单位，以保证时间口径的一致性。

**误区第六名：以净值为基础计算周转次数**

假设企业2021年度的主营业务收入为4亿元，2021年底的应收账款科目余额（原值）为1亿元，坏账准备余额为0.2亿元，应收账款账面值（净值）为0.8亿元。以应收账款账面值（净值）为基础计算周转次数（5次）的做法，是错误的。

正确的做法是，以应收账款科目余额（原值）为基数计算周转次数（4次）。理由在于：只有应收账款科目余额（原值）才能完整反映被客户所占用资金的规模。而对于被客户占用的资金是否成为坏账，属于另一个问题。在计算周转次数时，无须考虑坏账的影响。

**误区第五名：计算营运资金增加额时未考虑坏账因素**

企业计提坏账准备的行为，会减少净利润，但并不产生现金流出，不影响自由现金流。但按照企业自由现金流的常规计算公式（企业自由现金流=税后净营业利润+折旧及摊销-资本性支出-营运资金增加额），并未将计提坏账准备作单独的"加回"处理。计提坏账准备对自由现金流的影响，通常在计算营运资金增加额时一并进行考虑。

假设企业于评估基准日、预测期第1期末和预测期第2期末的应收账款余额及计提坏账准备情况如下表（忽略其他科目对营运资金的影响）：

| 项目 | 基准日 | 预测第1期末 | 预测第2期末 |
|---|---|---|---|
| 应收账款科目余额（原值） | 1000 | 1800 | 2900 |
| 当期计提的坏账准备 | 0 | 200 | 300 |
| 坏账准备余额 | 0 | 200 | 500 |
| 应收账款账面值（净值） | 1000 | 1600 | 2400 |

应收账款科目余额（原值）反映了企业被客户所占用的资金规模。上表中，预测第1期和预测第2期企业被客户新增占用的资金分别是800和1100，但不能直接将此数据计作营运资金增加额。计算营运资金增加额时，还需要将当期计提的坏账准备“加回”，即预测第1期的营运资金增加额为600（800–200），预测第2期的营运资金增加额为800（1100–300）。而更简便的做法是，直接以期末应收账款账面值（净值）减去期初应收账款账面值（净值），即可得到当期营运资金增加额。两种做法“殊途同归”。

**误区第四名：计算现金周转天数时未考虑采购批次的影响**

最佳现金保有量的计算，通常采用现金周转模式。在现金周转模式中，现金周转天数=应收账款周转天数+存货周转天数–应付账款周转天数。简易图示如下：

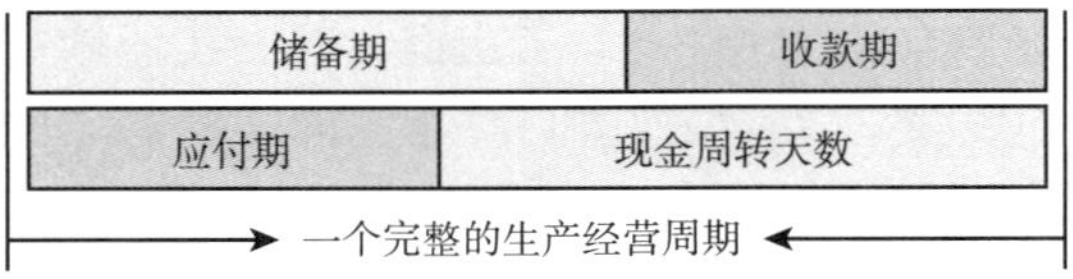


比如，某汽车销售企业共有200台车（每卖出20台集中进货一批，滚动销售，其余主要为铺货和展示），平均每台车的采购成本为20万元，则存货余额为4000万元，假设当年主营业务成本为5000万元，则存货周转天数=（4000 ÷ 5000）× 360=288天，在忽略应收账款周转天数和应付账款周转天数时（或假设两相对抵），则现金周转天数为288天，如果年现金需求额为6000万元，则最佳现金保有量=（6000 ÷ 360）× 288=4800万元，这显然是不对的。

常识告诉我们，该企业只需要储备20台车的采购所需现金。正确的做法是：剔除超量储备，考虑采购的“基本批次”。剔除超量储备的存货余额为20台 × 20万元/台=400万元，仍假设当年主营业务成本为5000万元，则存货周转天数=（400 ÷ 5000）× 360=28.8天，在忽略应收账款周转天数和应付账款周转天数时（或假设两相对抵），则现金周转天数为28.8天，仍假设年现金需求额为6000万元，则最佳现金保有量=（6000 ÷ 360）× 28.8=480万元。

也就是说，对于超量储备的部分，只是在存货中占用资金，在计算最佳现金保有量时应剔除超量储备部分的影响。

**误区第三名：未考虑信用政策对营运资金的“双重影响”**

从企业营运资金的构成类别上看，企业信用政策对营运资金会产生“双重影响”。以应收账款的账期政策为例，若企业迫于市场竞争的压力而延长应收账款账期，则会对企业的营运资金产生以下“双重影响”：一方面，应收账款账期延长，将直接增加应收账款余额，即企业被客户所占用的资金增加；另一方面，随着应收账款账期的延长，企业的现金周转天数也同步延长，企业需要储备更多的现金保有量以应对支付风险。不论是被客户占用的资金，还是企业储备的现金保有量，都属于“不自由”的资金，而资金的自由是有价值的，企业也因这些资金的“不自由”而承担着相应的“代价”。

从企业信用政策对营运资金的“双重影响”过程可以看出，加强信用政策的管理对于提升企业价值十分重要。

**误区第二名：无视营运资金的发展趋势**

企业营运资金需求量的规模及变化趋势，可以间接反映出企业在产业链及同行业竞争中的地位及其发展趋势。如果企业的营运资金需求量很大，说明其在产业链中是处于弱势的一端；如果企业的营运资金需求量明显高于同行业其他竞争对手，则往往揭示着该企业在同行业竞争中处于下风，经营风险较高。

比如，某企业近年来的营运资金需求量显著增长，但同期营业收入却明显下降，则说明该企业的竞争环境急剧恶化，企业经营风险快速上升。在这一背景下，对该企业进行估值时，若无视营运资金发展趋势所揭示的风险，或仍采用该企业历史上的营运资金周转次数，则可能导致估值虚高。

此外，营运资金需求量还应与企业所处的发展阶段相匹配。比如，当企业处于成熟期且营业规模较为稳定时，营运资金需求量也不宜出现大幅波动。

**误区第一名：在稳定期未考虑营运资金增加额对现金流的影响**

企业稳定期的状态有三类：一是企业规模在稳定期保持不变（即长期增长率为零）；二是企业规模在稳定期持续上涨（即长期增长率为正数）；三是企业规模在稳定期持续下降（即长期增长率为负数）。

当企业在稳定期的长期增长率为零时，说明营运资金增加额也为零，此时无须考虑营运资金增加额的影响。但当企业在稳定期的长期增长率不为零时，应考虑营运资金增加额的影响。

那么，在稳定期应如何考虑营运资金增加额对现金流的影响呢？正确的做法是，通过以下公式计算稳定期价值时，已综合考虑了营运资金增加额对现金流的影响。

$$稳定期价值=\frac{调整后NOPAT_{n+1}\times\left(1-\dfrac{g}{ROIC}\right)\times折现系数_n}{(WACC_{n+1}-g)}$$

上述公式中的 $-\frac{g}{ROIC}$ 量化了长期增长所需要追加投入资本的“代价”，而营运资金增加额是追加投入资本的构成要素之一（追加投入资本的另一项构成要素是资本性支出）。

以长期增长率大于零为例，当企业规模增长对应的营运资金增加额为正数时，说明企业需要投入更多的资本以支持其规模增长，即投入资本上升，投入资本回报率（ROIC）下降，$\frac{g}{ROIC}$ 相应上升。

## 2.6　盈利预测的十大误区

**误区第十名：未对历年财务数据进行分析和调整**

开展盈利预测之前，通常需要先对企业历年财务报表进行分析，剔除非经常性收入和支出，以及非经营性资产、非经营性负债及溢余资产对应的收入和支出，同时对重要的会计政策进行统一或调整。

对企业历年财务数据进行分析和必要的调整，至少有以下两个方面的作用：一是使企业未来盈利预测数据与历年财务数据具有相同的编制基础，避免数据对比时的误解；二是使企业未来盈利预测时利用或借鉴历史财务指标成为可能，避免相关参数的误用。

**误区第九名：基于历史财务数据预测利息收入**

基于企业历年的利息收入水平，采用平均预测法或趋势外推法预测企业未来的利息收入的做法是不妥的，因为在企业历年利息收入的计算过程中，并未将货币资金拆分为最佳保有量和溢余货币资金。

对于企业经营所需的最佳现金保有量所产生的利息收入，应当在盈利预测时一并纳入考虑。但是，对于评估基准日的溢余货币资金，不应再考虑其利息收入。在收益法运用过程中，评估基准日的溢余货币资金是单独加回的，若在盈利预测时考虑这些溢余货币资金的利息收入，会出现重复计算的错误情形。

**误区第八名：收入与成本费用之间不配比**

收入与成本费用之间不配比，是盈利预测的常见误区。

比如，只考虑收入的增长，未结合企业的经营模式，分析是否需要增加相关成本费用的投入，相当于“又想马儿跑，又想马儿不吃草”。

再比如，假设企业将获得某项资产，但未充分考虑企业获取该项资产所需要支付或承担的代价。

又比如，只考虑技术改造后带来的成本节约，未考虑技术改造本身所需要的投入。

**误区第七名：营运资金、资本性支出与业务规模不匹配**

有些企业在开展盈利预测时，只注重利润预测表的编制，而忽略营运资金增加额等现金流构成项目的预测，甚至人为地作出营运资金保持不变的假设，这是不妥的。

资本性支出与业务规模不匹配，通常表现为以下两种情形：一是企业的业务规模扩张时，未考虑生产能力提高所需的资本性支出；二是企业在预测期的产量（销量）超过生产能力，未对产能利用率的合理性进行分析。

营运资金的占用和资本性支出是两项十分重要的资金运用，这两类项目所占用资金的大小可能会对企业的资本效率产生显著影响，在盈利预测中应重视这两类项目的预测。

**误区第六名：未考虑价格走势及通货膨胀因素**

有些企业在开展盈利预测时，一律采用预测时点的价格水平，这是不妥的。正确的做法是，应判断合理的价格走势，估计出预测期的价格水平，且预测期的价格口径通常采用名义金额（已考虑通货膨胀因素）。

收益预测采用名义金额的原因主要在于，对预测的收益进行折现时，折现率中的无风险回报率一般采用名义无风险回报率（名义无风险回报率=真实无风险回报率+通货膨胀率），使用名义折现率对名义现金流进行折现，口径才是匹配的。以真实折现率对名义现金流进行折现，或以名义折现率对真实现金流进行折现，都是错误的。因此，当折现率为名义折现率时，收益预测也要采用名义口径，考虑通货膨胀因素的影响。

**误区第五名：未考虑股权激励计划对现金流的影响**

为了激励关键员工，越来越多的企业推出股权激励计划或股票期权激励计划，向关键员工授予股权或股票期权。对于这些关键员工来说，被授予的股权或期权，若行权价格低于其公允价值，则公允价值与行权价格的差额实质上属于这些关键员工的薪酬组成部分。

在企业盈利预测中，对于打算在预测期推出的股权或期权激励计划，若激励对象的行权价格显著低于其公允价值，则利润预测表中的激励对象的薪酬也将明显低于客观薪酬（因为公允价值与行权价格的差额实质上属于以股份方式支付的薪酬），此时若没有考虑该企业在激励对象行权时的现金流出（当采用回购股份时，现金流出为回购价格与行权价格的差额；当采用定向增发时，现金流出为公允价值与增发价格的差额），则遗漏了股权或期权激励计划对该企业现金流的影响，使预测的收益虚增。

如果股权或期权激励计划的结算企业与接受服务企业不同，比如，以母公司为结算企业，接受服务企业为其子公司，那么在对子公司开展盈利预测时，通常应根据评估基准日合法有效的合同约定，对子公司未来现金流作出相应预测。

**误区第四名：只预测利润表，不预测资产负债表**

在开展盈利预测过程中，如果只预测利润表，不预测资产负债表，则无法判断企业在预测期是否出现资金溢余的情形，或是否存在资金缺口的问题。

当企业货币资金余额高于当年的最佳现金保有量时，说明企业存在资金溢余，企业可以用溢余的货币资金偿还贷款或向股东分红。

当企业货币资金余额低于当年的最佳现金保有量时，揭示出企业存在资金缺口的问题，此时应补充资本的投入，结合企业融资能力，分析是否可新增举债，或由股东追加投入权益资本。

如果一家企业存在资金缺口，但同时该企业无新增举债的融资能力，其股东也无追加投入权益资本的能力，则该企业可能需要通过收缩发展规模，来解决资金来源问题。

**误区第三名：一律采用“先编制利润表，再编制资产负债表”的报表编制顺序**

在盈利预测报表的编制顺序方面，存在两种完全不同的做法。

第一种做法采用“先编制利润表，再编制资产负债表”的顺序，这种报表编制顺序类似于收益计量理论中的“收入费用观”——以利润表为主、资产负债表为辅。

第二种做法采用“先编制资产负债表，再编制利润表”的顺序，这种报表编制顺序类似于收益计量理论中的“资产负债观”——以资产负债表为主、利润表为辅。

在盈利预测报表的编制实务中，一律采用第一种做法的报表编制顺序可能并不合适。更为合理的做法是，根据企业类别的不同相应采用不同的编制顺序。

对于非金融企业，一般宜采用第一种做法。以生产型企业为例，其盈利预测报表的编制顺序通常为：首先，预测市场占有率及产品销量和单价，确定利润表中的收入；其次，基于配比原则，按权责发生制预测利润表中的各项成本费用；最后，在利润表基础上，结合营运资金和资本性支出的预测结果编制资产负债表。

对于金融企业，一般宜采用第二种做法。以商业银行为例，其盈利预测报表的编制顺序通常为：首先，预测资产负债表右侧的资金来源，包括客户存款和股东增资；其次，在资本充足率的约束下，预测资产负债表左侧的资金运用，确定用于发放贷款、存放央行以及其他投资的资金分布；最后，以资金运用情况为基础预测利润表。

因此，对于非金融企业来说，先确定资金需求及资金运用，再寻找资金来源（“办多少事，需要多少钱”），如果资金来源不足，再调整资金需求。对于金融企业来说，鉴于金融企业以资金本身作为经营内容，要先确定资金来源（“有多少钱，办多少事”），如果资金筹到了用不出去，再调整资金来源，降低筹资金额，避免资金闲置。

**误区第二名：缺乏依据的“大V”反转式预测**

有些企业在开展盈利预测时，会出现这样的情形：该企业过去几年的收益及资产周转速度均逐年下降，显示出该企业处于下降通道甚至举步维艰，但根据其预测，该企业未来收益逐年上升，使评估基准日成为“历史大底”。我们暂且将这种情况称作“大V”反转式预测。

“大V”反转式预测并不一定是错的，只是在这种情形下，企业预测期的发展趋势与历史发展趋势完全相反，需要更富说服力的预测依据来作出佐证。对于缺乏依据的“大V”反转式预测，很可能是预测人员的主观臆断，应特别关注此类预测可能隐藏的风险。

**误区第一名：方法缺失，很不“科学”**

有些企业在开展盈利预测的时候，对于一些参数或数据作出盲目的估计，甚至是“简单粗暴”地“拍脑袋”，很不“科学”。

从“科学”的角度看，盈利预测有两大基本方法，一是定性预测法，二是定量预测法。这两大基本方法及其具体方法如下图所示：

在预测实务中，最常采用的方法是定性预测法中的因素分解推断法。比如，在对营业收入进行预测时，首先将营业收入按不同产品进行分解；对于每一种产品的收入，再分解为销售数量和销售单价；还可进一步将销售数量按客户或区域进行分解。这种通过逐级细化和分解的预测过程，就是因素分解推断法的一种典型应用，通过逐级细化和分解，较为完整地呈现出预测过程及数据构成，便于对预测数据的合理性作出分析和判断。

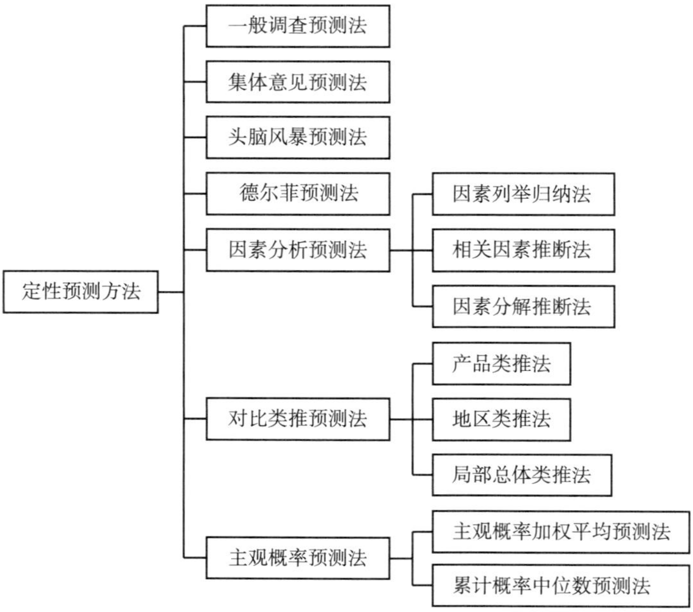


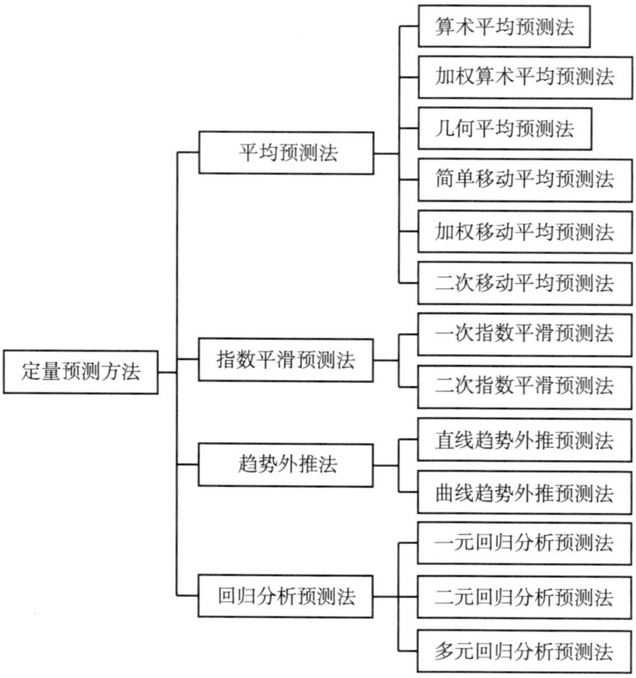


资料来源：根据资产评估师资格全国统一考试辅导教材《资产评估实务（二）》的内容整理而成。

如果说资产评估是科学与艺术的统一，那么预测方法的选择、评估模型的构建都属于“科学”的部分，而在预测方法的具体运用过程中，则可能包含着“艺术”的成分。不要因为资产评估包含了“艺术”的成分，就为“拍脑袋”式的随意性做法寻找“托词”。资产评估中的“艺术”的部分，其实说的是基于丰富经验所作出的专业判断。

## 2.7 识别非经营性项目的十大误区

在运用收益法评估企业价值过程中，需要将企业“一拆为二”，对于经营性资产（含对应的经营性负债），运用收益法进行评估；对于非经营性资产、非经营性负债和溢余资产，与企业生产经营活动没有必然联系，企业未来收益预测也没有考虑其影响或贡献，需要对非经营性资产、非经营性负债和溢余资产单独进行评估。再将两者的评估值相加，得到被评估单位的股权价值。

为简化表述，本书将“非经营性资产、非经营性负债及溢余资产”简称为“非经营性项目”。非经营性项目的界定与识别，可能存在以下误区。

**误区第十名：配套资产=非经营性资产**

配套资产通常指不直接参与生产经营，但与其他生产资料相配合的资产，常见的配套资产包括职工宿舍、职工活动中心等。有观点认为，配套资产没有直接参与生产经营，因而是非经营性资产。这种观点是错误的。

不论是直接参与生产经营的资产，还是不直接参与生产经营的配套资产，判断其是否为非经营性资产的标准是相同的，即根据企业未来收益是否已直接或间接考虑了该项资产的贡献而作出判断。

以职工宿舍为例，对于生产型企业因厂区地理位置距离市中心较远，为方便职工上下班而免费提供的职工宿舍，可视为企业的一项“薪酬或福利成本”，计作经营性资产。

**误区第九名：暂时闲置资产=非经营性项目**

将评估基准日暂时闲置的资产全部界定为非经营性项目的做法，可能是错误的。

在同一企业的不同时期，对某项资产的配置和利用方式可能发生变化。如果某项资产在评估基准日及其后一定期限内是非经营性资产或溢余资产，但之后预计将转为生产资料使用，则该资产应认定为经营性资产，且若该资产在未利用期间客观上能独立产生收益，则应将这部分收益纳入评估范围。

只有在评估基准日及未来经营期均处于闲置状态的资产，才可确认为溢余资产。

**误区第八名：忽略了不同行业或企业配置资产的差异**

本质上看，单独的资产、负债本身并没有经营性和非经营性的区别，其之所以出现经营性或非经营性的区分，缘于在具体企业中的配置和利用情况的差异。

不同行业或不同企业中，对资产负债的配置和使用情况往往存在差异，因此，同一类资产在某些行业中可能是经营性资产，而在其他行业中可能是非经营性资产。比如，对于一般的工业企业而言，投资性房地产通常是非经营性资产，但对于以经营管理持有型物业为主营业务的企业来说，投资性房地产是经营性资产。

**误区第七名：根据资产的活动类别判断经营性质**

有观点认为，为经营活动而准备或因经营活动而形成的资产、负债是经营性的，但为投资活动、筹资活动而准备或因投资活动、筹资活动而形成的资产、负债均是非经营性的。这种观点是片面的。

诚然，为经营活动而准备或因经营活动而形成的资产、负债通常是经营性的。但筹资活动所形成的债务资本和权益资本均不能作为非经营性项目，因为前者作为付息负债单独进行扣除，后者是评估对象的构成内容，但筹资活动产生的应付利息、应付股利通常应界定为非经营性负债。为投资活动而准备或因投资活动而形成的资产、负债的性质则更为复杂，应根据企业未来收益是否已直接或间接考虑资产、负债的影响进行具体分析。

因此，不能仅根据资产与筹资活动、投资活动、经营活动的关系判断资产的经营性质，更不能简单地将与筹资活动、投资活动相关的资产负债划定为非经营性质。

类似地，不能仅根据资产与主营业务收入、其他业务收入的关系判断资产的经营性质。此外，不能简单地将某一会计科目项下的所有资产均界定为非经营性资产或经营性资产，而应对会计科目项下的各明细项目进行具体分析。

**误区第六名：忽略了“货币资金缺口”**

衡量和计算被评估单位的溢余货币资金，系将被评估单位在评估基准日的货币资金余额，与被评估单位在评估基准日因经营所需而留存的最佳现金保有量进行对比。前者大于后者，表示被评估单位在评估基准日存在溢余货币资金，两者差额即为溢余货币资金的金额；前者小于后者，则表示被评估单位在评估基准日的账面货币资金无法满足基本经营周转需要，出现“货币资金缺口”。

比如，假设某企业评估基准日的货币资金为100万元，评估基准日最佳现金保有量为300万元，预测期第1年末的最佳现金保有量为400万元，忽略其他因素。那么，认为溢余货币资金为0且预测期第1年营运资金增加额为100万元的观点是错误的，该观点忽略了“货币资金缺口”的影响。正确的做法是，确认溢余货币资金为-200万元且预测期第1年营运资金增加额为100万元，或确认溢余货币资金为0且预测期第1年营运资金增加额为300万元。

**误区第五名：把“为筹资或投资活动而准备的现金”计入最佳现金保有量**

假设某企业评估基准日有货币资金1000万元，经营所需的最佳现金保有量为100万元，预计预测期第1年需要偿还负债500万元。有观点认为，评估基准日该企业的溢余货币资金是400万元，这是错误的。

最佳现金保有量是指经营所需的现金保有量，而针对预测期拟进行筹资活动（主要指偿还借款）或投资活动（主要指追加投资）而准备的现金，并不包含在最佳现金保有量中。

被评估单位在预测期拟进行的偿还借款和追加投资，会相应减少预测期的股权自由现金流，但并不因此减少评估基准日的溢余货币资金。

最佳现金保有量是在评估基准日这一时点基于经营活动所需的最基本留存现金，最佳现金保有量在评估基准日这一时点可视为股东的“不自由”现金；而为预测期拟进行的筹资或投资活动而准备的现金，是指评估基准日已储备、待预测期支取使用的资金。对于评估基准日而言，这部分储备的资金仍是股东“自由”支配的，待预测期实施筹资或投资活动时再作“现金流出”。如果将这部分储备的资金不作为评估基准日溢余货币资金的构成项目，则实质是在评估基准日和预测期重复计算“现金流出”。

因此，在评估基准日这一时点，为预测期拟进行的筹资或投资活动而准备的现金应包含在评估基准日的溢余货币资金中。前例中，评估基准日企业的溢余货币资金应该是900万元。

**误区第四名：非经营性资产和溢余资产合计值＜非经营性负债**

从资金来源与资金运用的关系上看，非经营性资产和溢余资产的资金可能来源于非经营性负债，也可能来源于经营性负债或股东投入；而非经营性负债与企业生产经营没有必然联系，企业在未来收益预测中也未考虑其影响，非经营性负债不应形成经营性资产。

因此，在通常情况下，非经营性资产和溢余资产的合计值应大于非经营性负债，当出现相反现象时，需要检查是否正确区分了资产、负债的经营性质与非经营性质。

**误区第三名：以日常活动作为识别非经营性资产的标准**

有观点提出，经营性资产是指可以用于企业日常活动，并产生相关经济利益流入的资产。这种观点存在一定的不足之处，因为根据会计准则的定义，日常活动是指企业为完成其经营目标所从事的经常性活动以及与之相关的其他活动，基于该定义范畴的日常活动是形成企业利润的重要来源，但并非唯一来源，非日常活动（比如，长期股权投资和处置固定资产、无形资产等活动）也常常对企业利润产生影响，进而影响企业各种口径下的收益，日常活动范畴与企业收益口径可能不匹配。

经营性资产和非经营性资产的划分和判断，应紧扣企业预期收益口径，凡是在企业预期收益口径中已经包含其影响或贡献的资产，均应界定为经营性资产；凡是对企业预期收益不产生任何直接或间接影响的资产，应界定为非经营性资产。

在实务操作中，检验某项资产是否属于非经营性资产，可运用模拟抽离法，即在企业未来收益预测及具体的评估模型中，将某项资产模拟抽离该企业，分析抽离行为是否会影响企业未来收益或其他评估参数。若抽离该资产对企业未来收益预测值或评估模型的相关参数不产生任何影响，则该项资产属于非经营性资产，否则为经营性资产。

**误区第二名：混淆了溢余资产与经营性资产、非经营性资产之间的逻辑关系**

有观点认为，溢余资产是指超出了企业日常活动必备规模的资产，与企业收益无直接关系，包括与生产经营无关的部分非经营性资产、无效资产。该定义以日常活动的判断作为识别溢余资产的基础，不仅存在日常活动范畴与企业收益口径不匹配的问题，还混淆了溢余资产与经营性资产、非经营性资产之间的逻辑关系。

资产的经营性与非经营性是基于经营属性这一维度作出的判断，而资产的必备与溢余与否是根据配置属性这一维度作出的分析，如果对同一企业的资产同时采用这两个维度进行识别，势必存在两种维度识别结果的交叉或重叠，导致两种维度识别结果逻辑关系的混乱。因此，对溢余资产进行识别的前提，是正确认识溢余资产与经营性资产、非经营性资产的关系。

为合理识别溢余资产，应以资产经营属性为一级维度，以资产配置属性为二级维度，建立区分层次的二维分类体系。企业的所有资产首先区分为经营性资产和非经营性资产，然后再根据资产规模与企业经营规模的配置关系，将经营性资产细分为必备的经营性资产和溢余的经营性资产。必备的经营性资产是企业现时或未来持续生产经营活动所需的资产，溢余的经营性资产是指超过了企业现时或未来持续生产经营活动必备规模的资产。

对于非经营性资产，因其与企业现时及未来生产经营活动无关，在理论上难以根据资产规模与企业经营规模的配置关系将其进一步分解为必备的非经营性和溢余的非经营性资产，且非经营性资产已作单独列示和评估，再对非经营性资产进行细分已无实际意义。

因此，我们所称的溢余资产通常指溢余的经营性资产。

**误区第一名：非经营性项目的界定与报表口径不匹配**

对于集团型企业，对其经营性资产采用收益法进行评估时，通常按业务单元划分，并采用合并报表口径开展预测和折现，此时，若仅界定出母公司的非经营性项目，则遗漏了子公司的非经营性项目的价值。正确的做法是，应基于相同的合并报表口径，识别出合并范畴内的非经营性项目。当然，将非经营性项目的价值与经营性资产的价值相加时，应扣除少数股东所享有的非经营性项目价值。

如果选择母公司报表口径对集团型企业价值进行评估，则只需识别出母公司的非经营性项目，此时，子公司的非经营性项目价值，包含在母公司所持的长期股权投资的评估值当中。

## 2.8 价值比率选择与计算的十大误区

**误区第十名：投资者口径不匹配**

投资者口径不匹配的价值比率举例：P/总资产、P/特定指标、P/S、EV/E、EV/B。

按价值比率分子的投资者口径，价值比率区分为权益价值比率和整体价值比率。按投资者口径一致的要求，权益价值比率的分母应采用归属于权益资本的指标，整体价值比率的分母应采用归属于企业整体的指标。

需要特别说明的是，虽然P/S（市销率）在实务中运用较多，但该指标的价值口径并不匹配，收入应匹配于企业整体价值（并不匹配于权益价值）。因此，通常只在“债务资本占投入资本之比”较小时采用P/S。

**误区第九名：未考虑价值比率计算特征的局限**

价值比率通过分母的指标来衡量分子的价值，当分母的指标值为负值或绝对值微小时，由此得出的价值比率可能被扭曲，不宜采用。

比如，当企业净利润为负或绝对值微小时，P/E不可选；当净资产为负或绝对值微小时，P/B、EV/IC不可选。

**误区第八名：周期性行业随意选用盈利比率**

周期性行业的盈利水平随供需关系的变化而波动，当供需不均衡时，企业当期的盈利水平无法反映其长期趋势，此时不宜选用P/E、P/FCFE、EV/NOIAT、EV/FCFF等盈利比率。

**误区第七名：轻资产企业选用资产比率**

轻资产企业（即表外资产占比较大），其账面核算的资产是不完整的，不完整的资产账面价值无法用来衡量企业价值，在这种情况下，P/B、EV/IC等资产比率不可选。

**误区第六名：资本结构差异很大时选用权益价值比率**

若可比企业与被评估单位的资本结构差异明显，通常不宜选用权益价值比率，应选用整体价值比率。

若可比企业与被评估单位的资本结构存在明显差异，且无法对资本结构的差异作出合理量化修正，不宜采用权益价值比率。比如，若被评估单位的债务资本占比明显小于可比公司，则被评估单位未来利用债务资本的潜力（达到目标资本结构）较大，若无法对该潜力进行修正，则不宜采用权益价值比率。

从企业整体来看，其整体价值受资本总额影响，但不受资本来源途径的影响，不论资本结构如何变化，EV/IC应保持不变。

**误区第五名：EV/总资产比EV/IC更优越**

在整体价值比率项下的资产比率中，有观点认为EV/总资产比EV/IC更优越，这是错误的。

从企业资金来源视角进行分析，企业的负债可区分为付息债务、营运负债和非经营性负债。付息债务与所有者权益之和即为IC（投入资本），而付息债务价值与所有者权益价值之和即为EV（企业整体价值），因此EV与IC的价值口径完全匹配。

总资产与IC的差额是营运负债和非经营性负债，EV/总资产这一价值比率会受到营运负债和非经营性负债的干扰，营运负债和非经营性负债越高，EV/总资产越低。分母中的总资产账面值，应匹配于总资产价值。总资产价值不同于企业整体价值。

因此，在EV/总资产、EV/IC这两个价值比率的对比中，EV/IC更优越。

**误区第四名：盲目选用EV/EBIT或EV/EBITDA**

在整体价值比率项下的盈利比率中，EV/EBIT和EV/EBITDA具有较为严格的适用条件，不可盲目选用。

在整体价值比率项下的盈利比率中，常见的价值比率主要有EV/EBIT、EV/EBITDA、EV/NOIAT和EV/FCFF，这四组价值比率对比如下：

| 项目 | EV/EBIT | EV/EBITDA | EV/NOIAT | EV/FCFF |
|---|---|---|---|---|
| 分母计算公式 | EBIT= 净利润 + 所得税 + 利息支出 | EBITDA=EBIT+折旧 / 摊销 | NOIAT=EBIT ×（1-所得税率）+ 折旧 / 摊销 | FCFF=NOIAT-（资本支出 + 营运资本增加） |
| 投资者口径 | 分子分母均为投资者口径 | 分子分母均为投资者口径 | 分子分母均为投资者口径 | 分子分母均为投资者口径 |
| 折旧摊销口径 | 未加回折旧摊销，会受折旧摊销政策的干扰 | 已加回折旧摊销，不受折旧摊销政策的干扰 | 已加回折旧摊销，不受折旧摊销政策的干扰 | 已加回折旧摊销，不受折旧摊销政策的干扰 |
| 所得税口径 | 分子税后口径，分母税前口径，两者不匹配 | 分子税后口径，分母税前口径，两者不匹配 | 分子分母均为税后口径，两者匹配 | 分子分母均为税后口径，两者匹配 |
| 适用情况 | 仅在可比公司之间的折旧摊销政策以及适用的企业所得税税率相同时适用 | 仅在可比公司之间适用的企业所得税税率相同时适用 | 不论可比公司之间的折旧摊销政策以及适用的企业所得税税率是否相同，均可适用 | 不论可比公司之间的折旧摊销政策以及适用的企业所得税税率是否相同，均可适用。但涉及资本支出、营运资本增加的测算，工作量较大，且资本支出往往是非经常支出（具有偶然性），单一年度的 FCFF 可能存在偶然性 |

从上表可以看出，EV/EBIT和EV/EBITDA具有较为严格的适用条件。相对来说，EV/NOIAT可以完全代替EV/EBIT和EV/EBITDA。

### 误区第三名：时间口径不匹配

在计算价值比率时，应确保分子分母的时间口径相匹配。

以上市公司比较法为例，可比企业股权价值时间口径通常可选择基准日之前20日、30日、60日或120日均价，通常不宜选用基准日之前250日均价。可比企业和被评估单位财务或经营指标可供选择的时间口径示例如下：

| 基准日为年末（以2020年12月31日为例） | | 基准日非年末（以2021年8月31日为例） | |
|---|---|---|---|
| 期间指标时间口径可选项 | 时点指标时间口径可选项 | 期间指标时间口径可选项 | 时点指标时间口径可选项 |
| 本年度：2020年度 | 基准日：2020年12月31日 | 本年度：2021年度（年化） | 基准日：2021年8月31日 |
| 上一年度：2019年度 | 上季末：2020年9月30日 | 上一年度：2020年度，或过去12个月：2020年9月至2021年8月 | 上年末：2020年12月31日 |
| 下一年度：2021年度 | 半年末：2020年6月30日 | 下一年度：2022年度，或未来12个月：2021年9月至2022年8月 | 上季末：2021年6月30日 |

### 误区第二名：非经营性项目口径不匹配

鉴于非经营性资产、非经营性负债和溢余资产（以下简称非经营性项目）创造价值的能力与企业经营性资产创造价值的能力不同，在计算价值比率时，通常应当将分子分母中涉及的非经营性项目数据同步进行剔除。

在分子的价值中剔除了非经营性项目的价值时，分母也不应包含非经营性项目的因素。当分母采用收益或收入指标时，若非经营性资产和溢余资产并无贡献收益或收入，则分母无须调整；否则，应将非经营性项目因素从分母中剔除。采用EV/S价值比率时，因为收入中并不会包含非经营性项目的贡献，因此整体价值中需要将非经营性项目的价值扣除。

在实务操作中，有时难以对可比企业的非经营性项目作出界定或识别，若有理由相信被评估单位和可比企业在非经营性项目占总资产之比较为接近时，通常不影响价值比率的运用。但是，对于一些货币资金占比很大的企业（比如，现金流良好且长期未分红的企业，可能累积了大量的货币资金），计算价值比率时可以扣除全部货币资金，或根据该行业特征，以一定期限的现金需求额作为最佳现金保有量，扣除溢余货币资金。比如，计算P/E时，价值口径为“股权市场价值-（溢余）货币资金”时，对应的收益口径应该为“净利润-（溢余）货币资金的税后利息收入”。再比如，计算EV/IC时，价值口径为“股权市场价值+债务市场价值-（溢余）货币资金”时，对应的投入资本口径对应为“股权账面价值+债务账面价值-（溢余）货币资金”。

**误区第一名：对集团型企业以母公司单体报表数据计算价值比率**

在集团型企业中，其股东全部权益不仅包括了母公司本部（不含长期股权投资）的股权价值，还包括了母公司所持有的长期股权投资的价值，若以母公司单体报表数据计算价值比率，则会出现分子分母核算范畴不匹配的问题。

比如，对于控股型的长期股权投资，在会计上采用成本法进行后续计量，母公司单体报表的净利润没有包含长期股权投资的收益，以母公司单体报表计算P/E存在分子分母核算口径不匹配的问题；类似地，母公司单体报表的净资产也无法反映长期股权投资的资产变化，以母公司单体报表计算P/B也是不妥的。

正确的做法是，计算集团型企业的价值比率时，分母的数据口径应采用合并报表中的“归属于母公司”的数据，或采用合并报表中的“合并”数据。

当计算集团型企业的权益价值比率时，其分子的股权价值（P）以及分母的净利润（E）、净资产（B）的数据口径示例如下：

| 项目 | E | B | P |
| --- | --- | --- | --- |
| 合并报表中的“归属于母公司”的数据 | 合并利润表“归属于母公司股东的净利润”－归属于母公司的非经营性项目对应的损益 | 合并资产负债表“归属于母公司所有者权益”－归属于母公司的非经营性资产净额－归属于母公司的合并商誉 | 母公司的股东全部权益价值－归属于母公司的非经营性资产净额 |
| 合并报表中的“合并”数据 | 合并利润表“净利润”－合并的非经营性项目对应的损益 | 合并资产负债表“所有者权益”－合并的非经营性资产净额－合并商誉 | 母公司的股东全部权益价值＋少数股东权益价值－合并非经营性资产净额 |

当计算集团型企业的整体价值比率时，其分子的整体价值（EV）以及分母的收入（S）、投入资本（IC）的数据口径示例如下：

| 项目 | S | IC | EV |
| --- | --- | --- | --- |
| 合并报表中的“归属于母公司”的数据 | 归属于母公司的收入－归属于母公司的非经常性收入 | 合并资产负债表“归属于母公司所有者权益”＋“归属于母公司的付息债务账面价值”－归属于母公司的非经营性资产净额－归属于母公司的合并商誉 | 母公司的股东全部权益价值＋归属于母公司的付息债务价值－归属于母公司的非经营性资产净额 |
| 合并报表中的“合并”数据 | 合并利润表“收入”－合并的非经营性收入 | 合并资产负债表的“所有者权益＋付息债务”－合并的非经营性资产净额－合并商誉 | 母公司的股东全部权益价值＋少数股东权益价值＋合并口径付息债务价值－合并非经营性资产净额 |

## 2.9 价值比率修正的十大误区

价值比率是衡量企业价值的单价，价值比率分母中的指标或参数决定着企业价值的大小。但除了该决定因素以外，企业价值还会受到其他因素的影响。对影响企业价值的其他因素进行对比和打分，称作价值比率修正的“分项修正法”。

基于“企业价值取决于三个变量：产生现金流的能力、现金流的期望增长率、现金流的不确定性”的理论，当选用收益类价值比率时，价值比率的计算与运用过程，反映了被评估单位与可比企业在“产生现金流能力”方面的差异。因此，在价值比率修正环节，应当对被评估单位与可比企业在“现金流的期望增长率”与“现金流的不确定性”方面的差异进行量化，将被评估单位与可比企业的增长率及风险的差异转化为价值比率的差异。我们将这种价值比率修正方法称作“风险与增长因素修正法”。

在运用市场法评估企业价值过程中，关于价值比率修正体系的构建以及价值比率修正方法中的“分项修正法”和“风险与增长因素修正法”，通常存在以下误区。

**误区第十名：修正体系不完整**

在对价值比率进行调整和修正过程中，应构建完整的修正体系，避免遗漏关键的修正事项。比如，“被评估单位股东全部权益价值=可比企业权益价值比率 × 被评估单位价值比率对应的参数 × 交易情况修正系数 × 交易日期修正系数 × 控股权修正系数 × 流动性修正系数”这一计算公式，遗漏了对可比企业与被评估单位内部因素差异的修正。

那么，应如何构建完整的价值比率修正体系呢？一种可供借鉴的思路是，将价值比率修正体系分解为“价值口径一致性调整”和“价值比率修正”两大环节。在“价值口径一致性调整”环节，对可比企业与被评估单位在交易范畴、交易情况、交易日期、价值类型、流动性以及控制权方面的差异进行调整，使得用于计算价值比率的可比企业股权价值与被评估单位拟评估得出的股权价值具有相同的“内涵与外延”。在“价值比率修正”环节，对可比企业和被评估单位内部因素的差异，采用“分项修正法”和“风险与增长因素修正法”进行修正。

“价值口径一致性调整”示例如下：

| 序号 | 调整事项 | 上市公司比较法的调整内容示例 | 交易案例比较法的调整内容示例 |
|---|---|---|---|
| 1 | 交易范畴调整 | 一般不涉及 | 若可比企业的股权价格包含了承诺条款的期权价值，应将期权价值从可比企业股权价格中剔除 |
| 2 | 交易情况调整 | 一般不涉及，除非有证据表明可比上市公司的股价受到非正常的干预或影响 | 若可比交易案例系在非正常情景下达成的交易，则应作交易情况调整 |

续表

| 序号 | 调整事项 | 上市公司比较法的调整内容示例 | 交易案例比较法的调整内容示例 |
|---|---|---|---|
| 3 | 交易日期调整 | 一般不涉及 | 若可比企业的交易日期与评估基准日间隔较长时间，应作交易日期调整 |
| 4 | 价值类型调整 | 上市公司股价一般代表着市场价值的价值类型，当评估对象的价值类型为市场价值时无须调整 | 若可比交易案例的价值类型与被评估单位的价值类型不同，应作出相应的调整 |
| 5 | 流动性调整 | 当被评估单位为非上市公司时，应进行缺乏流动性调整 | 当被评估单位为非上市公司时，无须作缺乏流动性调整 |
| 6 | 控制权调整 | 上市公司股价一般代表着少数股权的价格，当评估对象具有控制权时，应作控制权调整 | 当可比交易案例与评估对象的控制权因素不同时，应作控制权因素调整 |

**误区第九名：修正幅度过大**

在运用“分项修正法”和“风险与增长因素修正法”进行内部因素修正过程中，若修正幅度过大（即价值比率修正前后的差异幅度过大），则说明可比企业与被评估单位差异显著，这样的“可比企业”其实并不可比。此外，若各可比企业修正后价值比率差异很大，也说明这些可比企业可能部分或全部缺乏可比性。

在运用比较法进行房地产估价时，根据《房地产估价规范》的规定，对可比实例成交价格进行修正和调整时，各因素共同的修正和调整幅度不宜超过30%，且经修正和调整后的各个可比实例价格的最高价与高低价的比值不宜大于1.2。

在企业价值评估中，虽然资产评估执业准则并未对价值比率修正幅度以及各可比企业修正后价值比率差异幅度作出限定，但我们不可忽略因价值比率修正幅度过大或各可比企业修正后价值比率差异幅度过大可能蕴含的问题。

**误区第八名：重复修正**

在实务中，对于某项指标对企业价值的影响，可能存在重复修正情形。

比如，当选择P/E作为价值比率时，可比企业与被评估单位净利润差异对企业价值的影响，通过价值比率的运用过程体现。若在价值比率修正环节，又对可比企业与被评估单位在盈利规模方面的差异进行修正，则重复考虑了盈利规模这一因素对企业价值的影响。

再比如，当选择P/B作为价值比率时，可以在价值比率修正中对盈利质量的差异作出修正（比如，对可比企业与被评估单位在净资产收益率方面的差异作出修正）。但如果在价值比率修正环节，分别就净资产收益率、总资产报酬率、销售利润率、成本费用利润率、资本收益率等指标进行修正，则多次重复考虑了盈利质量对企业价值的影响。

此外，在风险与增长因素修正法中，收益指标不宜采用预测值，否则会使得企业未来第1年的增长因素在价值比率运用以及修正过程中重复进行了考虑。

**误区第七名：通过增加可比企业数量代替价值比率修正**

有观点认为，在市场竞争的作用下，企业的超额利润会随着竞争而逐步消失，企业的长期回报率将接近于行业平均水平，而价值比率修正的主观性很大，因此，在市场法评估中，在选择尽可能多的可比企业的前提下，以可比企业价值比率的平均值反映行业平均水平，并将该平均水平运用于被评估单位，则不需要再作价值比率的修正。这种通过增加可比企业数量代替价值比率修正的做法并不可取。

对于完全竞争性行业中的企业来说，所有的超额利润都会随着竞争而逐步消失，但超额利润逐步消失的过程可能很漫长，在此过程中，企业尚未消失的超额盈利能力可能对企业价值影响重大。对于不完全竞争行业中的拥有核心竞争优势的企业来说，可能长期拥有超额利润，将所谓的行业平均价值比率运用于这些企业且不作价值比率修正，无法反映这些企业核心竞争优势对企业价值的影响。

通过增加可比企业数量代替价值比率修正的做法，属于典型的“因噎废食”。我们不能因为价值比率修正过程存在主观性就否定价值比率修正环节，而应致力于研究如何降低价值修正过程的随意性。

将可比企业的价值比率直接运用于被评估单位，忽略了可比企业与被评估单位内部因素的差异。而从可比企业数量与可比性的逻辑关系上看，筛选可比企业的标准越严格，则筛选出的可比企业的数量越少且其可比性越高；筛选可比企业的标准越宽松，则筛选出的可比企业的数量越多但其可比性越低。通过放宽筛选标准以增加可比企业的数量，将进一步降低可比企业的可比性，更有必要对价值比率进行修正以反映可比企业与被评估单位之间的差异。

**误区第六名：选择非单一价值比率时采用同一套修正体系**

在运用市场法评估企业价值的实务操作中，存在这样一种做法：选择非单一价值比率，但对这些价值比率采用同一套修正体系（比如，同时选择P/E、P/B这两个价值比率且采用同一套修正体系）。这种做法值得商榷。

价值比率是衡量企业价值的单位价格，价值比率分母中的指标或参数决定着企业价值的大小。但除了该决定因素以外，企业价值还会受到其他因素的影响。每一种价值比率，除了价值比率分母中的指标或参数以外，影响企业价值的其他因素并不相同。因此，当选择非单一价值比率时，对所选择的每一种价值比率，应分别作出修正，不宜对不同的价值比率共用同一套修正体系。

对于不同的行业或不同的企业，各种价值比率衡量企业价值的相关程度存在差异。为避免出现前述问题，建议选取对企业价值解释能力最强的指标或参数，采用单一价值比率。

**误区第五名：修正指标“喧宾夺主”**

举例说明修正指标在实务中是如何“喧宾夺主”的。假设某项目运用市场法评估企业价值，选择P/E作为价值比率，可比企业的P/E为8倍，对价值比率作内部因素修正时选择总资产周转率作为修正指标，可比企业和被评估单位的总资产周转率分别为0.4和0.8，由此简单计算得出修正系数为200%（0.8 ÷ 0.4），进而计算得出被评估单位的P/E为16倍。在该示例中，总资产周转率“喧宾夺主”，成为决定企业价值的主要因素，而所选价值比率P/E中的净利润成为影响企业价值的次要因素，这是不妥的。

那么，在分项修正法中，修正指标对价值比率的影响程度究竟有多大？对修正指标该如何进行打分呢？我们建议遵循“二八原则”，即价值比率中的指标或参数对企业价值产生80%的影响（是决定企业价值大小的主要因素），其余修正指标对企业价值产生20%的影响（是影响企业价值大小的次要因素）。在实务中可供借鉴的做法是，对于价值比率之外的各项修正指标，可以在80—100分区间进行打分，以体现“二八原则”。

仍以上述示例为基础，介绍“二八原则”的具体运用过程：该项目选择P/E作为价值比率，说明净利润是决定企业价值大小的主要因素，而作为修正指标的总资产周转率是影响企业价值大小的次要因素，对可比企业和被评估单位的总资产周转率，根据其在行业中的档次（按很差、较差、平均、较好、很好分档）分别在80—100分区间打分（相邻档次的分差为5分）。假设可比企业和被评估单位的总资产周转率分别位于行业的“较差”和“很好”档，分别打85分和100分，则修正系数为117.65%（100 ÷ 85），进而计算得出被评估单位的P/E为9.41倍。

**误区第四名：将风险与增长因素修正法运用于非收益类价值比率**

风险与增长因素修正法的理论依据在于“企业价值取决于三个变量：产生现金流的能力、现金流的期望增长率、现金流的不确定性”。当选用收益类价值比率时，价值比率本身已反映了被评估单位与可比企业在“产生现金流能力”方面的差异，因此在价值比率的修正环节，对被评估单位与可比企业在“现金流的期望增长率”与“现金流的不确定性”方面的差异进行量化，将被评估单位与可比企业的增长率及风险的差异转化为价值比率的差异。

价值比率选用非收益类价值比率（比如选用P/B时）时，不宜采用风险与增长因素修正法。理由主要有两个方面。

一方面，当价值比率不选用收益类价值比率时，通常该行业收益类价值比率对企业价值的解释能力不强，收益类价值比率无法用于衡量企业价值（比如周期性行业处于供需不均衡状态时，不宜选择P/E等收益类价值比率）。但是，风险和增长因素修正法针对的是收益类价值比率，可比企业和被评估单位在风险与增长因素方面的相对差异，能否平移至非收益类指标，是值得怀疑的。

另一方面，当价值比率选用非收益类价值比率时，有一种做法，通过计算非收益类指标与收益指标之间的转换系数（比如，计算股权自由现金流FCFE与净资产B之间的转换系数），来使用风险及增长因素修正法。但这种做法存在这样的悖论：如果被评估单位和可比公司的转换系数是相同的，根本没必要转换，不如直接采用收益类价值比率；如果被评估单位和可比公司的转换系数不同，则说明选用的价值比率对可比企业和被评估单位企业价值的解释能力不同，证明选用该价值比率是不妥的。

### 误区第三名：在风险与增长因素修正法中采用“绝对引用”

在风险与增长因素修正法中，假设选用的价值比率为P/FCFE，被评估单位股东全部权益价值 $P_0=\frac{FCFE_0}{r_0-g_0}$，可比企业股东全部权益价值 $P_a=\frac{FCFE_a}{r_a-g_a}$，则P/FCFE价值比率的修正系数为 $\frac{r_a-g_a}{r_0-g_0}$（以下简称定量修正方式一）。在计算该修正系数时，$r_0$、$g_0$、$r_a$、$g_a$的取值一般通过资本成本模型和几何增长模型测算得出。若可比企业 $r_a-g_a$ 的取值是基于 $\frac{1}{r_a-g_a}=\frac{P_a}{FCFE_a}$ 这一等式倒推得出的，则实质上是将市场法还原为绝对估值法中的收益法，采用市场法并经过修正最终又回到了收益法，采用市场法已无实际意义。

也就是说，在价值比率修正过程中，只能“相对引用”（即引用可比企业与被评估单位在风险和增长率方面的相对差异），不能“绝对引用”（即不得通过绝对估值法模型倒轧推算可比企业的风险和增长率水平）。

### 误区第二名：采用 $\frac{1}{\frac{1}{M_a}+(r_0-r_a)+(g_a-g_0)}$ 计算修正后价值比率

在运用风险与增长因素修正法过程中，实务中存在这样的做法：当选用的价值比率为P/FCFE时，设可比企业的P/FCFE为 $M_a$，则 $M_a=\frac{P_a}{FCFE_a}=\frac{1}{r_a-g_a}$，设被评估单位的P/FCFE为 $M_0$，则 $M_0=\frac{P_0}{FCFE_0}=\frac{1}{r_0-g_0}$，可推导得出 $M_0=\frac{1}{\frac{1}{M_a}+(r_0-r_a)+(g_a-g_0)}$（以下简称定量修正方式二）。运用定量修正方式二进行价值比率修正，通常是错误的。

定量修正方式二的适用前提在于：$M_a$是通过 $\frac{1}{r_a-g_a}$ 计算得出的，而不是通过 $\frac{P_a}{FCFE_a}$ 计算得出的。也就是说，定量修正方式二的等式，仅在“绝对引用”前提下成立。但是，在误区三的叙述中，我们已得知，在市场法中采用风险与增长因素修正法，应采用“相对引用”（即引用可比企业与被评估单位在风险和增长率方面的相对差异），不可采用“绝对引用”（即不得通过 $\frac{1}{r_a-g_a}$ 计算得出 $M_a$）。因此，运用定量修正方式二计算修正后价值比率的做法不可行。

举例说明如下：设可比企业价值比率为1，可比企业和被评估单位的折现率分别为14%和10%，可比企业和被评估单位的长期增长率为0。若根据定量修正方式一，计算得出被评估单位修正后价值比率为1.4，可比企业和被评估单位的价值比率差异合理反映了其风险差异。若根据定量修正方式二，计算得出被评估单位修正后价值比率仅为1.04，可比企业和被评估单位的风险差异率为40%，但其价值比率的差异率仅为4%，这显然是不合理的。

当可比企业的价值比率 $M_a$ 是通过 $\frac{1}{r_a - g_a}$ 计算得出 $(M_a = \frac{1}{14\% - 0} = 7.14)$ 时，采用定量修正方式二计算得出的修正后价值比率，才会与采用定量修正方式一计算得出的修正后价值比率相同。

**误区第一名：对流动性和控制权因素作“后置修正”**

在运用价值比率过程中，当被评估单位和可比企业在股权流动性或控制权等方面存在差异时，应当对这些差异进行修正。从修正环节看，存在“前置修正”（指在计算可比企业的价值比率之前对流动性和控制权等因素进行修正，使得用于比较的可比公司股价内涵与被评估单位股权内涵一致）和“后置修正”（指在对可比企业的价值比率进行内部因素修正之后，再对被评估单位与可比企业的股权流动性和控制权因素进行修正）两种做法。

为了分析“前置修正”与“后置修正”可能存在的差异，举例说明如下。

假设被评估单位为非上市公司、可比企业为上市公司，选用EV/NOIAT作为价值比率，缺乏流动性折扣率为50%，可比企业股权价值为1000，可比企业付息债务价值为500，可比企业NOIAT为200，被评估单位NOIAT为400，被评估单位付息债务价值为100，仅作流动性差异修正，忽略其他修正因素。

若采用“后置修正”，可比企业修正前价值比率=1500/200=7.5，被评估单位修正前股权价值=7.5 × 400−100=2900，被评估单位修正后股权价值=2900 ×（1−50%）=1450。

若采用“前置修正”，可比企业修正后价值比率=（500+500）/200=5，被评估单位股权价值=5 × 400−100=1900。

上述案例可进一步说明：在选用权益价值比率且可比公司和被评估单位不作非经营性项目调整时，“前置修正”和“后置修正”的结果相同。在整体价值比率下，只有同时满足两个条件（一是可比企业和被评估单位的付息债务相同；二是可比企业和被评估单位的价值比率对应的财务指标数据相同），“前置修正”和“后置修正”的结果才会相同，但实务中这两个条件一般不可能同时满足。因此，当采用整体价值比率，以及采用权益价值比率且需要作非经营性项目调整时，“前置修正”和“后置修正”得到的结果存在差异。

我们主张采用“前置修正”，理由主要有以下三点。

第一，在“后置修正”模式中，用于计算价值比率的分子中的数据口径不同。比如，在整体价值比率中，分子中的股权价值为具有流动性溢价的价值，但分子中的债权价值为缺乏流动性状态下的价值。再比如，在权益价值比率中，分子中的股权价值为具有流动性溢价的价值，但分子中的非经营性资产则为缺乏流动性状态下的价值。

第二，可比企业与被评估单位在流动性、控制权等方面的差异，属于股权价值内涵的差异，应当在计算价值比率之前进行“价值口径一致性调整”。

第三，在上市公司比较法中，“前置修正”的假设条件是“首先假设可比上市公司未上市”，“后置修正”的假设条件是“首先假设被评估单位已上市”。两相对比，“前置修正”的假设条件更为合理。

# 第 3 章

# 特定企业的价值评估

## 3.1 科创企业估值的十大误区

科创企业估值面临哪些挑战？传统估值方法的“旧瓶”能否装下科技创新企业的“新酒”？本书盘点科创企业估值过程中可能存在的误区。

**误区第十名：亏损企业不适用收益法**

不论是传统企业，还是科创企业，企业处于亏损期并非不适用收益法的充分原因。不论处于亏损期，还是盈利期，企业能否采用收益法进行估值，均取决于能否对企业未来收益作出合理预测并量化其风险。

但是，相比于传统企业，科创企业在初创期或研发投入阶段存在着更大的不确定性，对处于亏损期的科创企业采用收益法面临着更大的挑战。一般来说，对处于亏损期的科创企业，若其研发成果及研发进程无法合理预计，或企业商业模式尚在探索之中，或企业未来持续经营能力存在重大不确定性，则不宜选用收益法进行估值。

**误区第九名：未考虑企业所处发展阶段对估值的影响**

企业所处的发展阶段通常包括初创期、成长期、成熟期以及衰退期，不同的发展阶段可适用的估值方法往往不同。比如，对于初创期的科创企业，收益预测面临重大不确定性，通常不适合采用收益法进行估值，运用市场法时常选用非财务指标类价值比率或收入类价值比率，一般不宜选择盈利类价值比率，此外，VM指数法、实物期权法也可能适用于此阶段的科创企业；对于成长期的科创企业，不论是采用收益法还是市场法进行估值，均应考虑企业增长速度和增长趋势对其价值的影响；对于成熟期的科创企业，运用具体方法对其进行估值所受到的局限最少；对于衰退期的科创企业，通常采用资产基础法进行评估。

相比于传统企业，科创企业生命周期的更迭可能更快，特别是技术迭代周期较短的行业。对于受到专利保护的科创企业，专利保护期限届满可能预示着企业所处阶段的更替。因此，对科创企业进行估值，应更加关注企业所处发展阶段对估值方法和估值过程的影响。要求同一科创企业在不同发展阶段的估值方法保持不变的做法，是错误的。

**误区第八名：未考虑行业特征对估值的影响**

科创企业涉及的行业分布较广，主要包括新一代信息技术、生物医药、高端装备、新材料、新能源、节能环保等高新技术产业和战略性新兴产业。不同的行业，其产品技术含量、技术迭代速度、科技创新研发周期、科技创新投入规模以及资产类别与资产结构可能相差很大。对不同行业的科创企业进行估值时，应考虑行业特征对估值方法选择与应用过程的影响。

比如，对于科技创新研发周期较长、科技创新投入较大的科创企业，在研发成功之前，若采用收益法进行估值，通常应考虑研发项目成功概率的影响。再比如，对于技术迭代速度较快的科创企业，其企业经营成果波动较大，甚至对企业的收益期限产生影响。又比如，对于轻资产型的科创企业，采用市场法进行估值时，通常不宜选择市净率等资产类价值比率。

**误区第七名：预计市值未考虑股票流动性溢价**

科创企业的预计市值，是指科创企业股票公开发行后按照总股本乘以发行价格计算出来的发行人股票名义总价值。从估值基准日和估值报告日的关系上看，测算预计市值属于预测性估值，即在当前时点估计企业在未来公开发行日的发行后总市值。

科创企业预计市值的大小，不仅取决于科创企业未来拟发行的股票数量的多少，而且取决于科创企业未来的拟发行单价的高低。而从公开发行日的科创企业股票的流动性特征来看，公开发行单价属于具有流动性的股票价格。因此，对科创企业公开发行单价的测算与估计，若选择上市公司比较法，无须扣除缺乏流动性的折扣；若选择交易案例比较法或收益法，则需要加计股票流动性溢价。

**误区第六名：未考虑企业发行的其他权益工具对普通股价值的影响**

对于发行优先股、永续债、可转换债券等其他权益工具的科创企业，当评估对象为普通股价值时，应当对评估得出的股东全部权益价值进行分配，即首先应单独评估其他权益工具的价值，再从股东全部权益价值中扣除其他权益工具价值，得出普通股的评估值。

当评估对象为优先股、永续债、可转换债券等其他权益工具时，无须先评估得出企业的股东全部权益价值，而是直接根据其他权益工具的发行条款，采用现金流折现法或期权定价模型评估得出其他权益工具的价值。

**误区第五名：未考虑“同股不同权”对股东部分权益价值的影响**

股东拥有的权利种类很多，但最重要的股东权利为分红权、表决权和剩余财产分配权，相应地，我们通常所说的“同股不同权”也可进一步细分为“同股不同分红权”“同股不同表决权”和“同股不同剩余财产分配权”。

科创企业“同股不同权”的安排，并不直接影响企业的股东全部权益价值，但会影响股东全部权益价值在不同股东间的分配。因此，对于存在“同股不同权”安排的科创企业，当评估对象为股东部分权益价值时，应当考虑“同股不同权”对股东部分权益价值的影响，其中，“同股不同分红权”和“同股不同剩余财产分配权”将直接影响特定股东的现金流归属，“同股不同表决权”的安排将影响特定股权所蕴含的控制权因素。

**误区第四名：未考虑市研率的适用条件**

市研率是指“股价/研发支出”的价值比率。作为一种技术驱动型的价值比率，市研率在科创企业估值中受到一定程度的追捧，甚至有估值人员“赶时髦”地选用市研率，而忽略了市研率的适用条件。在科创板已上市企业中，申请上市前估算预计市值时，选用市研率的企业主要为生物医药企业。

市研率的应用面临着以下四类问题或挑战：一是企业涉及研发支出的会计科目主要有三个（分别是利润表中的研发费用，资产负债表中的开发支出，以及开发支出在满足条件下结转形成的无形资产）。若仅以三个科目中部分科目的金额计算市研率，则是片面和不完整的；若以三个科目金额的合计数计算市研率，则存在着将口径不同的数据进行累加的问题（研发费用是期间数，开发支出和无形资产是时点数）。二是研发投入与研发产出之间具有弱对应性，高投入不一定能带来高产出。三是企业在不同的发展阶段，其研发投资强度可能差异显著。四是研发支出属于全投资口径指标，应匹配于企业整体价值，市研率分子分母指标的投资者口径并不匹配。

对应地，选用市研率应同时满足以下四个条件：一是可比企业与被评估单位研发支出所涉及的三个会计科目的核算方法类似；二是可比企业与被评估单位的研发转化率类似；三是可比企业与被评估单位处于相同的企业发展阶段，且其研发投资强度类似；四是可比企业与被评估单位付息债务占比较小或资本结构类似。

**误区第三名：未考虑研发项目的成功概率**

在运用收益法对企业进行估值过程中，预测的未来现金流应当是基于情景分析法，对各种情景下预测结果按其概率分布作加权平均的“期望现金流”。以实现概率最高情景下的“最可能现金流”代替“期望现金流”，往往会使估值结果虚高。

对于科创企业（特别是处于初创期的科创企业），其研发项目能否取得成功存在很大的不确定性，忽略研发项目的成功概率，可能导致巨大的估值偏差。

对于科创企业，应考虑在研项目的成功概率，以反映在研项目的不确定性。比如，对于制药企业的在研新药，首先基于药品预计上市时间、患者规模、药品渗透率等因素，预测出项目成功后的现金流，再将其折现值乘以在研新药的成功概率，得到在研新药的价值。

**误区第二名：错误计算VM指数**

VM指数法（也称作估值扩张倍数法），是指用被评估单位历次估值扩张倍数进行评估的方法。在VM指数法中，VM指数代表着企业每个月的估值扩张倍数。从本质上看，VM指数法属于市场法下的一种具体方法。

实务中常用的计算VM指数的公式为“VM指数=本轮投前估值/前轮投后估值/两轮之间间隔月数”，但该计算公式存在逻辑错误。比如，假设标的企业本轮投前估值和前轮投后估值不变（本轮投前估值/前轮投后估值=1），若两轮之间间隔月数为2个月，则根据上述公式计算得出VM指数为0.5，说明该企业每个月估值增长0.5倍，这显然与“本轮投前估值和前轮投后估值不变”的假设相悖。

正确计算VM指数的公式应该是“VM指数=（本轮投前估值/前轮投后估值-1）/两轮之间间隔月数”。比如，假设标的企业本轮投前估值和前轮投后估值不变（本轮投前估值/前轮投后估值-1=0），则由此计算得出的VM指数为0，说明企业在最近两轮间估值不变，这与“本轮投前估值和前轮投后估值不变”的假设相符。

值得注意的是，VM指数法隐含了“企业按历史增长速度线性发展”的假设，该假设与企业的实际情况难以相符，因此建议在实务中慎用VM指数法。一般来说，VM指数法仅对处于概念期或初创期的科创企业可能具有一定的适用性，对处于其他发展阶段的科创企业不宜采用VM指数法进行估值。

**误区第一名：利用最新融资价格时未作承诺事项修正**

在运用交易案例比较法对科创企业进行估值时，不仅可以选择其他可比企业的最新融资价格作为可比案例，也可以利用被评估单位自身的最新融资价格。不论是利用其他可比企业的最新融资价格，还是利用被评估单位自身的最新融资价格，均应关注融资价格是否包含了承诺条款的影响。

在科创企业不同轮次的新发股权融资交易中，为了促使融资达成，保障投资人的利益，科创企业原大股东往往会向投资人作出承诺，比如，优先清算承诺、补偿承诺、回售承诺以及反摊薄条款等。科创企业原大股东作出此类承诺，对于投资人而言属于一种实物期权。附带承诺条款的交易范畴包括新发股权和承诺条款对应的实物期权，其融资价格实质由新发股权的市场价值和承诺条款的实物期权价值这两部分组成。

在利用最新融资价格对科创企业的市场价值进行评估时，对于附带承诺条款的融资价格，应当首先将最新融资价格在新发股权市场价值与承诺条款对应的实物期权价值之间作出分配，剔除承诺条款对应的实物期权价值，再将最新融资价格中的新发股权市场价值用于科创企业的估值。

对于附带承诺条款的融资价格，若不将承诺条款对应的实物期权价值进行剔除，而直接将该融资价格用于估值参照，将导致估值虚高。

## 3.2 房地产开发项目公司估值的十大误区

本书所指的房地产开发项目公司（以下简称项目公司），是指为了开发特定地块而专门设立，并拟于开发经营期限终了后实施清算的企业。与集团型的房地产开发企业不同，对房地产开发项目公司的股权价值进行评估，通常存在以下误区。

**误区第十名：将项目公司的收益期界定为无限年期**

对于房地产开发项目公司而言，根据其公司章程或经营计划，其未来获得收益的年限通常是有限年期。其中，对于将开发产品对外销售的项目公司，开发且销售完毕时其收益期终了；对于将开发产品自持经营的项目公司，开发产品的经济寿命届满时其收益期终了。

**误区第九名：企业自由现金流=经营活动产生的现金净流量+折旧和摊销-资本性支出**

企业自由现金流的常规计算公式（企业自由现金流=税后净营业利润+折旧及摊销-资本性支出-营运资本增加额），本质上是采用间接途径得出企业自由现金流。

编制房地产开发项目公司的自由现金流，则通常采用直接途径，即直接根据开发及销售进度预测项目公司的现金流出和现金流入，得到经营活动产生的现金净流量，在此基础上，再扣减所需的资本性支出，即可得出项目公司的企业自由现金流，无须再加回“折旧和摊销”。

**误区第八名：收益期终了时未考虑最佳现金保有量的回收**

对于房地产开发项目公司来说，其收益期通常为有限年期，因而在预测自由现金流时，应考虑收益期届满时可一次性收回的现金流。收益期届满时可一次性收回的现金流，通常包括非流动资产的变现值以及最佳现金保有量的收回。相对而言，最佳现金保有量的收回可能更容易被忽略。

值得注意的是，收益期届满时可收回的最佳现金保有量，并非评估基准日的最佳现金保有量，而是指最后一期的最佳现金保有量。

**误区第七名：忽略项目公司的融资能力对资本成本的影响**

假设某房地产开发项目公司A公司的存量付息债务的平均利率，显著高于同期的行业平均贷款利率，其原因主要是A公司的债务占比明显高于行业平均水平，财务风险较高。在评估A公司股权的市场价值时，有一种观点认为，应基于“市场参与者视角”，以行业平均贷款利率计算A公司的加权平均资本成本。这种观点是错误的。

本案例中，A公司贷款利率高企是因为其资本结构异常，财务风险大，并非因A公司原管理者的管理水平低下所致。因此，不宜将“市场参与者视角”直接等同于“采用行业平均水平”。采用行业平均贷款利率计算A公司加权平均资本成本的做法，忽略了A公司的融资能力（这是A公司本身的一项特征）对资本成本的影响。

因此，在计算房地产开发项目公司的加权平均资本成本过程中，需要采用与被评估项目公司自身负债率相匹配的市场利率水平，需要考虑企业实际负债率对利率水平的影响，不能简单直接地采用行业平均贷款利率。

**误区第六名：选择的价值比率缺乏相关性**

对于房地产开发项目公司而言，其未来盈利能力取决于其存货（正在开发的项目和待开发地块）的构成。房地产开发项目公司的历史业绩与未来收益之间并无必然联系，受项目开发及销售进度的影响，房地产开发项目公司在短期内的业绩波动往往较大，某一年度的净利润与企业价值之间缺乏相关性，因此，P/E通常并不适用于房地产开发企业。

此外，房地产开发企业账面存货价值反映了其实际取得的土地成本和实际发生的建造成本，当土地价格和房价波动较大且待开发地块实际取得时间较早时，存货账面价值可能与存货的现行公允价值差异显著。在这种情况下，房地产开发企业的账面净资产与企业价值之间缺乏相关性，不宜选择P/B作为房地产开发企业的价值比率。

正是由于上述因素，对于房地产开发项目公司的企业价值进行评估，一般应慎用市场法。

**误区第五名：未充分关注滞销尾盘的现金流预测风险**

对于房地产开发企业的滞销尾盘，预测其未来现金流净额时，可能存在以下错误做法。

一是未考虑销售单价与销售进度的逻辑关系。比如，有些项目公司的滞销尾盘虽近期偶有售出，但去化速度很慢，预测其未来现金流净额时，若直接以近期成交价格为基础，并假设快速清盘，则该假设可能缺乏合理性，没有考虑尾盘去化速度与促销政策的关系。

二是成本费用与收入不匹配。比如，在预测滞销尾盘的现金流净额时，没有对尾盘销售过程涉及的管理费用、销售费用进行预测。

三是仅按预征率计缴相关税费，未作汇算清缴。比如，在预测滞销尾盘对应的土地增值税时，只按预征率计算未来应缴纳的土地增值税，未作汇算清缴。

四是混淆了单项资产评估与企业价值评估的差异。比如，在评估房地产开发企业的股权价值时，对滞销尾盘的未来现金流净额进行预测，未扣除预计应承担的企业所得税。

**误区第四名：存货及往来款评估值存在重复或遗漏**

在运用资产基础法对房地产开发企业进行评估时，对存货（开发成本）采用假设开发法进行评估，应特别关注存货及往来科目评估值的内涵，应避免重复计算或遗漏。

假设某项目公司评估基准日的开发产品中尚有5套房产待售，其中2套房产的售房款已挂账（借记“银行存款”，贷记“预收账款”或“合同负债”等科目，暂未结转这2套房的收入和成本）。

在假设开发法中，若按剩余3套房预测未来现金流入，同时将预收账款或合同负债的评估值等于账面值，则会出现资产的遗漏；若按5套房预测未来现金流入，同时将预收账款或合同负债评为零值，则会导致资产的重复计算。

正确的做法是，若按剩余3套房预测未来现金流入，则评估基准日的预收账款或合同负债应按零值评估（相当于将预收账款或合同负债结转收入）；若按5套房预测未来现金流入，则预收账款或合同负债的评估值等于账面值（相当于将预收账款或合同负债视为基准日之后仍需支付的一项负债）。

在运用收益法对房地产开发企业进行评估时，对于评估基准日的预付账款、应收账款、合同资产、预收账款、合同负债和应付账款等往来科目，通常界定为经营性资产，在运用收益法得出评估结论基础上，不再加计这些往来科目的评估值（相当于这些往来科目评估值为零，对于预付账款、预收账款和合同负债，也可理解为在基准日进行了结转）。

相应地，在预测企业的未来现金流时，对于基准日已预付的款项，未来不再计作现金流出；对于基准日已预收的款项，未来不再计作现金流入；对于基准日的应收账款和合同资产，应在未来收回时点计作现金流入；对于基准日的应付账款，应在未来支付时计作现金流出。

**误区第三名：未考虑现行市价与计税基础的差异对资产价值的影响**。

假设某房地产开发企业为一般纳税人且适用一般计税方法，假设待开发土地原出让价格为1亿元，采用市场法评估得出该地块的现行市价为1.5亿元。

直接以现行市价作为评估值的默认前提是该地块的计税基础与现行市价相同，但该地块的计税基础仍为1亿元，现行市价高出计税基础的0.5亿元无法在计算增值税、土地增值税和企业所得税时作为扣除项目，企业需要为此承担更多的税款（相比于计税基础为1.5亿元）。

因此，需要从现行市价中扣减因计税基础差额导致的多缴税款。其中，应扣减的增值税=0.5÷（1+增值税税率）×增值税税率×（1+附加税税率），应扣减的企业所得税=0.5×企业所得税税率，应扣减的土地增值税=计税基础为1亿元时的土地增值税－计税基础为1.5亿元时的土地增值税。

需要特别指出的是，上述扣减税款的计算，不同于采用假设开发法评估待开发土地过程中要扣减税款的计算。在假设开发法中，扣除的企业所得税、土地增值税是基于项目清算计算得出的，且销售额及后续开发成本均采用不含增值税价，不涉及增值税的扣除。

**误区第二名：在两类假设开发法中优先采用静态分析法**

假设开发法包括静态分析法和动态分析法。这两类假设开发法的主要区别在于，静态分析法需要扣减投资利息和后续开发的应得利润，以反映投资的机会成本，但动态分析法并不需要扣减投资利息和后续开发的应得利润。在动态分析法中，投资的资金成本及后续开发投入的合理报酬是通过现金流的折现过程予以体现的，投资的时间价值及超额风险均蕴含在折现率当中。

对于这两类假设开发法，通常应优先选择哪一类？关键在于相关数据质量的对比。

在静态分析法中，计息周期的确定并非易事，而应得利润的估计难度更大，特别是对在建工程（开发成本）进行评估时，要扣减的并非开发项目的全部利润，而是项目现状及续建成本所对应的合理利润。

假设开发法本质上属于收益法，在折现率中考虑资金的时间价值和超额风险，更符合收益途径的应用惯例，且从数据获取渠道看，折现率这一数据的质量通常高于静态分析法中计息周期及利润率的数据质量。因此，在假设开发法中，通常应优先选择动态分析法。

**误区第一名：对土地价款或规划条件进行人为设定**

在房地产开发企业的资产评估实务中，如果企业尚未取得土地使用权且后续取得土地使用权的价款尚不明确，或虽已取得土地使用权但地块的规划条件尚不明确，则说明企业的主要资产存在法律权属问题（不仅仅是法律权属瑕疵），在这一背景下，对土地价款或规划条件进行人为假设的做法，蕴含了很大的不确定性和风险，是不妥当的。

对土地价款或规划条件进行人为设定，不符合委托人应当依法提供资产评估对象法律权属等资料，并保证其真实性、完整性、合法性的要求，且资产评估专业人员无法对人为设定的条件作出核查验证。

## 3.3 有限合伙型股权投资基金估值的十大误区

股权投资基金的准确含义应为“私募类私人股权投资基金”，按其法律形式，可以区分为有限合伙型股权投资基金、公司型股权投资基金以及信托（契约）型股权投资基金。在这三种组织形式中，有限合伙型股权投资基金的占比最高。对有限合伙型股权投资基金（以下简称合伙基金）进行估值，应避免以下误区。

**误区第十名：合伙基金的财产份额变动时才有估值需求**

合伙基金的财产份额变动，是合伙基金存续期间常见的估值需求，但并非唯一的估值需求。在合伙基金存续期间，合伙人以财产份额出质、以财务报告为目的等行为，均涉及估值需求。另外，在合伙基金设立阶段和清算阶段，也存在估值需求。合伙基金的估值需求如下：

<table>
<tr><th colspan="2">所处阶段</th><th>估值需求的种类</th><th>估值需求的具体分析</th></tr>
<tr><td colspan="2">基金设立</td><td>合伙人出资</td><td>根据合伙企业法的规定，合伙人以实物、知识产权、土地使用权或者其他财产权利出资，需要评估作价的，可以由全体合伙人协商确定，也可以由全体合伙人委托法定评估机构评估</td></tr>
<tr><td rowspan="4">基金存续</td><td rowspan="3">财产份额变动</td><td>合伙人转让财产份额</td><td>根据受让方的不同，合伙人转让财产份额有两种情形：一是合伙人之间转让在合伙企业中的全部或部分财产份额；二是合伙人向合伙人以外的人转让其在合伙企业中的全部或者部分财产份额。虽然这两种情形下应履行的程序存在差异，但两种情形通常需要先对拟转让的财产份额价值进行评估。其中，国有企业将其所拥有的财产份额进行转让的，应当进行资产评估。另外，根据《政府投资基金暂行管理办法》（财预〔2015〕210号）的规定，政府出资从投资基金退出时，应当按照章程约定的条件退出；章程中没有约定的，应聘请具备资质的资产评估机构对出资权益进行评估，作为确定投资基金退出价格的依据</td></tr>
<tr><td>新增合伙人增资入伙</td><td>新合伙人入伙应依法订立书面入伙协议，订立入伙协议时，原合伙人应当向新合伙人如实告知原合伙企业的经营状况和财务状况。在这一过程中，可能存在对增资前合伙企业财产份额进行估值的需求，以确定新增合伙人的投资额所折合的份额比例</td></tr>
<tr><td>原有合伙人退伙</td><td>合伙人退伙，其他合伙人应当与该退伙人按照退伙时的合伙企业财产状况进行结算，退还退伙人的财产份额。退伙人在合伙企业中财产份额的退还办法，由合伙协议约定或者由全体合伙人决定，可以退还货币，也可以退还实物。在这一过程中，可能存在对退伙前合伙企业财产份额进行估值的需求</td></tr>
<tr><td>基金所投项目</td><td>合伙基金所投项目的权益变动</td><td>合伙基金所投项目的增持、减持以及权益变动，可能存在估值需求</td></tr>
</table>

| 所处阶段 | | 估值需求的种类 | 估值需求的具体分析 |
|---|---|---|---|
| 基金存续 | 以财务报告为目的 | 合并对价分摊 | 若合伙基金对被投资单位实施控制、共同控制或具有重大影响，按长期股权投资进行会计核算。在初始计量中，若非同一控制下企业合并形成的长期股权投资，可能需要对被投资单位可辨认净资产价值进行评估，为股权投资基金的合并对价分摊提供价值参考 |
| | | 公允价值计量 | 合伙基金作为投资性主体，若仅持有被投资单位的少数股权，既不对被投资单位实施控制或共同控制，也不对被投资单位具有重大影响的，则按金融工具进行核算。在这种情形下，不论是分类为以公允价值计量且其变动计入当期损益的金融资产，还是指定为以公允价值计量且其变动计入其他综合收益的金融资产，在初始计量和后续计量中均需要确认其公允价值，可能蕴含了大量的评估客观需求。公允价值计量的评估需求，不仅存在于合伙基金所投项目的计量中，还大量存在于合伙基金的出资人持有的合伙基金权益的计量过程 |
| | 财产份额质押 | 合伙人以财产份额出质 | 普通合伙企业的合伙人在经其他合伙人一致同意的前提下，可以以其在合伙企业中的财产份额出质；有限合伙企业的有限合伙人在合伙协议未作限制条件下，也可以将其在有限合伙企业中的财产份额出质。为确定合伙人用作质押担保物的资产在合伙企业中的财质份额的价值，可能需要进行评估 |
| | 内部管理或信息披露 | 测算内含报酬率所需 | 基于内部管理的需要，合伙基金可能因拟了解其内含报酬率水平而委托专业评估机构对其所投项目股权价值进行评估 |
| 基金清算 | | 合伙企业清算 | 在合伙企业清算期间，在对合伙企业非货币财产进行清理和处理过程中，可能需要对拟变现资产进行评估。比如，合伙企业解散时其投资项目尚未全部退出的，拟通过股权转让等方式实际退出时，可能需先对该投资项目的股权价值进行评估 |

**误区第九名：将合伙基金的评估对象界定为“出资权益”**

合伙基金涉及的评估对象通常包括合伙人持有的财产份额以及合伙基金所投项目对应的股东权益，也包括合伙基金所拥有的其他单项资产。

需要特别说明的是，合伙基金评估对象中的合伙人持有的“财产份额”，不宜表述为“出资权益”“出资份额”或“合伙权益”。

此外，因普通合伙人和有限合伙人的收益分配顺序及收益分配比例存在显著差异，一般不宜通过合伙企业“全部财产份额”乘以合伙人的份额比例得出该合伙人的财产份额价值，因此，合伙基金的评估对象通常也不宜界定为“全部财产份额”。

**误区第八名：将评估范围延伸至被投资单位的各项资产和负债**

在企业价值评估中，对于被评估单位具有控制、共同控制或重大影响的投资项目，通常需要将评估范围扩展至被投资单位的各项资产和负债，即对被投资单位进行“打开”评估，选用恰当的评估方法对被投资单位的股东全部权益价值进行评估，然后再结合被评估单位的持股比例等参数，确定被评估单位所持长期股权投资的评估值。

但在合伙基金评估中，合伙基金的投资项目通常是“三无投资”——不具有控制、共同控制或重大影响的投资，对这些“三无投资”进行“打开”评估是不现实的，不具有可操作性。因此，要求将评估范围延伸至“三无投资”的被投资单位的各项资产和负债，是不合理的。

对于投资项目为“三无投资”的合伙基金，其评估范围为合伙基金的各项资产和负债，不宜将评估范围进一步延展至“三无投资”的被投资单位。

**误区第七名：直接基于合伙基金的报表开展评估**

当合伙基金仅持有投资项目的少数股权时，合伙基金并不控制被投资单位，合伙基金也就无法将这些被投资单位纳入合并范围编制合并报表。基于这一背景，且受以下两方面因素的影响，合伙基金的利润表通常无法体现被投资项目的经营业绩。

一方面，合伙基金的少数股权投资项目，通常分为以公允价值计量且其变动计入当期损益的金融资产，或被指定为以公允价值计量且其变动计入其他综合收益的金融资产。在这两种会计核算方式下，合伙基金所投项目股权的公允价值变动产生的利得或损失，分别计入当期损益和其他综合收益（除减值损失或利得和汇兑损益外），合伙基金的会计报表无法反映出被投资单位当期实现的损益情况，只有符合会计准则规定条件的股利收入才计入当期损益。

另一方面，受限于可获得的信息不足，有些合伙基金人为扩大了以持股成本作为其公允价值的情形（比如，有些合伙基金仅在被投资单位实施新一轮的股权融资时才调整其公允价值），不符合相关会计准则的规定。

因此，受以上因素的影响，合伙基金的报表通常无法体现被投资项目的经营业绩，直接基于合伙基金的报表开展盈利预测和价值测算，可能导致错误的结果。

**误区第六名：未考虑收益分配条款的影响**

在合伙基金中，有限合伙人从基金中获得的收益明显不同于普通合伙人的收益；优先级有限合伙人与劣后级有限合伙人的收益也有显著差异；如果普通合伙人同时担任了基金管理人，其收益则包含了基金支付给管理人的业绩报酬。因此，在合伙基金中，直接根据合伙基金的全部财产份额价值乘以出资比例得出各投资者的财产份额价值的做法，是错误的。

正确的做法是，在合伙基金的全部财产份额价值基础上，根据投资协议中收益分配条款的约定，对各投资者的财产份额价值进行分配。合伙基金的利润分配、亏损分担依次为：按照合伙协议的约定办理；由合伙人协商决定；由合伙人按照实缴出资比例分配、分担；由合伙人平均分配、分担。

在确定有限合伙人、普通合伙人、基金管理人的可分配收益额时，不仅应关注是按照单一项目的收益分配方式还是按照基金整体的收益分配方式，还应关注合伙协议是否设置了基金投资者门槛收益率条款、追赶机制和回拨机制。

**误区第五名：预测投资项目退出价格未作情景分析**

对于存续期限有限的合伙基金，其所投项目应当在期限届满前退出，对于此类合伙基金，若能对基金所投项目于投资期限届满时的退出价格作出合理预测，则可以运用收益法进行评估，且其收益期限为有限年期。对投资项目的退出价格进行预测，常见的错误做法是，仅将预计实现概率最大的退出方式的退出价格，直接作为合伙基金退出价格的预测值，未作情景分析。

更为合理的做法是，对合伙基金所投项目股权于投资期限届满时的退出价格的预测，应作情景分析，先分析预测各种可能退出方式下的退出价格，再判断各种可能退出方式的概率，进行加权平均后得出退出价格的期望值。

在投资协议约定了保底、对赌、回购等保障条款且为此设置了触发条件的，在评估基准日触发条件未成就时，采用情景分析法就成为必然。在合伙基金所投项目的投资协议约定了共同出售权条款、强制出售条款的，在判断股权出售方式下的概率时，应考虑这些条款的影响。

**误区第四名：对名股实债按股权名义进行评估**

对于合伙基金所投项目，若合伙基金虽然在名义上成为被投资单位的股东，但合伙基金在投资期限内及投资期限届满时按约定获得资金回收，相当于收回借款的本金及利息，合伙基金的投资则具有债的实质，可能被认定为名股实债。若认定为名股实债项目，因其具备了“债权”的实质，就应按债权进行评估，而非按名义上的“股权”进行评估。

但需要特别注意的是，名股实债的安排应当符合有关法律法规的规定。比如，被投资单位向其股东支付固定回报并回购股权的行为，可能会损害被投资企业的利益和债权人的利益，违反资本保全原则，为公司法所禁止。再比如，若合伙基金或承担回购义务的回购主体为国有企业，则应当关注在合同签署及履行回购条款时是否符合国资监管要求。

若承担回购义务的主体只是向合伙基金表达拟于投资期限届满时购买股权的意向，双方并未就股权购买时点和金额作出明确约定，则不属于名股实债。双方对股权回购条款约定了触发前提的，在触发条件未成就时，也不属于名股实债。若合伙基金只拥有要求对方按约定价格回购的权利，但不承担必须同意对方回购的义务，则这种情形也并非名股实债。

**误区第三名：将合伙人应承担的所得税从财产份额价值中扣除**

2007年6月1日起施行的新修订的《合伙企业法》以及2008年1月1日起执行的《关于合伙企业合伙人所得税问题的通知》(财税〔2008〕159号)，正式确立了合伙型股权投资基金以“先分后税”为征税原则的非实体课税模式，合伙型股权投资基金不作为所得税的纳税主体，合伙型股权投资基金的合伙人才是合伙型股权投资基金所得税的纳税主体，分别对合伙人中的个人和法人分别征收个人所得税和企业所得税。

合伙基金本身并非所得税的纳税主体，在评估合伙人的财产份额价值时，不需要作所得税方面的扣除。在收益法中，对合伙基金未来收益的预测，并不涉及所得税的预测。合伙基金的合伙人将财产份额对外转让而需要缴交的所得税，是在交易环节产生、由合伙人承担的所得税，合伙人应承担的所得税并非财产份额的一项费用，财产份额的价值不应扣除其权属人应承担的税费。

鉴于合伙基金本身并非所得税的纳税主体，在运用收益法评估合伙基金的财产份额价值过程中，基于合伙基金税后现金流进行折现的做法是错误的，正确的做法是基于合伙基金税前现金流进行折现。

**误区第二名：运用标的企业历史交易案例比较法未作交易范畴修正**

对于合伙基金的投资项目，若近期被投资单位实施了新一轮的股权融资，则可以参考该股权融资价格对合伙基金所持投资进行估值（该方法可称作“参考最近融资价格法”或“标的企业历史交易案例比较法”），且这种方法具备“就地取材”和案例数据翔实的双重优势。

在股权融资中，为了提高交易标的对潜在投资人的吸引力，标的企业或其原股东愿意向新进入的投资者作出相应的承诺，基于这些承诺安排，新进入的投资者在取得被投资单位股权的同时，还拥有了一项实物期权。在反摊薄条款的约束下，标的企业或原股东作出的承诺可能逐轮“加码”，使得承诺对应的实物期权价值占其股权交易价格的比例逐轮上升。

因此，在股权融资交易中，标的企业或原股东作出承诺安排的，其股权融资价格实际上由股权价格和实物期权价格所组成。利用该股权融资价格对合伙基金所持投资项目的价值进行估值时，应当将承诺条款对应的实物期权价格从股权融资价格中剥离，使剥离后股权融资交易范畴与合伙基金所持股权的范畴相匹配。

**误区第一名：评估方法缺乏创新**

目前，在评估实践中，对于被评估单位及其所持控股型投资项目，评估方法的运用较为成熟。但对于以“三无投资”为主要投资标的的合伙基金，传统的评估方法往往缺乏针对性，与合伙基金的资产结构及资产特征不够契合。

为此，本书创新性地提出“进入倍数比较法”和“成本累积法”这两种适用于合伙基金评估的衍生方法，供读者参考。

一、进入倍数比较法

进入倍数比较法是指获取并分析合伙基金入股投资项目环节的交易资料，计算入股投资项目时的价值比率，并作恰当修正后作为评估基准日的价值比率，再与被投资单位于评估基准日的对应指标相乘，得出合伙基金投资项目评估价值的具体方法。进入倍数比较法，可视为市场法的一种衍生方法。

进入倍数比较法的运用前提主要有三个。

一是合伙基金入股价格公允，入股价格未受非市场因素的影响。关联交易、带有特殊付款条件的交易、被投资单位陷入困境后的交易、抵债交易或具有特殊动机的交易，均可能导致入股价格不公允。非单一投资者同时入股且“同股同价”的，通常说明该入股价格公允。

二是合伙基金入股时，被投资单位具有能够衡量或反映其企业价值的相关财务或经营指标，比如，以净利润等财务指标、有效用户数等经营指数来衡量或反映企业价值。因此，天使投资项目，或入股时被投资单位处于亏损状态且无其他可用于衡量企业价值的指标，不适于采用进入倍数比较法。

三是能够对入股投资项目时的价值比率进行恰当修正，以合理反映不同时点价值影响因素的差异。

二、成本累积法

成本累积法是以合伙基金入股投资项目的成本为基础，再加上合伙基金持有投资项目股权期间的资金成本和合理报酬来确定评估价值的方法。成本累积法是运用成本途径进行评估的一种具体方法。成本累积法，可视作成本法的一种衍生方法。

采用成本累积法的前提条件：一是合伙基金入股投资项目的成本客观公允；二是自合伙基金入股以来，被投资单位经营或发展情况向好，无减值情形；三是预计被投资单位持续经营；四是能合理计算合伙基金持有投资项目股权期间的报酬率。

# 第 4 章

# 特殊情形的评估考虑

# 4.1 股权评估中是否应考虑回购条款的影响？

## 问题：股权评估中是否应考虑回购条款的影响？

在企业的股权融资中，为平衡投资人的风险（甚至是为了维持一定的股权融资价格），企业的大股东或实际控制人作为承诺方，与投资人订立回购条款，约定当满足一定条件（比如，在指定日期前企业未上市）时，投资人有权要求承诺方按约定的价格回购投资人所持股权。这种情况下，对于投资人而言，其拥有了一项回售权。

那么，当投资人将其所持标的企业的股权对外转让时，投资人拥有的回售权是否应纳入评估范围？在股权评估中是否应考虑回售条款的影响？

## 解答结论

股权是回售权的行权标的，**回售权须依附于股权而存在**。但回售权并非股东的一项法定权利，**回售权不必然随着股权的转让而转移**，回售权可以与股权一并转让，也可以不随股权一起转让（这种情况下，回售权因其行权标的丧失而无法行权）。**在股权转让中，委托人应明确是否将投资人的回售权纳入转让及评估范围**。

**若委托人将投资人的回售权纳入评估范围，则评估对象为“含回售权的股权”，对其进行评估当然要考虑回购条款的影响**。比如，对于未触发回购条款但能够对回购条款触发概率作出判断的，可以采用情景分析法进行评估；对于已触发回购条款但投资人尚未行权的，应在取得投资人是否行权的书面说明后采用合理的方法进行评估；对于已触发回购条款且投资人已行使形成权的，直接按债权进行评估；对于无法履行评估程序或涉诉的情形，建议在评估报告中进行披露，或建议委托人不将回售权列入评估范围。

## 解答分析

### 1.投资人的回售权与股权有何关联？

**回购条款的订立，使投资人持有的股权成为“可转换为债权的股权”，也可理解为“含回售权的股权”**。此时，投资人的入股价格实质上由单纯股权及转换型期权这两项资产的价格所组成。该类股权转换为债权需依次满足两个条件：一是触发回购条件；二是投资人行使形成权，即投资人要求承诺方回购股权。

回售权与股权不是相互替代的关系，也并非相互依存的关系，回售权须依附于股权而存在，但股权并不依附于回售权而存在。回售权的行使，使股权转换为债权，也可理解为以股权价值为成本购入债权。**股权是回售权的行权标的，回售权随股权的灭失而灭失**。

股权是回售权的行权标的，行使回售权需以持有股权为前提，这是基于投资人的角度作出的分析。若从承诺方的角度看，承诺方履行回购义务，并不需要以承诺方仍持有标的企业的股权为前提，承诺方本身可以不是标的企业的股东，承诺方履行回购义务与承诺方持有标的企业股权，可以是两项独立的事项，承诺方的回购义务并不因承诺方将所持标的企业的股权转让而免除。

在对赌协议中，若承诺方向投资人作出的是业绩补偿或资产减值补偿承诺，投资人行使这些权利则并不需要以持有标的企业的股权为前提，投资人持有的股权和补偿承诺对应的期权是两项独立的资产。

**2.投资人的回售权能否不纳入评估范围?**

这个问题其实涉及股权与回售权能否分离的问题。投资人出资持有标的企业的股权后，即享有了公司法所规定的各项股东权利（比如，分红权、剩余财产分配权和表决权等，以下简称股东的法定权利），股东之间还可以通过公司章程和股东协议对这些法定权利的行使作出特别约定。通常，股东法定权利的行使基础是股东身份，股东法定权利与股权不可分离，随股权的转让而转移。**因此，股权转让中，股东享有的各项法定权利通常默认纳入评估范围**。

但投资人的回售权不是一项法定的股东权利，而是投资人与承诺方基于合同订立而创设的一种权利。回售权不必然随着股权的转让而转移，回售权可以与股权一并转让（比如，将投资人与所持股权相关的权利义务作概括转让），也可以不随股权一起转让。**若回售权不随股权转让，相当于投资人豁免了承诺方的回购义务，因为在投资人将股权转出后，投资人丧失了要求承诺方回购的股权标的，投资人无法再实现回售权**。实务中，也有投资人与承诺方约定“若投资人触发前将股权对外转让，则回购条款失效”的案例。

**因此，根据委托人的要求，投资人的回售权可以不纳入评估范围**。当投资人的回售权不纳入评估范围时，不会出现评估目的与评估范围不匹配的情形。

**3.股权评估中应如何考虑回购条款的影响?**

首先应明确投资人的回售权是否纳入评估范围。对于委托人未将投资人的回售权纳入评估范围的，在股权评估中无须考虑回购条款的影响。这种情况下，建议在委托合同中予以明确，且在评估报告中作出披露。

若委托人将投资人的回售权纳入评估范围，根据是否触发回购条款选择不同的方式进行考虑。

**（1）对于未触发回购条款但能够对回购条款触发概率作出判断的，可以采用情景分析法进行评估**，即“含回售权的股权”的价值=触发概率×触发前提下的价值+（1−触发概率）×单纯股权价值。

触发前提下的价值，可以采用现金流折现模型得出，这种方式下，还需要对触发后投资人是否行权作出判断。

在触发假设下，投资人拥有的回售权实质是一种卖方期权（看跌期权），属于非权益性嵌入衍生工具，投资人在触发时点之后有按约定价格将股权出售给承诺方的权利，若触发时股权价值低于回购价，投资人行权有利，因此，对于触发前提下的价值，也可以采用期权定价模型计算，即触发前提下的价值=单纯股权的价值+回售权的期权价值。可使用布莱克–舒尔斯模型计算回售权这项卖方期权的价值，当前价格为评估基准日单纯股权的价值，波动率选标的企业股价或业绩的波动率，行权价格为回购价，行权期限为自评估基准日至触发回购条款时点的期间。

**（2）对于已触发回购条款但投资人尚未行使形成权的，应取得投资人是否行使形成权的书面说明**。若投资人决定行使形成权，按行权后的债权进行评估；若投资人拟放弃行权，建议关注其放弃行权的理由，若投资人为国有企业，则建议投资人就放弃行权事宜履行决策和审批程序。

**（3）对于已触发回购条款且投资人已行使形成权的，直接按债权进行评估**。

**（4）对于不适于采用以上方法进行评估，或因回购条款约定不清、缔约双方存在显著分歧，或回购条款涉诉未决的，应在评估报告中恰当披露，或建议委托人不将回售权列入评估范围**。

**相关资料**

《中华人民共和国公司法》（2023年12月29日第十四届全国人民代表大会常务委员会第七次会议第二次修订）第二百一十条第四款规定：“公司弥补亏损和提取公积金后所余税后利润，有限责任公司按照股东实缴的出资比例分配利润，全体股东约定不按照出资比例分配利润的除外；股份有限公司按照股东所持有的股份比例分配利润，公司章程另有规定的除外。”

《中华人民共和国公司法》（2023年12月29日第十四届全国人民代表大会常务委员会第七次会议第二次修订）第六十五条规定：“股东会会议由股东按照出资比例行使表决权；但是，公司章程另有规定的除外。”

《中华人民共和国公司法》（2023年12月29日第十四届全国人民代表大会常务委员会第七次会议第二次修订）第二百三十六条第二款规定：“公司财产在分别支付清算费用、职工的工资、社会保险费用和法定补偿金，缴纳所欠税款，清偿公司债务后的剩余财产，有限责任公司按照股东的出资比例分配，股份有限公司按照股东持有的股份比例分配。”

《全国法院民商事审判工作会议纪要》（法〔2019〕254号）在“二、关于公司纠纷案件的审理”项下作出了以下规定：“对于投资方与目标公司的股东或者实际控制人订立的‘对赌协议’，如无其他无效事由，认定有效并支持实际履行，实践中并无争议。”“投资方与目标公司订立的‘对赌协议’在不存在法定无效事由的情况下，目标公司仅以存在股权回购或者金钱补偿约定为由，主张‘对赌协议’无效的，人民法院不予支持，但投资方主张实际履行的，人民法院应当审查是否符合公司法关于‘股东不得抽逃出资’及股份回购的强制性规定，判决是否支持其诉讼请求。”

# 4.2　名股实债项目该如何进行评估?

## 问题：名股实债项目该如何进行评估?

名股实债并非严格的法律概念，本书所指的名股实债，是指投资人将资金以股权投资的方式投入目标公司，并约定在投资期限届满时收回投资本金并获得固定收益的投资模式。从投融资双方的内部效果上看，名股实债类似于让与担保。实务中，名股实债的偿债方可以是目标公司，也可以目标公司的股东或第三人。

那么，对于名股实债项目，应如何进行核查验证和价值评估?

## 解答结论

对名股实债项目进行核查验证，应关注投资人获取的收益是否为不具有或然性的固定收益，以及投资人是否未参与目标公司的经营管理等认定标准，还应关注是否触及套取贷款转贷、以资金融通为常业等法定无效情形。

名股实债项目的价值，与项目公司的经营情况无关，主要取决于偿债方的偿债能力和偿还风险。若属于民间借贷，应关注利率的司法保护上限的影响。若偿债方为目标公司，应关注偿付环节可能存在的纷争和风险。

## 解答分析

### 1.名股实债的核查验证

评估专业人员应当对投资项目是否属于名股实债进行必要的核查验证。投资人的投资被认定为股权投资还是债权投资，对于投资项目的价值评估影响巨大。**对于投资性质的判断，首先是委托方的义务**，建议在委托评估合同中予以明确。若投资合同条款存在歧义，无法判断是股权投资还是债权投资，则建议通过各方补充约定予以明确。

**根据《最高人民法院民二庭第5次法官会议纪要》，同时具备以下两点可认定为名股实债：一是投资人投资的目的并非取得目标公司股权，而仅是为了获取固定收益；二是投资人不享有参与公司经营管理权利**。

名股实债获取的固定收益应具备行为确定、时间确定、金额确定这三个特征，不具有或然性，持股期以及持股期间的收益和持股期届满时的回购价格，均在投资时作出了固定而明确的约定，投资人及偿债方在是否回购等方面均没有单方面的选择权。比如，若在固定收益外投资人还参与分红，则可能被认定为股权投资。

**名股实债不同于股权投资中的对赌安排**。在对赌协议中，通常设置触发条件，或赋予投资人单方面的选择权，或“仅保底不封顶”，使投资人获取的收益具有不确定性，不具有名股实债的特征。比如，在承诺方向投资人作出的回购承诺中，通常会设置回购的触发条件，且回购条件触发后投资人只拥有要求承诺方回购股权的权利，但不承担必须同意承诺方回购之义务，因此该投资项目不属于名股实债，只有在回购条件已触发且投资人已行权时才转化为债权。

**以上关于名股实债的认定标准，系基于投融资双方的内部关系而言的**。但是，若名股实债的认定有损于目标公司债权人等外部第三人的利益（比如，项目公司处于破产清算中，名股实债的认定有损债权人的利益），根据商事外观主义的原则，第三人不受投融资双方的内部约定约束，**就外部关系而言，可能被认定为股权投资**，这种情况下，让与担保、股权质押比名股实债更能保护投资人的利益。

若投资人并非具有放贷资质的金融机构，则名股实债属于民间借贷，受《最高人民法院关于审理民间借贷案件适用法律若干问题的规定》（以下简称民间借贷司法解释）所规范，**在对名股实债进行核查验证环节，应关注名股实债是否触及套取贷款转贷、以资金融通为常业等法定无效情形**（详见民间借贷司法解释第十三条的规定）。

**2. 名股实债的价值评估**

对于名股实债项目，因其具备了“债权”的实质，应按债权进行评估，而非按名义上的“股权”进行评估。**对于债权的评估，主要应考虑偿债方的偿债能力**。若债权的回收期较长（即剩余投资期限较长），通常应考虑折现因素，即通过对约定的投资期限内的收益和投资期限届满时的回购金额进行折现即可得出债权的评估值，投资期限内的收益和投资期限届满时的回购金额都是合同所约定的，与项目公司的经营情况无关，偿债方的偿债能力风险可以在现金流中考虑，也可以在折现率中量化。

**若名股实债属于民间借贷，其利率的司法保护上限是合同成立时一年期贷款市场报价利率的四倍**，评估时应注意该事项的影响。在名股实债的偿付环节，若偿债方系目标公司，还可能存在**先履行减资程序还是先回购偿债的纷争**。实务中，亦有要求目标公司在向投资人偿还债务后应及时办理减资程序或者由其他股权或第三人缴纳出资的司法判例。此外，若偿债方为目标公司，**当目标公司出现资不抵债或处于破产清算时，应关注投资人的投资是否可能依商事外观主义原则被认定为股权投资的风险**。

**相关资料**

《中华人民共和国民法典》第六百八十条规定：“禁止高利放贷，借款的利率不得违反国家有关规定。借款合同对支付利息没有约定的，视为没有利息。借款合同对支付利息约定不明确，当事人不能达成补充协议的，按照当地或者当事人的交易方式、交易习惯、市场利率等因素确定利息；自然人之间借款的，视为没有利息。”

《最高人民法院关于审理民间借贷案件适用法律若干问题的规定》第十条规定："法人之间、非法人组织之间以及它们相互之间为生产、经营需要订立的民间借贷合同，除存在民法典第一百四十六条、第一百五十三条、第一百五十四条以及本规定第十三条规定的情形外，当事人主张民间借贷合同有效的，人民法院应予支持。"

《最高人民法院关于审理民间借贷案件适用法律若干问题的规定》第十三条规定："具有下列情形之一的，人民法院应当认定民间借贷合同无效：（一）套取金融机构贷款转贷的；（二）以向其他营利法人借贷、向本单位职工集资，或者以向公众非法吸收存款等方式取得的资金转贷的；（三）未依法取得放贷资格的出借人，以营利为目的向社会不特定对象提供借款的；（四）出借人事先知道或者应当知道借款人借款用于违法犯罪活动仍然提供借款的；（五）违反法律、行政法规强制性规定的；（六）违背公序良俗的。"

《最高人民法院关于审理民间借贷案件适用法律若干问题的规定》第二十五条规定："出借人请求借款人按照合同约定利率支付利息的，人民法院应予支持，但是双方约定的利率超过合同成立时一年期贷款市场报价利率四倍的除外。前款所称'一年期贷款市场报价利率'，是指中国人民银行授权全国银行间同业拆借中心自2019年8月20日起每月发布的一年期贷款市场报价利率。"

《全国法院民商事审判工作会议纪要》第71条规定："债务人或者第三人与债权人订立合同，约定将财产形式上转让至债权人名下，债务人到期清偿债务，债权人将该财产返还给债务人或第三人，债务人到期没有清偿债务，债权人可以对财产拍卖、变卖、折价偿还债权的，人民法院应当认定合同有效。合同如果约定债务人到期没有清偿债务，财产归债权人所有的，人民法院应当认定该部分约定无效，但不影响合同其他部分的效力。"

《最高人民法院民二庭第5次法官会议纪要》指出："名股实债并无统一的交易模式，实践中，应根据当事人的投资目的、实际权利义务等因素综合认定其性质。投资人目的在于取得目标公司股权，且享有参与公司的经营管理权利的，应认定为股权投资，投资人是目标公司的股东，在一定条件下可能构成抽逃出资。反之，投资人目的并非取得目标公司股权，而仅是为了获取固定收益，且不享有参与公司经营管理权利的，应认定为债权投资，投资人是目标公司或有回购义务的股东的债权人。不论在哪种情形中，投资人取得的固定回报都来自于其先前的投入，故其退出公司亦非无偿退出，一般不存在抽逃出资问题。"

## 4.3 收益法估值中如何考虑股权激励的影响?

### 问题：收益法估值中如何考虑股权激励的影响？

股权激励在上市公司和非上市公司中均有广泛运用。那么，在运用收益法评估企业价值的过程中，对于基准日已作出的股权激励安排，应如何考虑其对企业价值的影响?

### 解答结论

在运用收益法评估企业价值的过程中，对于基准日已作出的股权激励安排，一般应根据股权激励的种类和可行权条件，单独或在现金流预测中考虑股权激励条款的影响，同时应与会计处理相区别相协调，避免重复或遗漏。

### 解答分析

常见的股权激励包括向激励对象授予股票期权、限制性股票、股票奖励、认股权证等方式（本书中的“股票”包括股票或股权）。企业向激励对象作出股权激励安排，以换取激励对象提供的服务，其实质属于成本费用的组成部分，在运用收益法评估企业价值的过程中，**如果不考虑企业需结算的股权激励条款的影响，将使评估结果虚高**。

因此，在运用收益法评估企业价值的过程中，对于基准日已作出的股权激励安排，一般应根据股权激励的种类和可行权条件，**单独或在现金流预测中考虑股权激励条款的影响**，与此同时，**应与会计处理相区别相协调**，避免重复或遗漏。

比如，对于激励对象取得股权但等待期届满方可解锁的情形，属于以权益结算的股份支付，会计核算中需要将权益工具授予日的公允价值分摊计入各期的成本费用和资本公积，这一分摊过程体现了权责发生制所要求的配比原则。**但该分摊过程并不产生现金流出，企业因实施股权激励而承担的代价体现在激励对象低价入股的稀释效应中**。若评估基准日之前激励对象已增资入股，基准日的股权结构已体现实施股权激励对原有股东的稀释效应，未来收益预测不应再考虑该项股权激励对应的成本费用；若激励对象增资入股时点位于基准日之后，则应当在激励对象增资入股时点，将当期股票单价与激励对象行权单价之间的差额乘以预计可解锁股票数量作为一项现金流出，以体现实施股权激励对原有股东的稀释效应。

再比如，在以权益结算的股份支付中，若企业授予的是一项期权，会计核算中需要将期权公允价值分摊计入等待期的成本费用和负债，**若在评估时单独评估该期权的价值并将其从企业价值中扣减，则不能再重复考虑账面已确认的股权激励负债**。

对于常见的股权激励类型，将其会计处理方式和评估处理方式对比如下。

### 1.企业将其自身的权益工具授予激励对象的情形

| 具体类别 | 会计处理方式 | 评估处理方式 |
|---|---|---|
| 激励对象取得股权且不设等待期 | 将权益工具公允价值在授予日一次性计入成本费用和资本公积 | 若截至基准日激励对象已增资入股，则评估中无须再考虑股权激励的影响。若截至基准日仅作出授予股权激励的决定，但尚未办理增资入股手续，则评估时需考虑股权激励的影响，在预计增资日的当期，将股票单价与激励对象行权单价之间的差额乘以激励股票数量作为一项现金流出，以体现股权激励行为对基准日原股东权益的稀释效应 |
| 激励对象取得股权但等待期届满方可解锁 | 将权益工具公允价值分摊计入等待期的成本费用和资本公积。其中，权益工具公允价值的确定，不应考虑在等待期内转让的限制 | 若截至基准日激励对象已增资入股，则评估中无须再考虑股权激励的影响，但应考虑企业可能存在的回购义务的影响（比如，若基准日企业已将回购义务作为一笔负债入账，则评估时一般将该笔负债界定为非经营性负债，相应地，股东全部权益价值匹配的股票总数为库存股注销后的股票数量）。若截至基准日仅作出授予股权激励的决定，但尚未办理增资入股手续，则评估时一般可在预计增资日的当期，将当期股票单价与激励对象行权单价之间的差额乘以预计可解锁股票数量作为一项现金流出。企业向激励对象授予的此类权益工具，不属于期权，不适于选择期权定价模型单独评估权益工具的价值 |
| 激励对象获得股票期权 | 将期权公允价值分摊计入等待期的成本费用和资本公积 | 对于基准日存在的待行权股票期权，评估时有两种处理办法：一是在收益预测中，在可行权日的当期，将当期股票单价与行权单价的差额乘以预计可行权股票数量作为一项现金流出；二是在收益预测中不考虑，而是单独评估期权的价值，再从收益法结果中扣除期权的价值。不论是第一种办法中的行权当期的股价，还是第二种办法中涉及的股票现行价格，均与基准日股东全部权益价值相关联，涉及循环计算问题，且若系分批次行权，应按每一批次分别计算 |

### 2.企业以现金结算方式承担激励支付义务的情形

| 具体类别 | 会计处理方式 | 评估处理方式 |
|---|---|---|
| 激励对象获得现时权利且不设等待期 | 将企业承担负债的公允价值在授予日一次性计入成本费用和负债 | 若截至基准日企业承担的激励支付义务已计入负债，评估时可将该负债作为一项非经营性负债，或将该负债视作未支付薪酬纳入营运资金的测算范畴 |
| 激励对象获得既定权利但等待期届满方可解锁 | 将企业承担负债的公允价值分摊计入等待期的成本费用和负债。其中，企业承担负债的公允价值，不应考虑等待期的影响 | 若基准日处于等待期内，一般有两种处理方式：一是在可行权日，将企业预计承担的结算义务计作现金流出，相应地，不应重复考虑企业基准日账面已确认的股权激励负债；二是保留企业基准日账面已确认的股权激励负债，在此基础上，在收益预测中将剩余等待期预计将分摊的成本费用计作现金流出 |
| 激励对象获得一项期权 | 将期权公允价值分摊计入等待期的成本费用和负债 | 对于基准日存在的待行权期权，一般单独评估期权的价值，再从收益法结果中扣除期权的价值，相应地，不应重复考虑企业基准日账面已确认的股权激励负债 |

### 3.母公司以其自身权益工具替子公司承担股权激励支付义务，子公司无结算义务的情形

| 公司层级 | 会计处理方式 | 评估处理方式 |
|---|---|---|
| 母公司 | 按照授予日权益工具的公允价值确认对子公司的长期股权投资，同时确认资本公积 | 对母公司的企业价值进行评估时，一般应基于母子公司合并的口径。并参照“企业将其自身的权益工具授予激励对象”中的处理方式 |
| 子公司 | 将授予日母公司权益工具的公允价值计入成本费用和资本公积 | 单独对子公司的企业价值进行评估时，母公司授予权益工具的行为，在子公司不会成为一项现金流出 |

### 4.母公司以现金结算方式替子公司承担股权激励支付义务，子公司无结算义务的情形

| 公司层级 | 会计处理方式 | 评估处理方式 |
|---|---|---|
| 母公司 | 将母公司承担负债的公允价值确认对子公司的长期股权投资，同时确认负债 | 对母公司的企业价值进行评估时，一般应基于母子公司合并的口径，并参照“企业以现金结算方式承担激励支付义务”中的处理方式 |
| 子公司 | 将母公司承担负债的公允价值计入成本费用和资本公积 | 单独对子公司的企业价值进行评估时，母公司以现金结算方式承担子公司激励支付义务的行为，在子公司不会成为一项现金流出 |

## 实务案例

### 1.案例背景

假设A公司于20×1年12月31日向公司的中高级管理人员授予500万股的股票期权，授予价格为5元/股，激励对象如果自授予日起为公司服务满3年，可一次性行权，且激励对象可以获得等待期内的股利。假设A公司20×1年12月31日尚未考虑授予股票期权影响前提下的每股价值为8元，预计可行权股票数量为450万股。

### 2.案例分析

本案例，A公司为获取激励对象的服务而以其自身股票期权为对价进行结算，属于以权益结算的股份支付交易，等待期为3年，A公司应当将期权公允价值分摊计入等待期的成本费用和资本公积。

在对A公司20×1年12月31日的股东全部权益价值进行评估时，对于基准日存在的待行权股票期权，具体有两种处理办法：一是在收益预测中，在可行权日的当期，将当期股票单价与行权单价的差额乘以预计可行权股票数量作为一项现金流出；二是在收益预测中不考虑，而是单独评估期权的价值，再从收益法结果中扣除期权的价值。

如果按第一种处理办法，则预计激励对象于20×4年12月31日一次性行权450万股的股票期权，**但由此产生的现金流出≠（8元-5元）×450万股**，因为行权日的股票单价与基

准日的股票单价相关联，涉及循环计算。行权产生的现金流出可以按以下公式进行计算：

$$\text{行权产生的现金流出}=\left(\frac{\text{股权价值}_{\text{行权日，不含非经营}}+\text{非经营项目价值}}{\text{基准日股票总数}}-\text{行权价}\right)\times\text{行权股数}$$

其中，股权价值$_{\text{行权日，不含非经营}}$可以通过以下公式计算得出，以反映行权日股权价值与基准日股权价值的内在关联。

$$E_{t+1}=\left(E_t-\frac{FCFE_{t+1}}{1+K_{et}}\right)\times(1+K_{et})$$

如果按第二种处理办法，需要先运用期权定价模型得出期权的价值，再从收益法结果中扣除期权的价值。

**相关资料**

《企业会计准则第 11 号——股份支付》

第五条规定：“授予后立即可行权的换取职工服务的以权益结算的股份支付，应当在授予日按照权益工具的公允价值计入相关成本或费用，相应增加资本公积。”

第六条规定：“完成等待期内的服务或达到规定业绩条件才可行权的换取职工服务的以权益结算的股份支付，在等待期内的每个资产负债表日，应当以对可行权权益工具数量的最佳估计为基础，按照权益工具授予日的公允价值，将当期取得的服务计入相关成本或费用和资本公积。”

第十一条规定：“授予后立即可行权的以现金结算的股份支付，应当在授予日以企业承担负债的公允价值计入相关成本或费用，相应增加负债。”

第十二条规定：“完成等待期内的服务或达到规定业绩条件以后才可行权的以现金结算的股份支付，在等待期内的每个资产负债表日，应当以对可行权情况的最佳估计为基础，按照企业承担负债的公允价值金额，将当期取得的服务计入成本或费用和相应的负债。”

# 4.4 交叉持股如何计算评估值?

## 问题：交叉持股如何计算评估值?

假设某集团型企业由母公司和子公司所组成。母公司与子公司之间交叉持股，其中，母公司持有子公司80%的股权，子公司持有母公司10%的股权。母公司层面，除持有子公司股权之外，其余资产价值为1000万元；子公司层面，除持有母公司股权之外，其余资产价值为500万元。分别设母公司和子公司的股东全部权益价值为X和Y，则可建立以下联立方程：

$$\begin{cases} X = 1000 + 80\%Y \\ Y = 500 + 10\%X \end{cases}$$

解上述方程可得：X=1521.74万元，Y=652.17万元。那么，直接对联立方程式进行求解，得出股东全部权益价值的做法是否正确?

## 解答结论

在交叉持股情形中，直接对构建的联立方程式进行求解以得到股东全部权益价值的做法是错误的。这种做法与运用Excel中的循环计算得到的结果一样，均存在重复计算情形，应予以调整。调整方法主要有三种：一是剔除重复计算；二是剔除库藏股；三是交叉加和法。运用这三种方法得到的结果相同。本案例中，运用这三种方法得到的母公司和子公司的股东全部权益价值均分别为1400万元和600万元。

## 解答分析

### 1.交叉持股的循环过程存在重复计算

在Excel中，解上述联立方程的过程涉及循环计算，循环计算的分步过程如下：

| 循环计算步骤 | 公司 | 交叉持股价值 | 除交叉持股之外的其他资产价值 | 循环计算得到的股东全部权益价值 |
|---|---|---|---|---|
| 第1步 | 母公司 | | 1000.00 | 1000.00 |
| | 子公司 | 100.00 | 500.00 | 600.00 |
| 第2步 | 母公司 | 480.00 | 1000.00 | 1480.00 |
| | 子公司 | 148.00 | 500.00 | 648.00 |
| 第3步 | 母公司 | 518.40 | 1000.00 | 1518.40 |
| | 子公司 | 151.84 | 500.00 | 651.84 |
| 第4步 | 母公司 | 521.47 | 1000.00 | 1521.47 |
| | 子公司 | 152.15 | 500.00 | 652.15 |

续表

| 循环计算步骤 | 公司 | 交叉持股价值 | 除交叉持股之外的其他资产价值 | 循环计算得到的股东全部权益价值 |
|---|---|---|---|---|
| 第 5 步 | 母公司 | 521.72 | 1000.00 | 1521.72 |
| | 子公司 | 152.17 | 500.00 | 652.17 |
| 第 6 步 | 母公司 | 521.74 | 1000.00 | 1521.74 |
| | 子公司 | 152.17 | 500.00 | 652.17 |

注：表中单位为万元，下同。

从以上循环计算步骤可以看出，交叉持股的循环过程存在重复计算。为了直观体现该重算计算情形，现在假设母公司除持有子公司股权之外的其余资产价值增加100万元，其他参数不变，则母公司和子公司股东全部权益价值的求解结果对比如下：

| 情景 | 公司 | 交叉持股价值 | 除交叉持股之外的其他资产价值 | 循环计算得到的股东全部权益价值 |
|---|---|---|---|---|
| 情景 1：原始条件 | 母公司 | 521.74 | 1000.00 | 1521.74 |
| | 子公司 | 152.17 | 500.00 | 652.17 |
| 情景 2：母公司其他资产增加 100 | 母公司 | 530.43 | 1100.00 | 1630.43 |
| | 子公司 | 163.04 | 500.00 | 663.04 |
| 差异：情景 2– 情景 1 | 母公司 | 8.70 | 100.00 | 108.70 |
| | 子公司 | 10.87 | | 10.87 |

从上表的对比情况可以看出，在假设母公司除持有子公司股权之外的其余资产价值增加100万元的条件下，母公司的股东全部权益价值却增加了108.70万元，虚增的8.7万元属于重复计算，重复计算比例=10% × 80%=8%，108.70万元 × 8%=8.7万元。

**2.交叉持股计算评估值的三种方法**

从前述分析可以知晓，对于集团内母子公司之间的交叉持股，通过求解联立方程式或运用Excel中的循环计算得到的结果相同，均存在重复计算情形，应予以调整。对于集团内母子公司之间的交叉持股，可以采用以下三种方法计算评估值。

**第一种方法：剔除重复计算**。这种方法是在联立方程结果（或Excel循环计算结果）基础上，剔除重复计算的部分，得到调整后的股东权益价值。重复计算比例等于母子公司相互交叉持股比例的乘积，即重复计算比例=母公司持有子公司的股权比例 × 子公司持有母公司的股权比例。具体调整过程如下：

| 公司 | 交叉持股比例 | 除交叉持股之外的其他资产价值 | 调整前 | | 调整后（方法一：剔除重复计算） | | |
|---|---|---|---|---|---|---|---|
| | | | 交叉持股价值 | 循环计算得到的股东全部权益价值 | 重复计算比例 | 重复计算价值 | 剔除重复计算部分得到的股东全部权益价值 |
| 母公司 | 80% | 1000.00 | 521.74 | 1521.74 | 8% | 121.74 | 1400.00 |
| 子公司 | 10% | 500.00 | 152.17 | 652.17 | 8% | 52.17 | 600.00 |

**第二种方法：剔除库藏股**。在计算母公司的股东全部权益价值时，将子公司持有母公司的股权视为库藏股，扣除集团内部所持有的库藏股份额（即扣除全部库藏股，同时加回少数股权对应的库藏股）。本案例中，在计算母公司的股东全部权益价值时，子公司持有母公司的库藏股比例为10%，对于该库藏股，集团内部持有比例为80%，少数股权持有剩余的20%，则剔除库藏股得到的母公司股东全部权益价值=1521.74万元×（1-10%+10%×20%）=1400.00万元。具体如下：

| 公司 | 交叉持股比例 | 除交叉持股之外的其他资产价值 | 调整前 | | 调整后（方法二：剔除库藏股） | | |
|---|---|---|---|---|---|---|---|
| | | | 交叉持股价值 | 循环计算得到的股东全部权益价值 | 库藏股比例 | 库藏股的少数股权比例 | 剔除库藏股得到的股东全部权益价值 |
| 母公司 | 80% | 1000.00 | 521.74 | 1521.74 | 10% | 20% | 1400.00 |
| 子公司 | 10% | 500.00 | 152.17 | 652.17 | 80% | 90% | 600.00 |

**第三种方法：交叉加和法**。运用这种方法，股东全部权益价值由以下两部分相加：一是本公司除交叉持股之外的其他资产价值，二是本公司所持有的对方公司除交叉持股之外的其他资产价值。

本案例中，在计算母公司的股东全部权益价值时，基于前述联立方程，将第二个方程代入第一个方程可得：X =1000+80%（500+10%X）=1000+80%×500+80%×10%×X=1000+80%×500+8%X。该式中的8%X属于重复计算部分（详见第一种方法的相关分析），应予以剔除，剔除该重复计算部分后可得：X=1000+80%×500。该等式说明，母公司股东全部权益价值由以下两部分相加：一是母公司除交叉持股之外的其他资产价值（1000万元）；二是母公司所持有的子公司除交叉持股之外的其他资产价值（80%×500万元=400万元，这也是在母公司评估明细表中列示的对子公司长投的评估值，同时建议在备注中予以说明）。具体如下：

| 公司 | 交叉持股比例 | 除交叉持股之外的其他资产价值 | 调整前 | | 调整后（方法三：交叉加和法） | | |
|---|---|---|---|---|---|---|---|
| | | | 交叉持股价值 | 循环计算得到的股东全部权益价值 | 本公司除交叉持股之外的其他资产价值 | 本公司所持对方公司除交叉持股之外的其他资产价值 | 本公司股东全部权益价值 |
| 母公司 | 80% | 1000.00 | 521.74 | 1521.74 | 1000.00 | 400.00 | 1400.00 |
| 子公司 | 10% | 500.00 | 152.17 | 652.17 | 500.00 | 100.00 | 600.00 |

### 3.交叉持股的收益法评估口径选择

运用收益法评估集团型企业的价值时，可以采用母公司口径或合并口径进行计算。母公司口径是指分别评估得出母公司单体（不含持有子公司股权）和子公司单体的权益价值，再将母公司单体的权益价值与母公司所持子公司股权的价值相加，得出母公司的股东全部权益价值。合并口径是指先基于合并收益计算得出合并口径的股东全部权益价值，再扣减归属于少数股东的权益价值，得到归属于母公司的权益价值。

**对于集团内母子公司之间的交叉持股，若采用合并口径进行收益法评估，则需要采用交互分配法，将母子公司的收益在母公司与少数股东之间进行分配**。比如，本案例中，假设预测期第1年母公司和子公司的净利润分别为600万元和400万元，分别设集团层面母公司和子公司的净利润为M和N，则可建立联立方程：M=600+80%N，N=400+10%M。解方程可得：M=1000万元，N=500万元。M与N之和为1500万元，而母公司和子公司净利润之和为1000万元，前者大于后者的原因是联立方程式的计算结果存在重复计算部分，因此需进行二次计算以实现将母子公司的收益在母公司与少数股东之间进行分配。合并口径下，归属于母公司的净利润=M×（1–10%）=900万元（式中的10%为子公司持有母公司的股权比例），归属于少数股东的净利润= N×（1–80%）=100万元（式中的80%为母公司持有子公司的股权比例），两者合计1000万元，这与母公司和子公司净利润合计值相同。如果采用其他方式计算少数股东收益或少数股东权益的价值，也同样需要解决交叉持股所导致的重复计算问题。

**在收益法中，对于集团内母子公司之间的交叉持股情形，为避免运用交互分配法，可以改用母公司口径进行评估**，即首先分别评估得出母公司和子公司除交叉持股之外的其他资产价值，再运用前述三种交叉持股计算方法，得出母公司和子公司的股东全部权益价值。

# 4.5 收益法评估结果包含流动性溢价吗?

## 问题：收益法评估结果包含流动性溢价吗?

在运用收益法评估企业价值过程中，评估结果是否包含了流动性溢价？具体而言，运用收益法评估上市公司的股权价值时，评估结果是否包含了流动性溢价？运用收益法评估非上市公司的股权价值时，权益资本成本中是否应加计缺乏流动性对应的风险？

## 解答结论

资产评估中的价值通常指的是交换价值，收益折现的本质是跨期等值换算，收益法评估值完全是未来收益跨期等值换算的结果，收益法结果属于使用价值，交换价值与使用价值的差额通常为股权的流动性溢价。因此，在企业价值评估中，收益法评估结果不包含流动性溢价。

## 解答分析

### 1.什么是流动性溢价?

**在企业价值评估中，流动性溢价通常指企业股权因其更具有流动性而存在的溢价**。在市场经济中，可交易或流通的资产均具有流动性，但不同的资产在不同的市场中流动性水平可能存在差异。资产在流动过程中存在交易成本，基于这个角度，也可说任何资产都是缺乏流动性的，只是缺乏的程度不同而已，相比于缺乏程度较重的资产，缺乏程度较轻的资产体现出流动性溢价。因此，**流动性溢价不是一个绝对指标，而是相对指标，只有在对比的情景中才涉及流动性溢价**。

在股票市场，上市公司的股份可以拆细成标准化产品向200人以上的非特定群体作连续交易，这种交易机制增加了潜在购买者的数量，降低了上市公司股份出售的难度。因此，**相对于非上市公司，上市公司的股价通常含有流动性溢价**。

### 2.收益法评估结果属于哪种价值形式?

在企业价值评估中，收益法评估结果是否包含流动性溢价？回答此问题，首先应明确收益法评估结果所属的价值形式。**价值形式不同于价值类型**，会计计量中的价值类型主要包括历史成本、重置成本、可变现净值、现值和公允价值，资产评估中的价值类型主要包括市场价值、投资价值、在用价值、清算价值和残余价值。

**价值形式包括使用价值和交换价值**。商品的使用价值就是其满足人们某种需要的属性，**股权的使用价值也可以称作效用价值或内在价值，还可以称作绝对价值或创造的价值**。商品的交换价值是能够换取或支配其他商品的属性。**股权的交换价值是通过交易行为可以实现的价值，也可以称作外在价值，还可以称作相对价值或实现的价值**。

经济学中的价值概念主要指交换价值，资产评估学是从经济学分离出来的应用经济学科，资产评估是对于交换价值的判断活动，资产评估结果中的价值通常指的是交换价值。

在企业价值评估中，收益法评估结果是属于交换价值还是使用价值呢？收益法以效用价值论为理论基础，企业是以营利为目的的经济组织，在持续经营前提下，企业的效用在于企业经营收益，将企业的效用进行折现所得到的收益法评估结果，其价值形式属于使用价值。

**企业的交换价值取决于其使用价值，并受股权流动性的影响**。一般情况下，企业的交换价值大于或等于其使用价值。当企业的交换价值大于其使用价值时，两者的差额通常为股权的流动性溢价。

在运用收益法评估企业价值过程中，通常将收益期划分为详细预测期和稳定期，采用两阶段模型进行评估。对于稳定期的价值若采用市场法进行评估，则这样的评估方法并非纯粹的收益法，实质是收益法和市场法的结合。**对于纯粹的收益法，其评估结果属于使用价值，没有包括流动性溢价**。

**3.收益法折现过程的本质是什么?**

企业的经营收益存在着不确定性，而不确定性代表着风险。收益法对存在风险的资产未来效用，以风险的价格即折现率进行折现，得到现时的内在价值或使用价值，这一过程的**本质是跨期等值换算**，也是收益法理论基础的效用价值论的具体运用。

收益法评估结果是否包含流动性溢价，可以根据收益法的应用过程分解为两个问题：一是企业的经营收益即效用是否包含了流动性溢价？二是折现率是否包含了流动性因素？对于第一个问题，答案是显而易见的，**不论采用哪一个收益口径，企业经营收益并不会包括流动性溢价的影响**。

不论是权益资本成本还是债务资本成本，都是由资本的时间价值和风险溢价所构成，时间价值指的是无风险回报率。**债务资本成本中的风险溢价**，与企业的偿债风险高度相关，**与企业的股权流动性无关**。

类似地，**权益资本成本也与企业的股权流动性无关**。以采用资本资产定价模型测算权益资本成本为例，资本资产定价模型中的无风险回报率体现的是资本的时间价值，市场风险溢价量化了市场整体的收益风险，β系数反映的是可比公司的收益率相对于市场收益率的波动程度，而波动性与流动性是两个完全不同的指标，规模溢价和其他特定风险溢价则反映了被评估企业相比于可比企业的收益波动风险，这些指标都与股权流动性无关。

以上分析表明，**收益法评估结果不包含流动性溢价**。事实上，股权流动性溢价是由企业的股东享有的，不是由企业所拥有的，收益法的运用过程并不反映企业股东层面的流动性溢价因素。

在收益法的应用过程中，反映未来效用的收益指标的风险口径，应与折现率的风险口径相匹配。对于有风险的未来效用，采用有风险回报率进行折现，对于无风险的未来效用，采用无风险回报率进行折现，两种做法下的折现结果应当是等价的。后者的做法中，在未来收益中量化风险承担成本，将有风险的未来收益转换为无风险收益，再以无风险回报率进行折现，而无风险回报率更不可能包含流动性因素。**这种视角的分析，也印证了收益法评估结果不包含流动性溢价**。

**4.运用收益法有何隐含前提?**

根据《资产评估执业准则——资产评估方法》的规定，运用收益法应当具备未来收益及收益期限能够合理预期、风险能够度量等前提条件，但除了这些显性条件以外，**采用收益法评估结果还需要满足一个隐含条件，即资产的交换价值与使用价值相等**。而资产的交换价值与使用价值相等，代表着不存在流动性溢价，资产的价值完全是其未来收益跨期等值换算的结果。

尽管企业所持资产的流动性、企业财务状况以及企业规模等因素会影响股权的流动性，但这不是上市公司与非上市公司存在显著流动性差异的主要原因。现实中**上市公司的流动性溢价，主要是由上市公司所处的市场层级和交易效率提高带来的**，甚至包括“壳资源”价值的影响，而上市公司交易成本低的特征，可能又会进一步放大这些因素的影响。

**5.收益法评估结果包含流动性溢价吗?**

**综上所述，收益法评估结果不包含流动性溢价，收益法的评估结果默认属于缺乏流动性状态下的价值**。因此，运用收益法对具有强流动性特征的上市公司股权价值进行评估时，收益法评估结果并未包含流动性溢价，应在收益法结果基础上加计流动性溢价，以如实反映上市公司的强流动性特征。运用收益法对非上市公司进行评估时，非上市公司的收益法结果的内涵也是缺乏流动性的，在可比上市公司β系数基础上作出的财务杠杆调、规模溢价调整和其他特定风险调整，不应包含流动性因素的调整。

**相关资料**

《企业会计准则——基本准则》第四十二条规定：“会计计量属性主要包括：

（一）历史成本。在历史成本计量下，资产按照购置时支付的现金或者现金等价物的金额，或者按照购置资产时所付出的对价的公允价值计量。负债按照因承担现时义务而实际收到的款项或者资产的金额，或者承担现时义务的合同金额，或者按照日常活动中为偿还负债预期需要支付的现金或者现金等价物的金额计量。

（二）重置成本。在重置成本计量下，资产按照现在购买相同或者相似资产所需支付的现金或者现金等价物的金额计量。负债按照现在偿付该项债务所需支付的现金或者现金等价物的金额计量。

（三）可变现净值。在可变现净值计量下，资产按照其正常对外销售所能收到现金或者现金等价物的金额扣减该资产至完工时估计将要发生的成本、估计的销售费用以及相关税费后的金额计量。

（四）现值。在现值计量下，资产按照预计从其持续使用和最终处置中所产生的未来净现金流入量的折现金额计量。负债按照预计期限内需要偿还的未来净现金流出量的折现金额计量。

（五）公允价值。在公允价值计量下，资产和负债按照在公平交易中，熟悉情况的交易双方自愿进行资产交换或者债务清偿的金额计量。"

《资产评估价值类型指导意见》第三条规定："本指导意见所称资产评估价值类型包括市场价值和市场价值以外的价值类型。"第五条规定："市场价值以外的价值类型包括投资价值、在用价值、清算价值、残余价值等。"

## 4.6 资本未实缴时如何对股权价值进行分配？

### 问题：资本未实缴时如何对股权价值进行分配？

对于非金融企业的有限责任公司或发起设立的股份有限公司，当认缴出资期限未届至（指股东在公司章程中已作出认缴承诺但缴纳期限尚未届满的情形）时，普遍存在股东认缴出资比例与实缴出资比例不同的情形。那么，在这种情况下，股东之间对于股东全部权益价值应如何进行分配？

### 解答结论

当股东认缴出资比例与实缴出资比例不同时，股东按认缴出资比例对股东全部权益价值进行分配是合理且公平的做法。至于是否采用这种方法进行价值分配，则属于股东意思自治范畴。

### 解答分析

**1.认缴期限未届至股权价值分配存在哪些不同的观点？**

当认缴出资期限未届至时，对于股东之间就股东全部权益价值进行分配的方法，存在以下三种观点。

**第一种观点为实缴比例分配法**，是指股东按实缴出资比例对股东全部权益价值进行分配。按实缴比例进行股权价值分配，借鉴了公司法第二百一十条第四款中将实缴出资比例作为有限责任公司股东分配利润的依据这一做法，其根本目的在于寻求实缴股东和未实缴股东之间的利益与代价平衡。

**第二种观点为留存收益拆分法**，是指先将企业留存收益按实缴比例进行分配，再将剔除了企业留存收益的股权价值按认缴比例进行分配。

**第三种观点为认缴比例分配法**，是指股东按认缴出资比例对股东全部权益价值进行分配。

**2.哪种观点更为合理？**

认缴期限未届至，包括以下情形：一是全体股东均未缴纳任何出资，在这种情况下，各股东的实缴比例均为零，实缴比例分配法不具备适用前提，只能采用认缴比例分配法；二是全体股东实缴进度相同，在这种情况下，各股东的认缴比例与实缴比例相同，采用实缴比例分配法和认缴比例分配法并无区别；三是各股东实缴进度不同，表现为认缴出资比例与实缴出资比例存在差异，在这种情况下，是采用实缴比例分配法还是采用认缴比例分配法对各股东的价值进行分配，会产生不同的分配结果。

**（1）实缴比例分配法存在哪些问题？**

按实缴比例进行股权价值分配，借鉴了公司法第二百一十条第四款的规定，其目的是为了各股东实现权利义务的公平而作出价值调节。**但该价值调节过程是模糊且武断的，甚至可能出现越调节越不公平的结果**。

而从具体操作角度看，各股东的实缴比例随着其实际缴付进度的变化而动态变化，股权价值分配时点的实缴比例可能不同于股权价值创造过程的实缴比例，按实缴进程对股权价值进行拆分在技术上并不可行。此外，在司法实践中，也有按实缴出资比例享有股东权益的诉求被法院驳回的案例。

**（2）留存收益拆分法存在哪些问题？**

相比于实缴比例分配法“一刀切”式的价值调节，留存收益拆分法无疑更进步一些，该方法权衡了股东按实缴出资比例分红以及按认缴出资比例享有其他股东权利的双重因素。但留存收益拆分法最突出的问题在于，**留存收益拆分法蕴含了“立即对基准日的存量留存收益实施全额分配，基准日后的新增留存收益一律不实施分配”的假设，该假设可能与企业实际情况相去甚远**。

实缴比例分配法的思维逻辑，是代替公司股东对留存收益作出分配决定，这是不可取的，也可能与事实不符。公司分配税后利润，应履行法定程序，还应按规定提取法定公积金。此外，受企业现金流或经营计划的影响，很多企业的留存收益可能首先被用于企业的发展，表现为不分红、分红比例较低或分红时点滞后，企业的留存收益与分红金额之间可能横亘“鸿沟”。留存收益拆分法仍然是一种武断的方法，还可能激化因认缴制中遗留了实缴制分红规则而引发的股东矛盾。

**（3）选择认缴比例分配法有何原因？**

基于前述关于认缴期限未届至股东的权利义务特征的分析，相比于实缴比例分配法和留存收益拆分法，**我们认为，选择认缴比例分配法对股权价值进行分配，是合理且公平的做法。主要理由如下**。

**一是更能实现股东法定权责的平衡**。认缴期限未届至不属于出资违约。股东认缴出资的行为在公司与股东之间构建了一项债权债务关系——公司拥有应收股东出资款的债权，股东承担着缴付出资承诺的债务。**实缴股东以实际缴付的金额作为取得股权的对价，认缴股东以承担债务、延迟支付的方式作为获取股权的对价，这两种对价方式所获得的股东权利的内涵不应该存在差异**。

也可以将股东的认缴行为视作以其自身的债权进行出资，股东作出认缴的承诺即相当于完成了以债权这一非货币财产进行出资的实缴行为。因此，在确认公司与认缴股东之间的债权债务关系的前提下，采用认缴比例分配法是公平且合理的。

**二是持股比例应按认缴出资比例进行确定**。相关司法判例表明，在法律和公司章程并未对出资比例是认缴比例还是实缴比例作出明确规定的情况下，应当认定出资比例即为认缴比例，如果为实缴比例，法律或公司章程应对此予以特别明确。因此，除特别约定之外，公司章程中的持股比例应按认缴出资比例进行确定。

**三是股权转让对象与价值分配口径一致**。在对认缴期限未届至的股权进行转让时，转让标的通常是以认缴比例进行界定的，采用认缴比例分配法，能实现股权转让对象与价值分配口径一致。

**四是对实缴进度差异作出量化调整**。认缴制下，各股东理应享有相同的期限利益。当各股东实缴进度不同时，说明各股东享有的期限利益不同，应当作出调整以实现各股东公平享有期限利益。在认缴比例分配法下，首先确认股东认缴行为与公司间的债权债务关系，然后就各股东实缴进度差异对股东可分享价值进行量化调整，在此基础上再按认缴出资比例进行价值分配，体现了股东之间的实质平等。认缴比例分配法并未忽略各股东实缴进度差异对价值分配的影响，而是通过对各股东实缴进度差异对可分享价值的影响作出量化调整，以实现各股东之间利益与代价的精准平衡。

综上分析，对于认缴期限未届至股权的价值，按认缴比例分配法进行分配，更能实现股东间的利益平衡，是值得推广的做法。

**3.如何运用认缴比例分配法?**

运用认缴比例分配法，先确认股东认缴所产生的债权债务关系，将未实缴出资金额及其未实缴期间的利息与实缴进度下的股东全部权益价值相累加，再按认缴比例对该累加值进行分配。认缴期限未届至股东将其所持股权进行转让时，该股东的出资义务随着股权的转让而一并转移，因而在价值分配过程中，还需要将该股东未缴付出资及其利息作为尚未履行的一项义务作出扣减。

**因此，股权价值分配的计算公式为，某股东可分配的股权价值=该股东认缴比例×（基准日实缴进度下的股东全部权益价值+全体股东已认缴但未实缴的出资金额及其未实缴期间的利息）-该股东已认缴但未实缴的出资金额及其未实缴期间的利息**。

不过，需要特别注意的是，股东权利是按实缴比例还是按认缴比例行使，是股东内部之间的关系，与公司与债权人的外部关系不同。对于股东内部之间的关系，应鼓励股东在公司章程中进行事先约定，以体现股东的意思自治原则。

因此，**对于认缴期限未届至股权价值如何作出分配，是否采用上述计算公式进行分配以及上述公式中是否将未实缴期间的利息考虑在内，均属于公司股东的意思自治范畴，应当由公司股东作出明确约定，评估专业人员不得越俎代庖代替公司股东作出判断，对认缴期限未届至股权的价值分配方案进行确认或发表意见超出了评估专业人员的执业范围**。

在具体的评估实务中，对于公司章程已经就认缴期限未届至股权价值分配作出规定的，评估专业人员应根据公司章程的规定作出价值分配。若公司章程未作出规定，评估专业人员可建议由标的企业的全体股东作出书面约定，并将该书面约定作为评估依据进行披露。若前述情形均不适用，则建议评估专业人员与委托方商议将评估对象界定为股东全部权益价值，以回避对股权价值进行分配的问题。

**相关资料**

《中华人民共和国公司法》(2023年12月29日第十四届全国人民代表大会常务委员会第七次会议第二次修订)第二百一十条第四款规定:“公司弥补亏损和提取公积金后所余税后利润,有限责任公司按照股东实缴的出资比例分配利润,全体股东约定不按照出资比例分配利润的除外;股份有限公司按照股东所持有的股份比例分配利润,公司章程另有规定的除外。”

# 4.7 企业价值评估必须实施银行函证程序吗？

## 问题：企业价值评估必须实施银行函证程序吗？

在企业价值评估中，对于企业与银行相关的信息，评估人员是否必须实施函证程序进行核查验证？能否利用注册会计师询证函结果？

## 解答结论

在企业价值评估中，若条件具备，建议评估人员单独实施银行函证程序；若委托人或相关金融机构拒绝评估人员单独实施银行函证程序，可以按程序利用注册会计师的询证函结果。

## 解答分析

**1.评估人员实施银行函证程序是否有文件依据？**

国务院办公厅在《关于进一步规范财务审计秩序促进注册会计师行业健康发展的意见》（国办发〔2021〕30号）中，要求注册会计师行业进一步规范银行函证业务。为贯彻落实“国办发〔2021〕30号”文的要求，财政部和银保监会陆续出台了《财政部银保监会关于进一步规范银行函证及回函工作的通知》（财会〔2020〕12号）、《银行函证及回函工作操作指引》（财办会〔2020〕21号）、《财政部银保监会关于加快推进银行函证规范化、集约化、数字化建设的通知》（财会〔2022〕39号）等文件。

以上文件均是对注册会计师行业及金融机构作出的规定。在“财会〔2020〕12号”中，从对“银行函证及回函”作出的定义也可以看出，银行函证及回函特指注册会计师与金融机构之间的活动与过程。

以上文件，**仅在“财会〔2020〕12号”中提到“银行业金融机构收到资产评估机构等其他第三方机构依法获取企业授权后发出的银行询证函，可以参照该通知要求办理”**。除此之外，我们没有查找到关于资产评估机构实施银行函证程序的文件规定。

**2.评估人员实施银行函证程序是否为准则要求？**

资产评估法和资产评估基本准则，均要求资产评估专业人员应当对资产评估活动中使用的资料进行核查和验证，但并未规定具体的核查验证方式。对评估所需资料进行核查验证的具体方式，在资产评估程序准则中作出规定。

根据《资产评估执业准则——资产评估程序》的规定，资产评估专业人员应当依法对资产评估活动中使用的资料进行核查验证，核查验证的方式通常包括观察、询问、书面审查、实地调查、查询、函证、复核等。从该准则规定可以看出，**函证是对评估所使用资料进行核查验证的七种主要的可选方式之一**。

而参考《资产评估专家指引第8号——资产评估中的核查验证》中的第二十条专家建议可以看出，**利用第三方机构询证函结果也属于资产评估专业人员采用函证方式进行核查的情形**。

**由此说明，评估人员实施银行函证程序是对评估资料进行核查验证的可选方式之一，评估人员也可以通过利用第三方机构询证函结果的方式间接实施银行函证程序**。

**3.评估人员实施银行函证程序面临哪些现实困境?**

在企业价值评估实务中，评估人员单独实施银行函证程序，**可能难以得到委托人的理解与配合**。因该项工作与注册会计师应当实施的银行函证程序完全重叠，会造成委托人重复工作，以及重复支付金融机构回函服务费，徒增委托人的负担。即便取得了委托人的支持，还面临着**有些金融机构以“财会〔2020〕12号”中对“银行函证及回函”作出的定义仅限于注册会计师为由，不接收评估机构的询证函，不面向评估机构提供书面回函**的窘境。有些金融机构正式发布询证函业务通告，将询证函业务范围局限于注册会计师发送的询证函。

**4.在评估实务中有何操作建议?**

核查验证的实施方式通常包括观察、询问、书面审查、实地调查、查询、函证、复核等。对企业与银行相关的信息进行核查验证，适用的方式主要为书面审查、查询和函证这三种。比如，将银行存款账面值与银行对账单进行核对，属于书面审查方式；对银行存款日记账、网上银行账户信息进行查询，则属于查询方式。在过往的一些财务舞弊案例中，存在企业伪造银行对账单的情形，也有些企业设置了联动账户。**为防范企业可能存在的财务舞弊风险，仅通过书面审查和查询方式对企业与银行相关的信息进行核查验证，可能是不够的**。

函证是对企业与银行相关信息的真实性进行核查验证较为有效的方式。**在委托人配合以及相关金融机构接收的条件下，可以由评估人员**参照《银行函证及回函工作操作指引》（财办会〔2020〕21号）等文件的规定，**单独实施银行函证程序**。

**若委托人不配合或相关金融机构不接收评估人员发送的询证函，可以通过利用第三方机构询证函结果的方式间接实施银行函证程序**。但需要注意的是，利用第三方机构询证函结果，并非将第三方机构询证回函复制了之，而是根据《资产评估专家指引第8号——资产评估中的核查验证》中的专家建议，应当记录取得第三方机构函证结果的过程、分析该函证行为的目的、核实函证基准日、了解第三方机构对函证的控制措施等。无法获取上述信息的，应当实施替代程序并获取相关证据，对该函证结果的可靠性进行分析判断。

如果评估人员既无法单独实施银行函证程序，也无法利用第三方机构询证函结果，评估人员应进一步分析和判断仅通过书面审查和查询方式对企业与银行相关的信息进行核查验证是否可靠，若不可靠，则应界定为因客观条件限制无法实施核查验证的事项，并按《资产评估执业准则——资产评估程序》的规定进行相应处理。

## 相关资料

《财政部 银保监会关于进一步规范银行函证及回函工作的通知》（财会〔2020〕12号）规定："银行函证及回函，是注册会计师在获取被审计单位授权后，直接向银行业金融机构发出询证函，银行业金融机构针对所收到的询证函，查询、核对相关信息并直接提供书面回函的过程。"

《财政部银保监会关于进一步规范银行函证及回函工作的通知》（财会〔2020〕12号）规定："银行业金融机构收到资产评估机构等其他第三方机构依法获取企业授权后发出的银行询证函，可以参照本通知要求办理。"

《中华人民共和国资产评估法》第二十五条规定："评估专业人员应当根据评估业务具体情况，对评估对象进行现场调查，收集权属证明、财务会计信息和其他资料并进行核查验证、分析整理，作为评估的依据。"

《资产评估基本准则》（财资〔2017〕43号）第十五条规定："资产评估专业人员应当依法对资产评估活动中使用的资料进行核查和验证。"

《资产评估执业准则——资产评估程序》（中评协〔2018〕36号）第十五条规定："资产评估专业人员应当依法对资产评估活动中使用的资料进行核查验证。核查验证的方式通常包括观察、询问、书面审查、实地调查、查询、函证、复核等。"

《资产评估专家指引第8号——资产评估中的核查验证》第二十条建议："资产评估专业人员采用函证方式对银行存款、异地存货、往来账款、交易性金融资产等涉及的各类资料进行核查的，对利用第三方机构询证函结果的，应当记录取得第三方机构函证结果的过程、分析该函证行为的目的、核实函证基准日、了解第三方机构对函证的控制措施等。无法获取上述信息的，应当实施替代程序并获取相关证据，对该函证结果的可靠性进行分析判断。"

《资产评估执业准则——资产评估程序》第十六条第二款规定："因法律法规规定、客观条件限制无法实施核查验证的事项，资产评估专业人员应当在工作底稿中予以说明，分析其对评估结论的影响程度，并在资产评估报告中予以披露。如果上述事项对评估结论产生重大影响或者无法判断其影响程度，资产评估机构不得出具资产评估报告。"

## 4.8　新公司法对股权价值评估有何影响?

### 问题：新公司法对股权价值评估有何影响?

新修订的《中华人民共和国公司法》(2023年12月29日第十四届全国人民代表大会常务委员会第七次会议第二次修订，以下简称新公司法)将于2024年7月1日起施行。那么，新公司法对股权价值评估有何影响?

### 解答结论

新公司法对股权价值评估的影响，主要体现在股东出资期限新规、股东失权制度新规以及类别股新规带来的影响。其中，股东失权制度还可能形成两类评估需求。

### 解答分析

**1.股东出资期限新规，对股权价值评估有何影响?**

新公司法关于股东出资期限的新规，对于认缴出资已足额缴纳的股权的评估，并不产生任何影响。

**对于认缴出资未足额缴纳且出资期限已届满的股权的评估，不仅需要考虑股东对给公司造成的损失承担赔偿责任所带来的影响，还需要特别关注是否存在股权丧失风险。**

**对于认缴出资未足额缴纳但出资期限未届至的股权的评估，至少需要关注两个方面的事项：一是涉及股东之间如何对股东全部权益价值进行分配的问题。**一般情况下，股权价值分配的计算公式为：某股东可分配的股权价值=该股东认缴比例×(基准日实缴进度下的股东全部权益价值+全体股东已认缴但未实缴的出资金额及其未实缴期间的利息)-该股东已认缴但未实缴的出资金额及其未实缴期间的利息。**二是需要关注股权转让方是否应承担补充出资的责任。**

**2.股东失权制度新规，对股权价值评估有何影响?**

对于股东未按照公司章程规定的出资日期缴纳出资的股权，应特别关注是否存在股权丧失风险，加强相关的核查验证与调查访谈，结合评估基准日及期后的实际情况，在评估报告中恰当考虑或披露其影响。

**对于宽限期届满股东仍未履行出资义务、公司经董事会决议已向股东发出失权通知的股权，自通知发出之日起股东丧失其未缴纳出资的股权，已丧失的股权的价值一般为零。需要特别注意的是，在新公司法中的股东失权制度下，对于已经缴纳了部分出资的股东而**

**言，股东丧失的是未缴纳出资对应的股权，已缴纳出资对应的股权并不会因此而丧失**。

未缴纳出资的股权，其价值不必然为零。在公司是否启动失权程序的决策环节，以及公司依法转让已丧失的股权过程中，均可能涉及股权价值评估的需求。具体如下：

| 分类 | 失权股权的评估需求 |
| --- | --- |
| 情形一 | 如果未缴纳出资的股权的价值为负值，未缴纳出资的股东甚至可能通过失权程序免除其义务或转嫁风险，则公司可能作出不行使向该股东发出失权通知这一权利的决定。因此，在公司是否启动失权程序的决策环节，委托评估机构对未缴纳出资的股权的价值进行评估，通常是必要的 |
| 情形二 | 自公司以书面形式向宽限期届满仍未缴纳出资的股东发出失权通知起，公司实质上收回了该失权的股权。对于该股权，公司应当依法转让，或者相应减少注册资本并注销该股权。如果公司选择转让的方式处理失权股权，通常需要由公司委托评估机构进行评估，评估基准日可以选择失权通知发出之日 |

**3.类别股新规，对股权价值评估有何影响？**

**对于优先或者劣后分配利润或者剩余财产的股份的评估，需要按公司章程的约定，根据其权利的不同，将股东全部权益价值在各股东间作出分配**。股权价值分配的重要特征是分配前后的股东全部权益价值不变，各股东可得价值之间是“此消彼长”的互补式关系，某一股东可获价值的上升必然消减其他股东的所得。

对于每一股的表决权数多于或者少于普通股的股份的评估，可能影响是否具有控制权或缺乏控制权的判断，也可能需要对评估值作控制权调整。

对于转让须经公司同意等转让受限的股份的评估，可能需要考虑转让受限对其价值的减损。

**相关资料**

《中华人民共和国公司法》（2023年12月29日第十四届全国人民代表大会常务委员会第七次会议第二次修订）第四十七条规定：“有限责任公司的注册资本为在公司登记机关登记的全体股东认缴的出资额。全体股东认缴的出资额由股东按照公司章程的规定自公司成立之日起五年内缴足。法律、行政法规以及国务院决定对有限责任公司注册资本实缴、注册资本最低限额、股东出资期限另有规定的，从其规定。”

第五十二条第一款规定：“股东未按照公司章程规定的出资日期缴纳出资，公司依照前条第一款规定发出书面催缴书催缴出资的，可以载明缴纳出资的宽限期；宽限期自公司发出催缴书之日起，不得少于六十日。宽限期届满，股东仍未履行出资义务的，公司经董事会决议可以向该股东发出失权通知，通知应当以书面形式发出。自通知发出之日起，该股东丧失其未缴纳出资的股权。”

第一百四十四条第一款规定：“公司可以按照公司章程的规定发行下列与普通股权利不同的类别股：（一）优先或者劣后分配利润或者剩余财产的股份；（二）每一股的表决权数多于或者少于普通股的股份；（三）转让须经公司同意等转让受限的股份；（四）国务院规定的其他类别股。”

# 第 5 章

# 财报目的与或有对价

## 5.1 商誉的初始计量金额有哪些构成要素?

### 问题：商誉的初始计量金额有哪些构成要素?

根据企业会计准则的规定，在非同一控制下的企业合并中，商誉的初始计量金额等于购买方的合并成本减去合并中取得的被购买方可辨认净资产公允价值份额所得到的金额。那么，由此得到的商誉初始计量金额有哪些组成部分？受哪些因素所影响？

### 解答结论

从合并成本的组成结构进行剖析，商誉的初始计量金额理应由被购买方的既有商誉及外部协同效应价值所决定，但还可能受交易各方的承诺、特殊的支付方式安排以及购买方的错误判断所影响。对商誉初始计量金额的构成要素进行分解，有利于判断商誉初始计量金额及合并成本的合理性，也可能有助于解释商誉减值原因。

### 解答分析

根据企业会计准则的规定，在非同一控制下的企业合并中，商誉的初始计量金额等于购买方的合并成本减去合并中取得的被购买方可辨认净资产公允价值份额所得到的金额。从购买方的合并成本中，将购买方取得的被购买方可辨认净资产公允价值份额进行剥离的过程，也称作合并对价分摊。合并对价分摊是商誉初始计量的必经程序，其实质就是遵循“剩余价值观”，从合并成本中先剥离出购买方取得的可辨认净资产公允价值，剩余的即为商誉初始计量金额。

**因此，剖析商誉初始计量金额的构成要素，应以合并成本为研究对象，在开展合并对价分摊的基础上，分析影响合并对价的其他因素**。为了便于理解与表述，以下分析过程以收购方全资收购为假设情景而展开。一般情况下，合并成本可能由以下七个部分组成：

**第一部分：可辨认净资产账面值**。可辨认净资产账面值，其实就是被购买方资产负债表中列示的净资产，这是首先被识别出来的部分。但是，只识别这一部分通常是不够的，最终需要识别的是被购买方可辨认净资产公允价值，因此还需要将可辨认净资产公允价值与净资产账面值的差额识别出来。直接将被购买方资产负债表的净资产账面值作为可辨认净资产公允价值的做法是错误的，通常会导致商誉初始计量金额虚高。

**第二部分：可辨认净资产公允价值与净资产账面值的差额**。这部分金额包括两类：一是被购买方资产负债表列示的各项资产、负债的公允价值与账面价值的差额；二是被购买方表外的资产、负债公允价值。识别表外资产时，应避免遗漏或重复。比如，对于企业拥有的客户名单数据资产，该数据资产若是企业自用，则该数据资产的价值可能包含在客户关系这项无形资产的价值之中，不应重复计算。

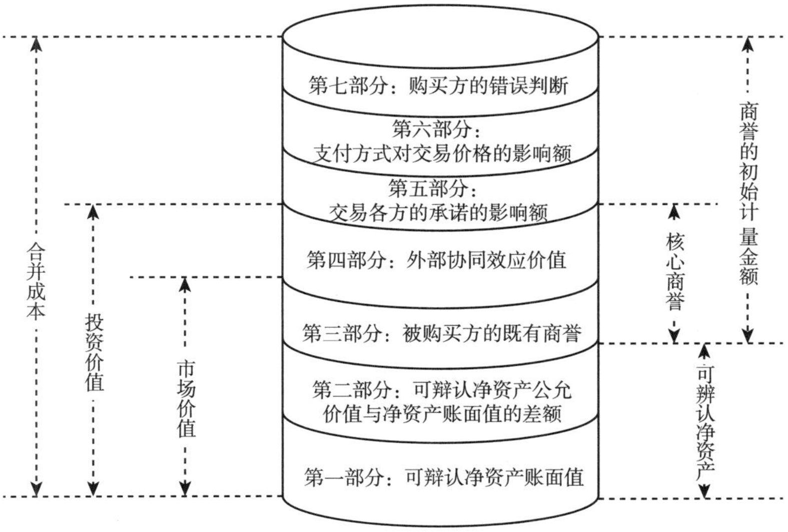


**第一部分与第二部分的合计值，即为被购买方可辨认净资产公允价值**。需要注意的是，直接将并购交易评估中的资产基础法评估结果作为可辨认净资产公允价值的做法，是错误的。**将前面两部分的金额进行剔除，剩余的合并成本即为商誉的初始计量金额**。那么，剩余的合并成本由哪些部分组成呢？我们作进一步分解。

**第三部分：被购买方的既有商誉**。这部分金额也包括两类：一是原有外购商誉，是指在本次企业合并之前，被购买方原先通过实施企业合并而形成的商誉。其中，被购买方原先在合并报表层面体现的商誉，在合并对价分摊过程中可能涵盖于可辨认的长期股权投资的公允价值之中。二是原有自创商誉，是指在本次企业合并之前，被购买方基于内部协同效应的存在而形成的商誉。内部协同效应价值，表现为企业持续经营价值大于可辨认净资产公允价值的那部分价值。在分工明确的前提下实施适度集中的协作模式，开展资源与资产的共享，是企业实现内部协同效应的主要途径。**前面三部分的合计值，构成了被购买方的市场价值**。

**第四部分：外部协同效应价值**。外部协同效应是指通过本次企业合并而带来的协同效应。与内部协同效应相类似的是，外部协同效应也源于资源或资产利用率的提升，不同的是，外部协同效应是通过收购方与被收购方之间的合作，提升收购方与被收购方的资源与资产的利用率而形成的，外部协同效应可能分别或同时在收购方层面与被收购方层面实现。**前面四部分的合计值，形成了被购买方对于收购方所具有的特定投资者价值（即投资价值）**。

**第三部分与第四部分之和，通常可称作核心商誉**。在商誉的后续计量中，对商誉进行减值测试的根本目标，就是检验合并成本中的核心商誉是否在收购后得以实现，即主要分析收购方与被收购方的资源与资产利用率是否通过并购整合得到了提升。在企业并购活动中，收购方与被收购方之间的协同效应通常不会随着并购交易的达成而自动实现，而是要依赖于并购整合。从这个角度看，对收购方的并购整合方案及其整合效果进行观察，也可以为商誉是否存在减值迹象提供一些指引。

**对于理性的收购方而言，其合并成本通常不应高于前面四部分的合计值**。如果合并成本高出前面四部分的合计值，存在哪些原因？或蕴含着怎样的风险？我们接着分析合并成本可能的剩余组成部分。

**第五部分：交易各方的承诺的影响额**。在并购交易过程中，为了降低交易各方的不确定性风险，可能存在交易一方向另一方作出承诺的安排，常见的承诺安排包括对赌安排及竞业禁止协议。

并购中的对赌安排包括两种，一种是由出售方对收购方作出相应的承诺，未达约定条件时由出售方向收购方返还部分甚至全部的并购价款（以下简称出售方承诺）；另一种是由收购方向出售方作出承诺，当约定条件触发时，由收购方向出售方作出补偿或追加支付（以下简称收购方承诺）。不论是出售方承诺还是收购方承诺，都是将交易双方对于交易价格的分歧暂时搁置，实质是一种“估值调整机制”和“风险分担机制”。出售方承诺和收购方承诺对并购成本的影响，属于或有对价。而会计准则明确规定，在非同一控制下的企业合并中，应当对或有对价进行单独确认和计量。**因此，对于涉及出售方承诺或收购方承诺的并购活动，在合并对价分摊之前，应当单独计量或有对价，并对合并成本进行调整**。在出售方承诺方式下，收购方的合并成本=交易价格-或有对价，出售方承诺形成的或有对价，不再成为合并成本的组成部分，不应在商誉的初始计量金额当中反映；在收购方承诺方式下，收购方的合并成本=交易价格+或有对价。

并购交易中的竞业禁止协议，通常约定自并购交易日开始的一定期间内出售方不得从事任何与标的企业具有竞争性的活动，其实质是出售方向收购方作出的一项承诺。相比于不存在竞业禁止协议的情形，竞业禁止协议的签署，可以使得收购方降低甚至不再面临出售方的竞争以及从标的企业带走业务的风险，相应地，收购方也愿意接受相对更高一些的并购价格。因此，出售方作出的竞业禁止承诺，对于收购方而言是有价值的，属于收购方拥有的合同权益。**尽管合同权益是一项可辨认无形资产，但该竞业禁止协议通常是在并购交易环节达成的，不属于被收购方的一项可辨认资产，不会反映在被收购方的可辨认净资产当中，而是沉淀于商誉的初始计量金额之中**。

不过，对于在本次企业合并之前被购买方开展的企业合并，交易对方向其作出的承诺，属于被购买方的一项可辨认净资产。

**第六部分：支付方式对交易价格的影响额**。市场中一笔交易的默认支付方式通常是交易达成时一次性现金支付。在股权交易中，当支付方式为延期支付或以非货币财产进行支付时，名义上表现出来的交易价格可能高于默认支付方式下的股权价格。

比如，在并购交易中，当购买方分期付款且付款周期较长时，出售方可能因面临购买方的信用风险而要求提高股权交易价格，若购买方直接以名义上的股权交易价格（即未就其承担的负债作折现处理）作为合并成本，股权交易的名义价格超出默认支付方式下的价格的那部分金额，沉淀于商誉的初始计量金额之中。

再比如，当上市公司为收购方时，在其通过发行股份购买标的企业股权的过程中，若出售方取得的上市公司股份存在锁定期限售因素，或上市公司股价虚高，以上市公司发行股份的价格所衡量的标的企业股权交易价格，也通常高于默认支付方式下的股权价格，超出部分也会沉淀于商誉的初始计量金额之中。

**第七部分：购买方的错误判断**。在股权并购中，标的企业本身创造的价值是客观的，但对标的企业创造的价值进行估值，以及对股权交易价格进行谈判与决策的过程，则可能存在主观的成分。**虚高估值、收购方的盲目自大以及非理性竞争，均可能导致股权交易价格高于客观价值，超过部分也会沉淀于商誉的初始计量金额之中**。

将购买方的合并成本分解为上述七个部分，目的在于在合并对价分摊的基础上，对可能影响商誉初始计量金额的因素进行梳理，并非将商誉按七个部分进行拆分计量。不论是商誉的初始计量还是后续计量，按七个部分进行拆分计量是不现实的，也缺乏必要性。

**不过，对合并成本及商誉初始计量金额作出如上分解，有利于判断合并成本与商誉金额的合理性，分析商誉是否源自第三部分和第四部分，也可能有助于解释商誉减值原因**。比如，对于合并成本中的第六部分与第七部分，除非合并后取得超额协同效应价值，否则在商誉减值测试中，这两部分构成要素将成为“立即退去的潮水”而减值。这也说明，商誉减值并不全部由标的企业经营恶化所导致，第六部分因素所引发的商誉减值，其实质是对名义支付金额的不足额进行修正，第七部分因素所导致的商誉减值，则反映了购买方错误判断的代价。

## 相关资料

《企业会计准则第20号——企业合并》规定：“购买方对合并成本大于合并中取得的被购买方可辨认净资产公允价值份额的差额，应当确认为商誉。”

《2018年上市公司年报会计监管报告》指出：“年报分析发现，并购重组交易中普遍存在对被收购方可辨认净资产确认不充分并低估其公允价值的现象。”

《2020年上市公司年报会计监管报告》指出：“年报分析发现，部分上市公司当期发生非同一控制下企业合并，但未以公允价值确认被购买方的无形资产，如特许经营权等，而是将合并成本高于被购买方其他可辨认净资产公允价值份额的差额作为无形资产的入账价值，导致无形资产和商誉的确认金额存在错误。”

## 5.2 商誉减值测试评估的十大误区

商誉是在非同一控制下的企业合并中形成的，会计上将购买方合并成本大于合并中取得的被购买方可辨认净资产公允价值的差额确认为商誉。随着上市公司收购兼并活动的日益增多，财务报表形成的商誉金额不断增大，商誉减值问题的关注度越来越高，商誉减值测试评估也成为监管部门对资产评估机构检查的重点领域。

根据公开信息，2017年以来，各级监管部门针对商誉减值测试评估项目出具了40余份惩处文件，我们对这些惩处文件中涉及的评估执业风险行为进行了整理、分析，总结了商誉减值测试评估的十大误区。

**误区第十名：资产组范围的确认主体不清**

商誉作为不可确指无形资产，无法单独对其可收回金额进行估计，因此只能以商誉所在资产组或资产组组合为基础，确定该资产组或资产组组合的可收回金额来间接实现对商誉的减值测试。

按照《企业会计准则第8号——资产减值》的规定，对因企业合并形成的商誉，由于其难以独立产生现金流量，公司应自购买日起按照一贯、合理的方法将其账面价值分摊至相关的资产组或资产组组合，并据此进行减值测试。

因此，资产组范围的确定是委托人的责任，评估人员应对委托人确定的资产组或资产组组合进行必要的关注及核实，但不能代替委托人确定资产组范围。

同时，评估人员需要与企业、审计机构就包含商誉的资产组或资产组组合的范围进行沟通，取得企业、审计机构的确认。如果评估人员与企业、审计机构意见不一致，可以采纳企业、审计机构的意见。

**误区第九名：未按合并报表口径确定资产组账面值**

根据《企业会计准则讲解（2010）》，非同一控制下的控股合并中，购买方一般应于购买日编制合并资产负债表，合并中取得的被购买方各项可辨认资产、负债应以其在购买日的公允价值计量，企业合并当期期末以及合并以后期间，应当纳入合并财务报表中的被购买方资产、负债等，是以购买日确定的公允价值为基础持续计算的结果。

对包含商誉的资产组进行减值测试，需要将资产组的账面价值与其可收回金额进行对比，这里的账面价值指的是合并报表中自购买日开始持续计算的金额，与被购买方单体报表的账面值可能存在差异，同时合并报表层面也可能确认了被购买方账面未记录的无形资产，如计算机软件著作权、商标、专利等，这些账外项目也应纳入资产组范围。

如未按合并报表口径确定资产组账面值，而简单地从被购买方的单体报表中取数，会导致资产组范围不完整或者账面值不准确。

**误区第八名：资产组账面值未包含归属于少数股东的商誉**

根据《企业会计准则讲解（2010）》第九章“资产减值”中的说明：“由于按照《企业会计准则第20号——企业合并》的规定，因企业合并所形成的商誉是母公司根据其在子公司所拥有的权益而确认的商誉，子公司中归属于少数股东的商誉并没有在合并财务报表中予以确认。因此，在对与商誉相关的资产组或者资产组组合进行减值测试时，由于其可收回金额的预计包括归属于少数股东的商誉价值部分，因此为了使减值测试建立在一致的基础上，企业应当调整资产组的账面价值，将归属于少数股东权益的商誉包括在内，然后根据调整后的资产组账面价值与其可收回金额进行比较，以确定资产组（包括商誉）是否发生了减值。”

当并购的子公司并非全资子公司时，确认资产组账面值时可能存在以下两个误区。

1.仅将合并报表上列示的商誉金额纳入资产组范围，未将归属于少数股东的商誉一并纳入。

正确的做法是先将归属于母公司股东的商誉账面价值调整为全部商誉账面价值。

2.如完成控股收购后，继续购买少数股权，导致在减值测试日的持股比例与形成控制时的持股比例发生了变化，错误地以减值测试日的持股比例还原为完全商誉。

收购少数股东权益属于权益性交易，未形成新的企业合并，合并报表中反映的商誉仍然为前期取得控制权时按当时的持股比例计算的金额。因此，正确的做法是将合并报表中的商誉按照前期取得控制权时的持股比例恢复为全部商誉（即100%股权对应的商誉）。

**误区第七名：资产组账面值与现金流预测的基础不一致**

根据《会计监管风险提示第8号——商誉减值》的规定，资产组或资产组组合的可收回金额与其账面价值的确定基础应保持一致，即两者应包括相同的资产和负债，且应按照与资产组或资产组组合内资产和负债一致的基础预测未来现金流量。

实务中，往往存在资产组账面值与现金流预测的基础不一致的误区，主要体现在以下几个方面：

1.资产组账面值中未包括营运资金，但在确定可收回金额的未来现金流量时未将期初营运资金进行扣除。

2.资产组账面值包括了与预计未来现金流量无关的资产、负债，如溢余资产或负债、非经营性资产或负债。

3.资产组账面值包括了在建工程，预计现金流时也考虑了在建工程完工后对未来现金流量的影响，但未考虑达到预定生产能力状态尚需追加投入的资本性支出。

**误区第六名：评估方法应用不当**

根据会计准则的规定，资产组的可收回金额应当按照该资产组的公允价值减去处置费用后的净额与其预计未来现金流量的现值两者之间较高者确定。只要有一项超过了资产的账面价值，就表明资产没有发生减值，不需要再估计另一项金额。

实务中存在的误区是，采用收益法计算资产组预计未来现金流量现值，得出的结果表明商誉发生了减值，没有进一步估算公允价值减去处置费用后的净额以确定资产组可收回金额，或者估算了公允价值减去处置费用后的净额，但未分析说明两者的差异和原因。

例如，某评估项目对预计未来现金流量现值和公允价值减去处置费用的净额进行评估时，使用的评估假设前提和对收入、成本、费用等方面的预测基本一致，公允价值评估使用税后现金流与税后折现率，预计未来现金流现值评估使用税前现金流与税前折现率，得出公允价值减去处置费用的净额高于预计未来现金流量现值，但评估报告未充分说明公允价值减去处置费用的净额高于预计未来现金流量现值的原因。

**误区第五名：初始营运资金扣除时点错误**

相关准则规定，包含商誉资产组或资产组组合通常情况下不包括流动资产、流动负债，但如果不考虑相关资产和负债就无法合理确定评估对象可收回金额的除外。

当营运资金未纳入评估范围时，应从未来现金流量中扣除所需的营运资金需求额。在这一过程中，可能存在将初始营运资金作折现处理的误区。例如，某商誉减值测试评估项目（基准日为2019年12月31日）中，预测2020年的营运资金包含初始营运资金和2020年营运资金增加额，因将初始营运资金错误折现计入现金流量净额，导致相关资产组评估值存在高估情形。

正确的做法是，当营运资金未纳入评估范围时，若能够明确区分出“初始所需的营运资金”和“预测首期所需的营运资金增加额”，建议将“初始所需的营运资金”在预测期初一次性扣除，不进行折现，将“预测首期所需的营运资金增加额”作为预测首期的现金流扣减项一并进行折现处理。

**误区第四名：计算税前折现率时考虑了待弥补亏损的影响**

《企业会计准则第8号——资产减值》第十三条规定，折现率是反映当前市场货币时间价值和资产特定风险的税前利率，如果用于估计折现率的基础是税后的，应当将其调整为税前的折现率。

相关会计准则还规定，预计资产的未来现金流量不应当包括筹资活动产生的现金流入或者流出，以及与所得税收付有关的现金流量。

由于税前折现率无法通过直接计算得到，实务操作中主要存在以下两种途径。

1.直接调整法。通过税前折现率=税后折现率 ÷（1–所得税税率）的公式将税后折现率调整为税前折现率。

2.迭代法。根据税后现金流量的折现结果与税前现金流量测算出税前折现率，其假设前提是，采用税后折现率对税后现金流量进行折现的结果，与采用税前折现率对税前现金流量进行折现的结果一致。

应用迭代法求取税前折现率时，需要先计算税后现金流量。实务中发现，在计算税后现金流量过程中，部分项目考虑了可弥补亏损对企业所得税的影响，最终导致通过此途径计算出的税前折现率偏低。企业可弥补亏损对应的递延所得税资产，不应纳入含商誉资产组的账面价值当中，所以计算税前折现率时考虑了待弥补亏损的影响是错误的。

**误区第三名：报告披露信息不完整**

由于商誉减值测试在评估范围、方法选用、参数选取等方面存在一定的特殊性，因此商誉减值测试评估报告对披露内容也有针对性要求，实务中存在报告披露信息不完整的情况。

比如，根据相关准则的规定，商誉减值测试评估报告应披露本次评估方法与以前会计期间选取的评估方法是否一致，如果不一致，应当披露评估方法变更的原因。某商誉减值测试评估报告采用成本法估算公允价值减处置费用和相关税费后的净额，并作为评估结论，而收购时的股权评估及以前年度商誉减值评估均采用收益法，前后评估方法不一致，但评估机构未在报告中披露评估方法存在变动，也未说明变动的合理性。

再比如，根据相关准则的规定，商誉减值测试评估报告应披露商誉资产组或资产组组合构成、账面价值等。某项目因并购后内部重组，导致商誉所在资产组或资产组组合的构成发生改变，评估报告未在报告中披露资产组变更的情况。

**误区第二名：评估参数与以前年度不一致的原因未作说明**

《企业会计准则第8号——资产减值》第四条规定，因企业合并所形成的商誉和使用寿命不确定的无形资产，无论是否存在减值迹象，每年都应当进行减值测试。

商誉有持续计量的要求，使得商誉减值测试项目成为连续性的评估业务，也因此产生了将评估参数与以前年度进行对比的要求。

实务中，部分项目存在评估参数与以前年度不一致又无合理理由的情况，例如：

1.折现率计算模型的选取。形成商誉时及上一年度减值测试均选用WACC模型，本年度选取CAPM模型，前后不一致，未说明原因。

2.企业特定风险系数的选取。上一年度采用2%，本年度采用1%，前后不一致，未说明原因。

3.企业风险系数β的选取。前后两年选取的可比公司不一致，未说明原因。

4.前期预测的主要参数如收入增长率、毛利率等数据与实际数据存在较大差异，本年度未根据实际情况对主要参数进行调整。

**误区第一名：混淆企业价值评估与商誉减值测试评估的概念**

商誉减值测试评估属于以财务报告为目的的评估业务，《会计监管风险提示第8号——商誉减值》明确规定不得以股权、企业价值的评估报告代替以财务报告为目的的评估报告。

实务中，有观点认为商誉是收购股权形成的，可以将整个公司当成资产组进行减值测试，因此可以将股权评估报告用于商誉减值测试。这种观点是错误的。虽然商誉的产生是由于收购了标的公司股权，但是收购完成后，企业已经按照合理的方法，将商誉分摊至相关资产组或资产组组合，后续商誉分摊的基础是相关资产组或资产组组合，而不再是原标的公司的股权。

企业价值评估与商誉减值测试评估在评估对象、价值类型、评估方法等方面均存在差异，商誉减值测试评估服务于财务报告，需要更多地理解和遵循会计准则的概念和相关规定，两者不能混同。

## 5.3　商誉减值测试评估的十大要点对比

在企业价值评估中，收益法的应用十分广泛。而在商誉减值测试评估中，运用收益途径进行评估涉及两种情形：一是对于含商誉资产组预计未来现金流量的现值进行评估（以下简称在用价值收益法）；二是运用收益法评估含商誉资产组的公允价值（以下简称公允价值收益法）。

为了便于理解运用收益法开展商誉减值测试评估的特征，我们选取十大关键要点，对商誉减值测试评估中的在用价值收益法、公允价值收益法以及企业价值评估中的收益法这三种收益途径进行深入对比。

### 要点十　资本结构：可变VS不变

| 要点十对比 | 商誉减值测试——在用价值收益法 | 商誉减值测试——公允价值收益法 | 企业价值评估——收益法 |
|---|---|---|---|
| 对比结论 | 保持个别资本结构不变 | 资本结构是可变的，也可以从个别资本结构过渡至行业平均资本结构 | |
| 原因分析 | 从资金来源的角度看，筹资活动中的债务资本增减，可能会改变基准日负债的评估值；从资金运用的角度看，筹资活动代表新增资本，新增资本超越了在用价值的范畴。因此，在在用价值收益法中，宜保持个别资本结构不变 | 可以从“市场参与者的角度”考虑资本结构是否变化。但最终能否过渡至行业平均资本结构，要考虑具体企业的实际融资能力和资金需求。在公允价值和市场价值评估时，以“市场参与者的角度”考虑问题，并不代表“具体企业的融资能力 = 行业平均融资能力” | |

### 要点九　资本权重基数：市场价值VS账面价值

| 要点九对比 | 商誉减值测试——在用价值收益法 | 商誉减值测试——公允价值收益法 | 企业价值评估——收益法 |
|---|---|---|---|
| 对比结论 | 在商誉减值测试中，通常只能采用账面价值计算资本结构 | | 资本结构计算中采用的债权价值和股权价值为市场价值 |
| 原因分析 | 在计算含商誉资产组的可收回金额过程中，并不直接得出企业的股权价值，客观上难以采用市场价值计算资本结构。因此，从可操作性的角度看，在商誉减值测试评估中，只能采用账面价值计算资本结构。但通常应采用“权益资本账面价值 = 含商誉资产组账面价值 - 付息债务账面价值”这一公式计算权益资本，因为“含商誉资产组账面价值”系在合并对价分摊评估值基础上形成的，采用该公式计算得出的权益资本账面价值更接近于其市场价值 | | 受会计核算方法的局限，资本的账面价值可能是不完整的（特别是对于股权价值而言），不宜采用账面价值计算资本结构 |

### 要点八　折现率口径：WACCBT？WACC？Re？

| 要点八<br>对比 | 商誉减值测试<br>——在用价值收益法 | 商誉减值测试<br>——公允价值收益法 | 企业价值评估<br>——收益法 |
|---|---|---|---|
| 对比结论 | 应采用税前加权平均资本成本（WACCBT） | 可采用税前加权平均资本成本（WACCBT）或税后加权平均资本成本（WACC），但应与所得税口径相匹配 | 可采用税后加权平均资本成本（WACC）或权益资本报酬率（Re），但应与投资者口径相匹配 |
| 原因分析 | 含商誉资产组的投资者口径为全投资口径，且在用价值的所得税口径为税前口径 | 含商誉资产组的投资者口径为全投资口径，且公允价值的所得税口径为税前口径或税后口径 | 企业价值评估的投资者口径为全投资口径或权益资本口径，所得税口径为税后口径 |

### 要点七　并购协同效应：考虑VS不考虑

| 要点七<br>对比 | 商誉减值测试<br>——在用价值收益法 | 商誉减值测试<br>——公允价值收益法 | 企业价值评估<br>——收益法 |
|---|---|---|---|
| 对比结论 | 应根据并购后的整合情况，预计可实现的协同效应 | | 价值类型为市场价值时不考虑 |
| 原因分析 | 在商誉减值测试评估中可以考虑并购对应的协同效应的影响，且这种做法并不改变含商誉资产组的价值类型。从某种程度上看，商誉减值测试的过程，本质上就是测试原并购交易中预计的协同效应是否得以实现的过程 | | 当价值类型为市场价值时，不得考虑特定投资者带来的协同效应；当价值类型为投资价值时，应考虑特定投资者带来的协同效应 |

### 要点六　收益年期：有限年期VS无限年期

| 要点六<br>对比 | 商誉减值测试<br>——在用价值收益法 | 商誉减值测试<br>——公允价值收益法 | 企业价值评估<br>——收益法 |
|---|---|---|---|
| 对比结论 | 一般为无限年期，但亦有例外 | | |
| 原因分析 | 商誉没有特定期限的使用寿命，含商誉资产组类似于“业务”，含商誉资产组的收益年期与企业的收益年期类似，除非受法律法规或经营条件的限制而采用有限年期以外，一般为无限年期 | | |

### 要点五　追加投资：“以旧换新”VS扩大再生产

| 要点五<br>对比 | 商誉减值测试<br>——在用价值收益法 | 商誉减值测试<br>——公允价值收益法 | 企业价值评估<br>——收益法 |
|---|---|---|---|
| 对比结论 | 商誉以外的资产可“以旧换新”，但不可扩大再生产以提高含商誉资产组的生产能力 | 两者均可 | |
| 原因分析 | 资产组中非主要资产的“以旧换新”的现金流出并不属于“与资产改良有关的现金流出”，可以在未来现金流预测中予以考虑。对于含商誉资产组来说，测试对象是“商誉”，商誉以外的存量资产均可“以旧换新”，视为商誉的维持性支出（并非商誉自身的改良性支出）。对于纳入商誉减值测试评估范围的在建工程、开发过程中的无形资产，应考虑完工所需的后续投资，除此之外，不得通过扩大再生产的追加投资以提高含商誉资产组的生产能力，因为产能的提升与在用价值的内涵相悖 | 既可以对评估基准日的存量资产“以旧换新”以保持产能不变，也可以基于一般市场参与者的角度，根据其经营计划，通过扩大再生产的增量追加投资以提升相应的产能 | |

### 要点四　首期营运资金：扣减总量VS扣减增量

| 要点四<br>对比 | 商誉减值测试<br>——在用价值收益法 | 商誉减值测试<br>——公允价值收益法 | 企业价值评估<br>——收益法 |
|---|---|---|---|
| 对比结论 | 当营运资金未纳入评估范围时，首期应扣减营运资金总量；当营运资金纳入评估范围时，首期应扣减营运资金增量 | | 应扣减营运资金增量 |
| 原因分析 | 预测首期营运资金的补充范畴，应与含商誉资产组的评估范围相匹配，做到不重不漏。当营运资金未纳入评估范围时，预测首期应补充全部所需的营运资金，以维持含商誉资产组这项“业务”的正常运转；当营运资金纳入评估范围时，预测首期只需补充首期所需的增量营运资金 | | 在企业价值评估中，企业的全部资产、负债均纳入了评估范围，因此，预测首期只需补充首期所需的增量营运资金 |

### 要点三　投资者口径：全投资口径VS权益投资口径

| 要点三<br>对比 | 商誉减值测试<br>——在用价值收益法 | 商誉减值测试<br>——公允价值收益法 | 企业价值评估<br>——收益法 |
|---|---|---|---|
| 对比结论 | 全投资口径 | | 采用全投资口径或权益投资口径均可 |
| 原因分析 | 从资金运用的角度看，对于含商誉资产组对应的资金，并无法区分系来源于债务资本还是权益资本。资产和资产组都属于企业整体的。因此，企业会计准则也规定，资产组的账面价值通常不应当包括已确认负债的账面价值 | | 在企业价值评估中，可以基于全投资口径的现金流（比如，采用企业自由现金流折现模型）先得到企业整体价值，再扣减付息债务的价值，以间接途径得到股东全部权益价值；也可以基于权益投资口径的现金流（比如，采用股权自由现金流折现模型），以直接途径评估得出股东全部权益价值 |

### 要点二　所得税口径：税前口径VS税后口径

| 要点二<br>对比 | 商誉减值测试<br>——在用价值收益法 | 商誉减值测试<br>——公允价值收益法 | 企业价值评估<br>——收益法 |
|---|---|---|---|
| 对比结论 | 应采用税前口径 | 采用税前口径或税后口径均可 | 应采用税后口径 |
| 原因分析 | 评估在用价值应采用税前口径的原因，主要在于资产组并非企业所得税纳税主体。根据企业会计准则的规定，预计资产的未来现金流量，不得包括与所得税收付有关的现金流量 | 评估含商誉资产组的公允价值，可以采用税前口径的原因，与在用价值采用税前口径的原因相同。评估含商誉资产组的公允价值，可以采用税后口径的原因，主要在于含商誉资产组作为一项“业务”，与股权评估类似，本质上应负担相应的企业所得税费用 | 在企业价值评估中，企业是企业所得税的纳税主体，企业的股东只能享有税后收益 |

### 要点一　折旧和摊销：账面价值VS公允价值

| 要点一<br>对比 | 商誉减值测试<br>——在用价值收益法 | 商誉减值测试<br>——公允价值收益法 | 企业价值评估<br>——收益法 |
|---|---|---|---|
| 对比结论 | 不涉及此问题 | 当所得税口径采用税前口径时不涉及此问题；当所得税口径采用税后口径时，以账面价值或公允价值进行折旧摊销均可，但与之匹配的测试范围不同 | 以账面价值进行折旧摊销 |

续表

| 要点一对比 | 商誉减值测试——在用价值收益法 | 商誉减值测试——公允价值收益法 | 企业价值评估——收益法 |
| --- | --- | --- | --- |
| 原因分析 | 在用价值的评估应采用税前口径，而税前口径的现金流并不涉及折旧摊销事宜，其折现结果也没有包含评估增值对应的节税效应 | 当采用税前口径时，不涉及折旧摊销事项，折现结果也没有包含评估增值对应的节税效应。当采用税后口径时，可以采用账面价值计提折旧摊销，也可以采用公允价值计提折旧摊销，并有以下等式：采用公允价值进行折旧的评估值－采用账面价值进行折旧的评估值＝递延所得税负债。当采用税前口径，或采用税后口径且以账面价值进行折旧摊销时，折现结果没有包含评估增值对应的节税效应，此时的折现结果应与扣减了递延所得税负债的资产组账面价值进行对比，来判断是否存在商誉减值；当采用税后口径且以公允价值进行折旧摊销时，折现结果包含了评估增值对应的节税效应，此时的折现结果应与未扣减递延所得税负债的资产组账面价值进行对比，来判断是否存在商誉减值 | 在运用收益法评估企业价值评估中，并不需要单独评估得出各项资产的公允价值（即便评估得出了各项资产的公允价值，企业也不会为此进行调账），因此，通常以账面价值进行折旧摊销 |

# 5.4　可以单独计量“递延所得税负债对应的商誉”吗?

## 问题：可以单独计量“递延所得税负债对应的商誉”吗?

对于非同一控制下企业合并所形成商誉的计量，实务中存在这样一种做法（本书将这种做法简称为“商誉二分法”）：在初始计量中，将合并商誉拆分为“核心商誉”和“因确认递延所得税负债而形成的商誉”这两部分；在后续计量中，对于“核心商誉”按照商誉减值测试的一般要求进行处理，对于“因确认递延所得税负债而形成的商誉”，因递延所得税负债在后续期间随应纳税暂时性差异转回而减少所得税费用，而逐步就各期转回的递延所得税负债计提同等金额的商誉减值准备。

那么，“商誉二分法”是否符合会计准则的要求？这种做法是否合理？

## 解答结论

资产公允价值高于其计税基础而确认的递延所得税负债，属于可辨认净资产的构成内容之一，并非商誉的一项构成要素，**“商誉二分法”的划分标准缺乏依据**，且运用“商誉二分法”可能导致虚增商誉减值金额。商誉作为不可确指无形资产，没有必要进行拆分，也无法在拆分后分别实施减值测试。“商誉二分法”的实质是人为地将部分商誉改按摊销的方法进行后续计量，这**与会计准则关于商誉减值测试的要求不符**。

## 解答分析

### 1.递延所得税负债是否应作为一项可辨认的负债?

“商誉二分法”的观点是，在合并对价分摊中，因评估增值确认递延所得税负债而形成的商誉是会计处理的结果，这部分商誉应与能带来超额收益的“核心商誉”相区分。该观点是否正确，取决于递延所得税负债是否应作为一项可辨认的负债。

本书认为，**递延所得税负债应作为一项可辨认的负债，是可辨认净资产的构成项目之一**。主要理由有两点。

（1）与利息的税盾作用类似的是，经营性资产也可通过结转或折旧摊销方式进行税前列支而实质上具有了税盾效应。**资产价值的默认内涵通常是其价值即为计税基础，可随资产的消耗计入成本费用，于税前列支**。

资产评估的增值额并非计税基础，相对于资产价值的默认内涵，增值额本身因不具有税盾功能而存在价值减损，该价值减损在会计计量上体现为确认一项递延所得税负债。因此，递延所得税负债及其对应的资产均是可辨认净资产的构成内容。

在《企业会计准则第20号——企业合并》应用指南中，确认评估增值对应的递延所得税负债，也列于确定合并中取得的可辨认净资产项下。

（2）表面上看，“商誉二分法”是根据商誉形成原因作出的分解。借鉴FASB和IASB提出的定义，核心商誉包括持续经营超额价值及协同效应价值这两部分。以合并对价减可辨认净资产得到的商誉总额中，剔除“因确认递延所得税负债而形成的商誉”后的余额不一定全是核心商誉，可能还混杂了因谈判竞价或支付方式等原因导致的合并对价偏差。

**从商誉计量角度看，公允价值评估和会计处理均不会也不应该产生商誉。因此，“商誉二分法”的划分标准缺乏逻辑和依据。**

**2.对“核心商誉”进行减值测试存在哪些错误做法？**

在后续计量中，对于“因确认递延所得税负债而形成的商誉”，因递延所得税负债在后续期间随应纳税暂时性差异转回而减少所得税费用，逐步就各期转回的递延所得税负债计提同等金额的商誉减值准备。**对于“核心商誉”按照商誉减值测试的一般要求进行处理，存在以下两种错误做法。**

**第一种错误做法是在计算含商誉资产组的账面价值时将递延所得税负债剔除，再与含商誉资产组的可收回金额进行对比。**这种做法可能会对商誉减值金额形成双重虚增，因为剔除了递延所得税负债的含商誉资产组账面价值更高，可视为评估增值额具有节税效应，但在对含商誉资产组的可收回金额进行评估时，默认的价值内涵是不考虑评估增值的抵税效应的，这会对商誉减值金额产生第一次的虚增，在此基础上，再就“因确认递延所得税负债而形成的商誉”转回的递延所得税负债计提同等金额的商誉减值准备，则会对商誉减值金额形成第二次的虚增。

**第二种错误做法是先分析含商誉资产组可收回金额是税前还是税后口径。若是税前口径，则含商誉资产组的账面价值应剔除递延所得税负债；若是税后口径，则含商誉资产组的账面价值应包含递延所得税负债。**但可收回金额本身并无税前税后之分，税前税后的区分通常是针对现金流及其匹配的折现率而作出的，在收益期无限的状况下，税前折现模型得到的结果与税后折现模型得到的结果相同，且账面价值中确认递延所得税负债并非对税前税后口径差异进行调整，而是对评估增值额不具有抵税效应作出的调整。

**3.含商誉资产组的账面价值与可收回金额应如何匹配？**

**若可收回金额为在用价值（即未来现金流量的现值）**，在用价值的评估应采用税前口径，而税前口径的现金流并不涉及折旧摊销事宜，也与折旧摊销政策无关，其折现结果是基于评估增值额不具有税盾作用而作出的，**应匹配对照于包括递延所得税负债的资产组账面价值。**

**若可收回金额为公允价值减处置费用，采用收益法测算公允价值时可以使用税前或税**

**后口径的折现模型**。当采用税前口径时，不涉及折旧摊销事项，折现结果也是基于评估增值额不具有税盾作用而作出的，应匹配对照于包括递延所得税负债的资产组账面价值。当采用税后口径时，可以采用账面价值计提折旧摊销，也可以采用公允价值计提折旧摊销，并有以下等式：采用公允价值进行折旧的评估值－采用账面价值进行折旧的评估值＝递延所得税负债。

**当采用税前口径，或采用税后口径且以账面价值进行折旧摊销时**，折现结果是基于评估增值额不具有税盾作用而作出的，**此时的折现结果应与包含了递延所得税负债的资产组账面价值进行对比**，以判断是否存在商誉减值；**当采用税后口径且以公允价值进行折旧摊销时**，折现结果是基于评估增值额具有抵税效应而作出的，**此时的折现结果应与不含递延所得税负债的资产组账面价值进行对比**，以判断是否存在商誉减值。

不论可收回金额是采用在用价值还是采用公允价值减处置费用，也不论公允价值评估中是以账面价值还是以公允价值计提折旧，都**不应再对“因确认递延所得税负债而形成的商誉”计提商誉减值准备**，否则将虚增商誉减值准备。

商誉作为不可确指无形资产，无法单独进行减值测试，需要与含商誉资产组一并进行测算。**“商誉二分法”的实质，是人为地将部分商誉改按摊销的方法进行后续计量，不符合“商誉不按系统摊销，而应减值测试”的要求**。比如，若收购后含商誉资产组超额实现了预期的协同效应，商誉不存在减值情形时，采用“商誉二分法”仍将计提商誉减值准备，这与商誉减值测试做法相悖。

**相关资料**

《企业会计准则第18号——所得税》应用指南规定：“由于企业会计准则规定与税法规定对企业合并的处理不同，可能会造成企业合并中取得资产、负债的入账价值与其计税基础的差异。比如非同一控制下企业合并产生的应纳税暂时性差异或可抵扣暂时性差异，在确认递延所得税负债或递延所得税资产的同时，相关的递延所得税费用（或收益），通常应调整企业合并中所确认的商誉。”

《企业会计准则第20号——企业合并》应用指南规定：“递延所得税资产和递延所得税负债，取得的被购买方各项可辨认资产、负债及或有负债的公允价值与其计税基础之间存在差额的，应当按照《企业会计准则第18号——所得税》的规定确认相应的递延所得税资产或递延所得税负债，所确认的递延所得税资产或递延所得税负债的金额不应折现。”

## 5.5 新增投资项目能否纳入含商誉资产组？

### 问题：新增投资项目能否纳入含商誉资产组？

在对非同一控制下的企业合并所形成的商誉进行减值测试过程中，对于购买方或被购买方在测试时点之前已新增投资的项目，能否纳入含商誉资产组？应如何进行分析判断？

### 解答结论

在对非同一控制下的企业合并所形成的商誉进行减值测试过程中，对于购买方或被购买方在测试时点之前已新增投资的项目，若是“以旧换新”投资，通常应纳入含商誉资产组。对于其他新增投资，则可以采用“三步分析法”，依次分析新增投资项目是否与含商誉资产组的“业务”相关、新增投资项目是否能够独立运营、新增投资项目是否与并购协同效应相关而作出判断。

### 解答分析

根据企业会计准则的规定，资产组一经确定，各个会计期间应当保持一致，不得随意变更。如需变更，企业管理层应当证明该变更是合理的，并在附注中披露资产组变化的原因以及前期和当期资产组组成情况。

**1.“以旧换新”投资的判断**

对于含商誉资产组而言，在会计处理中可以将其视为一项“业务”，随着“业务”的开展与运营，含商誉资产组中的各项资产通常处于动态变化之中，比如固定资产会随着使用而消耗，而为了保持“业务”既定的生产能力，也可能会作出“以旧换新”的投资，这些资产的合理变动，一般不属于资产组的变更。**也就是说，为了保持含商誉资产组的生产能力而作出的投资，应纳入含商誉资产组**。

**2.其他新增投资的判断**

对于购买方或被购买方在测试时点之前已新增投资的其他项目，则可以通过以下三个步骤的分析，作出是否纳入含商誉资产组的判断。

**第一步，分析新增投资项目是否与含商誉资产组的“业务”相关**。若与含商誉资产组的“业务”不相关，则该投资项目不应纳入该含商誉资产组。若与含商誉资产组的“业务”相关，则继续分析第二步。

**第二步，分析新增投资项目是否能够独立运营**。若新增投资项目无法在市场上单独销售或单独运营，而是完全依赖于含商誉资产组这一“业务”的需求，则新增投资项目通常应纳入该含商誉资产组。若新增投资项目可以在市场上单独销售或单独运营，能够独立产生现金流入，此时还需要继续分析第三步。

**第三步，分析新增投资项目是否与并购协同效应相关**。并购协同效应包括内部协同效应和外部协同效应。企业实现内部协同效应的主要途径，是在分工明确的前提下实施适度集中的协作模式，开展资源与资产的共享。外部协同效应是通过收购方与被收购方之间的合作，提升收购方与被收购方的资源与资产的利用率而形成的。内部协同效应和外部协同效应的共同点，均是来源于资源或资产利用率的提升。这样一来，分析新增投资项目是否与并购协同效应相关，转为判断新增投资项目是否与核心商誉所涉及的资源和资产的整合利用相关。如果新增投资项目的运营，正是利用了核心商誉所涉及的资源和资产，通常可将这些新增投资纳入含商誉资产组；如果新增投资项目与核心商誉所涉及的资源和资产的整合利用无关，则不应将该新增投资纳入含商誉资产组。

需要注意的是，根据企业会计准则的规定，不论新增投资项目是否纳入含商誉资产组，均应确保资产组账面价值的确定基础与其可收回金额的确定方式相一致。此外，还需要特别提示的是，本书关于新增投资项目能否纳入含商誉资产组的判断逻辑，针对的是在测试时点之前已经追加投资的项目。而在商誉减值测试评估中，运用收益途径对含商誉资产组预计未来现金流量的现值进行评估，或运用收益法评估含商誉资产组的公允价值时，未来收益预测能否在预测期考虑追加投资以提高含商誉资产组的生产能力，则属于另外一个方面的问题，不要与本书的问题相混淆。

## 实务案例

### 1.案例背景

20×2年9月，甲公司向乙公司收购其持有的A公司75%的股权，形成非同一控制下企业合并的商誉。A公司主营业务为新能源汽车配件的生产销售。收购完成后至20×3年底，A公司主要有以下三笔投资。

第一笔投资：20×3年1月，A公司投资2000万元设立研发中心（该研发中心与主营业务相关，为非独立法人，主要为研发设备的投资），该研发中心仅供A公司内部使用，无法对外提供研发服务。

第二笔投资：根据甲公司并购乙公司的整合方案，为提高生产能力且更便捷地服务客户，20×3年9月，A公司投资8000万元在另一城市设立C公司，C公司的主营业务与A公司相同，C公司的主要任务是向其周边客户供货。

第三笔投资：20×3年12月，为寻求新的发展领域，A公司投资3000万元，成为股权投资基金D企业的有限合伙人之一，D基金主要投资方向为医疗器械领域。

**2.案例分析**

对于本案例的三笔投资，分别根据本书提出的“三步分析法”，判断是否纳入含商誉资产组的判断。

第一笔投资：第一步的分析可知，该笔投资与含商誉资产组的“业务”相关，需要分析第二步；第二步的分析可知，该笔投资无法对外提供研发服务，无法在市场上单独销售或单独运营，而是完全依赖于含商誉资产组这一“业务”的需求，该笔投资应纳入该含商誉资产组。

第二笔投资：第一步的分析可知，该笔投资与含商誉资产组的“业务”相关，需要分析第二步；第二步的分析可知，该笔投资能够独立运营，能够独立产生现金流入，需要分析第三步；第三步的分析可知，该笔投资是甲公司并购乙公司后进行整合的一项成果，目的是便于向周边客户供货，该笔投资有利于提升乙方拥有的客户关系的利用率，该笔投资应纳入含商誉资产组。

第三笔投资：第一步的分析可知，该笔投资与含商誉资产组的“业务”无关，不应纳入该含商誉资产组。

**相关资料**

《企业会计准则第8号——资产减值》规定：“资产组一经确定，各个会计期间应当保持一致，不得随意变更。如需变更，企业管理层应当证明该变更是合理的，并根据本准则第二十七条的规定在附注中作相应说明。”“资产组账面价值的确定基础应当与其可收回金额的确定方式相一致。”

## 5.6　股份支付中能否考虑限售因素对公允价值的影响?

### 问题：股份支付中能否考虑限售因素对公允价值的影响?

甲公司股东会于20×2年10月批准一项股权激励计划，根据该股权激励计划，甲公司向其高级管理人员授予300万股的股票，授予价格明显低于授予日股价，激励对象如果自授予日起为公司服务满3年，且公司年度净利润增长率不低于8%，可申请一次性解锁所授予股票。

对于甲公司而言，该股权激励计划属于以权益结算的股份支付，需要计算权益工具在授予日的公允价值，为此需要先确定授予股份的公允价值。那么，在确定授予股份的公允价值时，能否考虑限售因素对公允价值的影响呢?

### 解答结论

在确定授予股份的公允价值时，不应考虑等待期限售因素的影响，但可考虑等待期届满后法定限售因素形成的流动性折扣。

### 解答分析

在股权激励中，企业将权益工具授予激励对象，可能涉及两类限售情形：第一类是指等待期的限售，在这种情形中，激励对象虽然履行了注册登记等增资手续，取得了相应的股权，但这些股权于等待期届满时方可解锁，激励对象所获股权无法在等待期内进行转让。第二类可称作“法定限售”，是指企业在股份支付中授予公司董事、监事、高级管理人员的股份，还应遵守有关法律法规的规定进行限售。在股份支付中确定股权公允价值时，能否考虑这两类限售因素的影响? 具体分析如下。

**1.等待期限售**

根据《企业会计准则解释第3号》的规定，企业在确定权益工具授予日的公允价值时，应当考虑股份支付协议规定的可行权条件中的市场条件和非可行权条件的影响。

不论基于哪项可行权条件确定等待期的长度，等待期本身并非属于可行权条件中的市场条件和非可行权条件。因此，企业在确定权益工具授予日的公允价值时，不应考虑等待期因素的影响。**等待期的设置只会影响对可行权数量的估计，不影响授予日所授予股份的公允价值**。股份支付的行权条件以及公允价值计量中能否考虑其影响的关系表如下：

| 分类 | | | 含义 | 该条件的举例 | 公允价值中能否考虑该条件的影响 |
|---|---|---|---|---|---|
| 可行权条件 | 服务期限条件 | | 职工完成规定服务期间才可行权的条件 | 授予股份的行权条件为服务期限条件 | 公允价值中不得考虑，但影响行权数量 |
| | 业绩条件 | 市场条件 | 行权价格、可行权条件以及行权可能性与权益工具的市场价格相关的业绩条件 | 股份支付协议中关于股价至少上升至何种水平才可行权的规定 | 应当考虑 |
| | | 非市场条件 | 除市场条件之外的其他业绩条件 | 股份支付协议中关于达到最低盈利目标或销售目标才可行权的规定 | 公允价值中不得考虑，但影响行权数量 |
| 非可行权条件 | | | 不影响行权的其他条件 | 股份支付等待期终了后的限售条款 | 应当考虑 |

**等待期限售因素**，是企业向激励对象授予权益工具以获取激励对象服务这一交易过程中人为设置的条款，**并非企业股权本身具有的特征**，不应在公允价值计量中考虑。公允价值的计量强调客观性，其不应受到交易环节的人为安排的影响，否则，人们可以通过对交易环节进行人为的安排（比如设置锁定期）来达到盈余管理甚至操纵利润的目的。

**2.法定限售**

法定限售因素属于股份支付中的非可行权条件，在计算所授予股份公允价值时应当考虑可行权日后受到的限制。法定限售因素表面上看似乎并不属于资产本身的特征，但实质上人们无法通过交易环节的人为设计来调节或规避法定限售条款。法定限售条款并非股权激励中的一种合同安排，无论是哪一个董监高持有股份，都受法定限售条款制约。

**相关资料**

《企业会计准则解释第3号》的规定："可行权条件是指能够确定企业是否得到职工或其他方提供的服务，且该服务使职工或其他方具有获取股份支付协议规定的权益工具或现金等权利的条件；反之，为非可行权条件。可行权条件包括服务期限条件或业绩条件。服务期限条件是指职工或其他方完成规定服务期限才可行权的条件。业绩条件是指职工或其他方完成规定服务期限且企业已经达到特定业绩目标才可行权的条件，具体包括市场条件和非市场条件。""企业在确定权益工具授予日的公允价值时，应当考虑股份支付协议规定的可行权条件中的市场条件和非可行权条件的影响。股份支付存在非可行权条件的，只要职工或其他方满足了所有可行权条件中的非市场条件（如服务期限等），企业应当确认已得到服务相对应的成本费用。"

《企业会计准则第11号——股份支付》应用指南规定："业绩条件分为市场条件和非市场条件。市场条件是指行权价格、可行权条件以及行权可能性与权益工具的市场价格相关的业绩条件，如股份支付协议中关于股价至少上升至何种水平才可行权的规定。非市场条件是指除市场条件之外的其他业绩条件，如股份支付协议中关于达到最低盈利目标或销售目标才可行权的规定。"

《企业会计准则第11号——股份支付》讲解指出："在估计所授予股份在授予日的公允价值时，不应考虑在等待期内转让的限制和其他限制，因为这些限制是可行权条件中的非市场条件规定的。""有些授予条款和条件规定股份的转让在可行权日后受到限制，则在估计所授予股份的公允价值时，也应考虑此因素，但不应超出熟悉情况并自愿的市场参与者愿意为该股份支付的价格受到可行权限制的影响程度。"

《企业会计准则第39号——公允价值计量》第六条规定："企业以公允价值计量相关资产或负债，应当考虑该资产或负债的特征。相关资产或负债的特征，是指市场参与者在计量日对该资产或负债进行定价时考虑的特征，包括资产状况及所在位置、对资产出售或者使用的限制等。"

《企业会计准则第39号——公允价值计量》讲解指出："如果该限制是针对资产持有者的，则该限制并不是该资产的特征，只会影响当前持有该资产的企业，而其他企业可能不会受到该限制的影响，市场参与者对该资产进行估值时也不会考虑该限制因素。因此，企业在以允价值计量该资产时，不应当考虑针对该资产持有者的限制因素。"

财政部会计司公布的《股份支付准则应用案例——授予限制性股票》指出："不应考虑在等待期内转让的限制，因为该限制是可行权条件中的非市场条件规定的。"

《中华人民共和国公司法》(2023年12月29日第十四届全国人民代表大会常务委员会第七次会议第二次修订)第一百六十条第二款规定："公司董事、监事、高级管理人员应当向公司申报所持有的本公司的股份及其变动情况，在就任时确定的任职期间每年转让的股份不得超过其所持有本公司股份总数的百分之二十五；所持本公司股份自公司股票上市交易之日起一年内不得转让。上述人员离职后半年内，不得转让其所持有的本公司股份。公司章程可以对公司董事、监事、高级管理人员转让其所持有的本公司股份作出其他限制性规定。"

证监会会计部主办的《会计监管工作通讯》(二〇一六年第四期)指出："按照我国上市公司限制性股票股权激励的常见条款，锁定期实质上相当于等待期，解锁日为可行权日，解锁条件为非市场可行权条件(服务条件、业绩条件等)。根据股份支付准则，非市场可行权条件不应在确定授予日公允价值时予以考虑，因此限制性股票的锁定因素并不影响其公允价值的确定。但解锁后，对于部分高管人员所持股份的限售条款则属于非可行权条件，可以在计量公允价值时予以考虑。"

# 5.7 什么是或有对价?

## 问题：什么是或有对价?

证监会发布的《2021年上市公司年报会计监管报告》指出："年报分析发现，部分上市公司仅以尚未收到业绩补偿款为由未确认或有对价。"那么，什么是或有对价?

## 解答结论

或有对价并非法律概念，甚至不是严格的会计专业术语。实务中，或有对价通常反映的是企业并购中交易双方对赌约定对并购成本的影响。

## 解答分析

### 1.什么是或有对价?

**或有对价并非法律概念，甚至不是严格的会计专业术语**，在现行会计准则及其应用指南中并无或有对价这一术语。或有对价作为一个通俗的术语，较早出现于《企业会计准则讲解(2010)》中，根据该讲解，或有对价是指"某些情况下，合并各方可能在合并协议中约定，根据未来一项或多项或有事项的发生，购买方通过发行额外证券、支付额外现金或其他资产等方式追加合并对价，或者要求返还之前已经支付的对价"。**实务中，或有对价通常反映的是企业并购中交易双方对赌约定对并购成本的影响**。

### 2.并购中为何要作出对赌安排?

企业并购的风险很大，一方面是缘于企业经营及其所处竞争环境的不确定性，另一方面是因为收购方获取的信息通常是不对称的，而出售方的利己动机将加剧信息不对称。为了降低收购方面临的不确定性(特别是信息不对称)风险，在并购中引入对赌思维，由出售方对收购方作出相应的承诺，未达约定条件时由出售方向收购方返还部分甚至全部并购价款，**通过"责任倒逼质量"抑制出售方的利己动机**，使其提供的信息更为客观和对称，降低收购方的风险，**收购方因而拥有了一项看跌期权**，这是并购活动中最为常见的对赌方式(以下简称出售方承诺)。

**并购过程中的另外一种对赌安排，是由收购方向出售方作出承诺**，当约定条件触发时，由收购方向出售方作出补偿或追加支付，**出售方因此拥有了一项看涨期权**(以下简称收购方承诺)。

**3.对赌承诺的实质是什么?**

不论是出售方承诺还是收购方承诺，都是将交易双方对于交易价格的分歧暂时搁置，**实质是一种“估值调整机制”和“风险分担机制”**，将未来不确定性事件通过对赌约定而调整估值，也有助于减少估值误差，这些因素都可能促成交易。同一笔交易，出售方承诺和收购方承诺可以达到相同的效果，但作出承诺的一方往往是先受益后承担义务，比如，出售方承诺方式下，出售方先获得对价，后承担对赌义务。

**对于交易双方而言，对赌条款的权利和义务是不对等的，符合期权的核心特征**。以出售方承诺为例，对赌约定使收购方拥有了一项期权，当对赌条件成就时，收购方享有获得补偿的权利但没有相应义务，收售方则应承担给付补偿的义务而没有相应的权利。

**4.对赌中权利方拥有的是或有资产吗?**

在购买日(交易合同生效日)，对赌安排使得享有权利的一方拥有了期权，尽管该期权未来能带来的经济利益流入是不确定的，需取决于对赌条件未来是否触发或成就，但**在购买日(交易合同生效日)享有权利的一方拥有期权这项资产是现时且确定的，并非一项或有资产**。在对赌方式下，享有权利的一方拥有的期权并非免费取得，其付出了相应的代价。比如，在出售方承诺中，收购方因出售方的对赌承诺而愿意支付更高的交易价格。**从这个角度上看，“或有对价”这一称谓是不准确的，容易产生歧义或误解**。

**5.所有的对赌承诺都会形成或有对价吗?**

或有对价是企业合并成本的一项构成内容，但并非所有的企业并购中的对赌承诺都会形成合并成本中的或有对价。**由交易当事方之外的第三方作出的承诺，不属于或有对价**。在收购方承诺方式下，若收购方作出承诺的目的是激励原股东在标的企业继续服务，则该承诺可能不是一项或有对价，而是职工薪酬。

## 实务案例

**1.案例背景**

A上市公司于20×2年12月通过发行价值为75000万元股份的方式，购买由非关联方B公司所持有的C公司100%的股权，构成非同一控制下的企业合并。同时，A公司与B公司签署《业绩补偿承诺合同》，根据该合同的约定，B公司承诺C公司未来三年扣除非经常性损益后的净利润分别不低于8200万元、9800万元和12000万元，若低于承诺的业绩指标，则B公司应向A公司支付按以下公式计的补偿金额:

承诺期各年应补偿金额=[(截至当期期末累积承诺净利润数-截至当期期末累积实现净利润数)÷补偿期限内各年的承诺净利润数总和]×75000万元-已补偿金额。

**2.案例分析**

本案例是实务中较为典型的出售方承诺，通过B公司的承诺约定，在承诺期内，当标的公司C公司的业绩未达B公司的承诺指标时，A公司具有向B公司主张补偿的权利，但并无相关义务，即A公司拥有了一项期权，这项期权的价值即为或有对价。但值得强调的是，A公司拥有的期权，是业绩补偿承诺合同生效时的现时且确定的资产，并非一项或有资产。

**相关资料**

《企业会计准则第20号——企业合并》规定："对于非同一控制下的企业合并，在合并合同或协议中对可能影响合并成本的未来事项作出约定的，购买日如果估计未来事项很可能发生并且对合并成本的影响金额能够可靠计量的，购买方应当将其计入合并成本。"

《企业会计准则讲解(2010)》指出："某些情况下，合并各方可能在合并协议中约定，根据未来一项或多项或有事项的发生，购买方通过发行额外证券、支付额外现金或其他资产等方式追加合并对价，或者要求返还之前已经支付的对价。购买方应当将合并协议约定的或有对价作为企业合并转移对价的一部分，按照其在购买日的公允价值计入企业合并成本。根据相关会计准则的规定，或有对价符合权益工具和金融负债定义的，购买方应当将支付或有对价的义务确认为一项权益或负债；符合资产定义并满足资产确认条件的，购买方应当将符合合并协议约定条件的、可收回的部分已支付合并对价的权利确认为一项资产。"

# 5.8　为什么应单独计量或有对价?

## 问题：为什么应单独计量或有对价?

证监会发布的《2021年上市公司年报会计监管报告》指出："年报分析发现，部分上市公司仅以尚未收到业绩补偿款为由未确认或有对价。"那么，为什么需要单独对或有对价进行确认和计量?

## 解答结论

会计准则明确规定，在非同一控制下的企业合并中，应当对或有对价进行单独确认和计量，这是权责发生制的客观要求。或有对价的单独计量，还有助于解释交易价格与评估结果之间的关系。

## 解答分析

### 1.会计准则对或有对价的计量有何规定?

**会计准则明确要求对或有对价进行单独确认和计量。**《企业会计准则讲解（2010）》指出："购买方应当将合并协议约定的或有对价作为企业合并转移对价的一部分，按照其在购买日的公允价值计入企业合并成本。"这些讲解内容匹配于《企业会计准则——企业合并》对于非同一控制下的企业合并"在合并合同或协议中对可能影响合并成本的未来事项作出约定的，购买日如果估计未来事项很可能发生并且对合并成本的影响金额能够可靠计量的，购买方应当将其计入合并成本"的规定。

因此，在收购方的个别报表和合并报表中，应单独就或有对价进行确认和计量，并相应调整合并成本。**或有对价可以是一项资产，也可以是一项负债。**在出售方承诺方式下，收购方的合并成本=交易价格-或有对价；在收购方承诺方式下，收购方的合并成本=交易价格+或有对价。

在购买日，**不能简单以"预计对赌条件不会触发"或"对赌条款中的承诺业绩与标的企业估值中的盈利预测一致"为由认定期权价值为零**，因为该预计或预测只是一种可能性，并非确定的结果，**而期权正是反映了对赌条件触发与否的不确定性所代表的价值。**在出售方承诺方式下，若承诺业绩高于估值时的盈利预测，往往提示着收购方拥有的期权价值较为显著。

**2.或有对价为何需要单独计量?**

**或有对价的单独计量，是权责发生制的客观要求**。实务中存在“直接在实际支付或收到补偿的当期进行计量，在购买日及其他后续会计期间将或有对价的公允价值简单计量为零”的简单做法，实质是采用收付实现制，不符合会计确认、计量和报告所应遵循的权责发生制要求。

**或有对价单独计量与否，不影响对赌期间的总业绩，但影响总业绩在各期的分布**，上述简单做法，还可能扩大企业收益的波动程度。比如，在出售方承诺方式下，当标的企业承诺期的实际业绩日益恶化时，若不单独就划分为金融资产的或有对价进行计量，收购方将逐期确认减值损失，但却在获得补偿的当期确认一笔收益，收购方各期之间的损益可能因此出现较大的波动；若单独对作为金融资产的或有对价进行识别和计量，收购方拥有的对赌期权价值，将随着标的企业盈利能力的下降而上升，对赌期权公允价值的上升将部分甚至全部抵消股权或商誉的减值损失，客观上对收购方各期损益起到了平滑的作用，还能在一定程度上抑制收购方操纵商誉减值的动机和能力。

因此，**没有对或有对价进行单独确认和计量，属于盈余管理中的应计盈余管理**，应予以纠正。

**对或有对价进行单独计量，可以揭示出售方承诺的业绩金额是否合理**。在一些并购项目中，交易当事方企图通过提高出售方承诺业绩金额的方式，误导甚至干涉评估过程，要求评估机构采用过于乐观的未来收益预测数据，形成“高业绩承诺、高估值、高溢价”的现象。在出售方补偿方式和出售方承诺方式不变的前提下，或有对价金额越大以及或有对价金额占交易对价之比越高，越有可能说明出售方承诺的业绩金额偏高。

在出售方承诺方式下，当标的企业承诺期的实际业绩日益下滑时，若采用“补对价”（指补偿未实现利润占承诺利润之比与交易价格的乘积）的业绩补偿方案，收购方获得的对赌期权的公允价值上涨，通常能较大幅度地抵消股权或商誉的减值损失，甚至超过减值损失；若采用“补利润”（指补偿未实现利润）的业绩补偿方式，股权或商誉的减值损失幅度，往往远高于对赌期权的公允价值上涨程度。

或有对价应单独确认和计量，相应地，在商誉后续计量中，含商誉资产组可收回金额的估值，不应再考虑对赌条款的影响。

**3.或有对价与股权评估结果之间有何关联?**

或有对价的单独计量，可以很好地解释交易价格与评估结果之间的关系。在并购的企业价值评估中，评估范围并不包括交易环节设置对赌条款所形成的期权。在出售方承诺的方式下，交易价格一般应高于评估值，因为收购方支付的交易价格是购买标的企业股权和对赌期权这两项资产的对价，与其说“或有对价是企业合并转移对价的一部分”，不如说“**在合并对价分摊中，首先应将合并对价在取得的股权和期权之间作出分配，然后才是在合并取得的可辨认净资产和商誉之间进行分配**”。

## 相关资料

《企业会计准则——基本准则》第九条规定："企业应当以权责发生制为基础进行会计确认、计量和报告。"

《关于加大审计重点领域关注力度 控制审计风险 进一步有效识别财务舞弊的通知》(财会〔2022〕28号)规定："复核企业合并中合并成本计量的准确性，判断是否存在应计入合并成本中的或有对价。"

《企业会计准则讲解(2010)》指出："购买方应当将合并协议约定的或有对价作为企业合并转移对价的一部分，按照其在购买日的公允价值计入企业合并成本。根据相关会计准则的规定，或有对价符合权益工具和金融负债定义的，购买方应当将支付或有对价的义务确认为一项权益或负债；符合资产定义并满足资产确认条件的，购买方应当将符合合并协议约定条件的、可收回的部分已支付合并对价的权利确认为一项资产。"

《2017年上市公司年报会计监管报告》指出："年报分析发现，针对附有业绩补偿条款的并购交易，大多数上市公司在确定企业合并成本时未恰当考虑或有对价的影响，在购买日及后续会计期间将或有对价的公允价值简单计量为零，或在后续结算年度将实际支付或收到的补偿直接计入当期损益或调整权益。"《2018年上市公司年报会计监管报告》指出"多数公司在购买日确定企业合并成本时未考虑应确认的或有对价因素，导致在商誉初始确认时高估其金额。"《2021年上市公司年报会计监管报告》指出："年报分析发现，部分上市公司仅以尚未收到业绩补偿款为由未确认或有对价。"

证监会会计部主办的《会计监管工作通讯》(2017年第2期)指出："从目前资本市场并购重组交易的或有对价安排来看，或有对价的总体金额，需返还的股份数量等均随着标的企业实际业绩的情况发生变动，不满足权益工具的确认条件。所以，应根据《企业会计准则第22号——金融工具确认和计量》(CAS22)，将其确认为金融资产或金融负债。""非同一控制下的企业合并中，购买方在购买日对于或有对价公允价值的估计应当基于相关事实和预测情况等因素予以确定，不应当简单认定为零。"

## 5.9 如何评估或有对价？

### 问题：如何评估或有对价？

证监会发布的《2021年上市公司年报会计监管报告》指出："年报分析发现，部分上市公司仅以尚未收到业绩补偿款为由未确认或有对价。"那么，如何评估或有对价？

### 解答结论

或有对价相应的期权价值通常采用期权定价法或情景分析法进行评估。期权定价法通常适用于对赌指标为财务指标的情形，情景分析法通常适用于对赌指标为非财务指标的情形。这两种方法均属于收益途径的具体方法，其折现的过程不仅应考虑对赌指标的风险因素，还应考虑承诺方的信用风险。

### 解答分析

实务中，或有对价通常反映的是企业并购中交易双方对赌约定对并购成本的影响，而对赌安排会形成期权，这样一来，"如何评估或有对价"就转化为"如何评估对赌协议所形成的期权"。

**期权价值通常采用期权定价法或情景分析法进行评估**，这两种方法均属于收益途径的具体方法，其折现的过程不仅应考虑对赌指标的风险因素，还**应考虑承诺方的信用风险**及偿付能力、抵质押及其他担保情形、支付结构以及货币时间价值等因素。

若交易双方约定以分期付款方式支付对价，且对赌期届满时收购方未付款可以完全覆盖预计可获得的补偿金额，则无须再考虑承诺方的信用风险。若承诺方将相关资产抵押或质押给权利方，作为对赌条款触发后的履约保证，将降低承诺方的信用风险。若抵质押物的变现不存在风险且变现价值可以完全覆盖补偿金额，则可以不考虑承诺方的信用风险。

**1.期权定价法**

**期权定价法通常适用于对赌指标为财务指标的情形**。收购方承诺方式下，可视为出售方拥有多头看涨期权，当标的企业实际业绩达到预先设定的阈值后，触发追加支付条款。出售方承诺方式下，相当于收购方拥有了一项多头看跌期权。**根据承诺方式的不同，有时权利方拥有的可能是多项期权的组合**。

**对期权进行定价，通常采用二叉树模型或运用布莱克-斯科尔斯-默顿定价公式**。二叉树是指在期权期限内可能会出现的股票价格变动路径的图形，二叉树模型假设股票价格随机游走，在树形上的每一步，股票价格以某种概率会向上移动一定的比率，同时以某种概率会向下移动一定的比率，向上移动和向下移动概率的合计值为1。**在二叉树的步长足够小的极限状态下，二叉树模型与布莱克–斯科尔斯–默顿定价模型是一致的**。二叉树模型和布莱克–斯科尔斯–默顿定价模型，**均基于风险中性理论**。

布莱克–斯科尔斯–默顿定价的基本公式如下：

$$C = S_0N(d_1) - Ke^{-rT}N(d_2)$$

$$P = Ke^{-rT}N(-d_2) - S_0N(-d_1)$$

$$d_1 = \frac{\ln(S_0/K) + (r + \sigma^2/2)T}{\sigma\sqrt{T}}$$

$$d_2 = \frac{\ln(S_0/K) + (r - \sigma^2/2)T}{\sigma\sqrt{T}} = d_1 - \sigma\sqrt{T}$$

式中，C为欧式看涨期权的价格，P为欧式看跌期权的价格，$S_0$为股票在时间0的价格，K为执行价格，r为连续复利的无风险利率，σ为股票价格的波动率，T为期权的期限。函数N（ ）为标准正态分布的累积概率分布函数，其中，**N（$d_2$）可理解为在风险中性条件下期权被行使的概率**。

**2.情景分析法**

**情景分析法通常适用于对赌指标为非财务指标的情形**。对赌指标为非财务指标时，**通常只面临可分散风险**，对赌指标的风险完全可以通过各种情景的概率予以考虑，在此基础上，折现率不再重复考虑对赌指标的风险，只需考虑承诺方的信用风险、偿付能力风险以及货币时间价值等因素。

运用情景分析法评估期权价值，可以先计算基于各种情景概率下的加权平均现金流，再进行折现，也可以先分别对各种情景的现金流进行折现，再结合各种情景的概率计算各种情景折现值的加权平均值，但**各种情景下的折现率应一致**。

## 实务案例一

**1.案例背景**

A公司于20×2年末发行价值为75000万元的股份，收购B公司所持C公司100%的股权，属于在非同一控制下的企业合并。B公司作出承诺：C公司于未来三年的净利润分别不低于8200万元、9800万元和12000万元，承诺期各年的补偿金额的计算公式：max［（累计承诺净利润–累计实际净利润），0］×标的股权转让价款÷承诺净利润总和–已补偿金额。

其他假设条件为：C公司20×2年度的净利润为7000万元，净利润在未来三年的平均预期增长率μ为15%，贝塔系数β为1.2，净利润的年波动率σ为16%，股票指数收益率$\mu_m$为6.98%，无风险利率为3%，B公司违约利差为5%。

基于以上条件，计算收购日的或有对价。

**2.案例分析**

B公司作出的业绩补偿承诺，**属于逐年累计承诺，除第三年以外，前面两年超过承诺金额的利润可以向后累积弥补**。相应地，A公司拥有未来三年分别对应的三个多头看跌期权，以及前面两年对应的两个空头看涨期权，且这两年看涨期权的价值以之后可用于弥补的看跌期权的价值为限。A公司并不拥有第三年的空头看涨期权，其原因在于在B公司逐年累计承诺方式下，利润只能向后累积（即只能“前峰填后谷”）。

A公司拥有的期权以C公司的净利润为“标的资产”。C公司净利润在承诺期的变化趋势，势必影响期权价值。比如，C公司净利润预期增长率越大，B公司完成业绩承诺指标的可能性越大，A公司拥有的看跌期权价值就越小。

但上述布莱克–斯科尔斯–默顿定价基本公式，并没有单独量化标的资产价格预期变化趋势的影响。我们可以将标的企业预期收益的下降视为支付股息，将预期收益的上升视为支付股息的反向操作，借鉴支付连续股息情形下的期权定价公式进行计算。当股息率δ为常数时，调整后的布莱克–斯科尔斯–默顿定价公式如下：

$$C = S_0 e^{-\delta T} N(d_1) - K e^{-rT} N(d_2)$$

$$P = K e^{-rT} N(-d_2) - S_0 e^{-\delta T} N(-d_1)$$

$$d_1 = \frac{\ln(S_0/K) + (r - \delta + \sigma^2/2)T}{\sigma\sqrt{T}} \quad d_2 = d_1 - \sigma\sqrt{T}$$

**期权定价公式以风险中性为假设条件，C公司净利润在未来三年的平均预期增长率应换算为风险中性条件下的水平**。根据本案例的假设条件作相应计算，可得出风险中性条件下的C公司净利润未来三年的平均预期增长率为10.22%，相当于股息率为–10.22%。将相关参数代入以上调整后的布莱克–斯科尔斯–默顿定价公式，计算并进一步分析的结果如下表所示：

| 对应年份 | A公司拥有的期权价值（尚未考虑支付倍数的影响） | | A公司拥有的期权组合的价值*（尚未考虑信用风险） | A公司拥有的期权组合的价值**（已考虑信用风险） |
|---|---|---|---|---|
| | 看涨期权 | 看跌期权 | | |
| 20×3年 | 405.42 | 609.53 | 1523.83 | 1449.51 |
| 20×4年 | 522.03 | 1163.11 | 1894.23 | 1713.97 |
| 20×5年 | | 2000.03 | 3695.00 | 3180.32 |
| 合计 | 927.44 | 3772.67 | 7113.06 | 6343.80 |

注：* 此列数据中，第1年的期权组合价值=609.53×2.5=1523.83万元，第2年的期权组合价值=（1163.11–405.42）×2.5=1894.23万元，第3年的期权组合价值=（2000.03–522.03）×2.5=3695.00万元。其中，2.5是交易对价除以承诺净利润合计值得到的支付倍数。

** 此列数据系将前一列数据乘以信用风险折现系数得到的结果。各年度的信用风险折现系数分别为：第一年 $e^{-5\%}$，第二年 $e^{-5\% \times 2}$，第三年 $e^{-5\% \times 3}$。

通过以上计算，A公司拥有的期权组合的价值（即收购日或有对价的价值）合计为6343.80万元。本案例对赌安排属于出售方承诺的方式，因此，A公司的合并成本=交易价格−或有对价=75000−6343.80=68656.20万元。相应地，A公司应于收购日将或有对价6343.80万元确认为一项金融资产。

## 实务案例二

### 1.案例背景

A公司收购B公司所持C公司100%的股权，属于在非同一控制下的企业合并。收购日C公司有一份重大服务合同尚存一年的期限，对于该服务合同到期后能否续约的判断，交易双方分歧很大。经双方进一步协商按以下方案达成交易：交易价格5000万元，该交易价格暂不包含该服务合同续约的贡献，若该服务合同到期后能够续约，则A公司应于原服务合同到期日后的半年内，向B公司追加支付2000万元。假设该服务合同续约的可能性为60%，无风险报酬率为3.5%，A公司增量借款利率为6%，A公司权益资本报酬率为12%。

基于以上条件，计算收购日的或有对价。

### 2.案例分析

本案例对赌指标为服务合同到期后是否续约，属于非财务指标，只面临可分散风险，该指标是否触发的不确定性可以通过情景分析中的概率判断予以体现。根据案例已知条件可知，A公司预期追加支付额=2000×60%+0×40%=1200万元，该追加支付额可视为无风险现金流，可用无风险报酬率进行折现以反映资金的时间价值，同时还应考虑A公司的信用风险，而A公司的增量借款利率是由无风险报酬率及违约息差所组成，包含了资金时间价值和信用风险因素。

因此，本案例宜选用A公司增量借款利率作为折现率，对经概率加权得出的预期追加支付额进行折现，得到收购日或有对价的价值，即收购日或有对价$=1200\times\frac{1}{(1+6\%)^{1.5}}=$1100万元。

本案例对赌安排属于收购方承诺的方式，因此，A公司的合并成本=交易价格+或有对价=6100万元。相应地，A公司应于收购日将或有对价1100万元确认为一项金融负债。

**相关资料**

《2012年上市公司执行会计准则监管报告》指出："或有对价公允价值的计量并不意味着只是简单将合同约定需返还或需再额外支付的金额认定为公允价值，而仍需要充分考虑支付方的信用风险，货币的时间价值以及剩余业绩承诺期的预测风险等。"

《2015年上市公司年报会计监管报告》指出："年报分析发现，与业绩补偿条款相关的或有对价的会计处理在实务中容易被忽视或存在不同理解。部分公司尽管基于或有对价条款确认了一项资产或负债，但计量其公允价值时，仅考虑当期业绩目标实现情况，而未考虑整个考核期间业绩目标可能实现情况的影响。"

# 5.10　不同的业绩补偿方式有何价值差异？

## 问题：不同的业绩补偿方式有何价值差异？

为了降低收购方面临的不确定性（特别是信息不对称）风险，由出售方对收购方作出相应的承诺，未达约定条件时由出售方向收购方返还部分甚至全部的并购价款，这是并购活动中最为常见的对赌方式（以下简称出售方承诺）。那么，在出售方承诺中，有哪些常见的业绩补偿方式？这些业绩补偿方式有何价值差异？

## 解答结论

在不同承诺方式中，承诺条款对应的期权组合价值由高到低依次是逐年单独承诺、逐年累计承诺和一次合计承诺。而在不同的补偿方式中，补对价方式下的期权组合的价值，是相对应的补利润方式下期权组合价值的一定倍数（交易对价除以承诺净利润合计值得到的倍数）。

## 解答分析

### 1.有哪些常见的业绩补偿方式？

关于业绩补偿方式的分类，可以分别从补偿方式和承诺方式作出区分。**补偿方式分为补对价和补利润两种方式**，补对价是指将未实现业绩占承诺业绩的比率乘以交易对价作为补偿金额的方式，补利润是指将承诺利润与实现利润之差作为补偿金额的方式。

**承诺方式分为逐年单独承诺、逐年累计承诺和一次合计承诺三种方式**。逐年单独承诺是指承诺期各年分别计算补偿金额，且各年超过承诺金额的利润，不得向前或向后弥补。逐年累计承诺是指承诺期各年分别计算补偿金额，但除最后一年以外，其余各年超过承诺金额的利润可以向后弥补。一次合计承诺是指在承诺期届满时一次性计算补偿金额，在这种方式下，除最后一年以外，其余各年超过承诺金额的利润可以向后弥补；除第一年以外，其余各年超过承诺金额的利润可以向前弥补。在逐年单独承诺和逐年累计承诺方式下，补偿金额一般在各年度终了后分别支付，而在一次合计承诺方式下，补偿金额一般在承诺期届满时支付。

因此，根据补偿方式和承诺方式的不同，可以组合出以下六种常见的业绩补偿方式：

| 序号 | 出售方补偿方式 | 出售方承诺方式 | 补偿金额的计算公式 | 超额利润的弥补特征 | 支付周期 |
|---|---|---|---|---|---|
| 1 | 补对价 | 逐年单独承诺 | 承诺期各年的补偿金额的计算公式：max［（当年承诺净利润－当年实际净利润），0］× 标的股权转让价款 ÷ 各年承诺净利润总和 | 各年超过承诺金额的利润，不得向前或向后弥补 | 各年度分别支付 |
| 2 | 补对价 | 逐年累计承诺 | 承诺期各年的补偿金额的计算公式：max［（累计承诺净利润－累计实际净利润），0］× 标的股权转让价款 ÷ 承诺净利润总和－已补偿金额 | 除最后一年以外，其余各年超过承诺金额的利润可以向后弥补 | 各年度分别支付 |
| 3 | 补对价 | 一次合计承诺 | 承诺期届满时的补偿金额的计算公式：max［（合计承诺净利润－合计实际净利润），0］× 标的股权转让价款 ÷ 合计承诺净利润总和 | 除最后一年以外，其余各年超过承诺金额的利润可以向后弥补；除第一年以外，其余各年超过承诺金额的利润可以向前弥补 | 承诺期届满支付 |
| 4 | 补利润 | 逐年单独承诺 | 承诺期各年的补偿金额的计算公式：max［（当年承诺净利润－当年实际净利润），0］ | 各年超过承诺金额的利润，不得向前或向后弥补 | 各年度分别支付 |
| 5 | 补利润 | 逐年累计承诺 | 承诺期各年的补偿金额的计算公式：max［（累计承诺净利润－累计实际净利润），0］－已补偿金额 | 除最后一年以外，其余各年超过承诺金额的利润可以向后弥补 | 各年度分别支付 |
| 6 | 补利润 | 一次合计承诺 | 承诺期届满时的补偿金额的计算公式：max［（合计承诺净利润－合计实际净利润），0］ | 除最后一年以外，其余各年超过承诺金额的利润可以向后弥补；除第一年以外，其余各年超过承诺金额的利润可以向前弥补 | 承诺期届满支付 |

**2.不同的业绩补偿方式有何价值差异？**

在出售方承诺中，出售方作出的业绩补偿承诺，使收购方拥有了期权或期权组合，这些期权以业绩指标为期权标的，以作出承诺时点的当期业绩水平为当前价格，以承诺的业绩水平为行权价格，以承诺期为期权的期限。**不同的业绩补偿方式下，收购方拥有的期权或期权组合不同，其价值也存在差异**。以上六种常见的业绩补偿方式对应的期权或期权组合如下：

| 序号 | 出售方补偿方式 | 出售方承诺方式 | 补偿金额的计算公式 | 收购方拥有的期权组合 |
|---|---|---|---|---|
| 1 | 补对价 | 逐年单独承诺 | 承诺期各年的补偿金额的计算公式：max［（当年承诺净利润－当年实际净利润），0］× 标的股权转让价款 ÷ 各年承诺净利润总和 | 序号 4 方式的期权组合，乘以支付倍数 * |
| 2 | 补对价 | 逐年累计承诺 | 承诺期各年的补偿金额的计算公式：max［（累计承诺净利润－累计实际净利润），0］× 标的股权转让价款 ÷ 承诺净利润总和－已补偿金额 | 序号 5 方式的期权组合，乘以支付倍数 |

续表

| 序号 | 出售方补偿方式 | 出售方承诺方式 | 补偿金额的计算公式 | 收购方拥有的期权组合 |
|---|---|---|---|---|
| 3 | 补对价 | 一次合计承诺 | 承诺期届满时的补偿金额的计算公式：max［（合计承诺净利润－合计实际净利润），0］× 标的股权转让价款 ÷ 合计承诺净利润总和 | 序号 6 方式的期权组合，乘以支付倍数 |
| 4 | 补利润 | 逐年单独承诺 | 承诺期各年的补偿金额的计算公式：max［（当年承诺净利润－当年实际净利润），0］ | 各年分别一个多头看跌期权 |
| 5 | 补利润 | 逐年累计承诺 | 承诺期各年的补偿金额的计算公式：max［（累计承诺净利润－累计实际净利润），0］－已补偿金额 | 各年分别一个多头看跌期权；除最后一年以外，其余各年分别一个空头看涨期权（看涨期权的价值以之后可用于弥补的看跌期权价值为限）** |
| 6 | 补利润 | 一次合计承诺 | 承诺期届满时的补偿金额的计算公式：max［（合计承诺净利润－合计实际净利润），0］ | 各年分别一个多头看跌期权；各年分别一个空头看涨期权（看涨期权的价值以可用于弥补的看跌期权价值为限，其中第一年的看涨期权只能向后弥补，最后一年的看涨期权只能向前弥补） |

注：* 支付倍数是指交易对价除以承诺净利润合计值得到的倍数。

** 在逐年累计承诺方式下，最后一年的空头看涨期权不能纳入，原因在于利润只能向后累积，即只能“前峰填后谷”。

从上表可以看出，**在不同承诺方式中，期权组合价值由高到低依次是逐年单独承诺、逐年累计承诺和一次合计承诺。而在不同的补偿方式中，补对价方式下的期权组合的价值，是相对应的补利润方式下期权组合价值的一定倍数（交易对价除以承诺净利润合计值得到的倍数）**。因此，通常情况下，上表中方式1到方式6，收购方拥有的期权组合价值依次下降。

实务中还有一些其他的业绩补偿方式。比如，在补对价方式下，收购方可以选择对赌期中任意一年，以截至当期期末累积实际净利润与当期期末累积承诺净利润的差额为基础，计算出售方应补偿的金额。这种方式下，收购方拥有的期权组合价值**大于**上表方式2的价值。

再比如，在补对价且逐年累计承诺方式下，在承诺期中除最后一年以外的其他年份，当实际净利润高于承诺净利润的一定比例时，当年不触发补偿条款，同时将未完成净利润累积到最后一年。这种方式下，收购方拥有的期权组合价值**小于**上表方式2的价值。

### 3.强制业绩补偿可以采取哪些补偿方式?

根据《上市公司重大资产重组管理办法》，同时满足以下四个条件时应签署补偿协议（称作强制业绩补偿）：（1）属于上市公司重大资产重组；（2）属于上市公司购买资产；（3）采取收益法、假设开发法等基于未来收益预期的方法对拟购买资产进行评估或者估值并作为定价参考依据；（4）向控股股东、实际控制人或者其控制的关联人收购资产时，应进行业绩承诺；向其他主体收购资产时，当控制权发生转移时，应进行业绩承诺。

根据《监管规则适用指引——上市类第1号》的规定，在交易定价采用资产基础法估值结果的情况下，如果资产基础法中对一项或几项资产采用了基于未来收益预期的方法，上市公司控股股东、实际控制人或者其控制的关联人也应就此部分进行业绩补偿。

对于上述强制业绩补偿事项，根据《监管规则适用指引——上市类第1号》的相关规定，**原则上应选择补对价中的逐年累计承诺方式（即上表方式2）**。当然，从保护上市公司投资者利益的角度出发，**收购方拥有的期权价值大于上表方式2的业绩补偿方案，均在允许之列**。

## 实务案例

### 1.案例背景

A公司于20×2年末发行价值为75000万元的股份，收购B公司所持C公司100%的股权，属于在非同一控制下的企业合并。B公司作出的业绩承诺指标为：C公司未来三年的净利润分别不低于8200万元、9800万元和12000万元。

其他假设条件为：C公司20×2年度的净利润为7000万元，净利润在未来三年的平均预期增长率$\mu$为15%，贝塔系数$\beta$为1.2，净利润的年波动率$\sigma$为16%，股票指数收益率$\mu_m$为6.98%，无风险利率为3%，B公司违约利差为5%。

基于以上条件，分别计算在不同的业绩补偿方式下，A公司于业绩补偿协议签署日所拥有的期权组合的价值。

### 2.案例分析

本案例采用调整后的布莱克-斯科尔斯-默顿定价公式计算A公司拥有的期权组合的价值。调整后的布莱克-斯科尔斯-默顿定价公式如下：

$$C = S_0 e^{-\delta T} N(d_1) - K e^{-rT} N(d_2)$$

$$P = K e^{-rT} N(-d_2) - S_0 e^{-\delta T} N(-d_1)$$

$$d_1 = \frac{\ln(S_0/K) + (r - \delta + \sigma^2/2)T}{\sigma\sqrt{T}} \quad d_2 = d_1 - \sigma\sqrt{T}$$

式中，C为欧式看期权的价格，P为欧式看跌期权的价格，$S_0$为股票在时间0的价格，K为执行价格，r为连续复利的无风险利率，$\sigma$为股票价格的波动率，T为期权的期限，$\delta$为股息率。函数N（ ）为标准正态分布的累积概率分布函数。

我们将C公司预期收益的上升视为支付股息的反向操作，再把相关参数代入调整后的布莱克-斯科尔斯-默顿定价公式，得到六种常见业绩补偿方式下A公司拥有的期权组合价值如下：

| 序号 | 出售方补偿方式 | 出售方承诺方式 | 补偿金额的计算公式 | 收购方拥有的期权组合的价值（已考虑信用风险） | | | | |
|---|---|---|---|---|---|---|---|---|
| | | | | E1 | E2 | E3 | 合计 | 占对价之比 |
| 1 | 补对价 | 逐年单独承诺 | 承诺期各年的补偿金额的计算公式：max［（当年承诺净利润 - 当年实际净利润），0］× 标的股权转让价款 ÷ 各年承诺净利润总和 | 1449 | 2631 | 4304 | **8384** | **11.18%** |
| 2 | 补对价 | 逐年累计承诺 | 承诺期各年的补偿金额的计算公式：max［（累计承诺净利润 - 累计实际净利润），0］× 标的股权转让价款 ÷ 承诺净利润总和 - 已补偿金额 | 1449 | 1714 | 3180 | **6344** | **8.46%** |
| 3 | 补对价 | 一次合计承诺 | 承诺期届满时的补偿金额的计算公式：max［（合计承诺净利润 - 合计实际净利润），0］× 标的股权转让价款 ÷ 合计承诺净利润总和 | 485 | 1450 | 3130 | **5065** | **6.75%** |
| 4 | 补利润 | 逐年单独承诺 | 承诺期各年的补偿金额的计算公式：max［（当年承诺净利润 - 当年实际净利润），0］ | 580 | 1052 | 1721 | **3354** | **4.47%** |
| 5 | 补利润 | 逐年累计承诺 | 承诺期各年的补偿金额的计算公式：max［（累计承诺净利润 - 累计实际净利润），0］- 已补偿金额 | 580 | 686 | 1272 | **2538** | **3.38%** |
| 6 | 补利润 | 一次合计承诺 | 承诺期届满时的补偿金额的计算公式：max［（合计承诺净利润 - 合计实际净利润），0］ | 194 | 580 | 1252 | **2026** | **2.70%** |

注：E1、E2、E3 列分别为预测期第 1、第 2、第 3 年对应的期权价值。

将方式2修改为：A公司可以选择对赌期中任意一年，以截至当期期末累积实际净利润与当期期末累积承诺净利润的差额为基础，计算B公司应补偿的金额，其他条款不变。这种方式下，从有利于A公司的角度看，A公司拥有的期权组合价值为以下三者孰高者：一是补利润及逐年累计承诺方式下预测期第1年对应的期权价值，与交易对价除以预测期第1年承诺利润得到的倍数相乘，即580×（75000÷8200）≈5305万元；二是补利润及逐年累计承诺方式下预测期第2年对应的期权价值，与交易对价除以预测期第1年和第2年承诺利润合计值得到的倍数相乘，即686×［75000÷（8200+9800）］≈2858万元；三是补利润及逐年累计承诺方式下预测期第3年对应的期权价值，与交易对价除以预测期承诺利润合计值得到的倍数相乘，即1272×［75000÷（8200+9800+12000）］≈3180万元。

将方式2修改为：在承诺期的前2年，若截至当期期末累积实际净利润≥当期期末累积承诺净利润×85%，则当期不补偿，但需要将当期未完成净利润金额累积到最后一年进行计算，其他条款不变。这种方式下，A公司拥有的期权组合价值介于方式2和方式3之间。

为了进一步考察在六种常见的业绩补偿方式下，A公司于业绩补偿协议签署日所拥有的期权组合的价值主要受哪些因素的影响，可以进一步对期权价值的主要参数作敏感性分析。我们分别选取C公司的当前净利润水平、未来净利润增长率、净利润波动率和无风险利率，分别假设这些指标上涨或下跌10%，计算A公司所拥有的期权组合价值的变化幅度。敏感性分析结果如下：

| 序号 | 出售方补偿方式 | 出售方承诺方式 | 当前净利润上升10% | 当前净利润下降10% | 净利润增长率上升10% | 净利润增长率下降10% |
|---|---|---|---|---|---|---|
| 1 | 补对价 | 逐年单独承诺 | −34.41% | 46.57% | −12.58% | 13.26% |
| 2 | 补对价 | 逐年累计承诺 | −76.79% | 81.23% | −22.78% | 22.91% |
| 3 | 补对价 | 一次合计承诺 | −100.00% | 112.43% | −35.51% | 34.26% |
| 4 | 补利润 | 逐年单独承诺 | −34.41% | 46.57% | −12.58% | 13.26% |
| 5 | 补利润 | 逐年累计承诺 | −76.79% | 81.23% | −22.78% | 22.91% |
| 6 | 补利润 | 一次合计承诺 | −100.00% | 112.43% | −35.51% | 34.26% |

| 序号 | 出售方补偿方式 | 出售方承诺方式 | 净利润波动率上升10% | 净利润波动率下降10% | 无风险利率上升10% | 无风险利率下降10% |
|---|---|---|---|---|---|---|
| 1 | 补对价 | 逐年单独承诺 | 5.96% | −5.87% | −6.29% | 6.51% |
| 2 | 补对价 | 逐年累计承诺 | 3.48% | −3.40% | −10.76% | 10.93% |
| 3 | 补对价 | 一次合计承诺 | 0.00% | 0.00% | −16.12% | 16.10% |
| 4 | 补利润 | 逐年单独承诺 | 5.96% | −5.87% | −6.29% | 6.51% |
| 5 | 补利润 | 逐年累计承诺 | 3.48% | −3.40% | −10.76% | 10.93% |
| 6 | 补利润 | 一次合计承诺 | 0.00% | 0.00% | −16.12% | 16.10% |

上述敏感性测试表明，在我们选取的指标中，当前净利润水平这项指标最为敏感。**随着标的企业盈利能力的下降，业绩承诺对应的期权价值快速上升**。在“一次合计承诺”方式下，当承诺期看跌期权价值合计大于看涨期权价值合计时，不论净利润的波动率如何变化，期权组合的价值合计不变。

## 相关资料

《上市公司重大资产重组管理办法》（根据2020年3月20日证监会令第166号修订）第三十五条规定：“采取收益现值法、假设开发法等基于未来收益预期的方法对拟购买资产进行评估或者估值并作为定价参考依据的，上市公司应当在重大资产重组实施完毕后3年内的年度报告中单独披露相关资产的实际盈利数与利润预测数的差异情况，并由会计师事务所对此出具专项审核意见；交易对方应当与上市公司就相关资产实际盈利数不足利润预测数的情况签订明确可行的补偿协议。

预计本次重大资产重组将摊薄上市公司当年每股收益的，上市公司应当提出填补每股收益的具体措施，并将相关议案提交董事会和股东大会进行表决。负责落实该等具体措施的相关责任主体应当公开承诺，保证切实履行其义务和责任。

上市公司向控股股东、实际控制人或者其控制的关联人之外的特定对象购买资产且未导致控制权发生变更的，不适用本条前二款规定，上市公司与交易对方可以根据市场化原则，自主协商是否采取业绩补偿和每股收益填补措施及相关具体安排。”

《监管规则适用指引——上市类第1号》对于上市公司重大资产重组中的业绩补偿范围，规定：“1.交易对方为上市公司控股股东、实际控制人或者其控制关联人，无论标的资产是否为其所有或控制，也无论其参与此次交易是否基于过桥等暂时性安排，上市公司控股股东、实际控制人或者其控制的关联人均应以其获得的股份和现金进行业绩补偿。2.在交易定价采用资产基础法估值结果的情况下，如果资产基础法中对一项或几项资产采用了基于未来收益预期的方法，上市公司控股股东、实际控制人或者其控制的关联人也应就此部分进行业绩补偿。”

根据《监管规则适用指引——上市类第1号》对于上市公司重大资产重组中的业绩补偿方式的规定，交易对方以股份方式进行业绩补偿时，以收益现值法、假设开发法等基于未来收益预期的估值方法对拟购买资产进行评估或估值的，每年补偿的股份数量按照下列原则确定：当期补偿金额=（截至当期期末累积承诺净利润数-截至当期期末累积实现净利润数）÷补偿期限内各年的预测净利润数总和×拟购买资产交易作价-累积已补偿金额。当期应当补偿股份数量=当期补偿金额/本次股份的发行价格。

第6章

# 会计操纵的价值影响

## 6.1 盈余管理会破坏企业的价值吗?

### 问题：盈余管理会破坏企业的价值吗?

在实务中，企业实施盈余管理的现象非常普遍。那么，什么是盈余管理？盈余管理有哪些类别？盈余管理会破坏企业的价值吗？

### 解答结论

盈余管理的类别主要包括应计盈余管理、真实盈利管理和分类转移盈余管理。一般情况下，企业实施应计盈余管理和分类转移盈余管理，只会改变利润在各期或各类盈余结构中“此消彼长”式的分布，本质上不会对企业价值产生影响，只是很可能会影响企业股权的估值或定价。但**真实盈余管理通常会破坏企业的价值**，这种方式是以未来的巨大代价换取当期盈余的“虚假繁荣”的景象，是典型的急功近利的价格思维，并不可取。

### 解答分析

**1.什么是盈余管理?**

盈余管理，是在遵循会计准则的基础上，企业管理层通过对企业对外报告的会计收益信息进行控制或调整，以达到主体特定目的的行为。盈余管理与财务舞弊具有相同的动因驱动，行为实施的目标与对象一致，最后都会降低企业披露的会计信息质量，但两者的法律后果差异显著，**财务舞弊是不被公认会计原则所认可的会计处理方法，盈余管理遵守了会计准则**。财务舞弊是一个贬义概念，而盈余管理是一个中性概念。

有时，企业可能错误理解或运用会计准则，人为扩大“自由裁量空间”，其行为可能并不符合会计准则的规定或要求，则这种情形不纳入本书讨论的盈余管理范畴。比如，曲解企业与经销商的合同约定，将“委托代销”错误地认定为“买断式经销”，这种情形不属于盈余管理。

本书列举的盈余管理案例，以这些做法符合会计准则为假设。但并不是说这些做法一定符合会计准则的规定，**盈余管理和财务舞弊之间的界限有时并不泾渭分明，同一行为可能形成盈余管理，也可能导致财务舞弊**。

**2.盈余管理有哪些类别?**

根据实施盈余管理的方法或手段的差异，盈余管理通常包括应计盈余管理、真实盈余管理和分类转移盈余管理这三类。

应计盈余管理是应计制会计的产物，可控应计项目的存在，使得企业管理者很容易通过管理企业的应计项目来实施应计盈余管理行为。应计项目又称应计未付项目，是指企业在生产经营中已经计提而尚未以货币支付的各类项目。实务中的**应计盈余管理，主要是指利用会计政策及其变更、利用会计估计及其变更而作出的管理**。

**真实盈余管理是通过构建真实的交易或经营活动以改变企业盈余的行为**。真实盈余管理主要包括对收入的管理、对成本的管理、对费用的管理、非经常性活动和关联交易这五类。

**分类转移盈余管理，是将经常性项目与非经常性项目错误分类**，比如将非经常性收入分类到经常性收入项目中、将经常性损失分类到非经常性损失中的盈余管理行为。

**3.应计盈余管理对企业利润及价值会产生怎样的影响?**

**一是利用会计政策及其变更实施的盈余管理**。根据企业会计准则的规定，会计政策，是指企业在会计确认、计量和报告中所采用的原则、基础和会计处理方法。比如，固定资产折旧方法、发出存货计价方法的选择或变更，若不涉及估计，则通常属于会计政策的选择及变更。再比如，投资性房地产后续计量模式的选择或变更，属于会计政策，但公允价值的计量本身则属于会计估计。企业会计准则还规定，企业难以对某项变更区分为会计政策变更或会计估计变更的，应当将其作为会计估计变更处理。

**这种方式下的盈余管理不影响企业全生命周期的利润合计值，但影响利润在各期的分布**，且这种影响难以持续，盈余在各年度间此消彼长，当期与后期的利润存在“反转”现象。在“反转”的当期，若企业管理层面临业绩压力，则可能实施更大程度的盈余管理行为，甚至实施财务舞弊来抵消“反转”的影响。

基于“企业价值取决于三个变量：产生现金流的能力、现金流的期望增长率、现金流的不确定性”的理论，盈余管理是否影响企业价值，我们是通过分析盈余管理行为是否影响企业的自由现金流和风险而展开的。

**这种方式下的盈余管理不影响自由现金流，本质上也不影响企业的风险**。因此，这种方式下的盈余管理不会对企业价值产生影响，但很可能影响企业股权的估值或定价。

**二是利用会计估计及其变更实施的盈余管理**。会计估计是指企业对其结果不确定的交易或事项以最近可利用的信息为基础所作的判断。会计估计需要对可获得的信息作出判断，这些判断通常基于对不确定性事项所作出的假设，还可能需要运用计量方法和计量模型。因此，会计估计受主观程度和管理层偏向的影响，会计估计本身具有不确定性。

公允价值的计量和披露在财务报告编制基础上得到了广泛的运用，而公允价值计量一般存在会计估计。因此，公允价值会计估计是会计估计的重要组成部分。除公允价值会计估计以外，其他常见的会计估计主要有各类减值准备、在建工程转固定资产时点的确定、资产预计使用寿命、资本化条件或时点的确定、产品质量保证义务以及相关事项确认时点（如收入和成本费用的确认时点、在建工程转固定资产的时点、研发支出资本化时点、利息资本化时点、政府补助确认时点、预计负债的确认时点等）等涉及的会计估计。

**这种方式下的盈余管理不影响企业全生命周期的利润合计值，但影响利润在各期的分布**，且这种影响难以持续，盈余在各年度间此消彼长，当期与后期的利润存在“反转”现象。当计量对象的不确定性消除时（比如，应收账款的回收或确定形成损失时），利润会出现“反转”。在“反转”的当期，若企业管理层面临业绩压力，则可能实施更大程度的盈余管理行为，甚至实施财务舞弊来抵消“反转”的影响。

**这种方式下的盈余管理不影响自由现金流，本质上也不影响企业的风险**。因此，这种方式下的盈余管理不会对企业价值产生影响，但很可能影响企业股权的估值或定价。

**4.真实盈余管理对企业利润及价值会产生怎样的影响?**

**一是对收入的管理**。比如，降低信用政策，延长应收账期；企业与客户进行合作，在总体价格不变的前提下，改变各期销售产品的价格分布；调节经销商库存，进行“提前压货”，透支企业的未来利润。

在这种方式的盈余管理下，与客户进行合作改变价格分布，或通过经销商库存管理“提前压货”透支未来利润的做法，对利润的影响与利用会计估计及其变更实施的盈余管理类似，只改变各期的利润分布，且同样存在“反转”效应。而通过降低信用政策的方式，尽管在实施此类盈余管理的当期，因坏账准备计提的滞后而使当期利润虚高，但**大幅延长信用账期可能导致大额坏账的形成，实施此类盈余管理总体上对企业全生命周期的利润合计值会产生不利影响**。

通过降低信用政策的方式，延长信用账期将推高应收账款，增加企业所需要的营运资金，降低企业的资产周转速度和投入资本回报率，会破坏企业价值。大额应收账款坏账的形成，可能对企业的资金产生巨大压力，甚至出现资金链断裂而最终导致企业倒闭或破产的风险。因此，**这种盈余管理方式是典型的短视行为，最终会破坏企业的价值**。

**二是成本的管理**。比如，加大生产规模，摊薄产品成本中的固定成本，即通过提高产量降低当期销售成本。这种方式下，企业损益表并不反映积压存货的仓储及资金成本，如果不出现变质问题，则会使企业各期的利润虚高；若出现大量的变质情形，则很可能在总体上对企业全生命周期的利润合计值产生不利影响。

大量的积压库存会增加企业所需要的营运资金，降低企业的资产周转速度和投入资本回报率，会破坏企业价值。大量的积压库存可能对企业的资金产生巨大压力，甚至出现资金链断裂而最终导致企业倒闭或破产的风险，而积压时间的延长可能出现的变质问题，无疑将加大企业风险暴露的概率。因此，**这种投机式盈余管理终究会破坏企业的价值**。

**三是对费用的管理**。比如，砍掉收效较慢的酌量性费用，比如研发费用、人才培训费用、裁减员工。对于收效较慢的费用，在砍掉这些费用的当期会形成立竿见影的效果，但这种效果是以牺牲未来盈利能力为代价的，总体上会对企业全生命周期的利润合计值产生不利影响，是非常不可取的。

根据成本费用管理的目标的不同，企业的成本费用管理分为战略管理和战术管理。战术管理的目标在于在满足企业发展所需的前提下如何实现成本费用的最小化，而战略管理的目标在于如何打造企业未来发展的核心竞争力，实现企业的可持续发展。砍掉那些虽然收效较慢但对企业发展必要的费用（如研发费用、人才培训费用），**很可能会降低企业的竞争力，进而导致市场占用率、销售收入或毛利率的下降，损害企业价值**。将收效较慢但对企业发展至关重要的费用（如研发费用、人才培训费用）砍掉，无异于企业“自断后路”，**通常将增加企业的市场竞争风险，甚至可能使企业在激烈的市场竞争中被淘汰**。

**四是通过非经常性活动实施盈余管理**。主要包括出售资产、资产重组等方式。比如，处置非流动资产，当处置价高于账面价值时，通过确认非流动资产处置损益以增厚当期利润。对于计划外的非经常性活动，可能并非最佳的资产处置时点，可能损失一部分利润。

**非经常性活动通常是一次性的，并不具有可持续性，一般对未来自由现金流不产生直接影响**。若出售的资产是企业正常生产经营所必需的，这种非经常性活动可能会增加企业未来生产经营的不确定性而隐含着风险。

**五是通过关联交易实施的盈余管理**。**如果关联交易不公允**，存在明显的利益输送行为（比如，企业以明显高于市场价格的价格向关联方销售，关联方承担巨额亏损；再比如，向关联方高价出售亏损子公司），**则很可能被认定为财务舞弊**。

**5. 分类转移盈余管理对企业利润及价值会产生怎样的影响?**

分类转移盈余管理，不影响扣非前净利润，但这种做法改变了盈余结构。这种方式下的盈余管理，本质上不影响自由现金流，一般也不影响企业的风险。但很可能影响企业股权的估值或定价。

**6. 各类盈余管理如何进行对比分析?**

**应计盈余管理易于操作，但只改变企业利润在各期的分布，本质上不影响企业价值，且操作空间较小**。对会计准则的错误运用所实施的应计盈余管理，可能被监管部门认定为财务舞弊。适度运用应计盈余管理，是企业对市值进行管理（股价管理）或为了更好地完成业绩考核指标的常用手段，但应用这种方法本质上并不影响企业的价值，不论是市值还是业绩指标都会在各期之间呈现“反转”效应。

**真实盈余管理较为隐蔽，但其操作成本较高，且这种方法通常会破坏企业的价值，是典型的急功近利的价格思维，更应予以制止，以保护不具有信息优势的中小投资者的利益**。真实盈余管理背离了企业正常的经营活动，且通常不能逆转，为企业未来发展埋下隐患，会对企业造成严重的不利影响。因此，真实盈余管理通常会破坏企业的价值，甚至是“饮鸩止渴”。

**分类转移盈余管理，本质上不影响企业价值**。在业绩衡量指标为扣非后净利润或扣非前后净利润孰低时，可能采用这种盈余管理方式。

## 相关资料

《企业会计准则——会计政策、会计估计变更和差错更正》规定："会计政策，是指企业在会计确认、计量和报告中所采用的原则、基础和会计处理方法。""会计估计变更，是指由于资产和负债的当前状况及预期经济利益和义务发生了变化，从而对资产或负债的账面价值或者资产的定期消耗金额进行调整。""企业难以对某项变更区分为会计政策变更或会计估计变更的，应当将其作为会计估计变更处理。"

# 6.2　评估中的核查验证能发现财务舞弊吗?

## 问题：评估中的核查验证能发现财务舞弊吗?

资产评估法和资产评估准则均规定，评估专业人员应当对评估活动中使用的资料进行核查和验证。那么，在企业价值评估中，实施核查验证程序能够发现企业财务舞弊吗?

## 解答结论

总体上看，评估人员的核查验证程序难以发现财务舞弊情形。尽管在采用资产基础法时，核查验证存在识别出交易造假类财务舞弊迹象的可能，但不能因此增加评估人员的责任范畴。识别财务舞弊不是资产评估的一项义务，实施核查验证未发现财务舞弊也不属于评估人员的过错。

## 解答分析

### 1.财务舞弊有哪些类别和手段?

**财务舞弊一般可分为交易造假类和会计操纵类这两大类。交易造假类财务舞弊主要为虚构交易**，在交易客户、交易数量和交易价格中至少有一项造假即属于虚构交易。基于会计报表之间的勾稽关系，虚构交易不仅影响利润表，还会影响资产负债表和现金流量表。以虚增收入为例，虚增收入通常导致利润的虚增，传导至资产负债表中，则通常表现为净资产虚增和资产的虚增（也可能是将负债移至表外以掩盖资产的虚增）。因此，虚构交易一般会导致资产端的潜亏。此外，交易时约定期后退回或回购，或交易后由关联方回购，也属于交易造假类财务舞弊。

**会计操纵类财务舞弊主要包括提前确认收入、跨期调整费用、成本费用调整至资产挂账、费用计提不完整或体外支付、研发支出资本化的调节、利息支出资本化的调节、少计资产减值准备以及操纵合并范围等手段**，还包括将递延收益计作收入、应纳税所得为负值时仍确认递延所得税资产、滥用会计政策和会计估计变更实施舞弊、混淆会计政策和会计估计变更与前期差错更正实施舞弊、将投资或筹资现金流入计为经营现金流、将收入净额法人为调整为总额法、隐瞒或有负债或期后重大损失等方式。

### 2.识别财务舞弊是资产评估的一项义务吗?

从《中华人民共和国资产评估法》和《资产评估准则术语2020》作出的资产评估定

义可以看出，资产评估是对资产价值进行评定估算并出具评估报告的专业服务行为，**识别或发现企业财务舞弊不是资产评估的义务，对企业是否存在财务舞弊进行确认或发表意见超出了资产评估专业人员的执业范围**。《资产评估执业准则——企业价值》也明确指出，对相关财务报表是否公允反映评估基准日的财务状况和当期经营成果、现金流量发表专业意见并非资产评估专业人员的责任。

**3.企业价值评估中对财务报表应进行核查验证吗?**

资产评估法和资产评估准则均规定，评估专业人员应当对评估活动中使用的资料进行核查和验证。根据《资产评估执业准则——企业价值》的规定，在企业价值评估中，评估专业人员应当根据所采用的评估方法对财务报表的使用要求、评估过程中使用的财务报表进行分析和判断。**采用资产基础法评估，应当对所采用的被评估单位于评估基准日的资产及负债账面值的真实性进行分析和判断；采用收益法或者市场法评估，应当对所采用的被评估单位和可比企业财务指标的合理性进行分析和判断**。

从以上规定可以看出，采用资产基础法进行评估时，需要对各项资产及负债账面值的真实性进行核查和验证；采用收益法或市场法时，准则并未要求对各项资产及负债账面值的真实性进行核查和验证。

**4.实施核查验证程序能够发现企业财务舞弊吗?**

**评估专业人员实施的核查验证程序，完全不同于财务审计工作，核查验证的目标不是判断企业是否存在财务舞弊**。不过，企业实施财务舞弊可能会导致其资产或负债账面值不真实，或使得其财务指标缺乏合理性，**在评估专业人员实施核查验证过程中，企业财务舞弊的一些迹象或许会得以暴露**。

不同类别、不同模式和不同手段的财务舞弊，其隐蔽性和迷惑性不同。而根据前述相关评估准则的规定可以看出，选用不同的评估方法，应实施的核查验证要求也不同。因此，评估专业人员在实施核查验证过程中能否发现企业财务舞弊迹象，应分别就不同的财务舞弊类别及不同的评估方法展开分析。

**（1）实施核查验证程序能够发现交易造假类财务舞弊吗?**

交易造假类财务舞弊主要为虚构交易，而虚构交易一般会导致资产端的潜亏。虚构交易导致的资产端潜亏，涉及的资产科目主要为货币资金（或通过表外融资掩饰虚构的货币资金）、预付账款和应收账款、存货、在建工程和固定资产、无形资产等。

**采用资产基础法时，需要对各项资产及负债账面值的真实性进行核查和验证，在这一过程中，若能识别出资产端存在的潜亏情形，则财务舞弊迹象得以暴露**。若企业通过伪造单据或其他手段对其舞弊行为进行隐藏或掩饰，评估专业人员对潜亏资产科目进行核查验证也难以发现财务舞弊迹象，举例分析如下：

| 资产潜亏类别 | 核查验证能否发现财务舞弊的分析 |
| --- | --- |
| 虚假货币资金 | 企业可能伪造银行对账单，仅通过核对银行对账单可能无法发现货币资金造假情形。且鉴于评估人员实施银行函证程序缺乏充分的文件依据，评估人员单独实施银行函证程序，可能难以得到委托人的理解与配合，还面临着有些金融机构不接收评估机构的询证函，不面向评估机构提供书面回函的窘境，在这种情况下，评估人员也可以通过利用第三方机构询证函结果的方式间接实施银行函证程序。因此，评估人员对于企业与银行相关的信息履行核查验证程序，也可能无法发现货币资金中的财务舞弊情形 |
| 虚假预付账款、应收账款 | 对于应收款项的真实性进行核查验证的方式主要为书面审查和函证，在关联方、隐性关联方和真实客户配合被评估单位财务舞弊的情况下，可能伪造了应收款项对应的交易合同，欠款单位也可能配合被评估单位提供与账面金额核对相符的书面回函结果。在这种情况下，评估人员对于应收款项履行核查验证程序，也可能无法发现其财务舞弊情形 |
| 虚假存货 | 对于存货的真实性进行核查验证的方式主要为书面审查和实地调查，企业可通过伪造入库单、检验单单据以应对评估人员的书面审查，在实地调查环节，因存货可移动，有些存货难以计量或难以辨认（比如，非专家人员无法精准分辨玻璃制品和金刚石的区别），企业可能通过“腾笼换鸟”“指鹿为马”的伎俩混蒙过关。对于存货可移动带来的风险，建议对各仓库同步实施实地调查；而对于“指鹿为马”的风险，必要时可聘请专家协助 |
| 虚假在建工程、固定资产 | 在建工程和固定资产的财务舞弊包括资产真实但账面值虚假、资产及账面值均虚假这两种情况，对于资产本身及资产数量的舞弊，通过实地调查通常可以发现，但其中的设备类资产，因其可移动，企业也可能通过“腾笼换鸟”的伎俩混蒙过关，建议对多处存放的同一类设备同步进行实地调查。对于账面值的舞弊，因企业可通过伪造合同和单据的方式应对评估人员的书面审查，评估人员难以通过核查验证程序发现该类舞弊情形 |
| 虚假无形资产 | 对于存在权属证书的无形资产（比如专利权、商标权、著作权），除了核对企业持有的权属证书原件以外，还可以通过查询相关网站的方式进行验证，但企业可能伪造证书原件，相关网站信息可能滞后，通过这些核查验证程序，也不一定能够发现其财务舞弊情形。对于不存在权属证书的无形资产（比如专有技术、合同权益），无法通过查询的方式进行核查验证，更多地依赖于询问和书面审查等方式，对于蓄意造假的企业，评估人员通过询问和书面审查等方式难以发现其舞弊情形 |

**采用收益法或市场法时，**评估准则并未要求对各项资产及负债账面值的真实性进行核查和验证，只要求对所采用的财务指标的合理性进行分析和判断。**评估专业人员对所采用的财务指标的合理性进行分析和判断而实施的核查和验证程序，难以发现资产端的潜亏。**但采用收益法或市场法时，对于单独评估后加回的非经营性项目，建议参照资产基础法的要求，对其账面值的真实性进行核查和验证。

**（2）实施核查验证程序能够发现会计操纵类财务舞弊吗？**

会计操纵类财务舞弊不必然导致资产端的潜亏。相比于交易造假类财务舞弊，会计操纵类财务舞弊的迹象可能更为隐蔽，舞弊所需要的资料更易于被伪造或炮制出来，甚至有些会计操纵类财务舞弊游离于盈余管理的边缘，企业可能为其实施舞弊准备了更多的说辞。**不论采用哪种评估方法，在对评估活动中使用的资料进行核查验证过程中，难以发现企业的会计操纵类财务舞弊情形。**

**5.实施核查验证未发现财务舞弊，属于评估人员的过错吗？**

如前所述，识别财务舞弊不是资产评估的一项义务，评估专业人员实施核查验证程序的目标并非对财务报表进行查错揭弊。**实施核查验证未发现财务舞弊，不属于评估人员的过错，不应以此为理由对评估人员或评估机构进行问责**。尽管在采用资产基础法时，核查验证存在识别出交易造假类财务舞弊迹象的可能，但不能因此增加评估人员的责任范畴。

## 相关资料

《中华人民共和国资产评估法》第二条规定："本法所称资产评估（以下称评估），是指评估机构及其评估专业人员根据委托对不动产、动产、无形资产、企业价值、资产损失或者其他经济权益进行评定、估算，并出具评估报告的专业服务行为。"

《资产评估准则术语2020》中对"资产评估"的定义："资产评估是指资产评估机构及其资产评估专业人员根据委托及特定的评估目的，按照法律、行政法规和资产评估准则要求，依照规定程序，选择适当的价值类型，运用科学的评估方法，对评估基准日的资产价值进行评定、估算，并出具资产评估报告的专业服务行为。"

《中华人民共和国资产评估法》第二十五条规定："评估专业人员应当根据评估业务具体情况，对评估对象进行现场调查，收集权属证明、财务会计信息和其他资料并进行核查验证、分析整理，作为评估的依据。"

《资产评估基本准则》（财资〔2017〕43号）第十五条规定："资产评估专业人员应当依法对资产评估活动中使用的资料进行核查和验证。"

《资产评估执业准则——资产评估程序》（中评协〔2018〕36号）第十五条规定："资产评估专业人员应当依法对资产评估活动中使用的资料进行核查验证。核查验证的方式通常包括观察、询问、书面审查、实地调查、查询、函证、复核等。"

《资产评估执业准则——企业价值》第十二条规定："资产评估专业人员应当尽可能获取被评估单位和可比企业经审计后的财务报表或者公开财务资料，无论财务报表是否经过审计，资产评估专业人员都应当根据所采用评估方法对财务报表的使用要求对其进行分析和判断，但对相关财务报表是否公允反映评估基准日的财务状况和当期经营成果、现金流量发表专业意见并非资产评估专业人员的责任。""采用资产基础法评估，应当对所采用的被评估单位于评估基准日的资产及负债账面值的真实性进行分析和判断；采用收益法或者市场法评估，应当对所采用的被评估单位和可比企业财务指标的合理性进行分析和判断。"

# 6.3　财务舞弊对企业价值评估有何影响?

## 问题：财务舞弊对企业价值评估有何影响?

在不同的评估方法下，财务舞弊导致评估误差的程度是否不同？财务舞弊影响评估结果的途径是否不同？对企业价值进行评定估算的过程，能否消化或消除财务舞弊带来的影响？

## 解答结论

三大基本方法中，财务舞弊对企业价值评估的影响程度由高到低依次是市场法、收益法和资产基础法。尽管评定估算过程存在消化或消除部分财务舞弊影响的可能，但从总体上看，评估人员通过评定估算程序消化或消除财务舞弊影响的概率并不高。因企业实施财务舞弊而导致评估结论出现虚高或虚低，不应由此倒推认定评估人员未勤勉尽责，更不能据此推定评估人员违规。

## 解答分析

### 1. 从总体上看，财务舞弊对企业价值评估有何影响?

**在不同的评估方法下，财务舞弊导致评估误差的程度不同**。运用资产基础法时，财务舞弊导致的评估误差通常仅限于财务舞弊金额本身。运用收益法和市场法时，财务舞弊对评估值的影响存在放大效应，财务舞弊导致的评估误差可能是财务舞弊金额的数倍甚至数十倍。例如，若价值比率选用市盈率，假设可比企业经修正后的市盈率为20倍，则财务舞弊导致的评估误差是财务舞弊金额的20倍。

**在不同的评估方法下，财务舞弊影响评估结果的途径不同**。运用市场法时，若价值比率选用历史财务数据，则该历史财务数据的舞弊将直接导致评估结果误差。运用收益法时，历史财务数据是未来收益预测的基础或参考，历史财务数据的舞弊很可能会对未来收益预测形成误导，但不必然导致预测结果误差，历史财务数据的舞弊影响评估结果的途径是间接的。运用资产基础法，各项资产和负债账面价值的舞弊也不必然导致评估结果误差，评定估算过程可能以账面价值为基础，也可能完全不参考账面价值，账面价值的舞弊影响评估结果的途径也是间接的。

**对企业价值进行评定估算的过程，也许能消化或消除一部分财务舞弊带来的影响**。评定估算具有消化或消除财务舞弊影响的功能，实质上是评估计量对于会计计量的纠正。对于不同类型、不同手段的财务舞弊，采用不同的评估方法，其评定估算过程能够消化或消除财务舞弊影响的可能性也不同。相比而言，对于交易造假类财务舞弊，运用资产基础法时，评定估算过程能够消化或消除财务舞弊影响的概率相对较高一些；而对于其他类别的财务舞弊，或运用其他评估方法，评定估算过程能够消化或消除财务舞弊影响的概率通常很低。

**2.从具体上看，财务舞弊对企业价值评估有何影响?**

**（1）交易造假类财务舞弊对企业价值评估有何影响?**

交易造假类财务舞弊的典型方式是虚构交易，虚构交易一般会导致资产端的潜亏。对于虚构交易行为，运用收益法时，因虚构交易必然导致利润虚假，以历史上虚假的利润数据为基础开展未来收益预测，很可能导致未来收益预测结果不合理，导致收益法评估结果出现误差。运用市场法时，因虚构交易将使得企业的收入、利润、净资产、总资产数据存在虚假成分，若价值比率选择盈利比率、资产比率或收入比率，很可能导致评估值误差；若价值比率选择特定比率（指以特定经营指标衡量的价值比率），一般不会导致评估值误差。运用资产基础法时，财务舞弊对评定估算过程的影响具体如下：

| 资产潜亏类别 | 财务舞弊对评定估算过程的影响 |
| --- | --- |
| 虚假货币资金 | 货币资金的评估值通常等于经核查验证的账面值，对于在核查验证环节尚未发现的财务舞弊情形，在评定估算环节也无法发现 |
| 虚假预付账款、应收账款 | 应收款项的评估值通常等于经核查验证的账面金额减去预计的评估风险损失，对于在核查验证环节尚未发现的财务舞弊情形，在评定估算环节也无法发现 |
| 虚假存货 | 对于在核查验证环节尚未发现的存货数量的舞弊情形，在评定估算环节也无法发现。对于存货单价的舞弊情形，在充分利用市场价格信息进行评定估算过程中，若评估值大幅低于账面值，则可能使企业在存货单价中的舞弊情形得以暴露出来。这也说明，在存货减值测试中引入第三方评估机构的工作，有利于及时发现资产减值所隐藏的财务舞弊情形，但市场价格上涨带来的评估增值也可能掩盖其账面值中的舞弊情形 |
| 虚假在建工程、固定资产 | 如果在核查验证环节尚未发现资产本身或资产数量的舞弊情形，在评定估算环节也无法发现。对于在建工程和固定资产账面价值的舞弊情形，在充分利用市场价格信息进行评定估算过程中，若评估值大幅低于账面值，可能使企业的在建工程和固定资产账面价值的舞弊情形得以暴露出来。这也说明，在这些资产的减值测试中引入第三方评估机构的工作，有利于及时发现资产减值所隐藏的财务舞弊情形，但市场价格上涨带来的评估增值也可能掩盖其账面值中的舞弊情形 |
| 虚假无形资产 | 考虑到无形资产价值与成本的弱对应性特征，在评定估算环节发现无形资产财务舞弊情形的概率低于固定资产，无形资产评估增值还可能掩盖其账面值中的舞弊情形 |

交易时约定期后退回或回购，或交易后由关联方回购，也属于交易造假类财务舞弊。对于这种财务舞弊，运用资产基础法时，这种财务舞弊将使账面值和评估值虚增，虚增金额为该交易形成的净利润。运用收益法时，此举通常会虚增企业收益，以虚增收益为基础开展预测，很可能导致未来收益预测结果虚高。运用市场法时，若价值比率选择盈利比率、资产比率或收入比率，很可能导致评估值虚高；若价值比率选择特定比率（指以特定经营指标衡量的价值比率），一般不会导致评估值虚高。

**（2）会计操纵类财务舞弊对企业价值评估有何影响?**

会计操纵类财务舞弊主要包括提前确认收入、跨期调整费用、成本费用调整至资产挂账、费用计提不完整或体外支付、研发支出资本化的调节、利息支出资本化的调节、少计资产减值准备以及操纵合并范围等手段。运用不同评估方法时，这些舞弊手段对评定过程的影响具体如下：

| 舞弊手段 | 财务舞弊对评定估算过程的影响 | | |
|---|---|---|---|
| | 资产基础法 | 收益法 | 市场法 |
| 提前确认收入 | 提前确认收入对资产负债表的影响，是提前增加相应的资产和净资产的账面值。基于该账面值得出的评估结果，实际上挤占了部分基准日后的价值 | 提前确认收入通常会虚增企业收益，以虚增收益为基础开展预测，很可能导致未来收益预测结果虚高。不过，提前确认收入将挤占未完成订单，在未来收益预测中若能够获取相关资料，对截至评估基准日的未完成订单进行分析，也许可以消化一部分预测虚高的情形 | 若价值比率选择盈利比率、资产比率或收入比率，很可能导致评估值虚高。若价值比率选择特定比率（指以特定经营指标衡量的价值比率），一般不会导致评估值虚高 |

| 舞弊手段 | 财务舞弊对评定估算过程的影响 | | |
|---|---|---|---|
| | 资产基础法 | 收益法 | 市场法 |
| 跨期调整费用 | 跨期调整费用会使得当期净利润、净资产和资产均存在虚假成分，进而影响资产基础法的结果 | 在收益法评估时，若无法识别企业的跨期调整费用行为，以企业历史收益为基础开展预测，很可能导致未来收益预测结果出现误差 | 若价值比率选择盈利比率或资产比率，很可能导致评估值误差。若价值比率选择收入比率或特定比率，一般不会导致评估值误差 |

| 舞弊手段 | 财务舞弊对评定估算过程的影响 | | |
|---|---|---|---|
| | 资产基础法 | 收益法 | 市场法 |
| 成本费用调整至资产挂账 | 对于费用调整至往来挂账的项目（比如，将支付的工资计作员工借款），在评估时若能识别该往来款的挂账属性，将往来挂账项目按零值评定，则评估值已消化了该舞弊行为带来的价值虚增。对于成本调整至资产的项目（比如，将生产耗用的材料计入在建工程），在评估时若能对在建工程据实进行评定估算，则可消除该舞弊行为的影响 | 此举虚增企业收益，以虚增收益为基础开展预测，很可能导致未来收益预测结果虚高 | 若价值比率选择盈利比率或资产比率，很可能导致评估值虚高。若价值比率选择收入比率或特定比率，一般不会导致评估值虚高 |

| 舞弊手段 | 财务舞弊对评定估算过程的影响 | | |
|---|---|---|---|
| | 资产基础法 | 收益法 | 市场法 |
| 费用计提不完整或体外支付 | 该舞弊行为虚增企业的净利润和净资产的账面值，资产基础法的评估结果也会相应虚增，此类价值虚增实际上挤占了其他主体的利益 | 此举虚增企业收益，以虚增收益为基础开展预测，很可能导致未来收益预测结果虚高。例如，企业以自身的权益工具向激励对象授予股票期权，企业若未将期权公允价值分摊计入等待期的成本费用和资本公积，则说明企业就此事项实施了财务舞弊行为，在收益法评估中若未考虑该项股权激励的影响，将导致评估值虚高 | 若价值比率选择盈利比率或资产比率，很可能导致评估值虚高。若价值比率选择收入比率或特定比率，一般不会导致评估值虚高 |

| 舞弊手段 | 财务舞弊对评定估算过程的影响 | | |
|---|---|---|---|
| | 资产基础法 | 收益法 | 市场法 |
| 研发支出资本化的调节 | 对相关资产进行据实评定估算，则该类舞弊行为不会导致评估值出现误差 | 研发支出是费用化还是资本化，只影响利润，不影响自由现金流。当采用自由现金流作为收益口径时，在收益预测时若对费用化和资本化的研发支出做到不重不漏，则该舞弊行为不会对收益法产生影响 | 若价值比率选择盈利比率中的利润比率、资产比率，很可能导致评估值虚高。若价值比率选择盈利比率中的自由现金流比率、收入比率或特定比率，一般不会导致评估值虚高 |

| 舞弊手段 | 财务舞弊对评定估算过程的影响 | | |
|---|---|---|---|
| | 资产基础法 | 收益法 | 市场法 |
| 利息支出资本化的调节 | 对相关资产进行据实评定估算，则该类舞弊行为不会导致评估值出现误差 | 在未来收益预测中，若基于未来的贷款规模预测利息支出，则该舞弊行为不会对收益法产生影响 | 若价值比率选择盈利比率或资产比率，很可能导致评估值虚高。若价值比率选择收入比率或特定比率，一般不会导致评估值虚高 |

| 舞弊手段 | 财务舞弊对评定估算过程的影响 | | |
|---|---|---|---|
| | 资产基础法 | 收益法 | 市场法 |
| 少计资产减值准备 | 对相关资产进行据实评定估算，则该类舞弊行为不会导致评估值出现误差。这也说明，在资产减值测试中引入第三方评估机构的工作，有利于及时发现资产减值所隐藏的财务舞弊情形 | 在未来自由现金流预测中，若不是基于历史的资产减值损失进行预测，通常可以消除该舞弊行为的影响 | 若价值比率选择盈利比率或资产比率，很可能导致评估值虚高。若价值比率选择收入比率或特定比率，一般不会导致评估值虚高 |

| 舞弊手段 | 财务舞弊对评定估算过程的影响 | | |
|---|---|---|---|
| | 资产基础法 | 收益法 | 市场法 |
| 操纵合并范围 | 资产基础法以母公司口径开展评估，各子公司的评估值反映在母公司的长期股权投资科目中，该舞弊行为不会对资产基础法的应用产生影响 | 对集团型企业运用收益法进行评估时，应按业务单元进行划分，对于同一个业务单元按合并口径进行评估。因此，收益法中的合并口径可能与会计报表中的合并口径不同，操纵合并范围实施舞弊可能不会导致收益法评估出现误差 | 计算集团型企业的价值比率时，分母的数据口径通常应采用合并报表中的“归属于母公司”的数据或合并报表中的“合并”数据。因此，该舞弊行为很可能导致市场法评估结果出现误差 |

**3.实施评定估算程序未能消化或消除财务舞弊影响，属于评估人员的过错吗?**

从总体上看，评估人员通过核查验证程序发现财务舞弊迹象的概率不高，仅在采用资产基础法时，实施核查验证存在识别出交易造假类财务舞弊迹象的可能。**进一步分析可知，企业的财务舞弊很可能导致评估结果出现误差，评估结果误差相比于财务舞弊金额甚至呈放大效应。尽管评定估算过程存在消化或消除部分财务舞弊影响的可能，但从总体上看，评估人员通过评定估算程序消化或消除财务舞弊影响的概率并不高**。由此，至少可以得出以下四点启示。

**启示一：**评估人员的核查验证和评定估算程序，在客观上具有发现财务舞弊迹象以及消除财务舞弊影响的可能，这彰显出勤勉尽责、谨慎从业、遵循评估准则的重要性。

**启示二：**相比于收益法或市场法，运用资产基础法时评估人员识别并消除财务舞弊影响的可能性更大，但这不应该成为评估人员选择评估方法的决定因素。

**启示三：尽管在资产评估过程中存在识别并消除财务舞弊影响的可能，但不能因此将识别并消除财务舞弊影响强加作为资产评估的一项义务，不能因此增加评估人员的执业范围和责任范畴**。资产评估的功能，决定了其核查验证过程难以识别财务舞弊的迹象，也决定了其评定估算过程难以消除财务舞弊的影响。

**启示四：因企业实施财务舞弊而导致评估结论出现虚高或虚低，不应由此倒推认定评估人员未勤勉尽责，更不能据此推定评估人员违规**。评估专业人员实施核查验证和评定估算程序的目标并非对财务报表进行查错揭弊并消除其影响。评估人员实施核查验证及评定估算程序，未能发现企业财务舞弊并消除其影响，不属于评估人员的过错，不应以此为理由对评估人员或评估机构进行问责。

当评估结果存在虚高或虚低时，建议首先区分究竟是缘于企业的财务舞弊，还是因为评估人员未勤勉尽责或违规。只要企业实施财务舞弊的动机和机会尚存，作出这样的区分就显得尤为重要。

第 7 章

# 注册制以及预计市值

# 7.1 注册制是否提高了估值的重要性?

## 问题：注册制是否提高了估值的重要性?

2023年2月17日，全面实行注册制制度规则的发布实施，标志着注册制的制度安排基本定型，也标志着注册制推广到全市场和各类公开发行股票行为，在中国资本市场改革发展进程中具有里程碑意义。

那么，全面实行注册制，对估值的重要性有何影响?

## 解答结论

市场在资源配置中的作用越大，估值的重要性越高。全面实行注册制，是市场在资源配置中决定性作用的体现，提高了估值的重要性。

## 解答分析

### 1.注册制提高了估值的重要性

市场化是注册制改革的坚定方向，全面实行注册制，是市场在资源配置中决定性作用的体现。在全面实行注册制背景下，不仅新股发行定价更加市场化，而且上市和退市条件也更具市场化特征。

股票市场的核心功能是资源配置，资本是股票市场的重要资源，而资本的配置环节又主要体现在股票公开发行、股票上市和退市等环节。在股票市场中，市场在资源配置中的决定性作用也突出反映在股票公开发行、股票上市和退市等环节。**市场配置资源主要是通过市场主体是否达成交易来实现的，交易是否达成主要取决于价格因素，价格又取决于价值，尽管价值是客观存在的，但价值并非现成可观察的，价值需要通过估值或判断得出**。因此，交易决策的前提在于估值，“估值是一切投资决策的灵魂”。由此也可以看出，市场在资源配置中的作用越大，估值的重要性越高。全面实行注册制，提高了估值的重要性。

### 2.首次公开发行之前估值重要性的体现

在首次公开发行之前，对发行人的估值主要体现在两个环节。

**一是预计市值的分析，以判断发行人是否具备上市的市值条件**。注册制全面实行后，各板块的上市条件中降低了对净利润的门槛要求，相应增设了预计市值的标准。对于不存在表决权差异安排的境内发行人，主板和创业板均设置了三套市值及财务指标，均仅有一套指标未涉及预计市值，而科创板及北交所的各套上市条件全部设置了预计市值条件；对于红筹企业以及存在表决权差异安排的境内发行人，各板块的各套上市条件也均设置了预计市值条件。由此可以看出，**全面实行注册制后，具有市场化特征的预计市值成为最重要的上市条件，预计市值的估值分析的重要性不言而喻**。

上市条件中的净利润门槛和市值门槛，都是企业规模的筛选指标，但相比于净利润，市值是一项市场化指标，可以较为直观和客观地反映企业的规模。企业规模的大小，通常与企业面临的风险呈负相关关系，一般情况下，企业规模越大，企业面临的风险越小。

**全面实行注册制后，新股“破发”将呈常态化态势**。对于“踩线”达到预计市值标准的发行人，若出现新股“破发”的情形，则很可能导致上市后的公司市值低于其选择的市值标准，此情形的出现，使得用于筛选企业规模的市值指标没有发挥应有的作用，不利于资本市场优胜劣汰功能的实现，**这也凸显了发行前对预计市值进行分析估值的重要性**。

在含有预计市值的各套上市指标中，主板的预计市值门槛为50亿元，创业板和科创板的预计市值门槛为10亿元，上交所的预计市值门槛为2亿元。主板相对较高的预计市值门槛，体现了支持“大盘蓝筹”的板块定位。**相对于其他板块，对于主板中选择含有预计市值上市指标的发行人，更有可能出现“踩线”达到预计市值标准的情形，预计市值的估值重要性更高**。

**二是在确定发行价格时，主承销商向投资者提供投资价值研究报告**。随着全面注册制的实行，机构投资者占比将进一步提升，价值投资理念将逐步成为主流，投资价值研究报告在新股定价中的参考作用也将进一步提升，在一定程度上起着科学引导新股定价的作用，对发行人投资价值的估值将更为重要。为规范证券公司承销行为，保护投资者合法权益，中国证券业协会于2023年2月17日发布了《首次公开发行证券承销业务规则》，该业务规则包括投资价值研究报告的撰写要求，列举了投资价值研究报告负面行为清单。

### 3.首次公开发行之后估值重要性的体现

注册制以信息披露为核心。在上市公司信息披露中，估值的重要作用至少体现在两个方面：一方面，估值以及相关信息是重要的披露信息；另一方面，发挥估值的作用，有利于提升上市公司信息披露质量。**在首次公开发行之后，与信息披露的要求相呼应，估值的重要性也相应提高**。

### 4.注册制对估值机构提出了更高的要求

全面实行注册制后，对发行人的估值更加重要，客观上也对估值机构提出了更高的要求，要求估值机构更加注重估值的科学性和有效性，提高专业能力，加强质量控制体系建设。在首次公开发行前的两个环节的估值中，相对于承销商作出的投资价值研究报告，**预计市值的分析在本质上对于估值机构的独立性有着更高的要求**。

## 7.2 注册制如何影响上市公司股价的驱动因素?

### 问题：注册制如何影响上市公司股价的驱动因素?

2023年2月17日，全面实行注册制制度规则的发布实施，标志着注册制的制度安排基本定型，也标志着注册制推广到全市场和各类公开发行股票行为，在中国资本市场改革发展进程中具有里程碑意义。

那么，全面实行注册制，如何影响上市公司股价的驱动因素?

### 解答结论

价格本应由价值决定，并受供求关系的影响。但核准制下股票发行、上市和退市制度的市场化改革尚未完成，供求关系可能成为价格的决定因素，进而营造出股票市场的投机氛围，导致股票投资短期化和散户化。注册制的全面实行，将使得价格与价值、供求之间的关系步入正常轨道，这又将促使上市公司更加注重价值创造，提高信息披露质量，促使价值投资理念和中长期投资理念的形成。

### 解答分析

**1.价格与价值、供求之间的关系应该是怎样的?**

在市场经济条件下，**价格由价值所决定，并受供求关系的影响**，价值是价格的内在决定因素，供求是价格的外在影响因素。供求关系不是价格的决定因素，供求关系与价格之间是相互影响的关系。供求关系会影响价格，供小于求则价格上涨，供大于求则价格下跌；价格也会影响供求关系，价格上涨则需求减少供给增加，价格下跌则需求增长供给减少。

**价格与价值、供求之间的关系，是价格围绕着价值波动、价格不应长期背离价值的理论依据，也是市场具备配置资源能力以及具有优胜劣汰功能的基础**。这些市场规律能否形成、市场功能能否得以发挥，关键在于市场的需求与供给是否具有足够的弹性，特别是供给侧的弹性是否充分。如果供给侧缺乏足够的弹性，会扭曲价格与价值、供求之间的关系。比如，在供给侧的进入端实施人为管制，将增加供给的稀缺性，推高价格。

**2.在核准制背景下，价格与价值、供求之间的关系存在怎样的问题?**

**在股票发行采用核准制的时期，股票发行制度的市场化改革尚未完成**，公开发行股票的企业数量和发行节奏受到较为严格的管制，客观上提高了上市公司的稀缺性，在假设股票投资需求不变的前提下，这将推高上市公司的股价，**推高上市公司的流动性价格和“壳资源”价格**，提高股票的交换价值。**在核准制时期，上市公司退市制度的市场化改革也尚未完成**，“养壳”“保壳”“借壳”等行为屡见不鲜，股票市场优胜劣汰的功能无法得到很好的发挥，使得一些规模很小的绩差股仍留在股票市场中，继续享有因上市公司稀缺性而带来的流动性溢价和“壳资源”价格，**推高了这些绩差上市公司的股价**。

上述两种情形下的股价上涨，并非源于上市公司的内在价值提升，而是缘于股票市场供给侧缺乏弹性而形成的供小于求。也就是说，在这种情形下，**供求关系“喧宾夺主”成为股票价格的决定因素**。

当股价由供求关系决定时，股价上涨或下跌取决于供求关系的变化，股票价值只是一个影响因素而已，股价的波动不一定围绕着价值，股价可能长期背离其价值。**股价由供求关系决定，将营造出股票市场的投机氛围，而股票投机行为本质上是一种“击鼓传花”的冒险游戏，通常具有短期化的特征**。如果上市公司信息披露不规范，将使得投资者面临信息不对称，进而导致股票市场“劣币驱逐良币”，使股票市场的投机氛围更加浓厚。股票市场的投机化和短期化，使上市公司股价波动加剧，投资者风险增加，也会使得投资者结构趋向散户化。

**3.如何解决上述问题?**

要解决以上问题，关键在于提高股票市场供给侧的弹性，包括供给侧进入端和退出端的弹性。而要增加股票市场供给侧的弹性，就要提高股票发行、上市、退市的市场化程度，达到上市退市的“双向畅通”。**全面实行注册制**，是市场在资源配置中决定性作用的具体体现，不仅新股发行定价更加市场化，而且上市和退市条件也更具市场化特征，显著增加了股票市场供给侧的弹性。在这样的背景下，**市场规律才能在股票市场中得以形成，才能使股票市场具备优胜劣汰的功能，股票价格与股票价值的关系才不会被扭曲，股价将由其价值决定**。

当股价由价值决定时，股票价格的涨跌取决于其价值的涨跌，股价与股票供求关系之间的相互影响使股价出现波动，但股价的波动围绕着价值，股价不会长期背离其价值。由此，**价值投资理念和中长期投资理念将逐步形成**。注册制以信息披露为核心，上市公司及时规范的信息披露机制，将降低投资者面临的信息不对称的程度，这将有利于股票市场优胜劣汰功能的实现，促使价值投资理念和中长期投资理念成为股票市场的主流。股票市场价值投资理念和中长期投资理念的形成与发展，能够从整体上降低股票市场的波动性，**同时也会增加投资的专业化要求，这又将促使投资者结构朝着机构化方向发展**。

**4.注册制背景下，股票价值由什么因素驱动?**

在全面实行注册制的背景下，股票价格由股票价值决定，上市公司只有创造更大的价值，才能为股票价格的上涨提供有力支撑。那么，股票价值又是由什么因素驱动呢？**上市公司股票价值的驱动因素通常为以下两项**。

**一是经济增加值**。经济增加值也称为经济利润，是指从税后净营业利润中扣除包括股权和债务的全部投入资本成本后的所得。**经济增加值堪称最佳的企业绩效衡量指标**，经济增加值为正，说明企业正在创造价值；经济增加值为负，说明企业正在毁损价值。经济增加值也是运用收益法评估企业价值所采用的收益指标之一，经济增加值折现模型与自由现金流折现模型完全等价。

**二是股票流动性**。在股票市场，上市公司的股份可以拆细成标准化产品向200人以上的非特定群体作连续交易，这种交易机制增加了潜在购买者的数量，降低了上市公司股份出售的难度。相比于非上市企业的股权，上市公司股票基于“资本证券化”享有流动性溢价。更进一步地，还可以通过“证券透明化”提高上市公司股票的流动性溢价。“证券透明化”要求上市公司及时、公平地披露真实、准确、完整的信息。上市公司信息的公开机制，是股票市场的核心机制。表面上看，上市公司披露信息是为投资者服务的，上市公司也会因此而承担成本，但实际上披露信息能对上市公司起到“增值”的作用，即降低投资者面临的不确定性，有利于上市公司的价值发现。

股票价值的两项驱动因素中，经济增加值是内在的价值驱动因素，以经济增加值衡量上市公司的效用，能够体现出上市公司的价值创造过程，通过经济增加值折现模型得到的价值，属于上市公司的内在价值。

股票流动性则是外在的价值驱动因素，反映了特定市场环境所具有的价值发现能力。股票流动性对价值的影响，与供求关系对价格的影响是不同的。前者主要指上市公司所处市场层级及其交易机制对价值的影响，其影响过程是抽象的。一般地，上市公司也可以通过提高信息披露的质量等措施提升其股票的流动性。后者的影响过程是具体的、个别的，不由上市公司本身所控制。在内在价值基础上考虑了价值发现能力的影响，可称作外在价值。

在以信息披露为核心的注册制背景下，“酒香也怕巷子深”。经济增加值这项价值驱动因素，要面对的是“酒香不香”的问题，而股票流动性这项价值驱动因素，要解决的是“巷子深不深”的问题。

**5.注册制背景下价格与价值、供求之间的关系，对上市公司及投资者有何影响？**

在全面实行注册制的背景下，股票价格由其价值决定，并受供求关系的影响，而股票价值又由经济增加值决定，并受股票流动性影响，因而也可以说，一家上市公司的股票价格的高低，根本上取决于其所能创造的经济增加值的大小，并受股票流动性和供求关系的影响，而股票流动性又取决于其信息披露的及时性和完整性。因此，**在全面实行注册制的背景下，一方面要求上市公司应当“以价值创造为关键抓手”，更加注重价值创造**，以提升上市公司的质量。提升企业的价值创造能力，也将成为最好的市值管理方式。**另一方面要求上市公司及时规范地披露信息，提高信息披露的质量，提升与投资者沟通交流的能力**。

注册制背景下股票价格与价值、供求之间的关系，将促使价值投资理念和中长期投资理念形成并逐步发展为主流，进而会对投资者产生深远影响。**投资者应更加重视上市公司的基本面，加强上市公司价值的估值与研究，提高投资的专业化水平，这又将提高机构投资者占比**。

上述关于全面实行注册制对上市公司股价形成机制的改变，方向是明确的，路径是清晰的，理论是成熟的，但这样的改变需要经过多长时间才能完成，我们难以对此作出准确判断，但改变的过程可能正在悄然发生。

**相关资料**

《中华人民共和国证券法》第七十八条规定："发行人及法律、行政法规和国务院证券监督管理机构规定的其他信息披露义务人，应当及时依法履行信息披露义务。

信息披露义务人披露的信息，应当真实、准确、完整，简明清晰，通俗易懂，不得有虚假记载、误导性陈述或者重大遗漏。

证券同时在境内境外公开发行、交易的，其信息披露义务人在境外披露的信息，应当在境内同时披露。"

# 7.3 注册制对一二级市场价差有何影响?

## 问题：注册制对一二级市场价差有何影响?

2023年2月17日，全面实行注册制制度规则的发布实施，标志着注册制的制度安排基本定型，也标志着注册制推广到全市场和各类公开发行股票行为，在中国资本市场改革发展进程中具有里程碑意义。

那么，在全面实行注册制背景下，新股一二级市场价差将呈现怎样的趋势？注册制对一二级市场价差有何影响？

## 解答结论

在全面实行注册制背景下，上市价跌破发行价将成为常态，这将促使发行定价更趋理性，也可能增加发行风险，还会对跨一二级市场套利和Pre-IPO投资模式产生不利影响。

## 解答分析

**1.注册制改革的市场化方向**

资本市场的核心功能是资源配置。全面实行注册制，是市场在资源配置中决定性作用的具体体现。市场化是注册制改革的坚定方向，作为注册制改革的重要环节，新股发行定价机制的改革也遵循着市场化方向。注册制实行以市场化询价方式为主，以直接定价为补充的新股发行定价机制。2021年9月18日后，发行承销规则的调整和优化促进了买卖双方的博弈，提升了发行定价的市场化水平。

**2.“破发”将成为常态**

在全面实行注册制背景下，不仅新股发行定价更加市场化，而且上市和退市条件也更具市场化特征，资本市场优胜劣汰的功能将日益凸显，发行人和投资者应更加重视市场规律的影响，不断提升专业化能力。在这些因素的共同作用下，资本市场一二级市场价差将逐步缩减，上市价跌破发行价将成为常态。

**3.“破发”常态化可能带来的影响**

**（1）对发行定价的影响**。“破发”常态化将提升新股申购的风险，对新股申购的投资热情产生一定的抑制作用，这将倒逼发行定价更趋理性，促使一二级市场价差进一步收窄。

**（2）对发行风险的影响**。“破发”常态化可能增加发行风险，可能出现新股发行中止或发行失败的情形。新股申购风险的加大，可能对新股发行规模或发行单价产生不利影响，进而可能影响发行后总市值。若出现发行人预计发行后总市值不满足其在招股说明书中明确选择的市值标准的情形，将导致中止发行，甚至引致发行失败。

全面实行注册制后，新股发行中止或发行失败，通常是发行人与投资者进行充分价格博弈的合理结果，也是市场决定资源配置的正常反映。

**（3）对投资模式的影响**。全面实行注册制后，新股发行价与上市价的价差将逐步收窄，上市价跌破发行价将成为常态，在这样的背景下，以套取一二级市场价差为主业的投资模式将逐渐淡出市场，Pre-IPO投资的风险提升，Pre-IPO投资模式也将受到抑制。

# 7.4　注册制对流动性溢价有何影响?

## 问题：注册制对流动性溢价有何影响?

在股票市场，上市公司的股份可以拆细成标准化产品向200人以上的非特定群体作连续交易，这种交易机制增加了潜在购买者的数量，降低了上市公司股份出售的难度。因此，相对于非上市公司，上市公司的股价通常含有流动性溢价，这也是资本市场价值发现功能的体现。

2023年2月17日，全面实行注册制制度规则的发布实施，标志着注册制的制度安排基本定型，也标志着注册制推广到全市场和各类公开发行股票行为，在中国资本市场改革发展进程中具有里程碑意义。

那么，全面实行注册制，对上市公司的流动性溢价有何影响?

## 解答结论

全面实行注册制之后，A股流动性溢价的整体趋势将会下降，但不会消失。不同板块的流动性溢价将存在差异，不同行业、不同个股的流动性溢价的分化程度将进一步扩大，A股估值“规模越小市盈率越大”的结构性倒挂现象有望得到改变。

## 解答分析

### 1.注册制对流动性溢价的整体趋势有何影响?

**一方面，全面实行注册制之后，A股各板块上市条件更具包容性，A股市场将有序扩容**。其中，基于主板上市条件中公司规模门槛的提升，主板市场的扩容效果将较为显著。在主板的三套上市标准中，其中的两套上市标准设置了预计市值条件（预计市值门槛分别为50亿元和80亿元），主板相对较高的预计市值门槛，体现了主板支持“大盘蓝筹”的板块定位。

**另一方面，全面实行注册制之后，机构投资者占比将进一步提升，价值投资理念将逐步成为主流**。

受以上因素的影响，**全面实行注册制之后**，A股市场的定价将更趋理性，**A股流动性溢价的整体趋势将会下降**。

### 2.流动性溢价会消失吗?

全面实行注册制之后，**从整体上看，A股的流动性溢价不会消失**，主要有以下三个方面的原因。

**（1）上市条件并未明显降低。全面实行注册制之后，各板块的上市条件更具包容性，但上市条件并没有明显降低**。以主板为例，在注册制的发行制度下，取消了最近一期期末不存在未弥补亏损、无形资产占净资产的比例限制等要求，设置了“持续盈利”“预计市值+收入+现金流”“预计市值+收入”等三套上市指标，进一步提升了市场包容性，提高了无市值要求（即第一套上市标准）的企业财务指标。

**（2）上市公司数量不会激增**。全面实行注册制之后，尽管IPO有望提速，但上市审核仍需要较长的时间，企业的成长也需要一定的周期，股票市场供给将有序扩容，上市公司的数量不太可能激增。

**（3）流动性溢价的原因仍在**。上市公司的股价通常含有流动性溢价，是相对于非上市公司而言的。上市公司的股份可以拆细成标准化产品，向200人以上的非特定群体作连续交易，这种交易机制增加了潜在购买者的数量，降低了上市公司股份出售的难度，这是形成上市公司流动性溢价的根本原因。全面实行注册制之后，形成上市公司流动性溢价的原因仍然存在。

**3.注册制背景下，流动性溢价将呈现怎样的结构性特征?**

流动性溢价的根源在于供需关系。在股票市场，投资者的资金是有限的，能够获得流动性溢价的上市公司数量也是有限的。在核准制期间，股票发行制度的市场化改革尚未完成，价值投资理念难以深入人心，个人投资者占比较大，投机氛围较重。在全面实行注册制背景下，不仅新股发行定价更加市场化，而且上市和退市条件也更具市场化特征，资本市场优胜劣汰的功能将日益凸显。

**全面实行注册制之后，A股流动性溢价将呈现以下特征**。

**（1）股票分化程度将进一步扩大**。全面实行注册制之后，A股流动性溢价的整体趋势将会下降，但与此同时，不同板块的流动性溢价将存在差异，不同行业、不同个股的流动性溢价的分化程度将进一步扩大。

**全面实行注册制之后，各个板块的定位更加清晰**。主板主要服务于业务模式成熟、经营业绩稳定、规模较大、具有行业代表性的优质企业；科创板强调“硬科技”属性；创业板主要服务于成长型创新创业企业；北交所主要服务于创新型中小企业。**各板块的差异化定位，也将使得各板块的流动性溢价存在差异**。

**全面实行注册制之后，不同行业的发展潜力、面临风险及竞争状况不同，其流动性溢价将进一步分化**，并非所有的行业都有流动性溢价。

**全面实行注册制之后，不同个股的流动性溢价的分化程度将进一步扩大**。优质的上市公司将成为市场追逐的对象，优质企业的资金聚集效应将更加明显。而绩差股可能被边缘化，甚至丧失流动性溢价。

**（2）估值的结构性倒挂现象有望改变**。在核准制期间，A股估值存在结构性倒挂现象，即企业规模越小，市盈率越大，市值规模小的股票更易受到资金波动的影响，也更可能成为炒新、炒热点、炒概念等投机标的。A股估值的结构性倒挂现象是核准制下市场化改革尚未完成、股票供需失衡的结果。

全面实行注册制之后，估值的结构性倒挂现象有望改变，上市公司股价与其内在价值的相关性将提升，小市值公司的换手率和流动性溢价将降低。

# 7.5　注册制对上市公司“壳资源”价值有何影响?

## 问题：注册制对上市公司“壳资源”价值有何影响?

2023年2月17日，全面实行注册制制度规则的发布实施，标志着注册制的制度安排基本定型，也标志着注册制推广到全市场和各类公开发行股票行为，在中国资本市场改革发展进程中具有里程碑意义。

上市公司的“壳资源”是指上市公司的股票具有在证券交易所上市的资格。全面实行注册制，对上市公司“壳资源”价值有何影响?

## 解答结论

上市公司“壳资源”价值可能蕴含于二级市场股价的流动性溢价之中，也可能体现在上市公司股份转让的溢价之中。全面实行注册制之后，从股市整体上看，上市公司“壳资源”价值并不会消失，但呈下降趋势。从个股上看，退市常态化将逐步削减小市值上市公司的“壳资源”价值，濒临退市的上市公司的“壳资源”价值将消失殆尽。

## 解答分析

### 1.上市公司的“壳资源”价值如何体现?

上市公司的“壳资源”本质上属于一种行政许可资质，但与其他行政许可资质通常由企业拥有不同的是，**上市公司的“壳资源”并非由上市公司拥有，而是由上市公司的股东直接持有**。相应地，上市公司的“壳资源”价值不是表现为上市公司的一项资产，并非首先体现于上市公司的价值中再由股东间接享有，而是由上市公司的股东直接享有。

不论是股东直接享有还是间接享有，股东都是最终的价值享有者，那么，为什么需要特别强调上市公司的“壳资源”价值由股东直接享有?这事关上市公司“壳资源”价值的体现方式。通常情况下，**上市公司“壳资源”价值有以下两种体现方式**。

**第一种方式，上市公司“壳资源”价值蕴含于二级市场股价的流动性溢价之中**，此类方式中的“壳资源”价值由上市公司的全体股东享有。

**第二种方式，上市公司“壳资源”价值体现在上市公司股份转让的溢价之中**，此类“壳资源”价值可能由上市公司的全体股东享有，也可能由上市公司的大股东独享。在这种方式下，实现“壳资源”价值的典型路径是借壳上市，借壳上市的具体途径及“壳资源”价值的实现方式如下：

| 借壳途径 | "壳资源"价值的体现方式 | "壳资源"价值的享有主体 |
|---|---|---|
| **买壳上市**，即拟借壳方先购买上市公司控股权，再向上市公司注入拟借壳方的业务或资产，实现拟借壳方间接上市 | 上市公司"壳资源"价值主要体现于控股权转让价格高出二级市场股价的溢价之中 | 出售控股权的上市公司原大股东 |
| **资产置换**，即上市公司与拟借壳方进行资产置换，置入资产超过置出资产的差额由上市公司增发股份进行购买，拟借壳方取得壳公司的控制权 | 上市公司"壳资源"价值一方面体现于其二级市场的股价中，另一方面体现于重组后原股东所保留股份的溢价中 | 重组后仍保留股份的原股东 |
| **"净壳"增发**，即上市公司将其全部资产负债转出（通常由上市公司大股东收购），使上市公司成为无资产、无负债、无业务的"净壳"，然后通过增发股份的方式置入拟借壳方的资产负债，并由拟借壳方取得上市公司的控股权 | 上市公司"壳资源"价值一方面体现于"净壳"公司在二级市场的股价中，另一方面体现于增发重组后原股东所持股份的溢价中 | 增发重组后仍持有股份的原股东 |

注：在资产置换和"净壳"增发的借壳途径中，还可能存在由拟借壳方向上市公司原大股东支付的隐性对价，这些隐性对价也是上市公司"壳资源"价值的组成部分，并由上市公司原大股东享有。

从上市公司的"壳资源"价值的体现路径可以看出，"壳资源"是影响上市公司二级市场股价和原股东股权转让价格的重要因素。不过，要从上市公司二级市场股价或股权转让价格中单独剥离出上市公司的"壳资源"价值并非易事。在第一种方式中，"壳资源"价值包含于二级市场股价的流动性溢价之中，但要从股价中拆分出流动性溢价十分困难，且这种方式下"壳资源"价值由全体股东共享，单独体现"壳资源"价值缺乏必要性。在第二种方式中，上市公司的"壳资源"价值通常又与控制权溢价以及重组协同效应、大宗交易折扣等因素相混合、相叠加，难以将各种因素对股价的影响金额作量化区分。

**2.上市公司"壳资源"价值的预期走势如何?**

尽管难以甚至无法单独衡量上市公司的"壳资源"价值，但上市公司"壳资源"是影响二级市场股价和原股东股权转让价格的重要因素，分析和判断上市公司"壳资源"价值的预期走势仍具有现实意义。

"物以稀为贵"，一项资源价值的高低，与其稀缺性密切相关。**上市公司"壳资源"的价值，也取决于上市公司的稀缺程度，具体而言，取决于发行与上市条件、审核注册制度以及退市条件等因素**。

全面实行注册制之后，尽管上市条件并没有明显降低，但各板块的上市条件更具包容性。尽管上市审核效率预计不会显著提升，但新股发行定价更加市场化，上市和退市条件也更具市场化特征，首次公开发行股票的企业数量和发行节奏，是市场决定资源配置的结果，企业发行上市的可预期性明显提高。

全面实行注册制背景下，退市标准更加多元化和市场化，上市公司强制退市包括交易类强制退市、财务类强制退市、规范类强制退市和重大违法类强制退市等四类情形，其中，交易类强制退市情形凸显出退市条件的市场化特征。

受以上因素的影响，**全面实行注册制之后，从股市整体上看，上市公司"壳资源"价值并不会消失，但呈下降趋势**。**从个股上看，退市常态化将逐步削减小市值上市公司的"壳资源"价值，濒临退市的上市公司的"壳资源"价值将消失殆尽**。在全面实行注册制背景下，"养壳""保壳""炒壳"等行为的成本和风险大增，以此为基础开展的借壳上市情形也将大幅减少。

# 7.6　注册制对企业价值评估方法的应用有何影响?

## 问题：注册制对企业价值评估方法的应用有何影响?

2023年2月17日，全面实行注册制制度规则的发布实施，标志着注册制的制度安排基本定型，也标志着注册制推广到全市场和各类公开发行股票行为，在中国资本市场改革发展进程中具有里程碑意义。

那么，全面实行注册制，对三大基本方法在企业价值评估中的应用有何影响?

## 解答结论

全面实行注册制，对三大基本方法在企业价值评估中的应用均会产生影响。在市场法的应用中，注册制的实行将扩展上市公司比较法的适用范围，要求在更为细分的行业小类中筛选可比上市公司，不宜再通过对比新股发行价与上市后的股价的方法测算缺乏流动性折扣率，企业间规模差异的修正将更具合理性。在收益法的应用中，全面实行注册制将使得CAPM更具适用性，ERP将有所下降，更容易筛选出可比上市公司以获得β系数。在资产基础法的应用中，注册制将使得该方法在绩差上市公司价值的评估中更具适用性。

## 解答分析

### 1.注册制对市场法应用的影响

在企业价值评估中，市场法的具体方法包括交易案例比较法和上市公司比较法。全面实行注册制对运用市场法评估企业价值的影响，主要体现于上市公司比较法之中，具体表现为以下四个方面。

**一是对上市公司比较法适用性的影响**。上市公司比较法的应用前提，在于能够筛选出与被评估单位具有可比性的上市公司。根据《资产评估执业准则——企业价值》的规定，可比上市公司应与被评估单位处于同一个行业，或受相同经济因素的影响。全面实行注册制之后，股票市场供给将有序扩容，上市公司总家数也将有序增加，A股市场涉及的细分市场的种类也有望增加，这将提高筛选出与被评估单位具有可比性的上市公司的可能性，**使上市公司比较法具有更广的适用范围**。

**二是对可比公司筛选标准的影响**。在全面实行注册制的背景下，设置可比上市公司的筛选标准时，应特别关注细分市场的影响。

在市场规律的作用下，市场化程度越高，企业的专业化程度越高，行业就越细分化。

全面实行注册制是市场在资源配置中决定性作用的具体体现，在注册制背景下，**应优先在同一个行业小类中筛选可比上市公司**，必要时可将筛选范围扩大至同一个行业中类，但不宜在同一个行业大类中筛选，更不得在行业门类中筛选可比上市公司。

**三是对测算缺乏流动性折扣率的影响**。采用上市公司比较法对非上市公司进行评估时，最关键的指标是缺乏流动性折扣率，这一指标的合理性很大程度上决定着评估结果的质量。实践中常用的计算流动性差异的方法包括四种：**对比新股发行价与上市后的股价**；对比同期非上市公司并购市盈率与上市公司市盈率；对比IPO前与上市后的股价；对比上市公司限售股与非限售股，或采用期权定价模型计算缺乏流动性折扣率。其中，第一种方法隐含了被评估单位已IPO的假设，可能会低估尚未IPO的非上市公司的缺乏流动性折扣率，且在全面实行注册制背景下，上市价跌破发行价将成为常态，**这种方法将被淘汰**。

**四是对规模差异进行修正的影响**。根据评估准则的要求，选择可比上市公司时应关注企业规模的影响，但评估准则并未对被评估单位与可比上市公司的规模差异作出明确限制。在对价值比率进行修正过程中，被评估单位与可比上市公司的规模差异是重要的修正因素。在同等条件下，企业的规模越大，其经营杠杆和风险通常越小。在有些行业中，规模差异对企业面临的风险和发展潜力的影响很大，如果企业间的规模差异巨大，可能不具有可比性。

在核准制期间，A股估值存在结构性倒挂现象，即企业规模越小，市盈率越大，市值规模小的股票更易受到资金波动的影响。全面实行注册制之后，估值的结构性倒挂现象有望改变，上市公司股价与其内在价值的相关性将提升，上市公司规模与风险之间的关联更有可能通过股价得以呈现。**因此，在全面实行注册制背景下，对被评估单位与可比上市公司之间规模差异进行修正，将更具合理性**。

**2.注册制对收益法应用的影响**

注册制对运用收益法评估企业价值的影响，主要反映在测算权益资本成本的过程中。目前，在运用收益法评估企业价值的实务中，估算权益资本成本通常采用资本资产定价模型（CAPM）。尽管从理论上看，CAPM基于证券市场有效、证券不征税且无交易成本等一系列假设，这些假设限制了CAPM的应用，但相比于三因子模型、套利定价模型（APT）等替代方法，CAPM具有操作较为简便、数据获取较为容易等优势。此外，CAPM还便于理解，其本质也是一种风险累加法，但相比于传统的风险累加法，CAPM可以降低评估人员的随意性。

全面实行注册制，对CAPM的应用至少会产生以下三个方面的影响。

**一是对CAPM适用性的影响**。从理论上看，证券市场有效是CAPM的假设前提之一。在全面实行注册制背景下，不仅新股发行定价更加市场化，而且上市和退市条件也更具市场化特征。市场化程度的提高，将提升证券市场的有效性，**使CAPM更具适用性**。

**二是对市场风险溢价（ERP）的影响**。实务中ERP主要采用A股市场的历史风险溢价数据，A股上市公司的发行制度、退市制度以及投资者结构等因素均会影响ERP。一般情况下，随着股票市场的市场化程度进一步提升，其优胜劣汰的功能将得到有效发挥，上市公司股票的定价会更为客观和理性，股价与其内在价值的相关性将提高，股票市场收益率的波动幅度有望收窄，ERP也将有所下降。相比核准制，全面实行注册制之后，A股市场收益率的波动程度将下降，ERP也随之下降。**随着全面注册制的实行与发展，预计未来ERP将有所下降**。

**三是对 β 系数的影响**。在运用CAPM测算权益资本成本过程中，需要利用可比上市公司β系数，以反映可比上市公司与股票市场整体风险溢价的差异。获取β系数的前提，在于能够筛选出与被评估单位具有可比性的上市公司。全面实行注册制之后，股票市场供给将有序扩容，上市公司总家数也将有序增加，能够筛选出与被评估单位具有可比性的上市公司的概率也将随之提升。

此外，全面实行注册制之后，上市公司股价与其内在价值的相关性将提升，而内在价值通常采用收益法评估得出，因此，收益法在上市公司价值评估中的适用性有望提升。

**3.注册制对资产基础法应用的影响**

在股票发行制度采用核准制期间，鲜有对上市公司的价值采用资产基础法进行评估的案例，究其原因，主要在于资产基础法难以量化上市公司股票强流动性带来的溢价，也无法测算上市公司“壳资源”的价值。在核准制期间，股票发行制度与退市制度的市场化改革尚未完成，资本市场优胜劣汰的功能没能得到很好的发挥，甚至一些濒临退市的上市公司，也能因其拥有上市“壳资源”而享有高额溢价。因此，**在核准制下，对于上市公司价值的评估，资产基础法一般不具有适用性**。

**在全面实行注册制的背景下**，对上市公司价值进行评估时，资产基础法是否具有适用性应基于上市公司绩效作进一步的区分。对于绩优上市公司，因其可能具有自创商誉，一般不宜采用资产基础法进行评估。在全面实行注册制之后，上市公司股价与其内在价值的相关性将进一步提升，价值投资理念将逐步成为主流，绩差上市公司将逐步被市场边缘化，不再享有强流动性溢价，且退市条件更具市场化特征，绩差上市公司退市的风险将大为增加，绩差上市公司“保壳”成本及风险大增，其“壳资源”不再享有明显溢价，甚至逐渐消失。因此，**对于绩差上市公司，资产基础法可能具有适用性**。

**相关资料**

《资产评估执业准则——企业价值》第三十三条规定：“资产评估专业人员应当关注业务结构、经营模式、企业规模、资产配置和使用情况、企业所处经营阶段、成长性、经营风险、财务风险等因素，恰当选择与被评估单位进行比较分析的可比企业。

资产评估专业人员所选择的可比企业与被评估单位应当具有可比性。可比企业应当与被评估单位属于同一行业，或者受相同经济因素的影响。”

## 7.7 全面实行注册制如何影响估值体系?

### 问题：全面实行注册制如何影响估值体系?

2023年2月17日，全面实行注册制制度规则的发布实施，标志着注册制的制度安排基本定型，也标志着注册制推广到全市场和各类公开发行股票行为，在中国资本市场改革发展进程中具有里程碑意义。

那么，估值体系包括哪些要素？全面实行注册制如何影响估值体系？

### 解答结论

全面实行注册制对估值体系的影响，主要表现为以下六个方面：一是对上市公司相关估值需求的影响，增加了预计市值的估值需求以及信息披露涉及的估值需求；二是提高了估值的重要性；三是助推价格与价值、供求之间的关系步入正常轨道，促使价值投资理念和中长期投资理念的形成；四是对估值方法的应用过程及适用范围产生影响；五是促使发行定价更趋理性，流动性溢价的整体趋势将有所下降；六是从股市整体上看，上市公司“壳资源”价值也将呈下降趋势。

### 解答分析

**完整的估值体系应涵盖估值需求和估值供给这两个维度，估值供给维度又包括价值驱动因素、估值方法、估值参数、估值质量要求等要素**。全面实行注册制对估值体系的影响，可以围绕以下六大要素展开分析：上市公司相关的估值需求、上市公司估值的重要性、上市公司股价的驱动因素、估值方法、流动性溢价、“壳资源”价值。

**1.注册制背景下上市公司相关的估值需求有哪些?**

在全面实行注册制背景下，上市公司相关的估值需求主要包括上市公司的估值需求以及交易上市公司股份涉及的估值需求这两大类。上市公司的估值需求又可区分为上市前、上市中、上市后这三类。上市前的估值需求主要对应于企业设立、整体变更、股权变动以及会计计量等事项，上市中的估值需求主要包括首次公开发行股票涉及的估值需求以及预计市值的估值分析，上市后的估值需求主要涉及公开发行证券、资产重组以及会计计量对应的估值需求。

值得注意的是，在上市公司相关的上述估值需求中，很多估值需求可能属于法定评估事项。

**2.注册制是否提高了估值的重要性?**

全面实行注册制，是市场在资源配置中决定性作用的体现，而资本是股票市场的重要资源，资本的配置环节又主要体现在股票公开发行、股票上市和退市等环节。市场配置资源主要是通过市场主体是否达成交易来实现的，交易是否达成主要取决于价格因素，价格又取决于价值，尽管价值是客观存在的，但价值并非现成可观察的，价值需要通过估值或判断得出。由此也可以看出，市场在资源配置中的作用越大，估值的重要性越高。全面实行注册制，提高了估值的重要性。

**3.注册制如何影响上市公司股价的驱动因素?**

价格本应由价值决定，并受供求关系的影响。但核准制下股票发行、上市和退市制度的市场化改革尚未完成，供求关系可能成为价格的决定因素，进而营造出股票市场的投机氛围，导致股票投资短期化和散户化。注册制的全面实行，将使得价格与价值、供求之间的关系步入正常轨道，这又将促使上市公司更加注重价值创造，提高信息披露质量，促使价值投资理念和中长期投资理念的形成。

**4.注册制对估值方法的应用有何影响?**

全面实行注册制，对三大基本方法在企业价值评估中的应用均会产生影响。在市场法的应用中，注册制的实行将扩展上市公司比较法的适用范围，要求在更为细分的行业小类中筛选可比上市公司，不宜再通过对比新股发行价与上市后的股价的方法测算缺乏流动性折扣率，企业间规模差异的修正将更具合理性。在收益法的应用中，全面实行注册制将使得CAPM更具适用性，ERP将有所下降，更容易筛选出可比上市公司以获得β系数。在资产基础法的应用中，注册制将使得该方法在绩差上市公司价值的评估中更具适用性。

**5.注册制对流动性溢价有何影响?**

在全面实行注册制背景下，上市价跌破发行价将成为常态，这将促使发行定价更趋于理性，也可能增加发行风险，还会对跨一二级市场套利和Pre-IPO投资模式产生不利影响。

全面实行注册制之后，A股流动性溢价的整体趋势将会下降，但不会消失。不同板块的流动性溢价将存在差异，不同行业、不同个股的流动性溢价的分化程度将进一步扩大，A股估值“规模越小市盈率越大”的结构性倒挂现象有望得到改变。

**6.注册制对上市公司“壳资源”价值有何影响?**

上市公司“壳资源”价值可能蕴含于二级市场股价的流动性溢价之中，也可能体现在上市公司股份转让的溢价之中。全面实行注册制之后，从股市整体上看，上市公司“壳资源”价值并不会消失，但呈下降趋势。从个股上看，退市常态化将逐步削减小市值上市公司的“壳资源”价值，濒临退市的上市公司的“壳资源”价值将消失殆尽。

## 7.8 关于预计市值的十大关注事项

注册制全面实行后，各板块的上市条件中降低了对净利润的门槛要求，相应增设了预计市值的标准。对于不存在表决权差异安排的境内发行人，主板和创业板分别设置了三套市值及财务指标，均仅有一套指标未涉及预计市值，而科创板及北交所的各套上市条件中，全部设置了预计市值条件；对于红筹企业以及存在表决权差异安排的境内发行人，各板块的各套上市条件，也均设置了预计市值条件。由此可以看出，全面实行注册制后，预计市值成为最重要的上市条件。

对于预计市值，我们列举了十大关注事项，分别作出解答和分析，以供参考。

**关注事项十：什么是预计市值?**

预计市值，即预计发行后总市值，是指股票公开发行后按照总股本乘以发行价格计算出来的发行人股票名义总价值。在计算预计市值时，若发行价格是一个区间，则以发行价格区间的下限进行计算；对于采用超额配售选择权发行的证券数量，不纳入计算范畴。

**关注事项九：何时需要对市值进行预先评估?**

发行人在提交发行上市申请时，应当明确所选择的具体上市标准。对于发行人选择的上市标准中涉及预计市值指标的，保荐机构应当对发行人的市值进行预先评估，并在《关于发行人预计市值的分析报告》中充分说明发行人市值评估的依据、方法、结果以及是否满足所选择上市标准中的市值指标的结论性意见等。

保荐机构在对发行人的市值进行预先评估过程中，也可以委托专业的评估机构提供咨询服务。

**关注事项八：预计市值的评估与企业价值的评估有何不同?**

按照评估基准日与评估报告日的先后关系，可以将评估区分为追溯性评估、现时性评估和预测性评估。企业价值的评估通常是现时性评估，也可能出现追溯性评估，但一般不会涉及预测性评估。

预计市值的评估则属于预测性评估，其评估基准日（股票公开发行日）位于作出《关于发行人预计市值的分析报告》的时点之后。不过，鉴于在发行人提交发行上市申请前，通常无法确定股票公开发行日，也难以对拟公开发行的股份数量作出判断，实务中，在《关于发行人预计市值的分析报告》中作出的预计市值，其价值范畴通常是发行人在提交发行上市申请时点的价值（考虑了公开发行对应的流动性溢价），且并未考虑拟公开发行的股份数量对总价值的影响。尽管实务中上述做法所得出的价值，与预计市值的定义不符，但因为公开发行股份数量的存在，使得后者一般大于前者，实务中上述做法并未受到质疑。

**关注事项七：预计市值一般采用什么方法进行评估?**

从理论上看，资产评估的三大基本方法均适用于对预计市值进行评估。在实务中，最常采用的方法是市场法中的上市公司比较法。对于缺乏可比上市公司的发行人，收益法也可能适用。拟发行上市的企业通常拥有表外无形资产和自创商誉，而资产基础法无法单独评估商誉的价值，且无形资产通常适用收益法进行评估，因此，一般不选用资产基础法评估预计市值。实务中，也存在这样的案例：发行人近期刚好实施过资产基础法的评估，且评估结果高于其选择的上市标准中的市值条件，将该资产基础法评估结果作为佐证发行人满足上市要求的资料之一。

**关注事项六：运用市场法评估预计市值时应注意什么问题?**

运用市场法评估预计市值时，应重点关注可比公司的选择、价值比率的选择、价值比率的修正等事项。

在可比公司的选择方面，有些项目的可比公司筛选条件设置过于宽泛，甚至直接将发行人所在行业的上市公司全部作为可比公司，这是不可取的。关于可比公司的数量与可比性的关系，应注重可比性，不宜片面追求更多的可比公司数量。

关于价值比率的选择，实务中最常采用的价值比率是市盈率（P/E），又可进一步细分为静态市盈率、动态市盈率和滚动市盈率（TTM），盈利指标一般选用扣除非经常性损益后的归属于母公司的净利润；对于未盈利企业，更多采用的价值比率分别是市销率（P/S）和市净率（P/B）；生物医药企业也常选用市研率。有些项目选择价值比率过于随意，未充分考虑各种价值比率的适用特征。

在预计市值的评估实务中，最普遍也最突出的问题在于未就发行人与可比公司之间的其他差异（指除价值比率中的指标之外的其他差异），对可比公司的价值比率作出修正。有观点认为，对可比公司的价值比率进行修正过于主观，为保持估值过程的客观性，不对价值比率作修正。但这种观点本身就是一种主观臆断，相当于断定发行人与可比公司之间除价值比率中的指标之外完全相同。在运用市场法评估企业价值过程中，对价值比率进行修正是评估执业准则规定的必要程序，企业价值评估中的价值比率修正方法，可以为预计市值评估所借鉴。

预计市值是预计发行后的发行人股票总市值，而可比上市公司的价值比率是基于上市价计算得出的，由此出现一个问题：是否应当对上市价与发行价的差异进行修正？在之前的股票发行核准制背景下，因存在“发行市盈率隐性红线”等因素的影响，上市价相对于发行价在总体上存在一定的溢价。但在全面实行注册制后，新股发行定价的市场化程度提升，上市价跌破发行价的比例上升，“破发”或成常态，在此背景下，上市公司的上市价与发行价之间不一定存在溢价。因此，在全面实行注册制之后，运用上市公司比较法评估发行人的预计市值时，通常可以不对上市价与发行价的差异作修正。

**关注事项五：运用收益法评估预计市值时应注意什么问题？**

在运用收益法评估预计市值的实务操作中，多选用企业自由现金流（FCFF）作为收益指标，但有些评估项目存在这样一种低级且严重的错误：对企业自由现金流（FCFF）采用加权平均资本成本（WACC）进行折现，将由此得到的企业整体价值直接作为发行人的预计市值。正确的做法是，应当在企业整体价值基础上扣减发行人在评估基准日的付息债务的价值，才能得出预计市值。当发行人付息债务较大时，上述错误做法得出的预计市值可能存在巨大的误差，甚至蕴含着“造假上市”的风险。

相对于非上市公司的股价，发行人公开发行股票的价格通常包含流动性溢价，因此，预计市值可理解为具有强流动性特征的股票价值。而本书倾向于认为，收益法的评估结果默认属于缺乏流动性状态下的价值。在运用收益法评估发行人的预计市值过程中，发行人的收益法评估结果并未包含流动性溢价，可以在收益法结果基础上加计流动性溢价，由此得到的预计市值反映了预计市值蕴含的强流动性特征。当然，在运用收益法评估预计市值过程中，若不加计流动性溢价，也不会对“发行人是否满足上市标准中的市值条件”的判断造成不利影响。我们暂未搜索查询到在运用收益法评估预计市值过程中加计流动性溢价的案例。

**关注事项四：评估预计市值时是否应作敏感性分析？**

敏感性分析是从定量角度研究一定数据模型中的输入变量变化对输出变量的影响程度的一种不确定性分析技术。当发行人的预计市值临近于其选择的上市标准中的市值门槛时，交易所在问询中很可能会要求发行人对预计市值可能发生的波动进行敏感性分析。

对预计市值作敏感性分析，实务中大多采用单因素敏感性分析，即每次只变动一个输入变量而其他输入变量保持不变，但敏感性因素不一定是唯一的。

在运用市场法评估预计市值时，敏感性因素通常选择价值比率或其对应的财务指标。比如，将报告期内各年度可比公司平均的静态市盈率、动态市盈率和滚动市盈率的上限和下限，界定为敏感性因素的变动范围，进而计算得出敏感性因素变动情况下的预计市值区间。再比如，分别以可比公司市盈率和发行人净利润作为敏感性因素，采用枚举的方法，设定一定的变动幅度，再计算敏感性因素变动情况下的预计市值，判断是否仍符合发行人选择的上市标准中的市值门槛。

在运用收益法评估预计市值时，折现率、收益额永续增长率、价格水平、业务量是常见的敏感性因素。

**关注事项三：预计市值与最近一轮增资估值的差异有何原因？**

发行人预计市值显著高于其最近一轮增资估值的现象并不少见。在这种现象中，如果发行人最近一轮增资的投后估值低于其选择的上市标准中的市值门槛，则在交易所问询时通常会特别关注这一事项，要求发行人及保荐机构解释预计市值与最近一轮增资估值的差异原因。如果最近一轮增资的同时实施了员工持股安排，交易所可能还会关注是否涉及股份支付问题。

实务中，关于发行人预计市值高于其最近一轮增资的投后估值的原因，发行人及保荐机构主要围绕以下两个方面进行解释：一是两者评估基准日不同，评估预计市值时，发行人销售收入和盈利能力已得到显著提升；二是预计市值考虑了二级市场流动性。

如果发行人在最近一轮增资时作出了业绩补偿承诺、回购承诺等“对赌”承诺，这些承诺会形成或有对价，而或有对价是交易价格的组成部分。从价值口径相匹配的要求看，发行人在最近一轮增资时作出了“对赌”承诺的，应将承诺对应的或有对价从交易价格中剔除，再与发行人预计市值进行对比。

**关注事项二：预计市值虚高可能导致哪些后果?**

预计市值是一项非常重要的上市条件。在发行人提交发行上市申请时，如果预计市值虚高，则制造出“虚假繁荣”的景象，可能使得发行人的上市申请文件存在虚假记载，对投资者的投资决策构成误导，进而可能损害投资者的利益。尽管在全面实行注册制后，发行定价环节的市场化博弈更为充分，但虚高的预计市值评估结果也可能会误导投资者。

此外，如果预计市值虚高，首次公开发行股票的注册申请即便获批，仍有可能出现发行人预计发行后总市值不满足其在招股说明书中明确选择的市值标准的情形，导致中止发行，甚至引致发行失败。

**关注事项一：关于预计市值，交易所最关注哪些问题?**

对于发行人提交的发行上市申请材料，交易所在审核问询过程中最关注可比公司的可比性、价值比率选择依据、预计市值与最近一轮增资估值的差异原因等问题。前两个问题与预计市值大多选用上市公司比较法进行评估相关，后一个问题则是从发行人价值的纵向可比性的角度，要求发行人说明预计市值分析是否合理、谨慎。

# 第 8 章

# 数据资产与价值评估

## 8.1 数据资产有哪些基本特征?

### 问题：数据资产有哪些基本特征?

数据资产的特征，对数据资产价值创造、数据资产价值计量（特别是数据资产的价值评估）具有重要而深远的影响。当前，关于数据资产特征的文献和讨论非常丰富，数据资产的特征种类也很多元。那么，数据资产究竟存在哪些异于其他资产的特点？数据资产各项特征之间存在怎样的逻辑关系？

### 解答结论

数据资产具有非实体性、依存性、可复制性、可加工性、多样性这五项基本特征。基于这些基本特征，还可依次衍生出非消耗性、伴生性和规模性、可共享性和非竞争性、可整合性和动态性、价值易变性等特征。

### 解答分析

本书对数据资产的各项特征进行整理和归纳，并创新性地将数据资产的特征划分为基本特征及其衍生特征，并将数据资产的特征与数据资产的质量要素相区分。

从物理层面出发，数据资产具有非实体性、依存性、可复制性、可加工性、多样性这五项基本特征，在这些基本特征基础上，还会衍生出若干特征。依次分析如下。

**1.基本特征之一：非实体性**

从物理状态看，数据资产没有具体的实物形态，仅以数字的形态存在。因此，数据资产具有非实体性特征。

**基于非实体性特征，可以衍生出数据资产的非消耗性特征**。数据资产不存在实体性贬值，数据资产不会随着使用而磨损或消耗。

**2.基本特征之二：依存性**

数据资产的依存性具体又可以区分为两类，一是存储介质依存性，即以数字为形态的数据资产必须存储在磁盘、光盘等介质里；二是业务依存性，数据资产不会单独发挥价值，必须与具体业务相结合才能体现其作用和价值，当数据资产不与具体业务相结合时，其价值趋近于零。

**基于依存性特征，可以衍生出数据资产的伴生性特征**。主要表现为，有些数据资产随企业生产经营活动的开展而形成。

**基于依存性特征，还可以衍生出数据资产的规模性特征**。主要表现为，业务运营所需要的数据通常是大规模的。单个数据的价值通常很低，甚至可以忽略不计，即单个数据的价值密度低。数据的价值密度低，决定着数据的价值要通过大规模利用予以实现。随着数据规模、数据维度的增大以及数据时间序列的延长，单个数据的价值才能体现出来，表现为规模报酬递增属性，这也是规模经济效应的一种体现。

**3.基本特征之三：可复制性**

数据以数字化形态进行存储和表现，使数据资产具有了可复制性特征。数据资产可以被复制并存储于同类或多种介质之中。有观点将数据比作石油，其用意可能在于说明数据的重要作用，但数据和石油的最大区别在于，数据是可复制的、非消耗性的。

**基于可复制性特征，可以衍生出数据资产的可共享性特征**。数据资产可以在非独占的方式下由不同主体共享。数据资产的复制成本极低，甚至接近于零，这使得数据的可共享性特征具有经济可行性。

**基于可复制性特征，还可以衍生出数据资产的非竞争性特征**。那么，什么是竞争性？竞争性与排他性有何关系？数据资产是否具有竞争性和排他性？回答这些疑问，需要区分竞争属性和排他属性的内涵。

竞争属性是从资产供应的角度，分析一个使用者对于资产的使用是否减少该资产对于其他使用者的供应。如果该资产提供给额外使用者需要付出额外的成本，则具有竞争性的特征；如果该资产提供给额外使用者的边际成本为零，则具有非竞争性的特征。

排他属性是基于资产需求（使用）主体的角度，判断是否对资产使用主体作出限制，即谁可以使用该资产、谁不允许使用该资产。一般情况下，公共物品具有非排他性特征，私人物品具有排他性特征。

基于数据资产的可复制性和可共享性，从数据资产供应的角度看，数据资产提供给额外使用者的边际成本趋近于零，数据资产具有明显的非竞争性特征，数据资产提供给额外使用者使用，不会引起数据资产的数量和质量的降低，全部使用者所使用的数据数量和质量是相同的。企业拥有或控制的数据资产并非公共物品，因而企业的数据资产具有排他性特征。

**4.基本特征之四：可加工性**

**数据资产的可加工性，是有别于其他无形资产的最显著特征**。数据资产可以通过分割、组合、更新、分析、挖掘等方式进行加工，进而可以将这些加工方式主要分为两个维度。

一是对单条数据进行拆分和重组。比如，在制衣企业的生产流程中，同一条顾客订单数据，需要在各工位（工序）间进行分配，其中在制衣环节，计算机只需要读取顾客订单数据中的钉扣、刺绣需求等局部数据，同一顾客订单的其他数据在此环节可能不需要使用。

二是对大数据进行剔除、筛选、分析、挖掘和整合，形成新的数据。数据资产的加工过程，实质是数据资产的拆解与重组。

此外，对数据进行持续更新，也是数据资产的常见加工方式。不同数据类型可以采用不同的处理技术，其数据加工方式也存在差异。利用数据资产的可加工性，可以在原始数据基础上形成新的数据，以此为界可以将数据分为原始数据及衍生数据，衍生数据通常凝结着数据加工过程的创造性劳动成果。

**基于可加工性特征，可以衍生出数据资产的可整合性特征**。数据资产可分割、可重组、可聚合、可再生，不同的数据之间可以相互渗透，这些因素共同衍生出数据资产的可整合性。比如，将企业工商数据、征信数据、税务数据、司法数据、能源消耗数据、金融数据进行整合，有利于对企业的信贷风险进行识别和管理。

**基于可加工性特征，还可以衍生出数据资产的动态性特征**。数据资产通常不是静态不变的，而是处于持续更新状态的，使数据资产具有动态性特征。企业的用户数据和经营数据的持续变化，也是数据资产动态性特征的一种表现。

**5.基本特征之五：多样性**

数据资产的多样性，主要包括数据种类的多样性、处理技术的多样性以及应用场景的多样性。

数据种类的多样性，表现为数据资产有很多不同的分类方法，比如，按获取途径的方式，可划分为自行产生的数据资产、经产生数据主体授权而形成的数据资产、公开收集而形成的数据资产、通过交易取得的数据资产；按数据结构，可分为结构化数据、半结构化数据和非结构化数据；按数据加工程度，可分为原始数据、衍生数据和数据产品；按数据存储层级，可分为基础层数据、中间层数据、应用层数据。

不同数据类型可能采用不同的处理技术，其数据加工方式也存在差异。

数据资产应用场景的多样性，不仅表现为不同的使用者可能具有不同的应用场景，而且同一使用者也可能具有不同的应用场景。

**应用场景的多样性，叠加数据资产的动态性，共同衍生出数据资产具有价值易变性的特征**。价值易变性是一种结果的表现，数据资产的价值易变性可能比其他无形资产更为显著。

数据资产的基本特征及其衍生的特征如下：

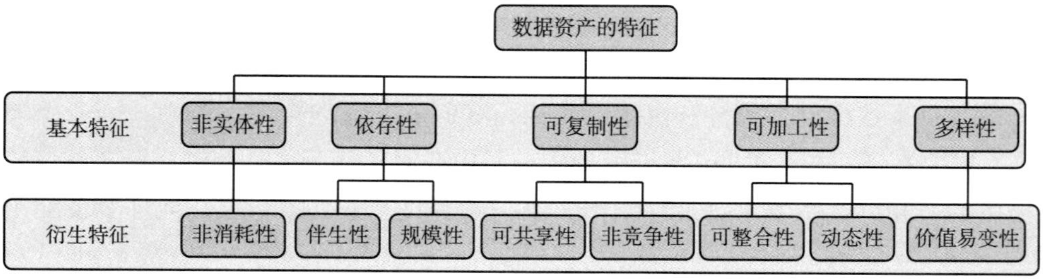

**相关资料**

《数据资产评估指导意见》（中评协〔2023〕17号）第十三条规定："执行数据资产评估业务，应当知晓数据资产具有非实体性、依托性、可共享性、可加工性、价值易变性等特征，关注数据资产特征对评估对象的影响。"

"非实体性是指数据资产无实物形态，虽然需要依托实物载体，但决定数据资产价值的是数据本身。数据资产的非实体性也衍生出数据资产的无消耗性，即其不会因为使用而磨损、消耗。"

"依托性是指数据资产必须存储在一定的介质里，介质的种类包括磁盘、光盘等。同一数据资产可以同时存储于多种介质。"

"可共享性是指在权限可控的前提下，数据资产可以被复制，能够被多个主体共享和应用。"

"可加工性是指数据资产可以通过更新、分析、挖掘等处理方式，改变其状态及形态。"

"价值易变性是指数据资产的价值易发生变化，其价值随应用场景、用户数量、使用频率等的变化而变化。"

## 8.2 如何理解数据产权“三权分置”制度?

### 问题：如何理解数据产权“三权分置”制度?

什么是数据产权的“三权分置”制度？如何从数据特征出发，进一步认识和理解数据产权“三权分置”制度？数据资产三种权利之间有何关联？

### 解答结论

“数据二十条”提出了建立数据资源持有权、数据加工使用权、数据产品经营权“三权分置”的数据产权制度框架。从数据特征到数据产权二元权利结构的逻辑演绎，有利于认识和理解数据产权的“三权分置”制度。

### 解答分析

**1.什么是数据产权的“三权分置”制度?**

《中共中央 国务院关于构建数据基础制度更好发挥数据要素作用的意见》（以下简称“数据二十条”）于2022年12月正式发布。“数据二十条”探索数据产权结构性分置制度，**建立数据资源持有权、数据加工使用权、数据产品经营权等分置的产权运行机制，这就是“三权分置”的数据产权制度框架**。以下将数据资源持有权、数据加工使用权、数据产品经营权合称为“数据资产三种权利”。

**2.如何理解数据产权的“三权分置”制度?**

数据产权的“三权分置”制度，在一定程度上弱化了所有权归属的认定，强调了使用权归属的认定。为了更好地理解数据产权的“三权分置”制度及其必要性，可先了解数据产权的二元权利结构。**数据产权的二元权利结构，是指数据源发者拥有数据所有权、数据处理者拥有数据用益权。数据产权制度存在二元权利结构的需求，则缘于数据资产的特征**。

数据的可加工性，决定着数据在利用过程中被不断地分拆和重组，甚至衍生出新的数据。从企业与用户的关系看，对于用户提供的原生数据，所有权归属于用户，企业如果只是进行清洗等劳动，并未形成新的数据，企业不能因其数据清洗劳动的投入而成为这些数据的所有权人。

但是，企业对于经用户授权使用的数据，投入智力劳动进行重组、整合、统计、分析，衍生出新的数据，这些衍生的数据独立于原始数据，与原始数据无直接对应关系，这些新数据的所有权不再属于用户，企业以其投入的智力劳动为代价，理应成为这些新数据的所有权人。

如果将用户在原生数据中的初始所有权与企业在数据资产中的后续权利进行分割与对立，不利于数据资产价值的实现。因为数据具有价值依存性的特征，用户的原生数据只有与企业的业务相结合才能体现其作用和价值。此外，数据还具有价值密度低的特征，数据的价值要通过大规模利用予以实现。

受这些数据特征的共同影响，在数据确权方面宜突出合作的思维，防止因所有权的对立或争议影响数据的流动与应用。数据的二元权利结构，能够契合数据资产的特征及其要求。

二元权利结构下，个人控制的是人格属性，企业控制的是财产属性，**企业拥有的“数据资产三种权利”可视为由数据所有权中分拆出的用益权**，企业通过拥有数据用益权而实现对数据资源的一种控制（即企业控制的是数据用益权，这也是数据资源成为数据资产的条件之一），且该用益权是可转移的。这种权利分拆行为，是市场配置资源的必然要求，实现了用户与企业之间的利益协调，提高了数据资源的利用效率，提升了数据资源的经济功能，避免或减少数据资源的闲置或浪费。

**3.数据资产三种权利之间有何关联?**

数据加工使用权不仅是业务数据化的前提条件，也是数据业务化的前提条件。也就是说，数据加工使用权是数据产品经营权的前提条件，没有加工使用权就无法通过“加工”生产出数据产品。数据加工使用权包括了数据开发权。对于通过许可方式获得的数据使用权，按许可内容可区分为独家许可或普通许可等方式，而受数据资产可复制性特征的影响，将数据以独占方式进行许可面临挑战。

数据产品经营权对应于数据业务化，业务数据化则不涉及数据产品经营权，即企业将数据资产用作自营时不需要以数据产品经营权为前提。

在“数据资产三种权利”中，数据资源持有权可以派生出另外两种权利，但数据资源持有权是否是另外两种权利的前置条件，则存在两种不同的观点：一种观点认为，数据资源持有权不是另外两种权利的前置条件，企业可以通过被授权或继受等方式单独获得数据加工使用权或数据产品经营权；另一种观点则主张，即便在授权方式下，授权方与被授权方分别拥有数据资源持有权（各方持有的数据资源的范畴可能不同），这是数据可复制性和可共享性特征的体现，因此该观点认为，数据资源持有权是另外两种权利的前提。

**相关资料**

《中共中央 国务院关于构建数据基础制度更好发挥数据要素作用的意见》（2022年12月2日）规定：“根据数据来源和数据生成特征，分别界定数据生产、流通、使用过程中各参与方享有的合法权利，建立数据资源持有权、数据加工使用权、数据产品经营权等分置的产权运行机制，推进非公共数据按市场化方式‘共同使用、共享收益’的新模式，为激活数据要素价值创造和价值实现提供基础性制度保障。”

《深圳市数据产权登记管理暂行办法》（深发改规〔2023〕5号）提出："数据资源持有是指在相关法律法规或合同约定下，相关主体可对数据资源进行管理、使用、收益或处分等行为。数据加工使用是指在相关法律法规或合同约定下，相关主体以各种方式、技术手段对数据进行采集、使用、分析或加工等行为。数据产品经营是指在相关法律法规或合同约定下，相关主体可对数据产品进行占有、使用、收益或处分等行为。"

## 8.3　如何识别企业的数据资产？

### 问题：如何识别企业的数据资产？

作为信息的一种表现形式或载体，数据存在于任何企业之中，但并不表明任何企业均拥有数据资源和数据资产。那么，如何判断企业是否拥有数据资产？在会计核算中和资产评估中如何识别企业的数据资产？两者又有何差异？

### 解答结论

由企业过去的交易或者事项形成、企业拥有或者控制数据资源、企业很可能享有数据资源带来的预期经济利益，是会计核算与资产评估中识别数据资产的共同前提，不同的是，会计核算中还应满足数据资源的成本能够可靠计量的条件。判断企业是否控制数据资源，主要在于判断企业是否享有数据资源持有权、数据加工使用权、数据产品经营权这三种权利或其中的部分权利，并关注企业是否以排他的方式合法地控制数据资源。判断企业是否很可能享有数据资源带来的预期经济利益，关键在于企业是否将数据资源进行应用或利用，以及应用或利用数据资源是否具有经济可行性。

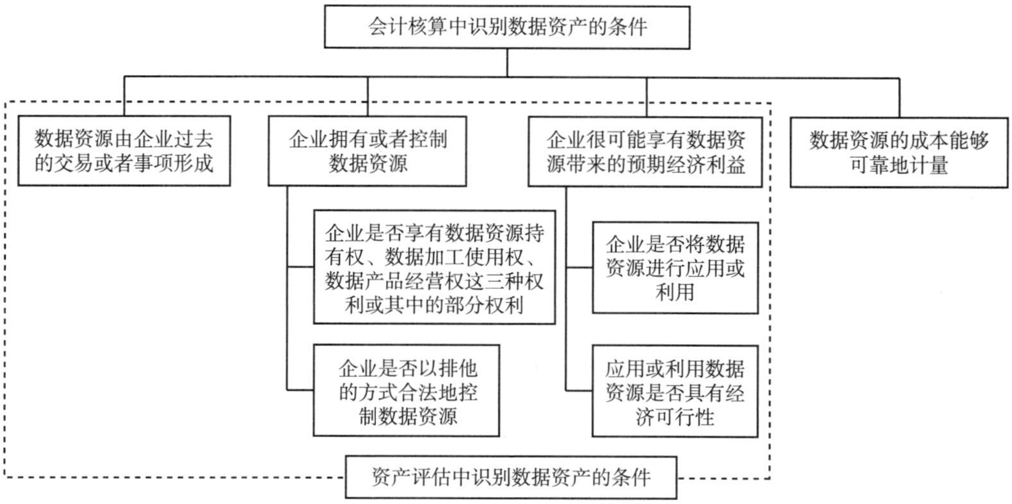


### 解答分析

**1.会计核算中如何识别企业的数据资产？**

会计核算中识别企业的数据资产，就是判断数据资产入表的条件。根据企业会计准则的规定，数据资产入表，需要同时满足资产的定义及资产确认的条件。

资产的定义包括企业过去的交易或者事项形成、由企业拥有或者控制、预期会给企业带来经济利益这三个条件，资产确认还要同时满足与该资产有关的经济利益很可能流入企业、该资产的成本或者价值能够可靠地计量这两个条件。

在资产定义及资产确认合计的五个条件中，资产确认的第一个条件可以与资产定义的最后一个条件进行合并，而数据资产入表应当以成本进行初始计量。这样一来，数据资产入表还应同时满足以下条件。

**（1）数据资源由企业过去的交易或者事项形成**。数据资源由企业过去的交易或者事项形成这一条件很容易作出判断，是为了将预期在未来发生的交易或者事项进行排除。

**（2）企业拥有或者控制数据资源**。企业拥有数据资源，是指企业享有数据资源的所有权。确认一项资产的前提并非一定要拥有资产的所有权，具备控制权也是资产的确认条件之一。资产的所有权涵盖占有、使用、收益和处分的权利，这些权利可分拆，控制权可视作由所有权分拆出的部分权利，所有权包含了控制权。将数据资源确认为资产不一定要拥有完整的所有权，但要求对数据资源实施控制。

受数据资产可复制性、可加工性等特征的影响，识别企业是否拥有数据资产完整的所有权可能并不容易，在数据产权结构性分置制度背景下，识别数据资产完整所有权也可能缺乏必要性。在数据产权结构性分置制度背景下，判断企业是否控制数据资源，主要应关注以下两点。

**一是判断企业是否享有数据资源持有权、数据加工使用权、数据产品经营权这三种权利或其中的部分权利**。

**获取数据产权登记证书是企业控制数据资源的必要条件吗？目前还不是**。目前，数据产权登记还缺乏法律层面的确权机制，尚未建立全国统一的数据产权登记制度，只有部分省市已启动数据产权登记工作，且数据产权登记通常遵循自愿原则。未获取数据产权登记证书的企业，也可能控制了数据资源。

**获取数据产权登记证书是企业控制数据资源的充分条件吗？通常是，但也有例外情形**。在现有的数据产权登记实践中，存在着不同的登记类别，其登记机构、登记规则、审查标准以及权利内容、权利客体、权利期限等内容不尽相同，有些甚至差异明显。受这些因素的影响，不同类别的数据产权登记证书，在证明数据资产权利归属的法定效力方面也是不同的。有些类别的数据产权登记证书可能仅能起到公示和初步证据的作用，不是登记主体获得数据资产权利的充分依据，甚至可能被相反证据推翻。对于此类数据产权登记证书，需要结合数据资产的来源及形成过程是否合法合规，才能作出企业是否控制数据资源的判断。

**企业购买数据产品一定期限的加工使用权，是否代表着该企业控制数据资源呢？企业当然没有获得数据产品全部数据的控制权，但企业可能通过交易方式，控制了这些数据资源的加工使用权**。比如，根据《深圳市数据产权登记管理暂行办法》（深发改规〔2023〕5号）的规定，市场主体通过交易等方式获得已登记数据资源数据加工使用等权利许可的，权利获得主体可以向登记机构申请许可登记。

**二是要关注企业是否以排他的方式合法地控制数据资源**。控制数据资源的目标，是形成其他企业无法形成的经济利益。能否形成经济利益，成为确认数据资产的条件之一。在具有竞争关系的企业之间，若数据资源不具有排他性，受数据可复制特征的影响，所有竞争对手均能以极低甚至零成本获得这些数据资源并形成经济利益，这必然挤占甚至吞噬控制数据的企业的经济利益，其实质是后者丧失了数据的控制权。因此，从数据资产的确认条件可以分析得知，数据资产应具有排他性的特征。

对于企业通过公开渠道免费下载的数据集，企业无法排他地对该数据集实施控制，不属于企业控制的数据资源。但是，如果企业对这些免费下载的数据集进行加工而衍生出新的数据，企业因其劳动的投入可以排他地对新数据实施控制；如果企业公开采集数据需要付出额外的成本，尽管在原始数据的获得途径上不具有排他性特征，但采集成本的投入使企业能够以排他的方式控制聚合后的数据资源，以此为基础衍生出新的数据，企业也能够以排他的方式对其实施控制。

另外，对于企业以非法手段获取的数据，或以交易方式购入的由他人通过非法手段获取的数据，均不得作为该企业控制的数据资源。

**（3）企业很可能享有数据资源带来的预期经济利益**。判断企业是否很可能享有数据资源带来的预期经济利益，关键在于以下两点。

**一是企业是否将数据资源进行应用或利用**。如果企业仅持有数据资源，但无法将这些数据资源通过自用或对外进行许可、转让、提供数据服务等方式，对数据资源加以利用，则这些数据无法为企业带来直接或间接的经济利益，不得将这些数据资源确认为数据资产。对数据进行应用或利用，是数据资产化的基础。

数据作为一项新的生产要素，其与其他生产要素最大的区别在于，数据生产要素无法单独发挥其效用，需要与其他生产要素相结合才能实现其价值。对于单个企业而言，其利用数据资源的方式包括自用和对外交易。但对于全部企业的整体而言，数据资源的交易仅仅反映了数据在企业间的流通，这一流通过程还没有实现数据要素与其他生产要素的结合，只有当数据资源应用于企业的生产经营活动，数据才能发挥其作用与价值。在数据资源的交易流通与数据资源的最终利用方面，也要防止出现“卖米的人比吃饭的人更多”的现象。

**二是应用或利用数据资源是否具有经济可行性**。数据资源的经济可行性主要受两个方面因素的影响。

一方面是数据规模的影响。单个数据的价值通常很低，甚至可以忽略不计，表现为数据的价值密度低。与其他生产要素通常表现为边际效益递减不同的是，随着数据规模、数据维度的增大以及数据时间序列的延长，单个数据的价值才能体现出来，表现为规模报酬递增属性，这也是规模经济效应的一种体现。因此，数据资源通常需要具备一定的规模，才能使得其具有经济可行性。

另一方面是数据利用成本的影响。数据资产化的努力并不总是伴随着价值创造，如果数据资产化带来的经济利益流入无法覆盖数据资产化的成本，数据资产化的行为是不经济的。如果企业购买了大量的原始数据，但受原始数据质量、整合分析技术等等因素的影响，企业无法将这些数据进行应用或利用，或企业应用或利用这些数据的成本大于收益，则表明企业应用或利用数据资源不具有经济可行性。相对而言，非结构化数据的应用成本通常高于结构化数据的应用成本。

**（4）数据资源的成本能够可靠地计量**。根据《企业数据资源相关会计处理暂行规定》（财会〔2023〕11号）的规定，企业的数据资源入表体现于无形资产和存货这两个科目，且该暂行规定并未改变无形资产和存货的计量模式和核算要求。根据现行会计准则的规定，无形资产和存货均采用历史成本的计量模式，均应当按照成本进行初始计量。

**企业通过外购方式取得确认为无形资产或存货的数据资源，其取得成本比较容易进行区分。但在企业对数据进行加工或企业内部开展数据资源研究开发过程中，其支出和成本能否可靠计量，受数据伴生性特征的影响**。

数据伴生性特征，由数据的依存性特征衍生形成，通常表现为有些数据是随着企业生产经营活动的开展而原生形成的（比如生产经营数据），或表现为数据加工过程与生产经营活动相伴随。

受数据伴生性特征的影响，企业通过数据加工取得确认为存货的数据资源对应的成本，以及企业内部数据资源研究开发项目的支出，通常包含在企业生产经营成本或费用之中，如果企业无法区分或剥离出数据采集、脱敏、清洗、标注、整合、分析、可视化等加工过程的成本，或者无法将企业内部数据资源研究开发支出在研究阶段与开发阶段之间进行区分，则无法对拟入表的数据资源成本进行可靠计量，使数据资源不具备入表的最后一项条件（这属于数据资源入表的可操作性条件）。

企业能否将数据加工过程的成本支出进行区分或剥离，取决于企业生产经营管理的具体模式，比如数据加工环节是否由相关人员专职完成，或相关人员在数据加工方面的工作量占比能否计算得出。需要注意的是，为了使数据资产的成本易于归集，使数据资源入表满足成本可计量这项可操作性条件，而建议企业更改其原有生产经营管理模式、将数据相关人员按专职化划分的做法，不一定对企业的价值创造有利。

此外，对数据加工过程的成本支出进行区分或剥离的复杂程度越高，企业实施盈余管理甚至财务舞弊的机会或空间可能更大。

**2.资产评估中如何识别企业的数据资产?**

在资产评估中识别企业的数据资产，只需要同时满足上述会计核算中的前三项条件。也就是说，在同时满足由企业过去的交易或者事项形成、企业拥有或者控制数据资源、企业很可能享有数据资源带来的预期经济利益这三项条件，即可在资产评估中识别出数据资产。

**在资产评估中识别企业的数据资产，不需要再将成本能够可靠计量作为前提条件**。在资产评估行为中，数据资产价值的计量即为资产评估所要达到的目标，尽管数据资源成本能否可靠计量在有些情况下可能会对数据资产价值的评估产生影响，但数据资源的成本能否可靠计量不影响数据资产的识别，数据资产的计量条件应与数据资产的识别条件相分离。

因此，在企业价值评估、合并对价分摊的评估、含数据资产的资产组评估以及数据资产单项评估项目中，对于数据资产的识别，不应局限于已入表的数据资产，只要同时满足由企业过去的交易或者事项形成、企业拥有或者控制数据资源、企业很可能享有数据资源带来的预期经济利益这三项条件，就要在资产评估中识别出数据资产。

**是否识别出数据资产，与能否对数据资产进行单独评估，属于两个不同方面的问题，不可混为一谈，能否单独评估并非识别数据资产的条件**。比如，对企业价值进行评估，如果已识别出企业存在数据资产但无法对其进行单独评估，且这些数据资产对企业价值存在重大影响，则资产基础法不具有适用性，应选择其他方法。

**相关资料**

《企业会计准则——基本准则》第二十条规定："资产是指企业过去的交易或者事项形成的、由企业拥有或者控制的、预期会给企业带来经济利益的资源。前款所指的企业过去的交易或者事项包括购买、生产、建造行为或其他交易或者事项。预期在未来发生的交易或者事项不形成资产。由企业拥有或者控制，是指企业享有某项资源的所有权，或者虽然不享有某项资源的所有权，但该资源能被企业所控制。预期会给企业带来经济利益，是指直接或者间接导致现金和现金等价物流入企业的潜力。"第二十一条规定："符合本准则第二十条规定的资产定义的资源，在同时满足以下条件时，确认为资产：（一）与该资源有关的经济利益很可能流入企业；（二）该资源的成本或者价值能够可靠地计量。"

《企业数据资源相关会计处理暂行规定》（财会〔2023〕11号）规定："企业使用的数据资源，符合《企业会计准则第6号——无形资产》（财会〔2006〕3号）规定的定义和确认条件的，应当确认为无形资产。""企业日常活动中持有、最终目的用于出售的数据资源，符合《企业会计准则第1号——存货》（财会〔2006〕3号）规定的定义和确认条件的，应当确认为存货。"

《资产评估执业准则——企业价值》（中评协〔2018〕38号）规定："资产评估专业人员应当知晓并非每项资产和负债都可以被识别并单独评估。识别出的表外资产与负债应当纳入评估申报文件，并要求委托人或者其指定的相关当事方确认评估范围。当存在对评估对象价值有重大影响且难以识别和评估的资产或者负债时，应当考虑不同评估方法的适用性。"

国家市场监督管理总局、国家标准化管理委员会2021年10月11日发布的"GB/T40685—2021"国家标准《信息技术服务数据资产管理要求》，将数据资产定义为"合法拥有或控制的，能进行计量的，为组织带来经济和社会价值的数据资源"。

《数据资产评估指导意见》（中评协〔2023〕17号）将数据资产定义为"数据资产，是指特定主体合法拥有或者控制的，能进行货币计量的，且能带来直接或者间接经济利益的数据资源"。

## 8.4 如何界定数据资产的评估对象和范围?

### 问题：如何界定数据资产的评估对象和范围?

随着数据资产计量时代的来临，在企业价值评估、合并对价分摊的评估、含数据资产的资产组评估以及数据资产单项评估项目中，如果已经识别出数据资产，应如何对数据资产的评估对象和评估范围进行界定和描述?

### 解答结论

界定数据资产评估对象的主要任务，就是关注数据资产存在属性涉及的法律权属、数量规模、使用现状并进行描述。还应将企业数据与个人数据、公共数据相区分，将基准日的存量数据与基准日后的新增数据相区分，将数据资产评估范围与会计核算范围相区分，将数据资源存货及数据资源无形资产相区分，同时处理好数据资产与其他无形资产之间的关系。

### 解答分析

#### 1.数据资产存在属性的范畴及描述要求

对一项资产进行评估，通常应当关注资产的存在属性及价值属性。存在属性主要包括资产的法律权属、资产的数量以及资产使用现状，价值属性主要涉及历史成本、当前价值以及未来收益预测等信息。价值属性相关信息通常体现于具体评估方法的运用过程当中，**界定评估对象的主要任务是关注其存在属性并进行描述**。

对数据资产的存在属性进行描述，建议按以下结构展开：

在数据资产评估中，收集、复制完整的数据内容通常是没有必要的，也可能会受到数据保护条款或保密要求的制约。**因此，在数据资产评估中，通常并不需要收集、复制完整的数据内容，但需要收集、复制样例数据**。对于数据资产的存在属性进行描述，也不需要描述数据的完整内容，而是对数据资产的结构、数量、容量等进行概括性描述和统计。其中，对于结构化数据，通常描述其数据列的字段名称、字段类型以及数据行的条数等信息。

还需要注意的是，**数据资产的更新频次的描述，应与评估范围相匹配**。如果评估范围并未包括评估基准日后新增的数据，通常可以不需要描述数据资产的更新频次。

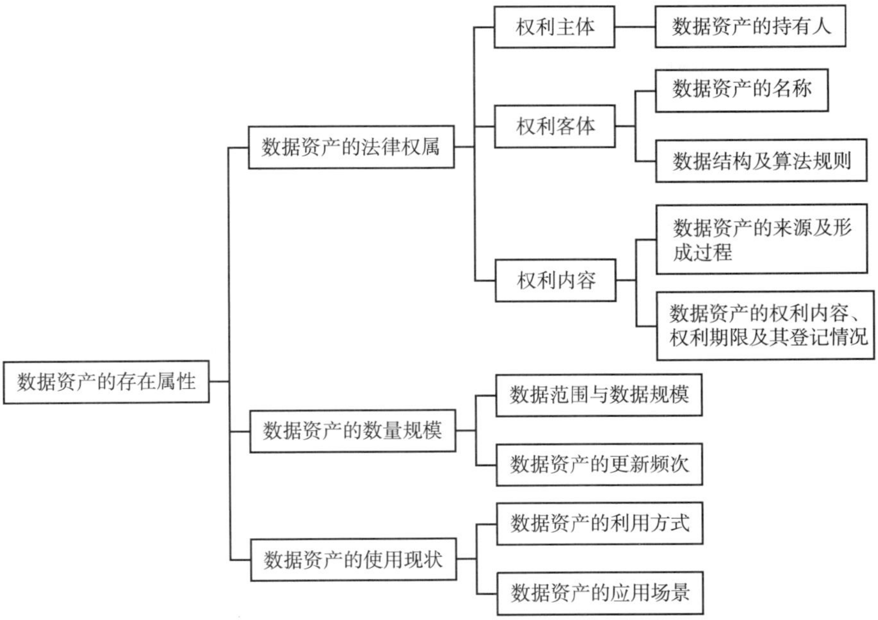


类似于最佳最高使用原则，在对数据资产价值进行评估时，应分析企业能够应用数据资产的可能场景，对于涉及多个应用场景的，均应纳入评估考虑范畴。当然，**应用场景的分析判断，不仅应基于企业是否具备在特定场景应用数据资产的条件和能力，还要与价值类型相匹配**。在有些类别的数据产权登记证书中，记载了数据资产的应用场景。但鉴于数据资产具有应用场景多样性的特征，有些数据资产的应用场景还会随着其全生产周期的演进而变化或扩展，对数据资产进行评估，不应局限于证载的应用场景。

**2.应将企业数据与个人数据、公共数据相区分**

按数据持有主体，可以将数据区分为公共数据、企业数据和个人数据。界定企业数据资产，应区分和剔除个人数据与公共数据。

根据《中华人民共和国个人信息保护法》的规定，个人信息不包括匿名化处理后的信息。因此，能够识别出特定自然人的数据才属于个人数据，匿名化处理后的信息不属于个人信息，当然也不属于个人数据。**对匿名化信息进行记录而形成的数据不属于个人数据，企业对用户填写的信息进行匿名化处理而形成的数据，属于企业数据的范畴**。

**类似地，企业对经授权或依法获取的公共数据，进行匿名化、去标识化加工而形成的新的数据，也属于企业数据的范畴**。

对个人数据、公共数据进行匿名化、去标识化处理，应当确保不可通过可逆模型或者算法还原出原始数据。从评估对象的角度看，数据资产的权利内容的类别为财产权利，不包括人格权，也不得侵犯用户的人格权。

### 3.应将基准日的存量数据与基准日后的新增数据相区分

数据资产具有可加工性特征，这是数据资产有别于其他无形资产的最显著特征。数据更新是一种常见的数据加工方式。基于可加工性特征，还可以衍生出数据资产的动态性特征，表现为数据资产通常不是静态不变的，而是处于持续更新状态的。数据的收集与产生通常是动态连续的（比如，企业的用户数据和经营数据的持续补充或更新），同一数据资产在不同的时点，其资产范围可能并不相同。

**在数据资产评估中，评估对象通常应界定为评估基准日的存量数据，不应包含评估基准日后新增的数据，基准日之后持续更新的数据带来的价值贡献不能计入基准日的价值范畴之中**。当运用收益法评估数据资产价值时，如果未来收益是由基准日存量数据及基准日之后持续更新的数据共同形成的，则应当将基准日之后更新数据的成本扣除。不过，在对数据资产许可使用或提供数据服务进行定价而涉及的估值过程中，如果其定价涵盖了定价基准日后指定期间的数据更新形成的价值，则需要将许可使用或服务期间的增量数据纳入考虑范围之中。

### 4.应将数据资产评估范围与会计核算范围相区分

**在会计计量中，与数据资产有关的后续支出能否作资本化处理？**对于数据资源已达到预定用途并确认为无形资产之后的后续支出能否作资本化处理，《企业会计准则第6号——无形资产》并未作出规定，只对企业取得的已作为无形资产确认的正在进行中的研究开发项目，在取得后发生的支出能否作资本化处理作出了规定。

数据资源存货中的数据通常不需要持续更新，但数据资源无形资产中的数据通常需要持续更新，以保持数据时效不变。正如“企业的数字化转型只有起点没有终点”，需要持续更新的数据资源无形资产，甚至可能成为“永不完工的在建工程”。

基于会计信息相关性的角度，如果将为保持数据时效不变而更新数据所发生的成本作资本化处理，则同时应当将丧失时效的数据成本在账面价值中终止确认，其实质是更新数据是对失效数据的替换；另一种近似等价的做法是，既不将为保持数据时效不变而更新数据所发生的成本作资本化处理，也不将丧失时效的数据成本在账面价值中终止确认。通过数据的持续更新以保持数据时效不变的情形，可视为使用寿命不确定，不应进行摊销。

**因此，界定企业数据资产的评估范围，应与数据资产的账面核算范围相区分，不应局限于数据资产账面成本对应的数据范畴**。

### 5.应将数据资源存货及数据资源无形资产相区分

数据资产入表具体列报于存货和无形资产这两个会计科目，即数据资产包括数据资源存货和数据资源无形资产这两类。不同类别的数据资产，其具体评估方法和评估路径可能存在差异。

在涉及数据产品的交易行为中，转让数据产品所有权的方式很少，更多地体现为数据产品所有者向使用者让渡数据产品使用权，主要以应用程序的方式向用户提供界面类服务，或为客户提供定制化的数据服务，或以数据库的形式向客户提供数据接口调用或传输服务。

对于企业持有的以非排他性的方式授权或许可用户使用的数据资源，不宜在存货中进行核算。企业提供定制化的数据服务，如果按存货进行核算需同时满足以下两个条件：第一个条件，企业提供定制化的数据服务，属于企业的日常活动。第二个条件，将定制服务对应的数据相关权属转移至购买方。受数据资产的可复制性特征的影响，出售方向购买方转移数据后，出售方仍有可能持有此数据，有些定制化数据服务的供需双方会在协议中明确约定“数据产品验收交付后，供方应当完全销毁采集和处理过程中的相关原始数据和衍生数据”。如果供需双方未作类似的约定，或者出售方是否完全将数据相关权属转移给购买方不易作出判断时，还有一种替代途径是，分析这些数据是否是专用性的且只适用于购买方，即出售方是否不存在应用这些专用数据的情形，这些数据是否无法用于其他第三方。

基于以上分析，实务中将数据资产核算为存货的比例可能很低，大多数的数据资产可能列报于无形资产的项下，即体现为数据资源无形资产。此外，将数据资产核算为存货，无法享受数据资源研发费用税前加计扣除等政策，这也会对数据资产列报于存货形成一定的抑制作用。

**6.应处理好数据资产与其他无形资产之间的关系**

当把数据资产界定为一项无形资产时，应与传统知识产权及专有技术、客户关系等其他无形资产相区分。认为数据资产应进一步界定为传统知识产权或专有技术、客户关系等其他无形资产中的某一类的观点是片面的，甚至是错误的。

尽管数据知识产权登记证书属于目前数据产权登记的类型之一，但数据资产是新型知识产权客体还是传统知识产权客体的“复合”尚存争议，还缺乏法律层面的规定。受数据基本特征的影响，数据缺乏独创性，数据资产与著作权、商标权、专利权具有明显差异。比如,《中华人民共和国著作权法》规定，“本法所称的作品，是指文学、艺术和科学领域内具有独创性并能以一定形式表现的智力成果”，且根据该法第五条的规定，通用数表、通用表格不适用于该法。当然，数据资产与传统知识产权又有一些联系，数据资产可能同时具有商业秘密、专利权、著作权等传统知识产权的一些表征。

在界定企业数据资产的评估对象和评估范围时，应处理好数据资产与其他无形资产之间的关系，避免评估范围的遗漏或重复。**数据资产与其他无形资产的关系一般有以下三种**。

**一是数据资产是与其他无形资产并列的另外一项无形资产**。在这种情况下，数据资产与其他无形资产之间不存在交叉重叠或相互包含的关系。

**二是数据资产可能与其他无形资产相互交叉并部分重叠**。比如，有些专有技术以数据为表现形式，此时数据资产和专有技术不应重复考虑。再比如，有些数据产品的许可或数据服务的提供，可能与计算机软件的授权使用相互融合，存在交叉与重叠之处。

**三是数据资产与其他无形资产可能存在包含或被包含的关系**。比如，企业之间签署数据资源加工使用许可合同，被许可方不仅拥有了数据资源的加工使用权，也拥有了该合同对应的合同权益，但这两项资产可能是相互包含的关系。再比如，客户名单所形成的数据资产，与客户关系这项无形资产是不同的，对于企业内部而言（即客户名单数据资产自用），客户名单所形成的数据资产的价值包含在客户关系这项无形资产的价值之中；对于企业外部来说（即客户名单数据资产他用），客户关系与客户名单所形成的数据资产是可以分开的。

## 相关资料

《中华人民共和国个人信息保护法》第四条规定："个人信息是以电子或者其他方式记录的与已识别或者可识别的自然人有关的各种信息，不包括匿名化处理后的信息。"

《资产评估基本准则》（财资〔2017〕43号）第十三条规定："执行资产评估业务，应当对评估对象进行现场调查，获取资产评估业务需要的资料，了解评估对象现状，关注评估对象法律权属。"

《数据资产评估指导意见》（中评协〔2023〕17号）第十二条规定："执行数据资产评估业务，可以通过委托人、相关当事人等提供或者自主收集等方式，了解和关注被评估数据资产的基本情况，例如：数据资产的信息属性、法律属性、价值属性等。""信息属性主要包括数据名称、数据结构、数据字典、数据规模、数据周期、产生频率及存储方式等。""法律属性主要包括授权主体信息、产权持有人信息，以及权利路径、权利类型、权利范围、权利期限、权利限制等权利信息。""价值属性主要包括数据覆盖地域、数据所属行业、数据成本信息、数据应用场景、数据质量、数据稀缺性及可替代性等。"

# 8.5　如何关注数据资产的法律权属?

## 问题：如何关注数据资产的法律权属？

根据《资产评估基本准则》（财资〔2017〕43号）的规定，执行资产评估业务应当关注评估对象法律权属，应当依法对资产评估活动中使用的资料进行核查和验证。根据《数据资产评估指导意见》（中评协〔2023〕17号）的规定，执行数据资产评估业务，应当关注数据资产的法律属性，应当收集数据资产基本信息、权利信息、相关财务会计信息和其他资料，并进行核查验证、分析整理和记录。

那么，数据资产的法律权属包括哪些要素？数据资产的权利内容通常有哪些类别？当前的数据产权登记有哪些类别？执行数据资产评估业务，通常应收集哪些权属资料？如何对数据资产的权属资料进行核查验证？

## 解答结论

对于数据资产的权属，数据资产即为权利客体，还需要关注权利主体和权利内容。数据资产的权利内容通常包括数据资源持有权、数据加工使用权、数据产品经营权这三种权利或其中的部分权利。当前的数据产权登记存在多种类别，有些数据产权登记证书可能并非登记主体获得数据资产权利的充分证据，可能需要参考未开展数据产权登记的情形补充收集其他权属相关资料。对于数据资产权属相关的资料，通常以询问、书面审查、查询等方式实施核查验证程序。

## 解答分析

### 1.数据资产法律权属涉及哪些要素?

权属即权利归属——谁拥有何种权利，涉及权利主体（谁享有权利）和权利内容（享有何种权利）两个方面，而评估对象本身即为权利客体。权利主体、权利客体和权利内容，组成了完整的权利结构。**对于数据资产的权属，数据资产即为权利客体，还需要关注权利主体和权利内容**。

### 2.数据资产的权利内容通常有哪些类别?

一项资产最完整和最全面的权利内容，即为资产的所有权，包括占有、使用、收益和处分的权利。所有权当中的权利可以被分拆和分离出来。

《中共中央 国务院关于构建数据基础制度更好发挥数据要素作用的意见》（以下简称

“数据二十条”）于2022年12月正式发布。“数据二十条”探索数据产权结构性分置制度，建立数据资源持有权、数据加工使用权、数据产品经营权等分置的产权运行机制。

从数据特征到数据产权二元权利结构的逻辑演绎，有利于认识和理解数据产权的“三权分置”制度。企业拥有的“数据资产三种权利”可视为由数据所有权中分拆出的用益权。

按获取途径的方式，企业的数据资产可划分为自行产生的数据资产、经产生数据主体授权而形成的数据资产、通过交易取得的数据资产。如果企业是数据源发者且数据资产的形成过程未涉及其他主体的共享或贡献，则企业拥有该数据资产完整的所有权。不过，受数据资产可复制性、可加工性等特征的影响，判断企业是否拥有数据资产完整的所有权可能并不容易，“通过对非原生数据进行加工而取得衍生数据所有权”的说法缺乏理论依据，在数据产权结构性分置制度背景下，识别数据资产完整所有权也可能缺乏必要性。

**因此，数据资产的权利内容通常包括数据资源持有权、数据加工使用权、数据产品经营权这三种权利或其中的部分权利**。

**3.当前的数据产权登记有哪些类别?**

目前，数据产权登记还缺乏法律层面的确权机制，尚未建立全国统一的数据产权登记制度，但部分省市已开展数据产权登记的试点工作，有些省市已公布数据产权登记管理办法或者规则。**在现有的数据产权登记实践中，登记机构、登记规则、审查标准以及权利内容、权利客体、权利期限等内容不尽相同，有些甚至差异明显，呈现出不同的登记类别**。现将当前数据产权登记的部分类别列举如下。

**（1）数据资源登记证书、数据产品登记证书、数据资源许可凭证**。比如，根据《深圳市数据产权登记管理暂行办法》（深发改规〔2023〕5号）的规定，经登记机构审核后获取的数据资源或数据产品登记证书、数据资源许可凭证，可作为数据交易、融资抵押、数据资产入表、会计核算、争议仲裁的依据。

**（2）数据要素登记凭证、数据交易凭证、数据用益凭证和数据信托凭证**。比如，根据《贵州省数据要素登记服务管理办法（试行）》（黔数〔2023〕21号）的规定，登记凭证包括数据要素登记凭证、数据交易凭证、数据用益凭证和数据信托凭证等，登记凭证可以作为登记主体开展数据流通交易、数据资产质押贷款、数据资产入表、数据信托、争议仲裁、数据要素型企业认定、数据生产要素核算的依据。

**（3）数据知识产权登记证书**。比如，根据《北京市数据知识产权登记管理办法（试行）》的规定，数据知识产权登记证书是登记主体依法持有数据并对数据行使权利的凭证，享有依法依规加工使用、获取收益等权益。

再比如，根据《浙江省数据知识产权登记办法（试行）》（浙市监知〔2023〕5号）的规定，登记证书可以作为持有相应数据的初步证明，用于数据流通交易、收益分配和权益保护。

**（4）数据资源公证登记证书**。比如，江西省数据资源登记平台通过公证的方式实现数据产权登记。该登记平台为数据登记者、处理者提供审核、存证、确权、登记、出证全流程服务，审核通过的登记信息公示后，颁发数据资源公证登记证书，明确登记主体享有数据资源持有权、数据加工使用权、数据产品经营权等数据权属以及对应权益。

**（5）数据资产登记凭证**。比如，登记凭证由数据交易平台企业制发，登记内容主要包括登记主体、数据名称、数据来源或产生方式、数据规模、更新频率等信息。此类数据资产登记凭证，以电子凭证的形式发放，并将数据资产可溯性信息与交易记录等信息整合于该凭证之中，将数据产品登记与数据交易环节相链接。

再比如，数据主体授权数据需求单位使用数据主体的数据，基于该授权，数据提供方向数据需求方提供数据主体的数据，并制发数据资产凭证。

**4.执行数据资产评估业务，通常应收集哪些权属资料?**

**（1）数据资产的权属证明文件。执行数据资产评估业务时，对于已经通过数据产权登记的数据资产，应当收集数据产权登记证书。**

如前所述，目前尚未建立全国统一的数据产权登记制度，数据产权登记存在着多种类别，不同类别的登记机构、登记规则、审查标准以及权利内容、权利客体、权利期限等内容不尽相同，有些甚至差异明显。受这些因素的影响，不同类别的数据产权登记证书，在证明数据资产权利归属的法定效力方面也是不同的。

在执行数据资产评估业务时，建议结合数据产权登记的文件依据、登记机构的类型和性质、登记规则及审查标准等因素，分析和判断所收集的数据产权登记证书的法定效力。**有些类别的数据产权登记证书可能仅起到公示和初步证据的作用，不是登记主体获得数据资产权利的充分依据，甚至可能被相反证据推翻。对于这些类别的数据产权登记证书，建议参考未开展数据产权登记的情形，补充收集其他权属资料。**

**执行数据资产评估业务时，对于尚未开展数据产权登记的数据资产，应主要围绕数据资产的来源及形成过程，收集数据资产权属相关的资料（列举如下表），必要时还可以要求委托人聘请专业机构出具关于数据资产来源是否合法合规、数据是否真实、数据资产权利是否存在限制的报告。**

| 数据来源 | 应收集与权属相关的其他资料 |
|---|---|
| 源自个人的数据 | 以分类抽样的方式收集用户个人向企业作出的知情同意、授权、许可文件；企业依法依规采集、持有、使用的证明（包括对个人数据是否进行必要的匿名化、去标识化的情况说明） |
| 获取的公开数据或公共数据 | 收集公开获取的渠道信息；公共数据开放利用协议、授权运营协议、授权行为所依据的法律法规文件，企业依法依规采集、持有、使用的证明（包括对公共数据是否进行必要的匿名化、去标识化的情况说明） |
| 企业购入的数据 | 收集数据交易合同；出售方的数据产权登记证书及数据资产权属相关的其他资料 |
| 通过网络爬虫技术公开抓取的数据 | 获取被评估单位关于网络爬虫技术及爬虫范围的说明 |

**（2）获取数据资产权利期限相关的资料**。现行各类数据产权登记证书，通常规定了证书的有效期，且证书有效期通常允许续展（其中，涉及数据授权行为的，登记证书的有效期不得超过授权期限）。因此，数据资产权利期限不应仅仅局限于证载期限，还应收集数据资产权利期限相关的资料。

值得注意的是，有些企业的数据资产以公共数据授权运营为来源，如果未来公共数据授权政策发生变更，可能对此类数据资产的价值产生重大影响。因此在收集相关权属资料时，应特别关注公共数据授权行为、授权依据的合法合规性，必要时，还应将公共数据授权合同、授权期限以及授权政策的可持续性等事项作为评估假设条件。

**（3）获取被评估单位关于数据真实性、完整性、来源合法合规性以及数据资产是否存在权利限制等方面的承诺**。

**5.如何对数据资产的权属资料进行核查验证?**

**对于数据产权登记证书，通常以书面审查、查询等方式实施核查验证程序。对于数据资产权属相关的其他资料，通常以询问、书面审查、查询等方式实施核查验证程序，**不同数据来源的核查验证方式如下：

| 数据来源 | 对权属资料进行核查验证的具体方法 |
| --- | --- |
| 源自个人的数据 | 基于收集的用户个人向企业作出的知情同意、授权、许可文件，检查授权许可文件的签署方式及签署记录，了解授权企业使用信息的内容和范围（包括使用对象、使用目的、使用期限、使用方式等），检查企业利用个人数据的过程是否遵循用户授权许可协议的约定（比如，是否作了匿名化、去标识化处理），检查企业是否存在超范围使用个人信息的情形，检查是否触发用户协议中的禁止条款，检查企业采集个人信息是否遵循个人信息保护法规定的“最小必要原则” |
| 获取的公开数据或公共数据 | 如果是公开数据，对数据的公开渠道进行查询或复核；如果是依法授权的数据，核对授权协议，了解或核对依法授权的文件资料，检查企业利用公共数据的过程是否遵循授权协议的约定（比如，是否作了匿名化、去标识化处理） |
| 企业购入的数据 | 通过核对数据交易合同的原件等方式，对数据交易合同信息的准确性和完整性进行核查，关注数据出售方是否拥有数据的权属 |
| 通过网络爬虫技术公开抓取的数据 | 如果委托人提交了关于被评估单位网络爬虫行为是否违法的法律意见书，应当分析法律意见书来源的可靠性，并通过核对原件等方式对法律意见书进行核查 |

合法地运用网络爬虫技术公开抓取数据的行为，也是利用数据资产非竞争性特征的一种表现。但是，企业以非法手段获取的数据，或以交易方式购入的由他人通过非法手段获取的数据，均不得作为该企业的资产进行确认。

需要注意的是，基于《资产评估对象法律权属指导意见》的规定，执行数据资产评估业务，对数据资产法律权属确认或者发表意见超出资产评估专业人员的执业范围，资产评估专业人员不得对数据资产的法律权属提供保证。

## 相关资料

《中共中央 国务院关于构建数据基础制度更好发挥数据要素作用的意见》（2022年12月2日）规定："根据数据来源和数据生成特征，分别界定数据生产、流通、使用过程中各参与方享有的合法权利，建立数据资源持有权、数据加工使用权、数据产品经营权等分置的产权运行机制，推进非公共数据按市场化方式'共同使用、共享收益'的新模式，为激活数据要素价值创造和价值实现提供基础性制度保障。"

《中华人民共和国个人信息保护法》第六条规定"处理个人信息应当具有明确、合理的目的，并应当与处理目的直接相关，采取对个人权益影响最小的方式。收集个人信息，应当限于实现处理目的的最小范围，不得过度收集个人信息。"

《资产评估基本准则》（财资〔2017〕43号）第十三条规定："执行资产评估业务，应当对评估对象进行现场调查，获取资产评估业务需要的资料，了解评估对象现状，关注评估对象法律权属。"

《资产评估基本准则》（财资〔2017〕43号）第十五条规定："资产评估专业人员应当依法对资产评估活动中使用的资料进行核查和验证。"

《数据资产评估指导意见》（中评协〔2023〕17号）第十条规定："执行数据资产评估业务，应当根据评估业务具体情况和数据资产的特性，对评估对象进行针对性的现场调查，收集数据资产基本信息、权利信息、相关财务会计信息和其他资料，并进行核查验证、分析整理和记录。"

《数据资产评估指导意见》（中评协〔2023〕17号）第十二条规定："执行数据资产评估业务，可以通过委托人、相关当事人等提供或者自主收集等方式，了解和关注被评估数据资产的基本情况，例如：数据资产的信息属性、法律属性、价值属性等。""法律属性主要包括授权主体信息、产权持有人信息，以及权利路径、权利类型、权利范围、权利期限、权利限制等权利信息。"

《数据资产评估指导意见》（中评协〔2023〕17号）第十四条规定："执行数据资产评估业务，应当根据数据来源和数据生成特征，关注数据资源持有权、数据加工使用权、数据产品经营权等数据产权，并根据评估目的、权利证明材料等，确定评估对象的权利类型。"

《资产评估对象法律权属指导意见》第五条规定："执行资产评估业务，应当明确告知委托人和其他相关当事人，执行资产评估业务的目的是对资产评估对象价值进行估算并发表专业意见，对资产评估对象法律权属确认或者发表意见超出资产评估专业人员的执业范围。资产评估专业人员不得对资产评估对象的法律权属提供保证。"

《深圳市数据产权登记管理暂行办法》(深发改规〔2023〕5号)规定:“数据产权登记类型包括首次登记、许可登记、转移登记、变更登记、注销登记和异议登记”“首次登记程序为申请、受理、审查、公示和发证。数据首次登记由第三方服务机构进行实质性审查,登记机构进行形式审查。”“经登记机构审核后获取的数据资源或数据产品登记证书、数据资源许可凭证,可作为数据交易、融资抵押、数据资产入表、会计核算、争议仲裁的依据。”

《贵州省数据要素登记服务管理办法(试行)》(黔数〔2023〕21号)规定:“本办法所称数据要素,是指数据资源、算法模型、算力资源以及综合形成的产品等。”“登记凭证包括数据要素登记凭证、数据交易凭证、数据用益凭证和数据信托凭证等。”“数据要素登记类型包括初始登记、交易登记、信托登记、变更登记、注销登记、撤销登记和续证登记。”“初始登记经登记服务机构进行形式审核后,由第三方专业数据服务机构进行实质性审核。”“登记凭证具备唯一标识符,可以作为登记主体开展数据流通交易、数据资产质押贷款、数据资产入表、数据信托、争议仲裁、数据要素型企业认定、数据生产要素核算的依据。”

《北京市数据知识产权登记管理办法(试行)》规定:“登记机构依据本办法规定对数据知识产权登记申请事项进行形式审查。”“登记机构对经形式审查符合数据知识产权登记要求的,在登记平台进行登记前公示,公示期为十个工作日。”“公示结束无异议或者异议不成立的,登记机构对登记申请依法予以核准,签发数据知识产权登记证书。”“数据知识产权登记证书是登记主体依法持有数据并对数据行使权利的凭证,享有依法依规加工使用、获取收益等权益。”

《浙江省数据知识产权登记办法(试行)》(浙市监知〔2023〕5号)规定:“登记平台依据本办法规定对数据知识产权登记申请事项进行形式审查。”“登记平台对经形式审查符合数据知识产权登记要求的,在登记平台进行登记前公示,公示期为十个工作日。”“公示无异议或异议不成立的,登记平台在公示期满后颁发数据知识产权登记电子证书。”“登记证书可以作为持有相应数据的初步证明,用于数据流通交易、收益分配和权益保护。”

# 8.6　数据资产质量如何影响其价值?

## 问题：数据资产质量如何影响其价值?

根据《数据资产评估指导意见》(中评协〔2023〕17号)的规定，执行数据资产评估业务，应当关注数据资产质量。那么，数据资产的质量要素包含哪些内容？如何认识数据资产质量要素中的时效性？质量要素对数据资产的价值及其评估有何影响？

## 解答结论

数据资产的质量主要通过数据的准确性、一致性、完整性、规范性、时效性和可访问性等要素进行衡量，稀缺性和应用场景多样性均不属于数据资产的质量要素，明确数据资产的质量要素，应避免与数据资产的特征相混淆。

在成本法中，数据资产质量影响数据资产价值调整系数；在收益法中，数据资产质量可能影响现金流、收益期限及折现率；在市场法中，数据资产质量主要影响与可比案例差异的调整系数，甚至还会影响可比案例的筛选。时效性作为数据资产的一项重要的质量要素，对数据资产价值及其评估的影响更为深远。

## 解答分析

### 1.数据资产有哪些质量要素?

#### (1)数据资产质量要素主要包括哪些?

根据《数据资产评估指导意见》(中评协〔2023〕17号)的规定，数据资产的质量要素包括数据的准确性、一致性、完整性、规范性、时效性和可访问性等，在该指导意见的“附2：基于质量要素的指标体系设计示例”中，列示的数据资产质量要素特征及其具体指标如下：

| 质量要素特征 | 具体指标 |
|---|---|
| 准确性 | 内容准确率 |
| | 精度准确率 |
| | 记录重复率 |
| | 脏数据出现率 |
| 一致性 | 元素赋值一致率 |

续表

| 质量要素特征 | 具体指标 |
|---|---|
| 完整性 | 元素填充率 |
| | 记录填充率 |
| | 数据项填充率 |
| 规范性 | 值域合规率 |
| | 元数据合规率 |
| | 格式合规率 |
| | 安全合规率 |
| 时效性 | 周期及时性 |
| | 实时及时性 |
| 可访问性 | 可访问度 |

需要注意的是，“准确性”要素包含了数据资产的相关性要求，数据相关性是指与应用场景及使用目的相关；“规范性”要素反映了数据的标准化程度；“可访问性”要素包括数据能否被计算机读取以及能否被调用这两个方面。

**（2）稀缺性属于数据资产的质量要素吗？**

商品的稀缺性首先影响的是商品的使用价值，然后才通过交换价值影响价格。有时，商品的稀缺性通常增加消费者的情绪价值，而情绪价值也属于使用价值。

**数据的稀缺性不属于数据资产的质量要素**。企业垄断经营所形成的数据资产通常具有稀缺性，如果某一企业垄断了某些领域的数据资源，这些数据资源成为市场中的稀缺资源，而稀缺性会提高数据资源的使用价值和交换价值。与一般商品类似，数据的稀缺性首先影响的是数据的使用价值，然后才通过交换价值影响价格。

**（3）应用场景多样性属于数据资产的质量要素吗？**

基于数据资产的可复制性和可共享性，数据资产具有应用场景多样性的特征，不仅表现为不同的使用者可能具有不同的应用场景，而且同一使用者也可能具有不同的应用场景。数据资产的应用场景还会随着其全生产周期的演进而变化或扩展。对于同一数据资产，不同的使用者可能具有不同的应用场景、使用方式及利用效率，因而其价值通常存在差异，这属于不同价值类型的区别。

**应用场景多样性属于数据资产的一项特征，不属于数据资产的质量要素。明确数据资产的质量要素，应避免与数据资产的特征相混淆**。数据资产具有非实体性、依存性、可复制性、可加工性、多样性这五项基本特征。基于这些基本特征，还可依次衍生出非消耗性、伴生性和规模性、可共享性和非竞争性、可整合性和动态性、价值易变性等特征。

**（4）如何认识数据资产的时效性？**

时效性是数据资产的一项重要的质量要素。时效性不仅要求数据真实反映事物和事件的及时程度，还包括过去或当前的数据能否在当前或未来被利用。数据资产不存在法定期限的限制，数据资产因非实体性也具有无消耗性特征，并不会因为使用而磨损、消耗，但这并不代表数据资产的使用寿命是无限期的。数据资产还具有时效性，某一时点的存量数据的效用会随着时间的推移而减损甚至消失，相当于数据资产也具有保质期。尽管很多类别的资产均具有时效性，但数据资产的时效性可能更为典型和突出。

不同类别的数据的时效性不同。即便是同一数据，在不同的应用场景下，数据的时效也可能不同。在实时性应用场景下，数据资产的经济寿命很短。在延时性应用场景下，数据资产的经济寿命可能较长。比如，对于交通路况数据，在途司机往往要求实时路况数据，但交通设计人员可能需要较长周期的路况数据。当然，对于同一企业，数据资产的应用场景可能同时包括实时性和延时性应用场景。

数据资产的时效性并不必然表现为随着时间的推移而下降，还可能存在相反的变化趋势。有些数据在以前和当前没有得到具体的应用，随着数据的累积、应用技术的发展以及应用场景的丰富，可能得到应用而发挥其价值。对于一些预测类数据产品，历史累积数据的跨度周期越长，基于这些数据开展预测的可靠性可能越高。比如，将金融数据用于计算贝塔系数时，通常需要10年以上的历史数据。

**2.质量要素对数据资产的价值及其评估有何影响?**

在数据资产评估方法选择方面，可以分别基于经济行为、数据来源、数据产品所处的生命周期等因素的不同，相应选择不同的评估方法。运用不同的评估方法，数据资产质量对评估过程的影响路径是不同的，具体分析如下：

| 评估方法 | 数据资产质量要素对该方法的影响 |
| --- | --- |
| 成本法 | 从《数据资产评估指导意见》的规定可以知晓，采用成本法评估数据资产时，数据资产的质量要素对评估值的影响，是通过数据资产价值调整系数予以反映的。此外，应特别关注的是，数据资产价值调整系数应与数据资产重置成本的口径保持内在一致。如果重置成本的构成包含了全部数据的成本，并未将质量不合格数据的成本剔除，则在重置成本基础上，应通过数据资产价值调整系数考虑数据质量对价值的影响。也就是说，数据资产质量调整系数的作用，是将重置成本中的无效成本、沉没成本、冗余成本剔除。冗余数据和无效数据是没有价值的，只会徒增数据成本。如果截至评估基准日的数据资产存在质量缺陷，预计在评估基准日之后对数据缺陷进行修复，并将预计修复的费用作为一项负债进行列示，则在数据资产评估时，应基于修复后的数据质量确定数据资产价值调整系数 |
| 收益法 | 在收益法的应用中，虽然《数据资产评估指导意见》并未直接规定应当就数据资产质量调整系数进行调整，但这并不代表着数据资产的质量因素对收益法评估没有影响。在收益法的应用中，数据资产的质量可能影响收益现金流、收益期限或折现率。比如，对于低质的数据资产，在未来应用过程中应考虑其为了提高数据质量所进行的清洗、修复等工作对应的现金流出 |
| 市场法 | 从《数据资产评估指导意见》的规定可以知晓，采用市场法评估数据资产时，数据资产的质量要素对评估值的影响，体现于与可比案例差异的调整系数中。因此，在运用市场法评估数据资产时，可比案例的选择，不仅应考虑数据权利类型、数据交易市场及交易方式、数据规模、应用领域、应用区域及剩余年限等因素，还要关注数据资产的质量情况。如果可比案例与被评估的数据资产的质量差异很大，会使得案例的可比性降低甚至丧失 |

其中，时效性作为数据资产的一项重要的质量要素，对数据资产价值及其评估的影响更为具体和直接，单独分析如下：

| 评估方法 | 时效性对数据资产价值及其评估的影响 |
| --- | --- |
| 成本法 | 数据资产效用随时间推移而下降所导致的价值减损，本质上属于经济性贬值。在成本法评估中，时效性对数据资产价值调整系数的影响路径有两条：一是时效性是数据资产的质量评价要素之一，通过数据质量因素综合确定价值调整系数；二是时效性影响数据资产的剩余经济寿命，结合剩余经济寿命确定价值调整系数。类似地，受数据资产时效性的影响，在会计核算方面，寿命有限的数据资源无形资产需要计提摊销；作为存货核算的数据资产，如果无法在数据效用衰减前完成销售，其可变现净值可能低于其成本而存在减值情形 |
| 收益法 | 时效性对收益法应用的影响，区分为两种情形：<br>第一种情形，假设基准日后对数据进行持续更新。在预测未来收益时，应关注数据更新投入是否与收入口径相匹配，更新投入的频率及时点是否符合时效性的要求，更新投入是否足够。数据的时效性，决定着数据更新频率和及时性要求，时效性很短的数据，可能要求实时更新。数据的持续更新，通常代表着数据时效的动态保持。在这种情况下，数据资产的收益期限不会因基准日静态时效的逐步丧失而终止，只要这些动态更新后的数据还需要被使用，数据资产的收益期限就不会截止，这种持续更新的数据资产，甚至可能成为“永不完工的在建工程”，表现为收益期限永续。在这种情况下，数据资产的收益期限不同于成本法中的剩余经济寿命。类似地，这种持续更新的数据资产，在会计核算上归类于使用寿命不确定的数据资源无形资产。折现率应考虑基准日后数据更新支出及其对收益影响的不确定性。受数据资产动态性特征及时效性因素的影响，以基准日后对数据进行持续更新为假设，更符合数据资产的应用方式。<br>第二种情形，假设基准日后不对数据进行持续更新。在预测未来收益时，不再考虑基准日后新增数据的贡献，相应地，也不需要扣除数据更新的支出。而且随着基准日存量数据的效用的逐步衰减，数据资产形成的效益通常是逐年下降的。类似地，在会计核算方面，受时效性影响，对数据资源无形资产的摊销方法，可能更加适合采用年数总和法、双倍余额递减法等加速方法。在这种情况下，数据资产的收益期限为有限期。时效性很强的资产，其收益期很短。折现率不再将准日后数据更新支出及其对收益影响的不确定性纳入考虑范畴 |
| 市场法 | 不同类别的数据的时效性不同。即便是同一数据，在不同的应用场景下，数据的时效也可能不同。在市场法评估中，时效性不仅是一项重要的修正因素，甚至成为筛选可比案例的条件之一 |

## 相关资料

《数据资产评估指导意见》（中评协〔2023〕17号）规定：“执行数据资产评估业务，需要关注影响数据资产价值的成本因素、场景因素、市场因素和质量因素。”“质量因素包括数据的准确性、一致性、完整性、规范性、时效性和可访问性等。”“资产评估专业人员应当关注数据资产质量，并采取恰当方式执行数据质量评价程序或者获得数据质量的评价结果，必要时可以利用第三方专业机构出具的数据质量评价专业报告或者其他形式的数据质量评价专业意见等。数据质量评价采用的方法包括但不限于：层次分析法、模糊综合评价法和德尔菲法等。”

《企业数据资源相关会计处理暂行规定》（财会〔2023〕11号）规定：“企业在对确认为无形资产的数据资源的使用寿命进行估计时，应当考虑无形资产准则应用指南规定的因素，并重点关注数据资源相关业务模式、权利限制、更新频率和时效性、有关产品或技术迭代、同类竞品等因素。”

## 8.7　运用成本法评估数据资产的十大关注事项

《企业数据资源相关会计处理暂行规定》（财会〔2023〕11 号）和《数据资产评估指导意见》（中评协〔2023〕17 号）的发布与实施，标志着数据资产计量时代的来临。

《企业数据资源相关会计处理暂行规定》的发布，并未改变现行企业会计准则的要求。类似地，《数据资产评估指导意见》的发布，也没有改变评估方法的基本要求，该指导意见中关于成本法评估数据资产涉及的机会成本、价值调整系数等事项，并非对传统评估理论的颠覆或更改，可视为在相关评估准则和评估理论基础上，结合数据资产的特殊性作出的一些创新。

那么，在运用成本法评估数据资产价值过程中，存在哪些特殊之处？如何测算数据资产的机会成本和数据资产的价值调整系数？我们整理出运用成本法评估数据资产的十大关注事项，供评估人员参考。

**关注事项十：运用成本法评估数据资产有何适用情景？**

数据资产的价值与其成本之间可能呈弱对应关系，这可能会限制成本法的适用性。根据《数据资产评估指导意见》的规定，采用成本法评估数据资产时，应当分析数据资产价值与成本的相关程度，考虑成本法的适用性。对于应用较为成熟或已经实现商业化的数据资产，其成本与价值之间的弱对应性更为明显，一般不适宜采用成本法进行评估。换言之，**成本法通常仅适用于尚处于开发初期、尚未明确应用场景的数据资产的评估**。

从市场规律看，数据产品的定价如果不能覆盖其成本，则数据产品的交易活动是不可持续的；当供给侧充分竞争时，数据产品的定价如果明显高于其客观成本或重置成本，表明具有显著的超额收益，超额收益会引来竞争，而竞争的加入会拉低超额收益。由此可以说明，**成本法比较适用于那些同质化竞争较为激烈的数据产品的评估**。

**关注事项九：数据伴生性特征可能产生怎样的影响？**

如果企业的数据加工或数据资源的研究开发不是独立实施的，而是伴随着企业的生产经营活动而开展，则数据资产的形成是生产经营过程中的附加产物，这体现出数据的伴生性特征。采用数字化运营模式的企业，运营过程伴生出数据资产更为常见。

在会计核算方面，如果无法将数据加工及研发成本从企业经营成本中区分并剥离出来，则无法对数据资源的成本进行可靠计量，导致不符合会计上的入表确认条件。

数据的伴生性特征，也可能构成运用成本法评估数据资产的障碍。与会计核算不同的是，评估中的重置成本采用的是客观必要成本，不是个别实际成本，因而不一定需要将数据加工及研发的实际成本进行剥离。**如果无法将实际成本进行剥离，或实际成本明显偏离**

**于客观必要成本，则能否合理测算出客观工作量和客观成本，决定着运用成本法评估数据资产是否具有可操作性**。

数据加工及研发成本的最主要构成是人员成本，如果相关人员并非专职从事这些工作，如何将人员成本在其从事的各项工作中进行分配，可能存在较大的人为调节空间。为了使数据资产的成本易于归集，而要求企业对数据相关人员作专职化划分的做法，可能不符合企业正常经营管理的需要，并不可取。

此外，对于用户填报数据并以知情同意的方式授权企业使用的情形，表面上看企业免费获取了用户数据，但实质上用户是以提供数据为代价获取企业的服务，企业是以提供服务为代价获取用户的数据，用户与企业之间实际上达成了一种等价交换。是否及能否将企业提供服务的代价量化为获取数据的成本，也可能在一定程度上影响着成本法评估数据资产的可操作性。

**关注事项八：数据资产重置成本有哪些构成项目？**

根据《数据资产评估指导意见》的规定，数据资产的重置成本，包括前期费用、直接成本、间接成本、机会成本和相关税费等。**那么，资金成本是否属于数据资产重置成本的组成部分？该条款列举的重置成本构成属于不完全列举，资本成本也可以包含在重置成本之中**。

数据资产重置成本的各项组成分解如下：

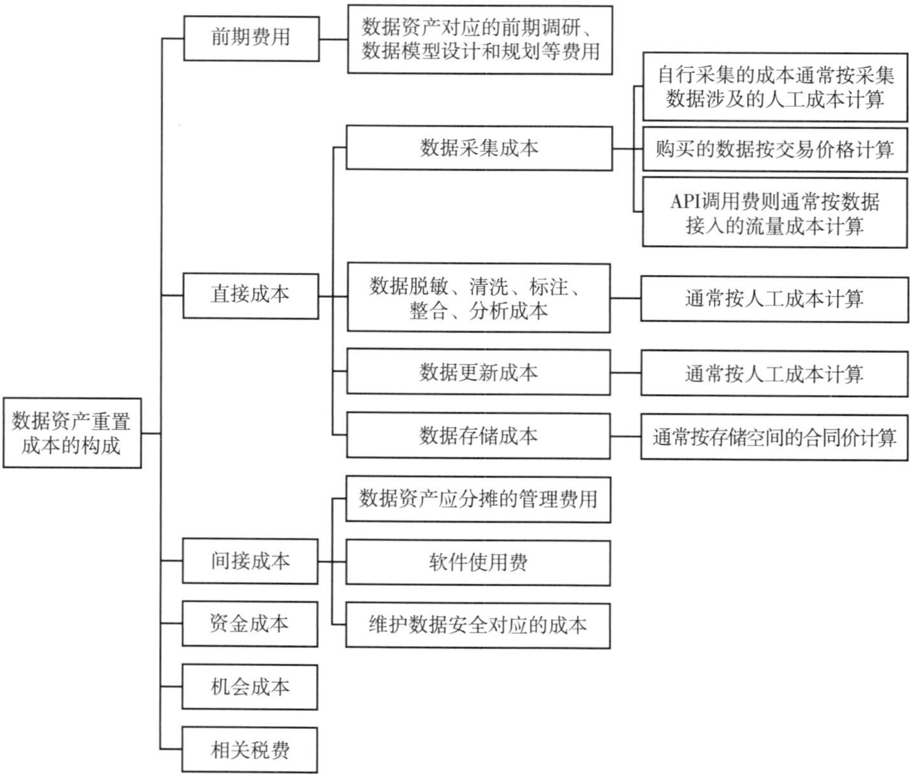

需要注意的是，数据分析人员与数据采集人员的成本单价可能差异明显。此外，若企业存在多项数据资产，则需要将共同的数据成本在各项数据资产间进行分配，分配的基础通常为数据调用频次、数据规模以及数据产品或数据服务的总价等。

此外，从数据使用者的角度进行分析，企业的数据资产具有排他性特征，但相比于传统的生产要素（比如资本、劳动、土地等），数据资产被盗用、被侵权的可能性更高，数据资产的保护成本更大，这使得数据资产的排他性特征相对较弱。在运用成本法评估数据资产时，维护数据安全对应的成本（即数据保护成本）是数据资产重置成本的一个组成部分，应予以必要的关注。

**关注事项七：不同类别数据的成本有何差异?**

数据有着不同的分类，按获取途径的方式，企业的数据资产可划分为自行产生的数据资产、经产生数据主体授权而形成的数据资产、公开收集而形成的数据资产、通过交易取得的数据资产；按数据结构，可分为结构化数据、半结构化数据和非结构化数据；按数据加工程度，可分为原始数据、衍生数据和数据产品；按数据存储层级，可分为基础层数据、中间层数据、应用层数据。

**不同类型的数据，其成本构成项目不同。以不同的数据结构为例，在不同的数据结构方式下，对数据进行采集、脱敏、清洗、整合、分析等处理的成本也不同**。

结构化数据一般存储于关系型数据库，关系型数据库使用表格来存储数据，数据以行作为单位进行表示，每一行的数据格式相同，可以通过结构化查询语言（SQL）进行检索，易于被计算机读取、被设备自动化处理，数据处理成本相对较低。

非结构化数据的数据结构不规则，无法通过预定义数据模型、采用行与列构成的二维数据库进行表达。对非结构化数据进行分析和处理，可能需要使用自然语言处理、图像识别、语音识别、机器学习等技术，对数据进行标注或处理，数据处理成本较高。

**关注事项六：如何处理数据初始成本与后续成本的关系?**

数据资产的成本可以分为初始成本和后续成本。在会计核算中，数据的初始成本指的是初始计量的成本，数据的后续成本指的数据资源已达到预定用途并确认为资产之后的后续支出。在会计核算中，对于数据资源已达到预定用途并确认为无形资产之后的后续支出能否作资本化处理，《企业会计准则第6号——无形资产》并未作出规定，只对企业取得的已作为无形资产确认的正在进行中的研究开发项目，在取得后发生的支出能否作资本化处理作出了规定。

与会计核算不同，**运用成本法评估数据资产时，数据资产入表后至评估基准日期间的数据资产后续成本应当包含在重置成本之中**，但如果后续更新的数据是对原始数据进行了替换，不应就同一数据重复计算初始成本和后续成本。不过，数据更新并不必然对原始数据作出替换，更常见的数据更新是为了保持数据时效，原始数据不必然随着数据更新而立即失效。

**关注事项五：为什么数据资产的重置成本没有包含合理利润？**

根据《资产评估执业准则——资产评估方法》（中评协〔2019〕35号）的规定，重置成本的构成要素一般包括建造或者购置评估对象的直接成本、间接成本、资金成本、税费及合理的利润。但为何在《数据资产评估指导意见》中列举的重置成本构成项目并未包含合理利润？

**《数据资产评估指导意见》中列举的重置成本中的机会成本，可视为对合理利润的替代**。机会成本是指选择最优方案而放弃次优方案的收益，通过次优项目的“收益”来衡量最优项目的“预期收益”，再将其作为重置成本的组成内容之一。因此，重置成本构成项目中的合理利润及机会成本，都是投资收益能力的一种体现。如果能够直接求取数据资产的投资利润并将其作为重置成本的构成项目，则不应重复考虑数据资产的机会成本。

**关注事项四：如何测算数据资产的机会成本？**

数据资产的机会成本是指选择数据资产的投资作为最优方案而放弃其他次优方案的收益，通过其他次优项目的“收益”来衡量数据资产这项最优投资项目的“投资收益”，这一间接过程本质上应用了替代原理。替代原理要求最优方案与次优方案之间很接近，且两者具有可比性，而按照风险与收益对等的原理，要求数据资产这项最优投资方案与次优方案之间的风险类似。

**因此，数据资产重置成本中的机会成本，可以采用投资风险相同或相近的投资项目的报酬率，来间接衡量数据资产投资应获得的报酬水平**。投资项目的投资报酬率实质是一种超额报酬率——超过资产成本的投资收益率，通常又要通过收益途径或市场途径进行求取。如果投资报酬率是采用收益途径测算得出的，由此求出评估值的过程的实质也是收益法。如果投资报酬率是采用市场途径测算得出的，由此求出评估值的过程的实质也是市场法。可以看出，成本法的运用过程可能又嵌套了收益法或市场法的过程。

数据资产的应用前景及应用风险，是影响投资报酬率的两大因素。机会成本也可以视为数据资产的应用价值，即应用数据资产带来的超过其成本的那部分价值。

**关注事项三：数据资产的贬值如何体现？**

资产的贬值包括实体性贬值、功能性贬值和经济性贬值。数据资产具有非实体性的特征，不存在实体性贬值。数据资产的经济性贬值，主要指数据资产时效性的丧失形成的价值减损。除了时效性以外，数据资产的其他质量要素特征（如准确性、一致性、完整性、规范性、可访问性）对价值的影响，可视为功能性贬值。数据资产质量的下降将导致数据应用成本的增加，形成功能性贬值。《资产评估专家指引第9号——数据资产评估》（中评协〔2019〕40号）也指出，数据资产贬值主要包括功能性贬值和经济性贬值。

《数据资产评估指导意见》并未直接对数据资产的贬值计算作出规定，但要求确定数据资产价值调整系数。**数据资产的功能性贬值和经济性贬值，蕴含在数据资产价值调整系数之中**。

**关注事项二：如何测算数据资产的价值调整系数？**

《数据资产评估指导意见》列举了确定数据资产价值调整系数的两种路径。

**第一种路径，对于需要进行质量因素调整的数据资产，可以结合相应质量因素综合确定调整系数**。若适用该路径，可以参考《数据资产评估指导意见》“附2：基于质量要素的指标体系设计示例”。

**第二种路径，对于可以直接确定剩余经济寿命的数据资产，可以结合剩余经济寿命确定调整系数**。此路径的实质是对数据资产时效性进行量化，时效性的丧失形成的价值减损本质上属于经济性贬值。不同类别的数据对时效性的要求不同，甚至差异巨大。运用此路径，不仅需要确定数据资产的剩余经济寿命，还要确定数据资产重置成本对应的总经济寿命，在此基础上分析得出价值调整系数。

运用成本法评估数据资产，确定数据资产价值调整系数时，存在一种将数据资产质量因素、应用因素以及风险因素均考虑在内的观点。该观点是错误的。将数据资产应用因素及风险因素考虑在内，会与重置成本中的机会成本考虑因素相重叠。

在更早发布的《资产评估专家指引第9号——数据资产评估》中，成本法模型的表达式为：评估值=数据资产总成本×（1+数据资产成本投资回报率）×数据效用系数。其中，数据效用系数=数据质量系数×数据流通系数×（1+数据垄断系数）×（1-数据价值实现风险系数）。运用该公式的最大难点，在于数据效用的取值过程可能缺乏可操作性，且数据效用系数蕴含了市场途径和收益途径的价值影响因素，运用该公式还存在数据效用系数与成本投资回报率（或机会成本）的交叉与重叠的风险。可能是为了避免该公式的运用风险，提高评估可操作性，此后出台的《数据资产评估指导意见》并未采纳该公式。

**关注事项一：价值调整系数如何与重置成本保持口径一致？**

**数据资产价值调整系数应与数据资产重置成本的口径保持内在一致。重置成本反映的是数据资产在基准质量条件下的客观成本**。比如，以数据完整性项下的记录填充率为例，参考《数据资产评估指导意见》附录的内容，记录填充率为数据集赋值完整的记录条数与记录总条数之比，假设数据集赋值完整的记录为8000条，记录总条数为1万条，则记录填充率为80%，若忽略其他质量因素，则质量调整系数为80%，那么与之匹配的重置成本，应当是1万条赋值完整的数据对应的成本，不是8000条赋值完整的数据对应的成本；如果重置成本仅考虑了8000条赋值完整的数据对应的成本，则无须再作记录填充率的修正。

因此，如果重置成本的构成包含了全部数据的成本，并未将质量不合格数据的成本剔除，则在重置成本基础上，应通过数据资产价值调整系数考虑数据质量对价值的影响。**数据资产质量调整系数的作用，是将重置成本中的无效成本、沉没成本、冗余成本剔除**。冗余数据和无效数据是没有价值的，只会徒增数据成本。

如果截至评估基准日的数据资产存在质量缺陷，预计在评估基准日之后对数据缺陷进行修复，并将预计修复的费用作为一项负债进行列示，则在数据资产评估时，应基于修复后的数据质量确定数据资产价值调整系数。

## 8.8 运用收益法评估数据资产应关注什么事项?

### 问题：运用收益法评估数据资产应关注什么事项?

在运用成本法评估数据资产价值过程中，存在哪些特殊之处？数据资产的特征及数据资产的质量如何影响收益法的应用过程？哪些因素会影响数据资产的折现率？

### 解答结论

收益法适用于应用场景已明确或预期能够明确的数据资产的评估。运用收益法评估数据资产，应特别关注数据资产可复制性、应用场景多样性等特征以及数据资产时效性等数据资产质量要素的影响。当评估对象界定为评估基准日的存量数据时，应避免出现评估值包含或挤占基准日后新增数据的贡献的情形。

### 解答分析

**1.运用收益法评估数据资产有何适用情景?**

数据资产的未来收益及收益期限能够合理预测、预期收益所对应的风险能够度量，是运用收益法评估数据资产的前提条件。数据生产要素无法单独发挥其效用，需要与其他生产要素相结合才能实现其价值。数据资产未来收益预测的前提，在于明确数据资产的应用场景。**因此，收益法适用于应用场景已明确或预期能够明确的数据资产的评估**。

**2.应用场景多样性如何影响收益预测?**

基于数据资产的可复制性和可共享性，数据资产具有应用场景多样性的特征，不同的使用者可能具有不同的应用场景，同一使用者也可能具有不同的应用场景。开展未来收益预测，首先应与价值类型相匹配。对于同一数据资产，不同的使用者可能具有不同的应用场景或使用方式，因而其价值通常存在差异，这属于不同价值类型的区别。不同的使用者利用同一数据，不仅应用场景不同，数据的可利用率也不同。**在界定价值类型的基础上，将当前已明确以及未来能够明确的应用场景纳入考虑范畴**。

在有些类别的数据产权登记证书中，记载了数据资产的应用场景。但有些数据资产的应用场景还会随着其全生产周期的演进而变化或扩展。对数据资产开展收益预测，通常不应局限于证载的应用场景。

**3. 数据资产质量如何影响收益法的应用过程?**

在收益法的应用中，虽然《数据资产评估指导意见》并未直接规定应当对数据资产质量调整系数进行调整，但这并不代表着数据资产的质量因素对收益法评估没有影响。

数据资产的质量因素对收益法评估的影响主要体现于三个方面：一是影响收益现金流，对于低质的数据资产，在未来应用过程中应考虑其为了提高数据质量所进行的清洗、修复等工作对应的现金流出；二是影响收益期，比如数据资产的时效性因素及数据更新方式直接对数据资产的收益期限产生影响；三是影响折现率，质量较低的数据资产，其形成收益的不确定性可能更大，进而影响折现率。数据资产质量对收益预测、收益期限、折现率的影响，可能同时发生，也可能部分或单独发生。

**在收益法的应用中已考虑质量因素影响而得出的结论基础上，不应重复考虑数据资产的价值调整系数，更不应就数据资产的应用因素以及风险因素作重复调整。**

**4. 数据资产时效性如何影响收益法的应用过程?**

时效性是数据资产的一项重要的质量要素，主要表现为数据的效用会随着时间的推移而减损甚至消失。为了保持数据的效用不变，需要在数据效用衰减时进行数据更新。如果不及时更新数据，数据的效用通常随时间的推移而下降。相应地，对数据资产进行评估，存在着基准日后对数据进行持续更新以及不作更新这两种不同的假设条件。在这两种不同的假设条件下，未来收益预测、收益期限以及折现率的确定方式不同，具体对比如下：

| 假设条件 | 未来收益预测 | 收益期限 | 折现率 |
|---|---|---|---|
| 假设基准日后对数据进行持续更新 | 应关注数据更新投入是否与收入口径相匹配，更新投入的频率及时点是否符合时效性的要求，更新投入是否足够。数据的时效性，决定着数据更新频率和及时性要求，时效性很短的数据，可能要求实时更新 | 数据的持续更新，通常代表着数据时效的动态保持。在这种情况下，数据资产的收益期限不会因基准日的静态时效的逐步丧失而终止，只要这些动态更新后的数据还需要被使用，数据资产的收益期限就不会截止，这种持续更新的数据资产，甚至可能成为“永不完工的在建工程”，表现为收益期限永续。数据资产的收益期限不同于成本法中的剩余经济寿命。类似地，这种持续更新的数据资产，在会计核算上归类于使用寿命不确定的数据资源无形资产 | 折现率应考虑基准日后数据更新支出及其对收益影响的不确定性 |
| 假设基准日后不对数据进行持续更新 | 未来收益预测时，收入的预测不再考虑基准日后新增数据的贡献，相应地，也不需要扣除数据更新的支出。随着基准日存量数据的效用的逐步衰减，数据资产形成的效益通常是逐年下降的。类似地，在会计核算方面，受时效性影响，对数据资源无形资产的摊销，可能更加适合采用年数总和法、双倍余额递减法等加速方法 | 数据资产的收益期限为有限期。时效性很强的资产，其收益期很短 | 确定折现率时不再将基准日后数据更新支出及其对收益影响的不确定性纳入考虑范畴 |

**受数据资产动态性特征及时效性因素的影响，以基准日后对数据进行持续更新为假设，通常更符合数据资产的应用方式**。

**5.如何处理基准日后新增数据对收益的贡献?**

当评估对象界定为评估基准日的存量数据时，以基准日后对数据进行持续更新为假设条件，采用收益法得出的评估值，应避免包含或挤占基准日后新增数据的贡献。**正确的做法是，若未来收益是由基准日存量数据及基准日之后持续更新的数据共同形成的，则应当在未来收益预测过程中合理考虑后续更新数据的支出**。

**以多期超额收益法为例，在未来收益中考虑更新数据的支出又有两种途径可供选择**。

**第一种途径，在数据更新支出当期作费用处理，一次性直接减少当期收益**。在这种途径中，数据更新支出对收益的影响过程，相当于资本性支出对当期现金流的影响过程。

**那么，基准日之后更新数据的支出对应的应得利润是否还要扣除？答案是否定的**。理解这个问题，可以从假设开发法中的静态分析法和动态分析法评估在建工程的对比中得到启发。假设开发法中的静态分析法和动态分析法的主要区别在于，静态分析法需要扣减投资利息和后续开发的应得利润，以反映投资的机会成本，但动态分析法并不需要扣减投资利息和后续开发的应得利润。在动态分析法中，投资的资金成本及后续开发投入的合理报酬是通过现金流的折现过程予以体现的，投资的时间价值及超额风险均蕴含在折现率当中。

**第二种途径，在经营利润中不扣减数据更新支出，而是在各期经营利润基础上，扣减数据更新支出对当期收益的贡献额**。数据更新支出对当期收益的贡献额的计算主要有两种：一是更新支出在当期的摊销额加上更新支出摊余金额在当期的投资回报额，得出数据更新支出对当期收益的贡献额；二是参考贷款对应的等额本息还款的计算方法，以更新支出为现值，根据更新数据的投资报酬率及受益期限等参数，计算各期的内含贡献额。各期内含贡献额的折现值合计，即为数据更新支出金额。

**6.哪些因素会影响数据资产的折现率?**

**数据资产的折现率应与其预测收益口径相匹配**。应用场景的多样性、叠加数据资产的动态性，共同衍生出数据资产具有价值易变性的特征，这对数据资产的收益预测及折现率测算产生了深远的影响。如果数据资产的未来应用场景存在较大的不确定性，则其折现率也会相对较高。

**对数据资产进行评估，应特别关注数据资产质量对折现率的影响**。如前所述，数据资产的质量会影响其折现率，质量较低的数据资产，其形成收益的不确定性可能更大，进而影响折现率。受数据资产时效性的影响，基准日后是否对数据进行持续更新，也会影响折现率的考虑范畴。

除此之外，鉴于数据资产的具有可复制性的特征，且复制数据的成本通常极低，甚至接近于零，尽管从数据使用者的角度进行分析，企业的数据资产具有排他性特征，但相比于传统的生产要素，数据资产被盗用、被侵权的可能性更高，数据资产的保护成本更大，这使得数据资产的排他性特征相对较弱。**运用收益法对数据资产进行评估时，数据保护措施对价值影响的途径有以下两种：一是在未来收益预测中考虑对数据资产实施保护所需的成本；二是在折现率中考虑数据安全风险**。数据资产保护的法制环境、道德约束机制、技术环境以及被评估单位的数据保护能力、数据保护机制，均会影响数据资产收益实现的风险水平。值得注意的是，以上两种途径不得重复考虑。

## 相关资料

《资产评估执业准则——资产评估方法》(中评协〔2019〕35号)第十条规定："资产评估专业人员选择和使用收益法时应当考虑收益法应用的前提条件：(一)评估对象的未来收益可以合理预期并用货币计量；(二)预期收益所对应的风险能够度量；(三)收益期限能够确定或者合理预期。"

《数据资产评估指导意见》(中评协〔2023〕17号)规定："在估算数据资产带来的预期收益时，根据适用性可以选择采用直接收益预测、分成收益预测、超额收益预测和增量收益预测等方式。"根据该指导意见"附3：评估方法相关模型示例"，将数据资产预期收益的四种预测方式的技术思路及适用场景的对比，整理如下：

| 预测方法 | 技术思路 | 适用场景 |
| --- | --- | --- |
| 直接收益预测 | 是对利用被评估数据资产直接获取的收益进行预测的方式 | 适用于被评估数据资产的应用场景及商业模式相对独立，且数据资产对应服务或者产品为企业带来的直接收益可以合理预测的情形 |
| 分成收益预测 | 首先计算总收益，然后将其在被评估数据资产和产生总收益过程中作出贡献的其他资产之间进行分成。分成率通常包括收入提成率和利润分成率两种 | 通常适用于软件开发服务、数据平台对接服务、数据分析服务等数据资产应用场景，当其他相关资产要素所产生的收益不可单独计量时可以采用此方法 |
| 超额收益预测 | 首先测算数据资产与其他相关贡献资产共同创造的整体收益，然后在整体收益中扣除其他相关贡献资产的贡献，将剩余收益确定为超额收益。除数据资产以外，相关贡献资产通常包括流动资产、固定资产、无形资产和组合劳动力等 | 通常适用于被评估数据资产可以与资产组中的其他数据资产、无形资产、有形资产的贡献进行合理分割，且贡献之和与企业整体或者资产组正常收益相比后仍有剩余的情形。尤其是数据资产产生的收益占整体业务比重较高，且其他资产要素对收益的贡献能够明确计量的数据服务公司 |
| 增量收益预测 | 通过对比使用该项数据资产所得到的利润或者现金流量，与没有使用该项数据资产所得到的利润或者现金流量，将二者的差异作为被评估数据资产所对应的增量收益 | 通常适用于以下两种情形下的数据资产评估：一是可以使应用数据资产主体产生额外的可计量的现金流量或者利润的情形，如通过启用数据资产能够直接有效地开辟新业务或者赋能提高当前业务所带来的额外现金流量或者利润；二是可以使应用数据资产主体获得可计量的成本节约的情形，如通过嵌入大数据分析模型带来的成本费用的降低 |

# 8.9 数据资产入表对财报与绩效有何影响?

## 问题：数据资产入表对财报与绩效有何影响？

为规范企业数据资源相关会计处理，强化相关会计信息披露，财政部于2023年8月1日发布《企业数据资源相关会计处理暂行规定》（财会〔2023〕11号），自2024年1月1日起施行。那么，数据资产入表对企业财务报表与企业绩效有何影响？

## 解答结论

数据资产入表，企业的利润总额、所得税费用、净利润在全生命周期的合计值不变，改变的只是利润总额、所得税费用、净利润在各年的分布。数据资产入表当期，总资产和净资产均相应增加，使得资产负债率下降。数据资产入表对现金流的影响，主要表现为对企业所得税支付时点的影响。此外，数据资产入表，并不会对数据资源相关的研究开发费用能否税前加计扣除、高新技术企业认定中企业研究开发费用占比是否达标、企业上市条件中研发投入占比是否达标产生不利影响。

## 解答分析

2024年1月1日起施行的《企业数据资源相关会计处理暂行规定》（财会〔2023〕11号，以下简称暂行规定）未改变现行企业会计准则的规定，未改变无形资产及存货的定义及确认条件，也不涉及会计估计的变更。暂行规定对于数据资源的会计确认与计量要求，与现行无形资产准则或存货准则的规定一致，是后者的重申与细化。

不过，暂行规定的施行，可能改变企业进行会计确认、计量和报告所应保持的谨慎原则的把握与判断，企业也可能通过改变数据加工成本的归集方式，甚至更改其原有生产经营管理模式、将数据相关人员按专职化划分等做法，以满足数据资产的确认条件，进而对财务报表及企业绩效产生影响。

### 1.数据资产入表对利润表的影响

**从企业全生命周期的角度看，数据资产入表与否，企业的利润总额、所得税费用、净利润在全生命周期的合计值不变，改变的只是利润总额、所得税费用、净利润在各年的分布**。通常表现为，相比于未入表的情形，在数据资产入表当期，随着数据资产成本由费用化转为资本化，入表当期利润表中的利润总额、所得税费用、净利润均相应增加；但在以后期间，随着数据资产的摊销或结转，利润表中的利润总额、所得税费用、净利润均相应减少。数据资产入表，更好地体现了会计核算的权责发生制及成本收入配比原则。

**2.数据资产入表对资产负债表的影响**

**数据资产入表，将数据资产成本由费用化转为资本化，使得入表当期的资产负债表的总资产和净资产均增加，但受当期所得税费用的影响，总资产和净资产增加的金额可能并不相同**。入表当期的应交所得税也会相应增加，且可能存在三种情形：一是数据资产入表增加了利润总额，相应增加应交所得税；二是数据资产会计摊销额大于税务摊销额，相应增加应交所得税，同时形成递延所得税资产；三是允许在税前作加计扣除的研发费用重分类至数据资产，导致应纳税所得额增加，相应增加应交所得税。**一般情况下，入表当期的总资产增加额大于应交税金的增加额，使得资产负债率下降**。当应交所得税的增加额大于数据资源存货的增加额时，会导致流动比率下降。

在数据资产的列报方面，企业的数据资产可能分别列示于存货、无形资产、开发支出项目下的“其中：数据资源”。此外，对于按照收入准则有关规定确认合同履约成本的，企业应当根据“合同履约成本”科目的明细科目初始确认时摊销期限是否超过一年或一个正常营业周期，在“存货”或“其他非流动资产”项目中分析填列。

**3.数据资产入表对现金流的影响**

数据资产入表对企业当期现金流量表的影响主要表现为，经营活动产生的现金流出减少，同时投资活动产生的现金流出增加，两者基本可以对抵，前者绝对值与后者绝对值如果存在差异，通常是当期增加支付的企业所得税。

**4.数据资产入表对研发费用相关政策适用的影响**。

**有观点认为，数据资产入表，会对数据资源相关的研究开发费用能否税前加计扣除、高新技术企业认定中企业研究开发费用占比是否达标、企业上市条件中研发投入占比是否达标产生不利影响。该观点属于认识误区**。

根据暂行规定及相关企业会计准则，企业内部数据资源研究开发项目的支出，属于开发阶段的支出且满足无形资产确认条件的，则资本化为数据资源无形资产，其余作费用化处理。也就是说，数据资源无形资产是数据资源研发费用资本化的唯一归宿，数据资源研发费用不可能资本化为数据资源存货。那么，数据资源研发费用资本化，是否会对数据资源相关的研究开发费用能否税前加计扣除、高新技术企业认定中企业研究开发费用占比是否达标、企业上市条件中研发投入占比是否达标产生不利影响？具体分析如下。

**（1）数据资产入表，数据资源相关的研究开发费用能否税前加计扣除？**按照现行的税收政策，数据资源相关的研究开发费用计入当期损益的，可以在按规定据实扣除的基础上，再按照实际发生额的100%在税前加计扣除；形成数据资源无形资产的，按照无形资产成本的200%在税前摊销。

**也就是说，数据资源研发费用若资本化为数据资源无形资产，仍能在税前享受等额的“加计摊销”政策**，尽管“加计摊销”相比于“加计扣除”提前了税金支付时点，但这正是体现了权责发生制以及成本费用与收入的匹配原则，即便不作数据资源入表，数据资源研发费用也可能需要资本化为其他无形资产。研发费用是否资本化，不是企业的“选择题”，而是“必答题”。

**那么，企业内部数据资源研究开发项目的支出中，采购其他数据产品而支付的费用能否享受研发费用加计扣除政策？关键在于该采购费用是否属于研发费用加计扣除政策口径的研发费用**。需要注意的是，研发费用加计扣除政策口径的研发费用与会计口径的研发费用存在一定的差异，国家税务总局所得税司联合科技部政策法规与创新体系建设司编写的《研发费用加计扣除政策执行指引（2.0版）》对这些差异进行了梳理。

**（2）数据资源入表，是否影响高新技术企业认定中企业研究开发费用占比是否达标的判断?**

企业近三个会计年度的研究开发费用总额占同期销售收入总额的比值是否符合规定的要求，是认定高新技术企业的条件之一。**数据资源研发费用资本化为数据资源无形资产的过程，不会影响高新技术企业认定中企业研究开发费用占比这一指标的计算**。可以明确的是，会计核算方式不会改变高新技术企业认定中的研发费用归集范围，会计口径的研发费用与高新技术企业认定口径的研发费用的归集口径也存在差异。

**（3）数据资源入表，是否影响企业上市条件中研发投入占比是否达标的判断?**

在科创板第二套上市标准以及北交所第三套和第四套上市标准中，研发投入占营业收入之比是上市条件之一。《上海证券交易所科创板股票发行上市审核问答》对研发投入范围进行了列举，同时指出“本期研发投入为本期费用化的研发费用与本期资本化的开发支出之和”。由此可以说明，**数据资源研发费用资本化为数据资源无形资产的过程，不会影响企业上市条件中研发投入占比这一指标的计算**。

**相关资料**

《关于进一步完善研发费用税前加计扣除政策的公告》（财政部 税务总局公告2023年第7号）规定：“企业开展研发活动中实际发生的研发费用，未形成无形资产计入当期损益的，在按规定据实扣除的基础上，自2023年1月1日起，再按照实际发生额的100%在税前加计扣除；形成无形资产的，自2023年1月1日起，按照无形资产成本的200%在税前摊销。”

国家税务总局所得税司联合科技部政策法规与创新体系建设司编写的《研发费用加计扣除政策执行指引（2.0版）》指出：“企业开展研发活动中实际发生的研发费用形成无形资产的，其税收上资本化的时点应与会计处理保持一致。”

《科技部 财政部 国家税务总局关于修订印发〈高新技术企业认定管理工作指引〉的通知》（国科发火〔2016〕195号）指出：“企业研究开发费用占比是企业近三个会计年度的研究开发费用总额占同期销售收入总额的比值。”

《浙江省注册会计师协会专业技术委员会专家提示（第3号）——高新技术企业认定专项审计实务答疑》指出："根据《工作指引》对申报企业近三个会计年度开展研究开发活动发生的研究开发费用归集核算政策规定，会计核算方式不是界定是否属于高新技术企业认定研究开发费用归集范围判断标准；只要申报企业近三个会计年度内发生的研究开发费用，其对应的研究开发项目及其研究开发费用支出，符合《工作指引》规定的研究开发活动定义和研究开发费用归集范围，不论是作为资本化核算的，还是作为费用化核算的，都属于申报企业近三个会计年度高新技术企业认定研究开发费用归集范围。"

《河南省注册会计师协会专业技术委员会专家提示（第1号）——高新技术企业认定专项审计实务答疑》指出："企业年度研究开发费用总额，为企业年度投入的研发支出总额，包括费用化核算的研发费用与资本化核算的研发费用之和。"

《江苏省注协2021年6月18日专家网上答疑汇总》指出："企业实际在开发阶段发生的符合资本化条件的研发支出，即使在会计核算上已经资本化处理，但只要符合认定管理办法和工作指引对研发支出的规定，是可以列为高新申报的研发投入的。"

## 8.10 数据资产入表对企业价值评估有何影响?

### 问题：数据资产入表对企业价值评估有何影响?

为规范企业数据资源相关会计处理，强化相关会计信息披露，财政部于2023年8月1日发布《企业数据资源相关会计处理暂行规定》(财会〔2023〕11号，以下简称暂行办法)，自2024年1月1日起施行。那么，数据资产入表对企业价值评估有何影响?

### 解答结论

随着数据资产计量时代的来临，识别企业是否拥有数据资产，将成为资产基础法应用中的“必答题”。数据资产入表与否，以及其摊销政策如何，并不直接影响收益法的应用过程，但企业的数字化和数据化战略，会对收益法的应用产生深远影响。对于市场法在企业价值评估中的应用，数据资产入表将有利于对可比企业进行甄别，还可能在一定程度上拓展价值比率的适用范围。

### 解答分析

**1.对运用资产基础法评估企业价值的影响**

暂行办法规定数据资产入表采用未来适用法，且数据资产入表受限于数据资源成本能够可靠计量等确认条件，会计报表中核算的数据资产通常并不完整。**不论在会计上是否将数据资产入表，在运用资产基础法对企业价值进行评估过程中，都需要对数据资产进行识别与评估**。只要同时满足由企业过去的交易或者事项形成、企业拥有或者控制数据资源、企业很可能享有数据资源带来的预期经济利益这三个条件，就要在资产评估中识别出数据资产。如果无法判断企业是否存在数据资产，或者如果已识别出企业存在数据资产但无法对其进行单独评估，且这些数据资产对于企业价值存在重大影响，均可能使得资产基础法不适用。

**不仅第三方数据服务商和互联网企业拥有数据资产，越来越多的实体企业也将拥有数据资产**。在数字经济时代，企业进行数字化转型是一种必然的趋势。作为新型的现代生产要素，数据也是数字经济的生产资料。随着数字经济的发展，越来越多的企业将拥有数据资产，数字化程度越高的企业，其数据资产的比重通常越高。

**在运用资产基础法评估企业价值过程中，还应避免数据资产与其他资产重复计算**。比如，客户数据与客户关系之间是形式与内容的关系，客户数据是客户关系的载体之一，客户关系的价值通常大于且包含客户数据的价值，应避免客户关系价值与客户数据资产价值重复计算。

**2.对运用收益法评估企业价值的影响**

**数据资产入表与否，以及其摊销政策如何，均不影响企业的自由现金流，也不直接影响收益法的应用过程**。**但企业的数字化和数据化战略，会对收益法的应用产生深远影响**，主要表现在两个方面：一是直接影响现金流。对于已经或即将进行数字化转型的企业，如果在收入中考虑了数据资产的贡献，在预测期应当考虑数据采集、数据聚集、数据更新、数据保护成本以及数据脱敏、清洗、标注、整合、分析、可视化等加工成本对应的现金流出，这些成本可能单独发生，也可能体现于人员薪酬成本之中。二是间接影响折现率。企业在数字化以及数据资产方面的投资，可能有利于提升企业的动态能力，降低企业经营环境不确定性带来的冲击，也可能实现风险的实时监测与提前预警，降低企业风险和业绩波动。

**3.对运用市场法评估企业价值的影响**

**（1）有利于对可比企业进行甄别**。在数字经济时代，数据资源可能成为企业新的核心资源。在数据资产入表前，企业拥有的数据资产可能作了费用化处理，也可能隐藏在其他资产当中，资产负债表无法反映企业在数据资源方面的对比情况，不利于对可比企业进行甄别。

数据资产入表后，企业之间在数字化转型进程以及数据驱动能力方面的差异，可能会通过数据资产的账面价值予以反映，提高了企业会计信息的可比性，有利于在运用市场法评估企业价值过程中对可比企业的甄别。

**（2）拓展了价值比率的适用范围**。对于第三方数据服务商、互联网企业以及其他已数字化的企业，数据资产可能是其重要的资产类别，数据资产入表提高了市净率等资产类价值比率的适用范围。从理论上看，对于一些数据资产成为最主要资产的企业，存在将数据资产账面值用于计算价值比率的可能。不过，将数据资产用于计算价值比率，首先要求可比企业与被评估单位在数据资源研发所处阶段、研究阶段与开发阶段的划分、数据资产的成本归集以及后续摊销方法等方面是类似的；其次还面临着数据资产的成本投入与产出之间具有弱对应性、高投入不一定能带来高产出的挑战。此外，数据资产属于全投资口径指标，应匹配于企业整体价值，不应匹配于股权价值。

# 第 9 章

# 资产评估的涉税事项

# 9.1 资产基础法评估增减值应考虑递延所得税吗？

## 问题：资产基础法评估增减值应考虑递延所得税吗？

在运用资产基础法评估企业价值过程中，各项资产、负债的评估增减值部分，是否具有税盾作用？是否应考虑其对所得税的影响而确认递延所得税资产或递延所得税负债？

## 解答结论

资产基础法评估增减值应考虑递延所得税（合伙企业除外），这是对各项资产负债的评估价值是否具有税盾作用而作出的价值调节。如果对资产基础法评估增减值不考虑其所得税影响，将导致不同经济行为、不同资产负债、不同评估方法、不同交易方式、不同持有目的下对所得税影响的处理口径不匹配。

## 解答分析

在运用资产基础法评估企业价值过程中，对于各项资产负债的评估增减值部分，应相应确认递延所得税资产或递延所得税负债，主要有以下两大方面的原因。

**第一方面的原因，资产负债的价格或价值应考虑其税盾作用，对各项资产负债的评估增减值确认相应的递延所得税，正是对资产负债的评估价值是否具有税盾作用而作出的价值调整**。

### 1.资产负债的价格或价值中的税盾作用

在资产的合法交易中，卖方向买方开具发票，买方在使用该资产时，据此发票结转或分摊的资产价值可以抵扣应纳税所得额，因此该资产对于买方具有税盾的作用。相比于不开票的交易，合法开票的交易价格更高，因为卖方要据此承担相应的税收，高出的价格也是买方为其所购资产具有税盾作用而支付的对价。**资产的税盾作用，可以表示为资产的计税基础**，即可以在未来税前抵扣的金额或该资产形成经济利益不予计税的金额。

**在市场交易中，资产价格的默认内涵是该价格为买方的计税基础**。类似地，资产价值的默认内涵是其价值即为计税基础。

对于不具有税盾作用的资产，因其无法在未来计算应纳税所得额时抵扣，相比于具有税盾作用的资产，实质上形成了一项负债，可确认为递延所得税负债。如果一项资产的计税基础（即可以在未来计算应纳税所得额时抵扣的金额）大于其账面价值，相比于资产价值的默认内涵，超出部分实质上形成了一笔资产，可确认为递延所得税资产。

负债的价格或价值也可能具有税盾作用，表现为未来偿还负债时可以在计算应纳税所得额时予以抵扣。不过，并非所有的负债都具有税盾效应。

**2.资产负债评估增减值的税盾效应分析**

对于评估增值的资产，可以将评估值拆分为账面价值和评估增值额两部分，在企业已根据账面价值与计税基础之间的差异确认递延所得税资产或递延所得税负债的前提下，**评估增值额不得在未来税前抵扣，其计税基础为零**，评估增值额均为应纳税暂时性差异，应确认递延所得税负债。

对于评估减值的资产，可以将账面价值拆分为评估价值和评估减值额两部分，在企业已根据账面价值与计税基础之间的差异确认递延所得税资产或递延所得税负债的前提下，**评估减值额可视为“本身即为计税基础但价值为零”**，评估减值额等于可抵扣暂时性差异，应确认递延所得税资产。

**3.所得税会计方法对税盾效应的体现**

在会计核算上，所得税会计方法经历了先是采用应付税款法，然后过渡到纳税影响会计法，一直到目前应用的资产负债表债务法。**而资产负债表债务法的运用，不仅是权责发生制的要求，更是在实质上反映了资产的抵税效应**。

在资产负债表债务法的会计核算中，资产的计税基础与账面价值的差额形成暂时性差异，根据暂时性差异确认递延所得税资产或递延所得税负债的过程，正是对资产账面价值的税盾效应作出的调节，**暂时性差异也可理解为资产账面价值与其默认价值内涵的税盾效应差异**。

账面价值的计量属性主要包括历史成本和公允价值，企业价值评估的价值类型主要涉及市场价值和投资价值。尽管账面价值与评估价值具有不同的价值类型或属性，但同属于价值的范畴，**在核算账面价值时需要对税盾效应作出调节，同样也应当在确定评估价值时考虑其所得税影响**。

会计核算中的公允价值变动会形成递延所得税资产或递延所得税负债，企业合并中对各项资产负债的公允价值与计税基础的差异应确认递延所得税资产或递延所得税负债，也可以印证资产基础法评估增减值应考虑递延所得税的观点。**确认递延所得税不仅仅是会计计量的事项，也是价值评估的要求**。

此外，将暂时性差异与永久性差异、时间性差异进行联系与对比，是没有实际意义的，前者形成于资产负债表债务法，遵循资产负债观，后者产生于纳税影响会计法，遵循收入费用观。

**因此，在运用资产基础法对企业价值进行评估的过程中，对各项资产负债的评估价值还应考虑其税盾作用的影响**。如果一项资产的评估价值大于其计税基础，两者之间的差额不具有税盾作用，与资产价值的默认内涵不同，应基于该差额计算递延所得税负债；如果一项资产的评估价值小于其计税基础，该资产具有超额税盾，应基于两者之间的差额计算递延所得税资产。上述过程中确认递延所得税的目的，是将评估价值调整为其默认内涵。

**第二方面的原因，如果对资产基础法评估增减值不考虑递延所得税的影响，将导致不同经济行为（是否根据评估值调账）、不同资产负债、不同评估方法、不同交易方式、不同持有目的下对所得税影响的处理口径不匹配。**

**1.不同经济行为（是否根据评估值调账）的所得税影响**

如果对资产基础法评估增减值不考虑递延所得税的影响，将导致不同经济行为（是否根据评估值调账）对所得税影响的处理口径不匹配。

在企业因法律性质发生根本改变（比如企业在法人与非法人组织之间的变更、在非公司制企业与公司制企业之间的变更）而开展的企业价值评估中，若选用资产基础法的结果作为最终的评估结论，并基于此实施相应的经济行为，应根据评估结果调整被评估单位的账面价值，资产基础法中各项资产、负债的评估值将成为企业新的账面价值，对于新的账面价值与计税基础之间的暂时性差异，应根据企业会计准则确认递延所得税资产或递延所得税负债。

因此，在需要根据资产基础法评估值调账的情形下，对资产基础法评估增减值要考虑递延所得税是确定无疑的。而从企业股东全部权益价值的影响因素看，**股权价值并不会因企业是否需要利用评估结果调整账面价值而出现差异**，不论是否调账，股权价值应当是相同的，这也说明了**即便不需要根据资产基础法评估值调账，其评估增减值同样要考虑递延所得税的影响**。

此外，根据“财税〔2019〕62号”文件的规定，符合条件的国有企业改制上市过程中发生的资产评估增值，应缴纳的企业所得税可以不征收入库，作为国家投资直接转增该企业国有资本金（含资本公积）。这也说明应当对资产基础法评估增减值考虑递延所得税的影响。

**2.不同资产负债的所得税影响**

如果对资产基础法评估增减值不考虑递延所得税的影响，将导致不同资产负债对税盾作用的处理口径不匹配。

在资产基础法中，账面确认的递延所得税资产或递延所得税负债必然包含在评估范围之中，对这些递延所得税资产或递延所得税负债的评估过程，正是考虑相关资产负债评估增值对递延所得税的影响的过程。也就是说，账面已确认递延所得税资产或递延所得税负债的资产负债，必定要考虑其评估增减值对递延所得税的影响。

若对于账面未确认递延所得税资产或递延所得税负债的资产负债不考虑递延所得税的影响，会导致不同资产负债对税盾作用的处理口径不匹配。**因此，不论账面是否存在暂时性差异，对各项资产负债的评估增减值均应考虑递延所得税的影响**。

**3.不同评估方法的所得税影响**

如果对资产基础法评估增减值不考虑递延所得税的影响，将导致不同评估方法对所得税影响的处理口径不匹配。

比如，采用市价倒算法对产成品进行评估时，扣除以账面值为计税基础计算的应缴企业所得税的步骤，已考虑了评估增减值对递延所得税的影响（若扣除以评估值为计税基础计算的应缴企业所得税，则应纳税所得额为零，即没有考虑评估增减值对递延所得税的影响）。若采用成本法对产成品进行评估且不考虑评估增减值的所得税影响，则会出现不同评估方法对所得税影响的处理口径不匹配的情形。

**4.不同交易方式的所得税影响**

如果对资产基础法评估增减值不考虑递延所得税的影响，则会忽略不同并购交易方式对所得税的影响。

在购买资产的交易方式中，交易环节的税负更高，但买方支付的对价将成为新的计税基础，可以在未来税前抵扣。在购买股权的交易方式中，不会产生单项资产交易的税负，同时也不改变各项资产负债的计税基础。

**5.不同持有目的的所得税影响**

有一种观点认为，应基于各项资产的持有目的作区分考虑。比如，对于可作交易的资产应考虑其评估增减值的所得税影响，但对于自用的资产不需要考虑其评估增减值的所得税影响。

这种观点完全没有理论依据。比如，会计核算中，对于自用的资产账面计提跌价准备或减值准备，也应确认递延所得税资产或递延所得税负债。上述观点还会导致不同资产负债对税盾作用的处理口径不匹配。

此外，若对资产基础法评估增减值不考虑递延所得税的影响，即便以资产基础法评估结果作为收购对价，因计算被购买方可辨认净资产时要确认递延所得税资产或递延所得税负债，仍会形成商誉，这是不合理的。

**一个延伸的问题：合伙企业需要确认递延所得税吗?**

合伙企业采用非实体课税模式。2007年6月1日起施行的新修订的《合伙企业法》以及2008年1月1日起执行的《关于合伙企业合伙人所得税问题的通知》（财税〔2008〕159号），正式确立了合伙企业以“先分后税”为征税原则的非实体课税模式，合伙企业不作为所得税的纳税主体，合伙企业的合伙人才是合伙企业所得税的纳税主体，对合伙人中的个人和法人分别征收个人所得税和企业所得税。**因此，合伙企业本身不确认当期所得税和递延所得税，也不需要确认递延所得税资产或递延所得税负债**。

**当然，对于公司制企业持有合伙企业的财产份额，若其账面价值与计税基础不同，则形成暂时性差异，应确认递延所得税资产**。比如，公司制企业将其持有合伙企业的财产份额作为联营企业核算，合伙企业因对外投资金融资产形成公允价值变动损益，公司制企业据此确认投资收益，使账面价值高于计税基础，形成应纳税暂时性差异，应确认递延所得税负债。

**相关资料**

《资产评估执业准则——企业价值》第三十七条规定："采用资产基础法进行企业价值评估，各项资产的价值应当根据其具体情况选用适当的具体评估方法得出，所选评估方法可能有别于其作为单项资产评估对象时的具体评估方法，应当考虑其对企业价值的贡献。资产评估专业人员应当知晓，在对持续经营前提下的企业价值进行评估时，单项资产或者资产组合作为企业资产的组成部分，其价值通常受其对企业贡献程度的影响。"

《关于企业改制上市资产评估增值企业所得税处理政策的通知》(财税〔2019〕62号)规定："符合条件的国有企业，其改制上市过程中发生资产评估增值可按以下规定处理：(一)国有企业改制上市过程中发生的资产评估增值，应缴纳的企业所得税可以不征收入库，作为国家投资直接转增该企业国有资本金(含资本公积，下同)，但获得现金及其他非股权对价部分，应按规定缴纳企业所得税。资产评估增值是指按同一口径计算的评估减值冲抵评估增值后的余额。(二)国有企业100%控股(控制)的非公司制企业、单位，在改制为公司制企业环节发生的资产评估增值，应缴纳的企业所得税可以不征收入库，作为国家投资直接转增改制后公司制企业的国有资本金。(三)经确认的评估增值资产，可按评估价值入账并按有关规定计提折旧或摊销，在计算应纳税所得额时允许扣除。"

# 9.2　如何评估递延所得税?

## 问题：如何评估递延所得税？

在运用资产基础法评估企业价值过程中，对于各项资产、负债的评估增减值部分，应当考虑其对所得税的影响，即确认递延所得税资产或递延所得税负债。那么，在运用资产基础法评估企业价值过程中，评估递延所得税有哪些基本步骤？应注意哪些事项？

## 解答结论

评估递延所得税应履行界定评估范围、计算暂时性差异、确定适用税率以及考虑折现因素等步骤。递延所得税一般无法单独评估，应与形成暂时性差异的资产、负债的评估相结合，且不宜直接将递延所得税的账面值作为其评估值。递延所得税的评估值可以单独列示，也可以包含在资产负债的评估值当中，但应确保不重不漏。

## 解答分析

### 1. 评估递延所得税有哪些基本步骤?

在运用资产基础法评估企业价值过程中，评估递延所得税的基本步骤主要有以下四个：第一步是界定递延所得税的评估范围；第二步是计算暂时性差异；第三步是确定适用的企业所得税税率；第四步是在切实可行的条件下考虑折现因素。

### 2. 评估递延所得税如何确定税率?

如果企业预测期适用的企业所得税税率与评估基准日不同，应当预计暂时性差异转回的期间，并按相应期间适用的税率计算递延所得税资产或递延所得税负债。如果没有理由证明企业适用的税率在预测期将发生变化，则一般采用评估基准日的适用税率。计算递延所得税资产或递延所得税负债时，不得采用企业的实际税率。

### 3. 评估递延所得税应考虑折现因素吗?

递延所得税资产或递延所得税负债反映了资产、负债账面价值与计税基础之间暂时性差异所带来的影响，暂时性差异在未来期间的转回是递延所得税资产或递延所得税负债形成的收益，因此，递延所得税资产或递延所得税负债通常应采用收益法进行评估，当然应考虑折现因素。

根据企业会计准则的规定，**在会计计量中，递延所得税资产或递延所得税负债不允许**

**折现，并非因为折现的做法违反了会计原则或概念**，而是因为对递延所得税资产或递延所得税负债进行折现涉及较多的主观判断，且有些情况下无法合理确定暂时性差异的具体转回时间。这也是基于会计核算的成本效益原则下的简化做法，但这种不折现的做法，从计量结果上看，相当于暂时性差异在计量日立即转回，**会计计量对递延所得税资产或递延所得税负债不作折现的理由，不能成为递延所得税评估不折现的充分理由**。

**不过，在采用收益法对递延所得税资产或递延所得税负债进行评估时，仍然可能面临着难以确定暂时性差异转回时间的问题**。按收回方式的不同可以将资产分为三类：一是生产资料对应的资产（比如，存货、固定资产、无形资产），这类资产随着其使用或消耗一次或分期计入成本费用；二是通过处置方式收回的资产（比如，投资形成的资产），这类资产在处置时结转计入损益；三是通过结算方式收回的资产（比如，应收款项），这类资产在形成时已缴纳企业所得税，未来通过结算方式收回时并不增加应纳税所得额，发生收回损失时减少当期应纳所得税额。

对于第一类资产，资产价值与计税基础之间的暂时性差异的转回时间，一般可以合理确定，而对于另外两类资产，暂时性差异转回的时间通常难以确定。负债对应的暂时性差异，其转回时间通常也难以直接确定，需要作出判断或估计。

**我们对于实务操作的建议是，对于能够合理确定暂时性差异转回时间的递延所得税资产或递延所得税负债，以暂时性差异转回时间作为形成收益的时间，以WACC为折现率，通过折现方式计算递延所得税资产或递延所得税负债的评估值**；对于无法确定暂时性差异转回时间的递延所得税资产或递延所得税负债，可以不作折现处理，这种做法在实质上可视为基于交易假设在评估基准日立即转回。

**4.递延所得税资产的评估有何特殊要求？**

相比于递延所得税负债，评估递延所得税资产的特殊之处在于，以很可能取得用来抵扣可抵扣暂时性差异的应纳税所得额为限，计算由可抵扣暂时性差异产生的递延所得税资产。

**5.能否将递延所得税的账面值作为其评估值？**

在资产基础法中，递延所得税资产或递延所得税负债无法单独评估，应与形成暂时性差异的资产、负债的评估相结合，并完整识别递延所得税资产或递延所得税负债的评估范围。在会计计量上，企业在确认了递延所得税资产以后，应根据情况的变化减记或恢复递延所得税资产的账面价值。但即便如此，**直接以递延所得税资产或递延所得税负债的账面值作为评估值的做法是不妥的**。

**6.递延所得税评估值如何列示？**

对各项资产的评估增减值考虑其对企业所得税的影响时，可以有两种列示方式。

一是将所得税影响列示于递延所得税资产或递延所得税负债这两个会计科目中，这种列示方式与会计核算的列示方式相同。

二是将所得税影响直接在资产负债的评估结果中进行考虑，比如在采用假设开发法对待开发土地进行评估时，若扣除了已将待开发土地账面值作税前列支成本而计算得出的应缴企业所得税，则其评估值已考虑企业所得税的影响，不应重复确认评估增减值对应的递延所得税资产或递延所得税负债。

在同一个企业价值评估项目中，可以只采用一种列示方式，也可以同时采用两种列示方式，但应确保不重不漏。

**相关资料**

《企业会计准则第18号——所得税》第十七条规定："资产负债表日，对于递延所得税资产和递延所得税负债，应当根据税法规定，按照预期收回该资产或清偿该负债期间的适用税率计量。适用税率发生变化的，应对已确认的递延所得税资产和递延所得税负债进行重新计量，除直接在所有者权益中确认的交易或者事项产生的递延所得税资产和递延所得税负债以外，应当将其影响数计入变化当期的所得税费用。"第十八条规定："递延所得税资产和递延所得税负债的计量，应当反映资产负债表日企业预期收回资产或清偿负债方式的所得税影响，即在计量递延所得税资产和递延所得税负债时，应当采用与收回资产或清偿债务的预期方式相一致的税率和计税基础。"

《企业会计准则第18号——所得税》第十九条规定："企业不应当对递延所得税资产和递延所得税负债进行折现。"第二十条规定："资产负债表日，企业应当对递延所得税资产的账面价值进行复核。如果未来期间很可能无法获得足够的应纳税所得额用以抵扣递延所得税资产的利益，应当减记递延所得税资产的账面价值。在很可能获得足够的应纳税所得额时，减记的金额应当转回。"

## 9.3 递延所得税的评估范围如何界定?

### 问题：递延所得税的评估范围如何界定?

在运用资产基础法评估企业价值过程中，对于各项资产、负债的评估增减值部分，应当考虑其对所得税的影响，即确认递延所得税资产或递延所得税负债。那么，在运用资产基础法评估企业价值过程中，哪些资产负债的评估增减值会形成递延所得税资产或递延所得税负债?递延所得税的评估范围应如何界定?

### 解答结论

在运用资产基础法评估企业价值过程中，递延所得税的评估范围不仅包括账面已确认的资产、负债项目产生的暂时性差异，还应当包括可抵扣亏损、税款抵减以及其他未作为资产、负债确认的项目产生的暂时性差异。在会计上豁免确认的递延所得税，评估时通常不应豁免，应纳入评估范围。

### 解答分析

在运用资产基础法评估企业价值过程中，递延所得税资产或递延所得税负债的评估范围主要包括以下四类。

**第一类：账面已确认的资产、负债项目产生的暂时性差异**。

根据企业会计准则的规定，企业应当对资产、负债的账面价值与其计税基础之间的差额（即暂时性差异）确认递延所得税资产或递延所得税负债。因此，账面已确认为资产、负债的项目所产生的暂时性差异，当然是递延所得税评估范围的组成部分。

**第二类：可抵扣亏损及税款抵减产生的暂时性差异**。

根据企业会计准则的规定，未作为资产和负债确认的项目，按照税法规定可以确定其计税基础的，该计税基础与其账面价值之间的差额也属于暂时性差异。能够结转以后年度的可抵扣亏损和税款抵减，即属于这种类别，应纳入递延所得税的评估范围。

**第三类：其他未作为资产、负债确认的项目产生的暂时性差异**。

与可抵扣亏损及税款抵减产生的暂时性差异相类似的是，企业其他未作为资产、负债确认的项目产生的暂时性差异，也应一并纳入递延所得税的评估范围。

比如，企业发生的符合条件的广告费和业务宣传费支出，除另有规定外，不超过当年销售（营业）收入15%的部分准予扣除；超过部分，准予在以后纳税年度结转扣除，形成暂时性差异。

比如，企业发生的职工教育经费支出，不超过工资薪金总额8%的部分，准予在计算企业所得税应纳税所得额时扣除；超过部分，准予在以后纳税年度结转扣除，形成暂时性差异。

比如，企业通过公益性社会组织或者县级（含县级）以上人民政府及其组成部门和直属机构，用于慈善活动、公益事业的捐赠支出，在年度利润总额12%以内的部分，准予在计算应纳税所得额时扣除；超过部分，准予结转以后三年内在计算应纳税所得额时扣除。

比如，创业投资企业采取股权投资方式投资于未上市的中小高新技术企业2年以上的，可以按照其投资额的70%在股权持有满2年的当年抵扣该创业投资企业的应纳税所得额；当年不足以抵扣的，可以在以后纳税年度结转抵扣。

比如，企业在筹建期发生的开办费，应当从开始生产经营的次月起，在不短于5年的期限内分期扣除，但在会计处理时应在开始生产经营当月一次性摊销，由此形成暂时性差异。

比如，在企业以权益结算的股份支付中，在激励对象取得股权但等待期届满方可解锁或激励对象获得股票期权的情形下，企业在等待期将权益工具或期权的公允价值分摊计入当期的成本费用，不得在当期税前抵扣，但可依照税法规定于行权期作税前扣除，形成可抵扣暂时性差异。

**第四类：在会计上豁免确认的递延所得税资产或递延所得税负债，评估时通常不应豁免，应纳入评估范围。**

**1.递延所得税的会计豁免初始确认**

根据《企业会计准则第18号——所得税》的规定，对于不是企业合并，且交易发生时既不影响会计利润也不影响应纳税所得额（或可抵扣亏损）的交易中因资产或负债的初始确认所产生的递延所得税资产或递延所得税负债不予确认（以下简称豁免初始确认）。

**豁免初始确认的原因在于，初始确认资产或负债时，若相应确认递延所得税资产或递延所得税负债**，因其交易既不影响会计利润也不影响应纳税所得额，此时不宜将对应的递延所得税费用计入所得税费用（因为这样做会影响会计利润），也不宜直接计入权益项目，只能将递延所得税费用冲抵资产或负债的账面价值，但这样一来会使得资产或负债的账面价值与交易价格不符，**违反了资产负债的历史成本计量原则**。

而根据财政部2022年11月30日发布的《企业会计准则解释第16号》的规定，初始确认的资产和负债导致产生等额应纳税暂时性差异和可抵扣暂时性差异的单项交易（包括承租人在租赁期开始日初始确认租赁负债并计入使用权资产的租赁交易，以及因固定资产等存在弃置义务而确认预计负债并计入相关资产成本的交易等），不再适用豁免初始确认。

将上述特殊单项交易排除在豁免初始确认情形之外，原因在于此类单项交易初始确认的资产和负债导致产生等额应纳税暂时性差异和可抵扣暂时性差异，不会再出现将递延所得税冲抵资产或负债账面价值的情形。

在企业合并中，收购方于收购日确认被收购方未确认的资产或负债时，也应同时确认其递延所得税影响。尽管对于收购方来说这属于资产或负债的首次确认，但因为该确认是因企业合并而产生的，所以不属于上述初始豁免确认情形。

**2.资产评估不涉及豁免初始确认**

豁免初始确认递延所得税资产或递延所得税负债，坚守了历史成本计量原则，却破坏了一致性原则（即各类暂时性差异的处理方式不一致），是会计原则冲突中的妥协结果。**会计上的豁免初始确认，忽略了账面价值与计税基础之间的差异对价值的影响。**

**在评估各项资产、负债的价值时，历史成本计量原则不复存在，而资产、负债的税盾作用直接影响其价值。**资产价值的默认内涵是其价值即为计税基础。对于资产、负债的评估价值与计税基础之间的暂时性差异，应当计算相应的递延所得税资产或递延所得税负债。

比如，企业收购其子公司且不构成业务时，该交易符合豁免初始确认的情形，企业对分摊至所取得资产的购买成本高于计税基础的部分，不应确认递延所得税负债，否则会出现资产价值低于购买成本的情形，不符合会计计量中的历史成本原则。但在对取得的资产进行评估时，若评估值高于计税基础，则应考虑相应的递延所得税负债。

再比如，企业购入一项固定资产未取得合法发票，计税基础为零，账面价值即为应纳税暂时性差异，但该暂时性差异是由于资产的初始确认产生的，且其不是因企业合并产生的，交易发生时既不影响会计利润也不影响应纳税所得额，因此不确认递延所得税负债。在该固定资产的后续计量中，其计税基础仍为零，企业仍不应确认相应的递延得税负债，因为该项暂时性差异是由该资产的初始计量产生的。但在对该固定资产进行评估时，因其计税基础为零，不具有税盾作用，与资产价值的默认内涵不同，应基于评估价值与计税基础的差额计算递延所得税负债。

在对各项递延所得税资产或递延所得税负债进行评估后，在评估明细表中，对递延所得税资产与递延所得税负债，可以分别列示，也可以以抵消后的净值列示。

## 实务案例

**1.案例背景**

按照现行政策规定，企业开展研发活动中实际发生的研发费用，未形成无形资产而计入当期损益的，在按规定据实扣除的基础上，在2018年1月1日至2023年12月31日期间，再按照实际发生额的75%在税前加计扣除；形成无形资产的，在上述期间按照无形资产成本的175%在税前摊销。

假设企业当期开展研发活动实际发生的研发费用为2000万元，其中符合资本化条件后至达到预定用途前发生的支出为800万元，即当期期末无形资产的账面价值为800万元，其计税基础为1400万元，形成可抵扣暂时性差异600万元。那么，在对该企业采用资产基础法进行评估时，该暂时性差异是否应纳入递延所得税的评估范围？

**2.案例分析**

案例中的暂时性差异是内部开发形成的无形资产的初始确认产生的，确认资产既不影响会计利润也不影响应纳税所得额，在会计核算上不确认暂时性差异的所得税影响，即豁免初始确认。

但在企业价值评估中，若该无形资产的评估值为1000万元，其计税基础仍为1400万元（假设尚未开始摊销），则可抵扣暂时性差异为400万元，应据此确认递延所得税资产。

**相关资料**

《企业会计准则第18号——所得税》第十一条规定："除下列交易中产生的递延所得税负债以外，企业应当确认所有应纳税暂时性差异产生的递延所得税负债：（一）商誉的初始确认。（二）同时具有下列特征的交易中产生的资产或负债的初始确认：1.该项交易不是企业合并；2.交易发生时既不影响会计利润也不影响应纳税所得额（或可抵扣亏损）。"第十三条规定："企业应当以很可能取得用来抵扣可抵扣暂时性差异的应纳税所得额为限，确认由可抵扣暂时性差异产生的递延所得税资产。但是，同时具有下列特征的交易中因资产或负债的初始确认所产生的递延所得税资产不予确认：（一）该项交易不是企业合并；（二）交易发生时既不影响会计利润也不影响应纳税所得额（或可抵扣亏损）。"

《企业会计准则解释第16号》规定："对于不是企业合并、交易发生时既不影响会计利润也不影响应纳税所得额（或可抵扣亏损），且初始确认的资产和负债导致产生等额应纳税暂时性差异和可抵扣暂时性差异的单项交易（包括承租人在租赁期开始日初始确认租赁负债并计入使用权资产的租赁交易，以及因固定资产等存在弃置义务而确认预计负债并计入相关资产成本的交易等，以下简称适用本解释的单项交易），不适用《企业会计准则第18号——所得税》第十一条（二）、第十三条关于豁免初始确认递延所得税负债和递延所得税资产的规定。企业对该交易因资产和负债的初始确认所产生的应纳税暂时性差异和可抵扣暂时性差异，应当根据《企业会计准则第18号——所得税》等有关规定，在交易发生时分别确认相应的递延所得税负债和递延所得税资产。"

# 9.4 资产的评估值对应的暂时性差异如何计算？

## 问题：资产的评估值对应的暂时性差异如何计算？

在运用资产基础法评估企业价值过程中，对于各项资产、负债的评估增减值部分，应当考虑其对所得税的影响，即确认递延所得税资产或递延所得税负债。计算暂时性差异，是评估递延所得税的基本步骤之一。那么，对于各项资产的评估值对应的暂时性差异应如何计算？

## 解答结论

对于各项资产的评估值对应的暂时性差异，有两种计算思路：一是将账面价值对应的暂时性差异与评估增减值对应的暂时性差异相加，二是将各项资产评估值与其计税基础进行对比。对于长期股权投资评估增减值，考虑其所得税影响，不受持有意图的限制；对于免税合并的商誉的评估减值，不应确认递延所得税资产；对于应税合并的商誉的评估减值，可确认递延所得税资产，但应考虑暂时性差异可转回时点的影响。

## 解答分析

### 1.如何确定各类资产的计税基础？

根据企业会计准则的规定，资产的计税基础是指企业收回资产账面价值过程中，计算应纳税所得额时按照税法规定可以自应税经济利益中抵扣的金额。按收回方式的不同可以将资产分为三类。

**一是生产资料对应的资产**（比如，存货、固定资产、无形资产）。以合法方式购入的这类资产，其计税基础通常等于购入成本，可以在未来随着资产的使用或消耗一次或分期自应税经济利益中抵扣。

**二是通过处置方式收回的资产**（比如，投资形成的资产）。这类资产的计税基础通常为企业实际支付的投资金额，可以在未来处置此类资产时作税前抵扣。

**三是通过结算方式收回的资产**（比如，应收款项）。这类资产在形成时已缴纳企业所得税，其计税基础通常为形成资产时的账面价值，未来通过结算方式收回资产时并不增加应纳税所得额（相当于收回资产时增加应纳税所得额，同时将计税基础在税前进行抵扣）。

### 2.如何确定各类资产的暂时性差异？

在资产基础法中，计算各项资产评估值对应的递延所得税资产或递延所得税负债，可以有两种思路。

一是确定各项评估增减值额形成的暂时性差异，据此计算各项资产对应的递延所得税资产或递延所得税负债的增减值额，再将其与递延所得税资产或递延所得税负债的账面价值相加，得到递延所得税资产或递延所得税负债的评估值。

二是将各项资产评估值与其计税基础进行对比得到暂时性差异，据此计算递延所得税资产或递延所得税负债的评估值。

鉴于企业会计准则不允许对递延所得税资产或递延所得税负债进行折现，且会计核算中存在豁免确认递延所得税资产或递延所得税负债的情形，**建议采用第二种思路，这种思路的运用难点在于确定各项资产负债的计税基础**。

**3. 长期股权投资的评估增减值应确认递延所得税吗？**

在会计核算中，对长期股权投资的应纳税暂时性差异，一般应确认相关的递延所得税负债，但同时满足以下两个条件的除外：一是投资企业能够控制暂时性差异转回的时间；二是该暂时性差异在可预见的未来很可能不会转回。

**在会计核算中**，对于采用权益法核算的长期股权投资，其账面价值与计税基础产生的暂时性差异，应根据该项投资的持有意图判断是否确认相应的所得税影响。**对于拟近期出售的投资，应确认递延所得税负债**。**对于拟长期持有的投资，不确认递延所得税负债**，一方面是因为居民企业直接投资于其他居民企业取得的投资收益免税，另一方面缘于在长期持有前提下暂时性差异在可预见的未来不会转回。

在会计核算中，当长期股权投资的可抵扣暂时性差异在可预见的未来很可能转回，且未来很可能获得用来抵扣可抵扣暂时性差异的应纳税所得额时，应当确认相应的递延所得税资产。

**在企业价值评估中，对于长期股权投资的评估增值，不论持有该项投资的意图如何，均应确认递延所得税负债**。主要原因在于资产评估最基本的假设前提是交易假设，在运用资产基础法评估企业价值过程中，各单项资产评估也应基于交易假设，而在交易假设条件下，长期股权投资评估增值所代表的暂时性差异将立即转回。类似地，对于作为金融工具的少数股权投资，其评估增值也应确认递延所得税负债。在实践中通过分红方式实现投资价值的比例往往较低，以居民企业间分红免税为理由而不考虑评估增值的所得税影响的主张，缺乏说服力。

类似地，**在企业价值评估中，对于长期股权投资的评估减值**，在未来期间很可能获得足够的应纳税所得额用来抵扣可抵扣暂时性差异的前提下，**不论持有该项投资的意图如何，均应确认递延所得税资产**。

**一个延伸问题是，采用资产基础法对被投资单位的股东全部权益价值进行评估时，在被投资单位的评估增值已确认递延所得税负债的前提下，对长期股权投资的评估增值是否还要考虑所得税影响？**答案是肯定的。长期股权投资和被投资单位的各项资产负债，有着各自的计税基础，不可相互混同或替代，被投资单位和持有长期股权投资的企业，应各自计缴企业所得税。

**4.商誉的评估增减值应确认递延所得税吗?**

回答这个问题应区分三组关系：一是合并报表层面与单体报表层面；二是商誉的初始计量与后续计量；三是免税合并与应税合并。

企业合并形成商誉的税务处理仅限于单体报表层面，合并报表层面不涉及合并商誉的税务处理事项。

**在商誉的初始计量中，不论是免税合并还是应税合并，均不确认递延所得税负债**。在应税合并中，商誉的计税基础与账面价值相同，不存在暂时性差异，也就不存在需要确认递延所得税的问题。

在免税合并中，商誉的计税基础为零，与初始确认的商誉金额形成应纳税暂时性差异，但会计准则不允许确认商誉初始确认对应的递延所得税负债，主要有两点原因：一是确认该应纳税暂时性差异形成的递延所得税负债，意味着商誉价值的增加，而商誉价值的增加又会形成新的应纳税暂时性差异，使得递延所得税负债和商誉价值量的变化不断循环；二是商誉的初始计量金额即是企业合并成本在扣除被购买方可辨认资产、负债之后的余额，确认递延所得税负债会增加商誉的账面价值，使得商誉账面价值与取得商誉的历史成本不符。

**在商誉的后续计量中，商誉评估减值是否确认递延所得税资产，应区分免税合并和应税合并进行相应分析**。

对于在合并日属于免税合并的，商誉的计税基础为零且初始计量时未确认递延所得税负债，商誉评估减值也不应确认递延所得税资产。

对于在合并日属于应税合并的，商誉的计税基础为商誉资产的账面价值，商誉评估减值应确认递延所得税资产，同时根据《企业所得税法实施条例》关于“外购商誉的支出，在企业整体转让或者清算时，准予扣除”的规定，商誉评估减值所确认的递延所得税资产，只有在企业整体转让或清算时方可实现，评估时应考虑此因素的影响。

**不过，商誉作为不可确指无形资产，无法单独对商誉价值进行评估，对于存在合并商誉的企业，通常不适宜采用资产基础法进行评估**。

**相关资料**

《企业会计准则第18号——所得税》第五条规定：“资产的计税基础，是指企业收回资产账面价值过程中，计算应纳税所得额时按照税法规定可以自应税经济利益中抵扣的金额。”第七条规定：“暂时性差异，是指资产或负债的账面价值与其计税基础之间的差额；未作为资产和负债确认的项目，按照税法规定可以确定其计税基础的，该计税基础与其账面价值之间的差额也属于暂时性差异。按照暂时性差异对未来期间应税金额的影响，分为应纳税暂时性差异和可抵扣暂时性差异。”

《企业会计准则第18号——所得税》第十二条规定："企业对与子公司、联营企业及合营企业投资相关的应纳税暂时性差异，应当确认相应的递延所得税负债。但是，同时满足下列条件的除外：(一)投资企业能够控制暂时性差异转回的时间；(二)该暂时性差异在可预见的未来很可能不会转回。"第十四条规定："企业对与子公司、联营企业及合营企业投资相关的可抵扣暂时性差异，同时满足下列条件的，应当确认相应的递延所得税资产：(一)暂时性差异在可预见的未来很可能转回；(二)未来很可能获得用来抵扣可抵扣暂时性差异的应纳税所得额。"

# 9.5 负债的评估值对应的暂时性差异如何计算？

## 问题：负债的评估值对应的暂时性差异如何计算？

在运用资产基础法评估企业价值过程中，对于各项资产、负债的评估增减值部分，应当考虑其对所得税的影响，即确认递延所得税资产或递延所得税负债。计算暂时性差异，是评估递延所得税的基本步骤之一。那么，对于各项负债的评估值对应的暂时性差异应如何计算？

## 解答结论

并非所有的负债均存在暂时性差异。对于暂时性差异不为零的负债，计算其评估值对应的暂时性差异可以有两种思路：一是将账面价值对应的暂时性差异与评估增减值对应的暂时性差异相加；二是将各项负债评估值与其计税基础进行对比得到暂时性差异。

## 解答分析

**根据企业会计准则的规定，负债的计税基础＝账面价值－未来期间计算应纳税所得额时按照税法规定可予抵扣的金额**。未来期间按照税法规定可予抵扣的金额，是指与该项负债相关的费用支出在未来期间可予税前扣除的金额，即为该负债的暂时性差异。

**在企业价值评估中，负债的计税基础＝评估价值－未来期间按照税法规定可予抵扣的金额，但其暂时性差异仍为未来期间按照税法规定可予抵扣的金额**。根据暂时性差异是否为零，可以将负债区分为两类。

**第一类：暂时性差异为零的负债**。

这类负债未来期间按照税法规定可予抵扣的金额为零，比如，企业的短期借款、长期借款、应付账款等。这类负债不论评估是否出现增减值的情形，其未来期间按照税法规定可予抵扣的金额均为零，不需要确认相应的递延所得税资产或递延所得税负债。

**第二类：暂时性差异不为零的负债**。

这类负债相关的费用支出在未来期间可予全部或部分税前扣除。**计算此类负债评估值对应的递延所得税资产或递延所得税负债，可以有两种思路**。

一是确定负债评估增减值对应的未来可税前扣除金额，据此计算负债对应的递延所得税资产或递延所得税负债的增减值，再将其与递延所得税资产或递延所得税负债的账面价值相加，得到递延所得税资产或递延所得税负债的评估值。

二是确定负债评估值对应的未来可税前扣除金额，据此计算负债对应的递延所得税资产或递延所得税负债的评估值。

鉴于企业会计准则不允许对递延所得税资产或递延所得税负债进行折现，且会计核算中存在豁免确认递延所得税资产或递延所得税负债的情形，**建议采用第二种思路**。

### 1.预计负债

对于预计负债，因费用尚未实际发生，税法规定不得在当期税前扣除。但对于税法所允许的在未来可税前扣除的售后服务费用金额（比如，预计提供售后服务而确认的预计负债），则形成预计负债的可抵扣暂时性差异，应确认递延所得税资产。

对于税法不允许在未来计算应纳税所得额时抵扣的预计负债金额（比如，企业为其他独立纳税人提供的与本身应纳税收入无关的贷款担保而产生的预计负债），则不存在可抵扣暂时性差异。

### 2.预收款项

企业收到客户预付的款项时，因不符合会计准则规定的收入确认条件，会计上将其确认为负债。

若税法也不确认为收入，则暂时性差异为零，不确认递延所得税资产；若税法将预收款计入当期应纳税所得额，则该预收款项在未来期间按会计准则确认为收入时，不再计入应纳税所得额，形成暂时性差异，应确认递延所得税资产。

### 3.应付职工薪酬

对于应付职工薪酬，应分析税法是否允许其在未来税前扣除。对于税法不允许未来税前扣除的部分，其账面价值等于计税基础，不会对未来期间的所得税产生影响，不确认递延所得税资产或递延所得税负债。

对于税法允许未来税前扣除的部分，计税基础为零，存在可抵扣暂时性差异，应确认递延所得税资产。比如，在企业以现金结算的股份支付中，激励对象获得既定权利但等待期届满方可解锁的情形下，企业在等待期计提的应付职工薪酬在当期不可税前抵扣，但可在未来结算支付时作税前抵扣，其未来可税前抵扣的金额即为暂时性差异，应确认递延所得税资产。

### 4.递延收益

递延收益是指尚待确认的收入或收益，主要核算待计入未来期间损益的政府补助。对企业因政府补助而确认的递延收益，若评估基准日企业仍然满足政府补助确认条件，不存在需要退回的情形，考虑政府补助的无偿性特征，则递延收益的评估值为零，同时应区分以下情形考虑与递延收益相关的所得税事项：

**（1）如果政府补助免税**，则该递延收益在未来结转收入时不需要计入应纳税所得额，其计税基础为零，账面价值与计税基础的差额是一项可抵扣暂时性差异，但根据所得税准则中关于初始确认例外情况的规定，企业不应当确认该递延收益对应的递延所得税资产，因为交易中初始确认的资产或负债不是因企业合并产生，而在交易时既不影响会计利润也不影响应税利润。当递延收益评估值为零时，不需要计扣当期所得税，也不涉及递延所得税。

**（2）如果政府补助不免税，且企业将收到的政府补助计入当期应纳税所得额**，则在未来将递延收益结转收入时，不再计入应纳税所得额，即递延收益的计税基础为零，其账面价值大于计税基础，账面应确认递延所得税资产。当递延收益评估值为零时，暂时性差异不复存在，账面确认的递延所得税资产的评估值也应当为零。

**（3）如果政府补助不免税，且企业在取得政府补助的当期并未交纳所得税**，账面价值与计税基础相同，不存在暂时性差异。当递延收益评估值为零时，视为在评估基准日将递延收益一次性结转收入，应计算当期所得税并予以扣除（将应缴交的当期所得税作为一项负债），此时不要将当期所得税与递延所得税混淆。

**5.应交的罚款和滞纳金**

对于在会计上确认为费用，同时在支付前作为负债反映的罚款和滞纳金，因税法规定罚款和滞纳金不允许税前扣除，不论是发生当期还是未来期间，计算应纳税所得额时可予抵扣的金额为零，即不存在可抵扣暂时性差异。

**相关资料**

《企业会计准则第18号——所得税》第六条规定：“负债的计税基础，是指负债的账面价值减去未来期间计算应纳税所得额时按照税法规定可予抵扣的金额。”第七条规定：“暂时性差异，是指资产或负债的账面价值与其计税基础之间的差额；未作为资产和负债确认的项目，按照税法规定可以确定其计税基础的，该计税基础与其账面价值之间的差额也属于暂时性差异。按照暂时性差异对未来期间应税金额的影响，分为应纳税暂时性差异和可抵扣暂时性差异。”

## 9.6　亏损企业的可抵扣亏损对应的递延所得税资产如何评估?

### 问题：亏损企业的可抵扣亏损对应的递延所得税资产如何评估?

在运用资产基础法评估企业价值过程中，当企业未来可用以抵扣可抵扣暂时性差异的应纳税所得额为零或负数时（本书将这些企业称作亏损企业），可抵扣亏损对应的递延所得税的评估值是否一律为零呢?

### 解答结论

当企业未来可用以抵扣可抵扣暂时性差异的应纳税所得额为零或负数时，可抵扣亏损对应的递延所得税的评估值不一定为零，还需要分析企业是否可能通过重组的方式利用企业的可抵扣亏损。

### 解答分析

**1. 评估递延所得税资产有何特殊之处?**

相比于递延所得税负债，评估递延所得税资产的特殊之处在于，递延所得税资产应以很可能取得用来抵扣可抵扣暂时性差异的应纳税所得额为限。因此，对可抵扣亏损形成的递延所得税资产进行评估时，应首先判断未来期间是否能够产生足够的应纳税所得额。

**2. 应纳税所得额有哪些构成来源?**

在判断企业于可抵扣暂时性差异转回的未来期间是否能够产生足够的应纳税所得额时，未来期间的应纳税所得额不仅来源于通过正常的生产经营活动能够实现的应纳税所得额，还包括以前期间产生的应纳税暂时性差异在未来期间转回时将增加的应纳税所得额。

**3. 亏损企业的可抵扣亏损对应的递延所得税的评估值是否一律为零呢?**

**不一定，还需要分析企业是否可能通过重组的方式利用企业的可抵扣亏损**。如果企业的可抵扣亏损很小，企业通过重组以利用企业可抵扣亏损的做法是不经济的，则可抵扣亏损对应的递延所得税的评估值通常为零。如果企业可抵扣亏损很大，企业很有可能通过重组的方式使其可抵扣亏损得到部分或全部的弥补，则可以基于未来预计可弥补亏损所节约的企业所得税，再进行折现得到递延所得税资产的评估值。

**4. 考虑了协同效应的价值类型是否为投资价值呢?**

企业通过重组的方式利用可抵扣亏损，是一种典型的财务协同效应的体现。那么，考虑了协同效应的价值类型是否为投资价值？

协同效应可分为市场参与者协同效应和买方特定协同效应两大类。市场参与者协同效应包含在市场价值的估算中，买方特定协同效应是对特定投资者而言的特殊附加价值。

企业为了利用可抵扣亏损而实施重组，只要是未来盈利足够的企业均可参与重组，**参与重组的企业具有一定的普适性**，由此实现的协同效应主要由亏损企业所贡献，**该协同效应一般可归属于市场参与者协同效应**。

在会计核算上，对于企业合并前购买方未确认递延所得税资产的可抵扣暂时性差异和可抵扣亏损，企业合并后符合递延所得税资产的确认条件的，由此确认的递延所得税资产不作为被购买方的可辨认资产。

**5. 亏损企业为利用其可抵扣亏损可以有哪些重组方式？**

亏损企业可以与未来应纳税所得额为正的企业（称作盈利企业）进行重组，以实现亏损企业的可抵扣亏损得到部分甚至全部的弥补，具体做法主要有以下两种。

**一是盈利企业在适用特殊性税务处理规定的前提下，吸收合并亏损企业**。在这种方式下，可由盈利企业弥补的亏损企业亏损的限额=亏损企业净资产公允价值 × 截至合并业务发生当年年末国家发行的最长期限的国债利率。

**二是由亏损企业吸收合并盈利企业**。在这种方式下，亏损企业存续，其可抵扣亏损当然可以在未来可抵扣期间内抵扣，并不受第一种做法中弥补限额的限制，也不限于特殊性税务处理方式。但若适用一般性税务处理方式，在亏损企业吸收合并盈利企业时，盈利企业及其股东都应按清算进行所得税处理，这样一来，盈利企业及其股东需要当期完税，吸收合并后形成的应纳税所得额也可能因此而降低。

**相关资料**

《企业会计准则第18号——所得税》第十五条规定："企业对于能够结转以后年度的可抵扣亏损和税款抵减，应当以很可能获得用来抵扣可抵扣亏损和税款抵减的未来应纳税所得额为限，确认相应的递延所得税资产。"

《财政部 国家税务总局关于企业重组业务企业所得税处理若干问题的通知》（财税〔2009〕59号），对于符合特殊性税务处理规定条件，企业股东在该企业合并发生时取得的股权支付金额不低于其交易支付总额的85%，以及同一控制下且不需要支付对价的企业合并，交易各方对其交易中的股权支付部分，可以选择按以下规定处理："1. 合并企业接受被合并企业资产和负债的计税基础，以被合并企业的原有计税基础确定。2. 被合并企业合并前的相关所得税事项由合并企业承继。3. 可由合并企业弥补的被合并企业亏损的限额=被合并企业净资产公允价值 × 截至合并业务发生当年年末国家发行的最长期限的国债利率。4. 被合并企业股东取得合并企业股权的计税基础，以其原持有的被合并企业股权的计税基础确定。"

## 9.7　股份支付会形成递延所得税资产吗?

### 问题：股份支付会形成递延所得税资产吗?

### 解答结论

立即行权的股份支付，不涉及递延所得税的确定事项。对于设等待期的股份支付，不论是权益结算方式还是现金结算方式，均应确认递延所得税资产，但前者的暂时性差异并非来源于账面已确认的资产或负债，后者的暂时性差异形成于账面已确认的负债。

### 解答分析

股份支付是否会形成递延所得税资产，应区分股份支付的结算方式和行权方式进行分析。

**1.权益结算的股份支付**。

**（1）立即行权**。**企业实施激励计划并立即行权的**（即激励对象取得股权且不设等待期），企业可以根据实际行权时该股票的公允价格与激励对象实际行权支付价格的差额和数量，计算确定为当年工资薪金支出，依照税法规定进行税前扣除。这种情形下，企业账面不形成资产或负债，也不存在暂时性差异，**不涉及递延所得税的确定事项**。

**（2）设等待期**。**企业实施激励计划并设等待期的**（包括激励对象取得股权但等待期届满方可解锁和激励对象获得股票期权这两种方式），企业等待期内会计上计算确认的相关成本费用，不得在对应年度计算缴纳企业所得税时扣除。

在股权激励计划可行权后，企业方可根据该股票实际行权时的公允价格（其中，对于上市公司实施的股权激励，以实际行权日该上市公司股票的收盘价格确定）与当年激励对象实际行权支付价格的差额及数量，计算确定为当年企业的工资薪金支出，依照税法规定进行税前扣除。

这种情形下，**企业在等待期虽然没有在账面上形成资产或负债，但存在可抵扣暂时性差异，应确认递延所得税资产**。值得注意的是，由此形成的可抵扣暂时性差异，可能高于等待期内确认的成本费用，在会计核算中，超出部分形成的递延所得税资产应计入所有者权益，而不是计入当期损益。

**2.现金结算的股份支付**

**（1）立即行权**。**企业实施激励计划并立即行权的**（激励对象获得现时权利且不设等待期），企业支付的激励款项可以在当期税前抵扣，企业账面不形成资产或负债，也不存在暂时性差异，**不涉及递延所得税的确定事项**。

**（2）设等待期**。**企业实施激励计划并设等待期的**（包括激励对象获得既定权利但等待期届满方可解锁和激励对象获得一项期权这两种方式），企业等待期内会计上将企业承担负债或期权的公允价值分摊计入等待期的成本费用和应付职工薪酬，所确认的相关成本费用不得在对应年度计算缴纳企业所得税时扣除，但可在未来结算支付时作税前抵扣，其未来可税前抵扣的金额构成应付职工薪酬的暂时性差异，**应确认递延所得税资产**。也就是说，在这种情形下的暂时性差异，属于账面已确认负债产生的暂时性差异。

**相关资料**

国家税务总局《关于我国居民企业实行股权激励计划有关企业所得税处理问题的公告》（国家税务总局公告2012年第18号）规定："（一）对股权激励计划实行后立即可以行权的，上市公司可以根据实际行权时该股票的公允价格与激励对象实际行权支付价格的差额和数量，计算确定作为当年上市公司工资薪金支出，依照税法规定进行税前扣除。（二）对股权激励计划实行后，需待一定服务年限或者达到规定业绩条件（以下简称等待期）方可行权的，上市公司等待期内会计上计算确认的相关成本费用，不得在对应年度计算缴纳企业所得税时扣除。在股权激励计划可行权后，上市公司方可根据该股票实际行权时的公允价格与当年激励对象实际行权支付价格的差额及数量，计算确定作为当年上市公司工资薪金支出，依照税法规定进行税前扣除。（三）本条所指股票实际行权时的公允价格，以实际行权日该股票的收盘价格确定。""在我国境外上市的居民企业和非上市公司，凡比照《管理办法》的规定建立职工股权激励计划，且在企业会计处理上，也按我国会计准则的有关规定处理的，其股权激励计划有关企业所得税处理问题，可以按照上述规定执行。"

证监会发布的《监管规则适用指引——会计类第1号》规定："根据相关税法规定，对于附有业绩条件或服务条件的股权激励计划，企业按照会计准则的相关规定确认的成本费用在等待期内不得税前抵扣，待股权激励计划可行权时方可抵扣，可抵扣的金额为实际行权时的股票公允价值与激励对象支付的行权金额之间的差额。因此，公司未来可以在税前抵扣的金额与等待期内确认的成本费用金额很可能存在差异。公司应根据期末的股票价格估计未来可以税前抵扣的金额，以未来期间很可能取得的应纳税所得额为限确认递延所得税资产。此外，如果预计未来期间可抵扣的金额超过等待期内确认的成本费用，超出部分形成的递延所得税资产应直接计入所有者权益，而不是计入当期损益。"

# 9.8　收益法评估企业价值时应考虑资产负债对应的递延所得税吗?

## 问题：收益法评估企业价值时应考虑资产负债对应的递延所得税吗?

### 解答结论

在运用收益法评估企业价值过程中，对于预测期新增的资产负债，一般不涉及递延所得税的计算；对于评估基准日的存量资产负债，在未来收益预测中一般以账面价值进行使用、折摊或收回，在计算应纳税所得额时不转回账面价值与计税基础之间的暂时性差异，同时将递延所得税的账面价值作为非经营性项目的价值加回。

### 解答分析

在运用收益法评估企业价值过程中是否要确认递延所得税资产或递延所得税负债，应区分评估基准日存量资产负债与预测期增量资产负债。

**对于预测期新增的资产负债**，鉴于预测的收益口径通常为基于收付实现制的自由现金流，不受权责发生制的制约，一般可假设新增的资产负债的账面价值与计税基础之间不存在暂时性差异，因而**不涉及递延所得税资产或递延所得税负债的计算**。

**对于评估基准日的存量资产负债**，在未来收益预测中如何进行使用、折摊或收回，如何考虑暂时性差异的转回，**存在以下三种不同的处理方式**。

**第一种方式**，在未来收益预测中以账面价值进行使用、折摊或收回，在计算应纳税所得额时不转回账面价值与计税基础之间的暂时性差异，同时将递延所得税资产或递延所得税负债的账面价值作为非经营性项目的价值加回（需要注意的是，不是将资产基础法中的递延所得税资产或递延所得税负债的评估价值加回）。

**第二种方式**，在未来收益预测中以计税基础进行使用、折摊或收回，在计算应纳税所得额时转回账面价值与计税基础之间的暂时性差异，同时不再将递延所得税资产或递延所得税负债作为非经营性项目加回。

**第三种方式**，在未来收益预测中以评估价值进行使用、折摊或收回，在计算应纳税所得额时不转回评估价值与计税基础之间的暂时性差异，同时将资产基础法中递延所得税资产或递延所得税负债的评估价值作为非经营性项目的价值加回（需要注意的是，不是将递延所得税资产或递延所得税负债的账面价值加回）。

这三种方式是等价的，但工作量及操作难度相差较大，从节约评估操作成本的角度考虑，**建议采用第一种方式**。在此方式下，对于账面价值与计税基础之间可能存在暂时性差异的主要资产负债，其具体的操作要求分述如下。

**1.经营性资产**

对经营性资产账面价值与计税基础之间的暂时性差异，在未来收益预测中计算应纳税所得额时不作转回处理，同时将对应的递延所得税资产或递延所得税负债的账面价值作为非经营性项目加回。

（1）应收账款。对于应收账款账面计提坏账准备而产生的可抵扣暂时性差异，在未来收益预测中计算应纳税所得额时不作转回处理，同时将基于该暂时性差异而确认的递延所得税资产的账面价值作为非经营性资产的价值加回。

（2）存货。在未来收益预测中，按存货账面价值（即扣减了存货跌价准备后的账面价值）结转主营业务成本，同时将存货跌价准备对应的递延所得税资产的账面价值作为非经营性资产的价值加回。

（3）固定资产和无形资产。在未来收益预测中，按资产账面净值（即扣减了累计折摊金额和计提减值准备后的账面价值）计提未来各期的折旧摊销金额，并计入当期成本费用，同时将资产账面价值与计税基础差异而确认的递延所得税资产的账面价值作为非经营性资产的价值加回。

**2.经营性负债**

对于暂时性差异不为零的经营性负债（比如预计负债、预收款项、应付职工薪酬等），在未来收益预测中计算应纳税所得额时不作转回处理，同时将对应的递延所得税资产或递延所得税负债的账面价值作为非经营性项目加回。

**3.非经营性资产和非经营性负债**

非经营性项目的评估价值与其计税基础存在差异的，将非经营性项目的价值加回的同时，还应加回对应的递延所得税资产或递延所得税负债，因为在这种方式下，未来收益预测中对非经营性项目的暂时性差异不作转回处理。

**4.可抵扣亏损和税款抵减**

对于能够结转以后年度的可抵扣亏损，有两种做法可供选择：一是在未来收益预测中计算应纳税所得额时，直接将可抵扣亏损进行抵扣，同时不再将可抵扣亏损形成的递延所得税资产作为非经营性资产加回；二是在未来收益预测中计算应纳税所得额时，不考虑可抵扣亏损的影响，而是将可抵扣亏损形成的递延所得税资产作为非经营性资产加回。另外，对于能够结转以后年度的税款抵减，与可抵扣亏损的上述做法类似。

# 9.9　单项资产评估的评估值是否含增值税?

## 问题：单项资产评估的评估值是否含增值税?

作为各资产评估机构较为常见的业务，在执行单项资产交易评估项目时，评估结论是否应当包含增值税?

## 解答结论

评估对象为单项资产时，评估结论通常应当包含增值税，这不仅符合现行增值税制度的特征，且与交易范畴相匹配，符合交易习惯，还可以避免交易双方出现分歧。评估结论的增值税口径的选择，本质上是评估范围界定的问题，通常与评估目的相关，但与交易主体的类别及其适用的增值税政策、评估方法以及价值类型等因素不相关。无论评估结论是否含增值税的评估值，都应进行详细披露，以便于资产评估报告使用人能够正确理解评估结论。

## 解答分析

**（一）一般情况下，单项资产评估的评估值应当包含增值税，主要理由如下。**

**1.符合现行增值税制度的特征**

我国1984年开征增值税；1994年将增值税计税方法由“价内征收”改为“价外征收”，并将纳税人划分为一般纳税人和小规模纳税人；2004年开始在部分地区试点并于2008年全面进行增值税转型改革，由生产型增值税逐渐转变为消费型增值税；2016年5月1日，增值税已扩展到原营业税的全部征税范围，较为规范的现代消费型增值税制度得以建立。

消费型增值税尽管仍然在生产流转环节课征，但其本质是对最终消费征税，既不是对投入征税，也不是对交易征税。基于消费型增值税制度，增值税属于价外税，资产的定价虽然采用价税分离的方式，但出售方缴纳的增值税也是成交金额的组成部分。

尽管受市场竞争和供需关系等因素的影响，增值税并不必然由最终的消费者负担，但这并不影响增值税价税分离的定价方式。不论供需双方博弈得出怎样的成交金额，都需要将成交金额分拆为资产本身价格（即不含增值税价）及增值税这两部分。当然，市场竞争和供需关系等因素可能影响评估方法的选用。

**2.与交易范畴相匹配，符合交易习惯**

在现实的交易习惯中，资产交易时的价格通常都是价税合计的金额，即转让一项资产最终能够收到的全部对价，包含了需要向税务机关缴纳的增值税金额。如果评估中采用市场法进行询价，所询价格通常也是包含增值税的价格。

国有企业作为资产的出售方，在办理评估备案工作时会以评估结果金额填写国有资产评估项目备案表。而按照《企业国有资产交易监督管理办法》（国资委、财政部令第32号）的规定，应当以经备案的评估结果为基础，确定在产权交易所进行公开转让的挂牌价，或符合规定的协议转让方式下的交易价格，挂牌价或协议转让价格均不得低于经备案的评估结果。如果挂牌价或协议转让价格直接为“不含增值税评估值”，可能存在国有资产以低于含增值税价的金额成交而导致国有资产流失的风险。

国有企业作为资产的购买方，如果评估值为“不含增值税评估值”，且交易价格是在评估值基础上加计应缴纳的增值税，则会出现交易价格高于评估值的情形。而根据《国有资产评估管理若干问题的规定》（财政部令第14号）等文件的规定，国有企业收购资产的价格，原则上应不高于评估值；收购价高于评估值的，应当事先作出书面说明并按规定履行决策和审批程序。

行政事业单位作为资产的出售方或购买方，如果评估值的口径为“不含增值税评估值”，也可能面临类似的问题或风险。

**3.避免交易双方出现分歧**

根据《资产评估执业准则——资产评估报告》第四条“资产评估报告陈述的内容应当清晰、准确，不得有误导性的表述”和第五条“资产评估报告应当提供必要信息，使资产评估报告使用人能够正确理解评估结论”，对于委托人和资产评估报告使用人，资产交易目的对应的评估结论应当是交易方转让资产所能获得的全部价款收入。如果资产转让评估结果不包含增值税，可能引发下列问题。

（1）资产评估报告使用人可能不具备将资产评估报告披露的文字内容与评估结论内在关系进行合理分析使用的能力，可能会简单地认为评估结论就是资产的含税市场价值，即转让资产向购买方所能收取的全部金额。

（2）即使资产评估报告使用人能够对评估结论进行合理分析使用，也可能出现计算错误。计算增值税有时并非易事。通常增值税的计算方式包括一般纳税人一般计税方法、一般纳税人简易计税方法、小规模纳税人简易计税方法、特殊情况下按照销售额差额计税方法，增值税的计算可能会因为出售方纳税人身份、企业类型、企业所处行业、资产类别、购进时点及进项抵扣情况的不同而不同。例如，房地产开发企业中的一般纳税人销售其自行开发的房地产新项目（《建筑工程施工许可证》注明的合同开工日期或建筑工程承包合同注明的开工日期在2016年5月1日后的建筑工程项目），计算应税销售额时，以取得的全部价款和价外费用，扣除受让土地时向政府部门支付的土地价款后的余额为销售额；非房地产开发企业转让其取得的不动产，根据《纳税人转让不动产增值税征收管理暂行办法》（国家税务总局公告2016年第14号）第三条和第四条的规定，应基于企业是一般纳税人还是小规模纳税人、不动产取得时间、是否自建、选择适用简易计税方法计税还是一般计税方法计税等因素，相应计算应纳税额。

（3）即使资产评估报告使用人能够对评估结论进行合理分析使用，也可能出现计算分歧。一般来说，在同时满足交易双方均为一般纳税人、交易双方均采用一般计税方法、购买方能够取得合规的增值税专用发票并及时抵扣进项税的条件下，不论评估值是否含增值税，交易双方都可以达成相同的成交金额。除以上情形之外，若由交易双方自行协商“价外税”，则可能存在较大分歧。例如，一般纳税人向小规模纳税人出售资产的交易中，若评估值不含增值税，出售方提出在评估值基础上加计销项税额的要求，可能无法得到购买方的认同，因为小规模纳税人无法将进项税额用于抵扣。

**（二）从增值税属于价外税的特征看，单项资产的评估值是否含增值税，涉及评估范围的界定问题**

**对于含增值税的评估值口径，资产的“价”和“税”均纳入了评估范围；对于不含增值税的评估值口径，评估范围仅包括资产的“价”，未包含“税”。当资产的“价”和“税”均纳入了评估范围时，企业出售资产应缴纳的增值税是否应从评估值中扣除呢？**不需要。一方面是因为资产评估值中包含的增值税通常并非企业应缴纳的增值税。比如，出售方为一般纳税人且采用一般计税方法时，评估值中包含的增值税是指出售方的销项税额，而应交增值税是销项税额减去进项税额得出的余额。另一方面是因为负债的承担主体通常是企业而非资产，资产的评估值不需要扣除本应由企业承担的负债，企业的负债与资产并非一一对应。

**（三）出售方的类别及其适用的增值税政策是否影响增值税口径的选择？**

出售方是一般纳税人还是小规模纳税人，是选择一般计税方法还是简易计税方法，出售方是否享受减免增值税的政策，出售方是否在消费型增值税转型前取得资产，均不影响“评估值是否含增值税”的口径选择，只是会影响增值税的计算结果。

**（四）购买方的类别及其适用的增值税政策是否影响增值税口径的选择？**

购买方是一般纳税人还是小规模纳税人，进项税额能否抵扣，均不影响“评估值是否含增值税”的口径选择，也不影响评估值中所应包含的增值税的计算结果。评估值中所应包含的增值税，取决于出售方的类别及其适用的增值税政策。

**（五）不同评估方法是否影响增值税口径的选择？**

评估方法本身并不影响对评估值的增值税口径的选择，评估参数的构成和取值才会影响评估值的增值税口径。根据评估参数构成和取值的不同，运用每一种评估方法，可能得出不含增值税的评估值，也可能得出包含增值税的评估值。根据前述分析，评估结果通常应当以含税评估值为口径。若采用的评估方法计算的评估结果为不含税口径，通常要考虑将其换算成为含税口径。

**（六）不同评估目的是否影响增值税口径的选择？**

不同评估目的可能会影响对于评估值的增值税口径的选择。例如，在资产交易（比如，销售、转让、出资）中，单项资产评估的评估值通常包含增值税；在资产抵押中，从资产权属人净权益的角度出发，抵押价值（市场价值减去预期实现抵押权的费用和税金后的价值）通常不包含增值税；基于增值税采用价外税，不论是一般纳税人还是小规模纳税人，增值税的税基都是不含增值税价，当需要对增值税税基进行评估时，其相应的评估范围不含增值税。

**（七）不同价值类型是否影响增值税口径的选择?**

评估值所属的价值类型并不影响其增值税口径的选择。价值类型为公允价值时，因公允价值一般指“脱手价”（即买方愿意接受的价格），站在买方的角度看，含税价的口径买方是可接受的，因为这本身就是常规的交易习惯。但公允价值这一特征，只是印证了单项资产交易中宜将“价”和“税”均纳入评估范围的做法，价值类型的选择并非增值税口径选择的依据。价值类型的区分，通常缘于不同的所有者基于不同的使用方式所获得效用的不同。

**综上所述，评估单项资产交易行为中的评估值通常应当包含增值税。但无论评估值是否含增值税，都应进行详细披露，以便于资产评估报告使用人能够正确理解评估结论。**

# 9.10　单项资产评估的评估方法如何考虑增值税?

## 问题：单项资产评估的评估方法如何考虑增值税?

### 解答结论

对增值税应税资产进行评估，且评估结论选择含增值税口径时，成本法中应考虑的增值税是指资产出售方的税负，该税负可以表现为销项税额，也可以体现为进项税额与应交增值税之和；收益法的评估值通常为不含增值税口径，需采用适用的税率转换得出含增值税口径的评估结论；市场法中需要核实可比交易案例适用的增值税政策和价格内涵，并进行必要的调整。

### 解答分析

对不同的评估对象，要根据其适用的增值税政策分别进行考虑。评估对象为非增值税应税项目或者免税项目时，评估结论不需要考虑是否含增值税；评估对象为应税单项资产时，需要结合相应的评估目的和增值税政策，评估结论通常需要包含增值税，在这种情况下，如果运用具体的评估方法所得出的评估结果并未包含增值税，则需采用适用的税率转换得出含增值税口径的评估结论。

#### （一）成本法

1.评估值选用“含增值税价”时，所含的增值税是出售方的销项税额、进项税额还是应交增值税?

对于一般纳税人，采用一般计税方法时是指销项税额，采用简易计税方法时是指按征收率计算的增值税；对于小规模纳税人，是指按征收率计算的增值税。前述计算方法根据出售方评估基准日适用的增值税政策确定，不需要考虑（潜在）受让方适用的增值税政策。

2.评估值选用“含增值税价”时，对于小规模纳税人和选择简易计税方法的一般纳税人，是否应包括取得资产过程中的进项税额?

应当包括取得资产过程中的进项税额。因为从出售方成本的角度看，不允许抵扣的进项税额不再“流转”，成为“价内税”，即“沉淀”为资产的取得成本。对于出售方来说，不允许抵扣的进项税额与其他“价内税”（如契税）一样，都构成资产的一项取得成本。

3.出售方选择简易计税方法，购买方可以抵扣进项税额吗?

简易计税方法适用于小规模纳税人和一般纳税人的部分应纳税项目。除特定情形外，采用简易计税方法可以通过自行或申请代开(小规模纳税人)专用发票而使得购买方可以获得进项税额抵扣，但出售方不能抵扣取得该项资产对应的进项税额，对于出售方来说存在重复征税问题。选择简易计税方法时，出售方能否开具增值税专用发票，会影响购买方的利益，进而可能间接影响资产交易价格。

4.同一资产的交易价格，会因出售方适用的增值税政策或选择的计税方法的不同而出现差异吗?

会。因为出售方是一般纳税人还是小规模纳税人，一般纳税人采用一般计税方法还是采用简易计税方法，出售方的增值税税负是不同的。而出售方的增值税税负是重置成本的组成部分。

5.同一资产的交易价格，在出售方适用的增值税政策和增值税率一定的前提下，会因购买方是否能抵扣进项税额而出现差异吗?

不会。因为在出售方适用的增值税政策和增值税率一定的前提下，不论购买方能否抵扣进项税额，都不会改变出售方的税负。基于消费型增值税预定由消费者负担税负的制度特征，重置成本中的增值税是指出售方的税负。

6.一项资产的“不含增值税价”是否会随出售方适用的增值税政策或选择的计税方法的变化而变化?

不会。例如，企业销售机器设备给一般纳税人，卖方若是一般纳税人则适用的税率为13%，卖方若是小规模纳税人则适用的征收率为3%。从购买方的角度看，出售方为一般纳税人按113元出售机器设备，与小规模纳税人按103元(开具增值税专用发票)或100元(开具普通发票)出售机器设备，买方购买成本是相同的。买方作为一般纳税人多支付的进项税金可以从其增值税销项中抵扣，不影响买方成本。在这三种情况下，该机器设备“不含增值税价”是相同的，均为100元。

7.采用成本法评估资产的“含增值税价”时，对于增值税的体现可以有哪些方式?

因为“销项税额-进项税额=应交增值税”，所以“销项税额=进项税额+应交增值税”。采用成本法评估资产的“含增值税价”时，对于增值税的体现可以有两种方式。第一种方式，对于该项资产的各项成本费用采用含进项税额的金额，再将出售方因出售该项资产而负担的应交增值税作为重置成本的组成部分。与之等价的第二种方式，对于该项资产的各项成本费用采用不含增值税的金额，再将出售方的销项税额作为重置成本的组成部分。

以非房地产开发企业出售不动产为例，按第一种方式，开发成本、管理费用与销售费用采用含进项税额的金额，销售税金为缴纳的增值税额和相应的城建税、教育费附加等;按第二种方式，开发成本、管理费用与销售费用采用不含增值税的金额，销售税金不包括缴纳的增值税额及附加，再将出售方的销项税额和以应交增值税为基数计算的城建税、教育费附加等作为重置成本的组成部分。两种方式下，土地取得成本相同(因为土地使用权出让行为属于增值税免税行为，土地使用权出让时无法开具增值税专用发票，企业也就无法抵扣相应的增值税），但两种方式下的利润率的计算基数不同。

类似地，对于小规模纳税人，对其拟转让的资产采用成本法进行评估时，重置成本应包含资产取得过程中的进项税额和销售时企业应缴纳的增值税。

### （二）收益法

采用收益法对拟交易的资产进行评估时，该资产的收益口径是否含增值税，与该资产的评估值是否含增值税，是两个不同层面的问题。前者涉及的是持有资产所形成收益的口径，后者则与资产交易价格的组成相关联。

企业持有资产所产生的收入，如果属于增值税应税范围，应计算收入对应的销项税额，再减去可抵扣的进项税额，得出该资产对应的应交增值税。从企业持有资产所取得的净收益的角度看，并无是否包含增值税的区分，或者说净收益是不含增值税的口径。资产的收益口径是否包含增值税，其实是计算净收益的中间过程的区别，或者可理解为资产所形成收入口径的区别。在实践中，受会计报表编制口径的影响，一般习惯于选择不含增值税口径的收益计算过程。

采用收益法对拟交易的资产进行评估时，对持有资产所取得的净收益，以口径相匹配的折现率进行折现，得到的评估值为不含增值税口径。在此情况下，如果评估结论选择含增值税的口径，则需要采用适用的税率将不含增值税评估值转换为含增值税评估值作为评估结论。以一般纳税人转让不动产为例，采用收益法对不动产进行评估时，应当按照市场租金的不含增值税价格计算租金毛收入，然后扣各项税费等，计算租金净收益，再以口径相匹配的折现率进行折现，得出的不动产评估值为不含税口径。如果评估结论需要含增值税，再根据出售方适用的增值税率，计算评估值中应当包含的增值税额。

### （三）市场法

采用市场法对拟交易的资产进行评估时，需要核实可比交易案例的价格内涵。若可比交易案例的交易价格为不含增值税口径，基于此计算得出的评估值也属于不含增值税口径。如果评估结论选择含增值税的口径，需要采用适用的税率将不含增值税评估值转换为含增值税评估值作为评估结论。

当待估资产适用的增值税政策与可比交易案例的增值税政策不同时，也应进行相应的调整，即以待估资产适用的增值税政策为比较基准，对可比交易案例的交易价格进行调整，或在个别因素修正中量化调整。

值得注意的是，土地使用权在二级市场中单独转让时，以一级市场土地价格作为可比交易案例所得出的评估值，属于不含增值税口径。因为不论是否为房地产开发企业中的一般纳税人，在二级市场单独转让土地使用权时，计算增值税时均不得将土地取得价款从销售额中扣除。

根据《房地产开发企业销售自行开发的房地产项目增值税征收管理暂行办法》（国家

税务总局公告2016年第18号）的规定，房地产开发企业中的一般纳税人销售自行开发的房地产项目，适用一般计税方法，按照取得的全部价款和价外费用，扣除当期销售房地产项目对应的土地价款后的余额计算销售额。但该公告并未规定单独转让土地使用权可以扣除土地价款计算销售额。

因此，在采用市场法对单项资产进行评估时，需要核实可比交易案例适用的增值税政策和价格内涵，并进行必要的调整。

# 9.11　运用资产基础法评估企业价值如何考虑增值税的影响?

## 问题：运用资产基础法评估企业价值如何考虑增值税的影响?

### 解答结论

运用资产基础法评估企业价值时，当企业为一般纳税人时，企业取得资产过程中支付的增值税已在应交税金的评估值中得以反映，各项资产的评估价值不再包含增值税；当企业为小规模纳税人或者采用简易计税方法计缴增值税的一般纳税人时，企业取得资产时所支付的增值税进项税额，不再从资产交易价格中分离出来，而是作为资产价值的组成部分，各项资产的评估价值应包含增值税。

### 解答分析

**1.在资产基础法中，各项资产的评估值是否包含增值税?**

企业购置资产过程中，资产交易价格由资产本身价格（即不含增值税价）及增值税（从购置资产的企业的角度看，为增值税进项税额）所组成，企业所支付的增值税进项税额可视为企业取得资产的一项成本，但鉴于增值税采用价税分离的计算模式，企业所支付的增值税进项税额是否列示于资产价值中，取决于进项税额可否用于抵扣销项税额。

**当企业为一般纳税人时**，增值税进项税额可以抵扣销项税额，即企业应缴纳的增值税=销项税额-进项税额。在这种情况下，可抵扣的进项税额从资产交易价格中分离出来，通常作为负债的减项（负债的减项也可理解为一项资产）列示于应交税金科目中，或列示于其他流动资产等科目中，相应地，对应资产的账面价值不再包含增值税进项税额。类似地，**在运用资产基础法评估企业价值时，企业取得资产过程中支付的增值税通常在应交税金或其他流动资产的评估值中得以反映，对应资产的评估价值不再包含增值税，否则会造成重复计算**。

**当企业为小规模纳税人或者采用简易计税方法计缴增值税的一般纳税人时，**按照简易办法计算应纳税额，不得抵扣进项税额，即企业应缴纳的增值税=销售额×征收率。在这种情况下，企业取得资产时所支付的增值税进项税额，不再从资产交易价格中分离出来，而是作为资产价值的组成部分，以体现企业取得资产所支付的代价。**因此，各项资产的评估价值应包含增值税**。

**2.在资产基础法中，各项资产的评估增减值是否影响增值税?**

在企业价值评估中，企业的各项资产并不发生交易流转等增值税应税行为，**各项资产的评估增减值不影响增值税**，各项资产的增值税仍为资产取得时实际交易价格中包含的增值税进项税额，并列示于应交增值税项下，计作应交增值税的抵减项。

**3.对于增值税转型改革前购入的固定资产，增值税转型改革对其评估值有何影响?**

我国1984年开征增值税；1994年将增值税计税方法由“价内征收”改为“价外征收”，并将纳税人划分为一般纳税人和小规模纳税人；2004年开始在部分地区试点并于2008年全面进行增值税转型改革，由生产型增值税逐渐转变为消费型增值税；2016年5月1日，增值税已扩展到原营业税的全部征税范围，较为规范的现代消费型增值税制度得以建立。

对于增值税转型改革前购入的固定资产，不允许将外购固定资产的价款中所包含的增值税用于抵扣。基于替代原理，当固定资产的交易价格相同时，相对于进项税额不可抵扣的资产，进项税额可以抵扣的资产对购买方而言具有更高的价值。因此，在消费型增值税制度下的一般纳税人，不论固定资产在原始取得时的增值税是否可用作抵扣，固定资产的评估值均为不含增值税口径的资产价值。这样一来，**对于企业在增值税转型改革前购入的固定资产，其购入时账面价值中所包含的增值税，除了具有抵税效应以外，可视为“无效成本”，该增值税不应再包含于评估价值之中，但应就评估价值与计税基础的差异考虑递延所得税。**

# 9.12　运用收益法评估企业价值如何考虑增值税的影响?

## 问题：运用收益法评估企业价值如何考虑增值税的影响?

### 解答结论

运用收益法评估企业价值时，含增值税口径的自由现金流与不含增值税口径的自由现金流是等价的，对于选择一般计税方法的一般纳税人，通常选择不含增值税口径的自由现金流模型，相应地其资本性支出也不含增值税，但利息支出为包含增值税的口径。

### 解答分析

**1.收益预测口径是否包含增值税?**

在运用自由现金流折现模型时，根据收入与成本费用是否采用包含增值税的口径，可以将自由现金流预测口径区分为含增值税口径与不含增值税口径。以企业自由现金流为例，在计算企业自由现金流涉及的各参数中，收入、成本费用（不包括利息费用）、资本性支出涉及含增值税口径与不含增值税口径的区别，而折旧摊销和营运资金增加额不存在含增值税口径与不含增值税口径的区别；负债中的应交增值税是营运资金的构成项目之一，可以将营运资金增加额拆分为应交增值税增加额、其他营运资金增加额这两部分，而应交增值税增加额又受当期支付的增值税影响。可作以下公式推导：

**含增值税口径的企业自由现金流**

=含税收入－含税成本费用（不包括利息费用）+折旧摊销－含税资本性支出－当期支付的增值税－其他营运资金增加额

=（不含税收入+销项税额）－［不含税成本费用（不包括利息费用）+进项税额］+折旧摊销－（不含税资本性支出+进项税额）－（期初应交增值税+当期销项税额－当期进项税额－期末应交增值税）－其他营运资金增加额

=不含税收入－不含税成本费用（不包括利息费用）+折旧摊销－不含税资本性支出－（期初应交增值税－期末应交增值税）－其他营运资金增加额

=不含税收入－不含税成本费用（不包括利息费用）+折旧摊销－不含税资本性支出－营运资金增加额

**=不含增值税口径的企业自由现金流**

从以上公式推导可以看出，在运用企业自由现金流折现模型时，含增值税口径的企业自由现金流与不含增值税口径的企业自由现金流是等价的。类似地，含增值税口径的股权自由现金流与不含增值税口径的股权自由现金流也是等价的。**在实践中，受会计报表编制口径的影响，一般习惯于选择不含增值税口径的自由现金流模型。不过，若企业为小规模纳税人或者采用简易计税方法计缴增值税的一般纳税人，因成本费用中的进项税额不得用作抵扣，为保持收入与成本费用的增值税口径相匹配，建议采用含增值税口径的自由现金流。**

采用股利折现模型时，因股利目前未纳入增值税的征税范围，股利不涉及增值税，股利折现模型也不存在是否包含增值税口径的划分。

**2.选择不含增值税口径的自由现金流模型时，资本性支出和利息支出是否也不含增值税?**

在未来收益预测中，对于需要追加投入的资本性支出，企业支付的交易价格包括资产本身价格（即不含增值税价）及增值税进项税额这两部分，其中，支付的增值税进项税额因可用于抵扣并不会形成最终的现金流出。相对应地，企业收入也包括不含税收入及增值税销项税额这两部分，其中，收取的增值税销项税额并不会形成最终的现金流入。**当选择不含增值税口径的自由现金流模型时，资本性支出中的进项税额、收入中的销项税额，都在“价外”进行核算，因此，资本性支出应采用不含增值税口径。**

在银行将资金贷给企业使用而取得利息收入的业务活动中，银行应按照贷款服务缴纳增值税，但对于使用资金的企业，利息支出中的进项税额不得从销项税额中抵扣。因此，**自由现金流模型不论选择含增值税口径还是不含增值税口径，利息支出均为包含增值税的口径。**

**3.选择不含增值税口径的自由现金流模型时，是否仍需要对企业缴纳的增值税进行预测?**

对于城市维护建设税、教育费附加、地方教育费附加等增值税附加税，以纳税人依法实际缴纳的增值税为计税依据。因此，即便是选择不含增值税口径的自由现金流模型，仍然需要对企业缴纳的增值税进行预测，在这种口径下，企业缴纳的增值税本身不作为一项现金流出（在“价外”体现），但企业缴纳的增值税附加税将构成一项现金流出。

此外，在预测最佳现金保有量时，应分别对现金周转天数和现金需求额进行预测，而现金需求额中通常也应考虑企业应缴纳的增值税。

# 9.13　运用市场法评估企业价值如何考虑增值税的影响?

## 问题：运用市场法评估企业价值如何考虑增值税的影响?

### 解答结论

运用市场法评估企业价值时，与被评估单位具有不同的增值税法定税率的企业，不得成为可比企业；小规模纳税人与一般纳税人中的一方，通常不宜成为另一方的可比企业；在同一行业中的不同一般纳税人，其所选择的计税方法的差异，通常不作为排除可比企业的一项因素。在此基础上，增值税政策差异通常不再作为对价值比率进行修正的一项因素。

### 解答分析

**1.适用不同的增值税政策的企业，能否成为可比企业?**

根据《资产评估执业准则——企业价值》的规定，运用市场法评估企业价值，可比企业应当与被评估单位属于同一行业，或者受相同经济因素的影响，在此基础上，选择可比企业还应当关注业务结构、经营模式、企业规模等因素的影响。

在同一行业中，不同企业所适用的增值税法定税率是相同的，只是可能因销售规模的差异区分为小规模纳税人或一般纳税人。企业之间若适用不同的增值税政策，也说明其未受相同经济因素的影响。**因此，与被评估单位具有不同的增值税法定税率的企业，不得成为可比企业**。

在同一行业中，小规模纳税人与一般纳税人，一方能否成为另一方的可比企业呢？尽管《资产评估执业准则——企业价值》并未严格要求可比企业之间应具有相同的企业规模，但企业之间的规模差异越大，说明可比性越小，对规模差异进行修正的难度和风险加大。**因此，通常情况下，小规模纳税人与一般纳税人中的一方，不宜成为另一方的可比企业**。

在同一行业中，一般纳税人对于部分增值税应税项目，在计算税款方法上具有选择权，一般纳税人既可以选择按简易办法计税，也可以按一般计税方法计税。对于同一个一般纳税人而言，可能同时涉及简易计税办法和一般计税办法。一般纳税人在增值税计税方法中所具有的选择权，可理解为简易计税中的征收率，与一般计税中的实际税负通常基本持平。**因此，在同一行业中的一般纳税人之间，其所选择的计税方法的差异，通常不作为排除可比企业的一项因素**。

**2.计算价值比率中的价值指标，是否包含增值税?**

价值比率是用于衡量企业价值的单位指标，其计算方法是将企业价值指标除以企业的某个财务指标或经营指标。

上市公司股权在营改增后作为金融商品纳入增值税征税范围，以销售额乘以适用税率计缴增值税，销售额按照上市公司股权的卖出价扣除买入价后的余额进行确定，且个人从事金融商品转让业务、证券投资基金管理人运用基金买卖上市公司股票等行为免征增值税。根据金融商品增值税的计算方法，不论投资者是否免征增值税，上市公司股价可以理解为不含增值税价。**因此，当采用上市公司比较法时，价值比率中的价值指标，属于不含增值税口径**。

**当采用交易案例比较法时，因非上市公司股权不属于增值税的征税范围，可比交易案例的交易价格不能用含增值税价或者不含增值税价来表达**。

**因此，在运用市场法评估企业价值过程中，对于价值比率中的价值指标，不涉及是否包含增值税的判断或调整**。即便可比企业与被评估单位适用的增值税政策存在差异，也不影响价值指标是否包含增值税的口径。

**3.计算价值比率中的财务指标，是否需对增值税政策差异作出修正?**

如前所述，增值税法定税率不同的企业，不得成为可比企业，小规模纳税人与一般纳税人中的一方，也不宜成为另一方的可比企业，但一般纳税人中的可比企业与被评估单位允许选择不同的计税方法。

这样一来，当可比企业与被评估单位选择不同的计税方法时，计算价值比率的财务指标，可能具有不同的增值税口径。比如，当价值比率为市销率时，选择简易计税方法的一般纳税人，其收入包含了按征收率计算的增值税；选择一般计税方法的一般纳税人，其收入不包括增值税销项税额。

那么，在计算价值比率时，是否应当对财务指标进行调整，使可比企业和被评估单位的财务指标具有相同的增值税口径？我们倾向于认为，可以忽略对财务指标的调整，主要原因有以下两点。

一是选择不同的计税方法，不影响收益类、资产净值类价值比率，只影响收入类、资产总值类价值比率，影响程度通常很小，对计税方法差异作出调整的必要性不大，且有些企业可能还同时经营着选择简易计税方法和一般计税方法的应税项目，对计税方法差异进行调整可操作性较低。

二是选择不同的计税方法，不仅影响计算价值比率的分母（财务指标），也会对计算价值比率的分子（价值指标）产生影响，且两者相互关联，同时考虑到消费型增值税预定为消费者负担税负的制度本意，可以忽略计税方法不同对价值比率的影响。

# 9.14　什么是税收摊销价值?

## 问题：什么是税收摊销价值?

## 解答结论

税收摊销价值可理解为资产的抵税收益的现值。理解税收摊销价值，应注意与递延所得税相区别，两者的计算依据和对比基础不同，前者体现了资产税前价值与税后价值之差，后者反映的是资产价值与计税基础之间差异产生的影响。

## 解答分析

**1.什么是税收摊销价值?**

资产在其使用或消耗过程中，可以通过一次性结转的方式或分期折旧摊销的方式，将资产的账面价值在税前进行列支，而税前列支可以抵减应纳税所得额，产生抵税收益，将抵税收益进行折现，即构成税收摊销价值，也可称作资产的税盾价值。

**2.税收摊销价值与递延所得税有何区别与联系?**

税收摊销价值与递延所得税均与资产的税盾作用相关，但两者的计算依据和对比基础不同，两者不可混同。

**税收摊销价值是资产税前价值与税后价值之差**，是否计算税收摊销价值，应在对比资产价值的税前税后口径的基础上进行分析。**递延所得税反映的是资产价值与计税基础之间差异产生的影响**，是否计算递延所得税，应在对比资产价值与计税基础的前提下作出判断。

**当一项资产的计税基础为零时，税收摊销价值即等于递延所得税的折现值**。在运用资产基础法评估企业价值过程中，若对一项计税基础为零的资产，采用税后折现模型进行评估，则在税后折现模型结果基础上，要加计的税收摊销价值与应计提的递延所得税负债的折现值刚好对抵。从这个角度看，递延所得税的评估应考虑折现因素。而在会计计量中，根据相关会计准则的规定，对于确认的递延所得税不应进行折现。

在合并对价分摊（PPA）中，对于表外资产（账面计税基础为零），若采用税前折现模型进行评估，相应确认的递延所得税负债=税前折现模型结果 × 企业所得税率，且根据《企业会计准则第20号——企业合并》应用指南的规定，递延所得税负债不应折现。若采用税后折现模型进行评估且没有考虑税收摊销价值，则不应再确认递延所得税负债，这种做法相当于直接将税收摊销价值与递延所得税负债进行对抵，但该对抵过程实质上对递延所得税进行了折现，这与《企业会计准则第20号——企业合并》应用指南的规定不符。

## 相关资料

《国际评估准则（2022年1月31日生效）》无形资产110.1段规定："在许多税收司法辖区，无形资产可以针对税务目的进行摊销，降低纳税人的税务负担，有效增加现金流。根据评估目的和评估方法，评估无形资产时考虑税收摊销收益的价值可能是适当的"

《国际评估指南No.4——无形资产评估》指出："除了对从资产使用中产生的收入、现金流或成本节约进行资本化，对由于资产的摊销而减少的纳税额进行资本化，也可能适当地提高无形资产的价值，这种调整，被称为税收摊销收益，反映了从资产中导致的收入不仅包括使用带来的直接收入，也包括企业由于使用资产而减少的税款。"

《企业会计准则第20号——企业合并》应用指南规定："取得的被购买方各项可辨认资产、负债及或有负债的公允价值与其计税基础之间存在差额的，应当按照《企业会计准则第18号——所得税》的规定确认相应的递延所得税资产或递延所得税负债，所确认的递延所得税资产或递延所得税负债的金额不应折现。"

《企业会计准则第18号——所得税》第十九条规定："企业不应当对递延所得税资产和递延所得税负债进行折现。"

# 9.15　什么情况下应计算税收摊销价值?

## 问题：什么情况下应计算税收摊销价值?

### 解答结论

对一项资产采用收益法中的税后折现模型进行评估时，应在其结果基础上加计税收摊销价值，将其还原为税前口径的价值，这是计算税收摊销价值的主要情形，甚至是唯一的情形。对一项资产采用成本法或市场法进行评估时，不涉及加计税收摊销价值的事项。

### 解答分析

**1.什么情况下应计算税收摊销价值?**

按收益是否扣缴企业所得税，可以将收益口径区分为税前收益和税后收益，根据收益口径与折现率口径相匹配的要求，税前收益应采用税前折现率进行折现（称作税前折现模型），税后收益应采用税后折现率进行折现（称作税后折现模型）。

税前折现模型对应的假设前提是待估资产无须负担企业所得税，这与资产不是企业所得税的征税对象相符合。税后折现模型对应的假设前提是待估资产应承担企业所得税，其实是从持有该资产的公司所有者的角度进行的测算，以税后收益进行折现，相当于该资产价值形成过程已缴交企业所得税，由此得到的结果也是税后口径的。

从理论上看，一项资产的价值不存在税前税后之分，或者说，一项资产的价值默认是税前口径的（因为资产不是企业所得税的征纳对象），资产的税前价值与税后价值之差正是税收摊销价值。因此，当采用税前折现模型时，不需要考虑税收摊销价值。**对一项资产采用税后折现模型进行评估时，应在其结果基础上加计税收摊销价值，将其还原为税前口径的价值，这是计算税收摊销价值的主要情形，甚至是唯一的情形**。

一项资产的客观市场价值不会因选择税前折现模型还是选择税后折现模型而不同，也不会因企业的适用税率不同而有所差异。鉴于资产并非企业所得税的征纳对象，且资产交易方并不一定是企业所得税的纳税主体（比如，自然人或合伙企业参与交易），对资产采用收益法进行评估时，默认采用税前折现模型。**可以这样说，加计税收摊销价值，是对错误选择税后折现模型的一种补救措施**。正因为如此，在商誉减值测试中，计算含商誉资产组的在用价值（预计未来现金流量的现值）时，应采用税前折现模型。

**2.采用成本法评估时是否应加计税收摊销价值?**

对于表外资产(该资产计税基础为零)采用成本法进行评估时，实务中存在这样一种做法：先采用重置成本法得出资产的重置净值，然后乘以(1-所得税税率)，得出税后重置净值，再加上税收摊销价值。

这种做法是错误的。原因在于，在重置净值基础上乘以(1-所得税税率)的实质是计算递延所得税负债，这一步骤在企业价值评估中是必要的(在单项资产评估中不需要考虑递延所得税事项)，但在此基础上加上税收摊销价值则会导致评估值的虚增。

在资产的合法交易中，卖方向买方开具发票，买方在使用该资产时，据此发票结转或分摊的资产价值可以抵扣应纳税所得额，由此形成的资产交易价格即为该资产的计税基础，这也是资产价值的默认内涵。也就是说，资产价值的默认内涵是其价值即为计税基础，可随资产的消耗计入成本费用于税前列支。因而对于资产价值与其实际计税基础之间的差异，应计算递延所得税，该递延所得税也可以理解为对资产实际“税盾”与默认内涵差异作出的价值调整项。通俗地讲，**资产价值可用于税前抵扣是该资产的“本分”，不可重复加计能够税前抵扣带来的税收摊销价值**，而对于资产价值高于可税前抵扣金额的部分，应计算递延所得税负债。

**3.用市场法评估时是否应加计税收摊销价值?**

运用市场法对资产价值进行评估时，可比案例的交易价格默认为可用于税前抵扣的价格，如果可比案例的交易价格为不可用作税前列支的价格，则应进行修正调整，市场法评估结果应符合资产价值的默认内涵——评估结果即为计税基础，可随资产的消耗计入成本费用于税前列支。对于评估结果与资产实际计税基础之间的差异，应计算递延所得税。因此，在采用市场法对资产价值进行评估过程中，**并不涉及加计税收摊销价值的事项**。

**4.使用寿命不确定的无形资产是否存在税收摊销价值?**

对于使用寿命不确定的无形资产(比如有延展期可能的商标)，根据会计准则规定，不应进行摊销，但这只是会计计量方面的要求，不能因此认定使用寿命不确定的无形资产不存在税收摊销价值，税收摊销价值的计算应以税法为依据。对于该“税会差异”，在纳税调整实务中，若无形资产使用寿命不确定，通常采用直线法按“不低于10年摊销期”进行税前列支，因此，当采用税后折现模型对使用寿命不确定的无形资产进行评估时，**也应加计税收摊销价值**。

**相关资料**

《国际评估准则(2022年1月31日生效)》无形资产110.2段规定：“如果通过市场途径或成本途径评估无形资产，创造或购买资产支付的价格可能已经反映了对资产的摊销作用。然而，在收益途径中，如果适用，税收摊销收益需要明确计算并考虑进去。”

《国际评估准则（2022年1月31日生效）》无形资产110.2段规定："对于某些评估目的，如财务报告目的，适用的价值类型假设了标的无形资产的一种虚拟销售。通常对于这些目的，当使用收益途径时应该考虑税收摊销收益，因为典型的参与者在这类虚拟交易中将会摊销获取的无形资产。对于其他评估目的，虚拟的交易的标的可以是企业或资产组。同样对于那些价值类型，只有交易将导致无形资产的作用增强时，考虑税收摊销收益才可能是合适的。"

《国际会计准则第36号——资产减值》BCZ85提出："从理论上讲，只要税前折现率是税后折现率通过调整特定时间和金额的未来税收现金流量得到，以税后折现率折现税后现金流量和以税前折现率折现税前现金流量应该给出相同的结果。"

北京资产评估协会中小评估机构技术援助专家委员会《专家提示第4号——无形资产评估》提出："当无形资产预期收益采用税后收益时，其无形资产的折现率也应该是税后折现率，并且还需要考虑税收摊销收益的价值。"

《上海市知识产权质押评估技术规范（试行）》第四十八条规定："注册资产评估师在运用收益法评估知识产权时，应当考虑因知识产权摊销而减少的纳税额对评估结果的影响。通过资本化知识产权在税收年限中因摊销而减少的纳税额，从而增加被评估知识产权的价值，即税收摊销收益。注册资产评估师应当关注，只有当这种摊销收益普遍能被市场参与者享有时，才可考虑。"

# 9.16 如何计算税收摊销价值?

## 问题：如何计算税收摊销价值?

## 解答结论

在税后折现模型结果已知的前提下，利用税前税后模型等式（税前折现模型结果=税后折现模型结果+税收摊销价值），可以推导出税收摊销价值。

## 解答分析

### 1.税前折现模型与税后折现模型有何差异?

在采用收益法对资产的价值进行评估时，按收益是否扣缴企业所得税，可以将收益口径区分为税前收益和税后收益，根据收益口径与折现率口径相匹配的要求，税前收益应采用税前折现率进行折现（称作税前折现模型），税后收益应采用税后折现率进行折现（称作税后折现模型）。

**税前折现模型和税后折现模型的差异可以分解为两部分：（1）税后收益×税前折现系数与税后折现系数之差；（2）所得税金额×税前折现系数**。从该分解过程可以知晓，税前折现模型得出的结果包含了税收摊销价值。

企业使用资产所产生的收益包括两部分：一是经营该资产所形成的税后净收益；二是使用该资产而减少的税款。第一部分收益即为资产的税后收益，而资产的税前收益则包含了上述两部分收益。

### 2.税前税后模型等式在什么情况下成立?

税前税后模型等式（税前折现模型结果=税后折现模型结果+税收摊销价值）成立的基本前提是，税后折现率=税前折现率×（1-企业所得税税率），且税收摊销价值采用税后折现率进行折现。在此前提下，再区分不同的收益期，对税前税后模型等式进行分析如下。

**（1）当收益期为1年时，收益期刚好等于一个折现周期（折现率通常是年折现率），税前税后模型等式成立**。也可以通过公式推导予以验证。

设折现率（税后）为r，摊销年限为n，采用直线法摊销且残值为零，税率为T，尚未考虑税收摊销价值时的资产价值（采用税后折现模型得到）为$V_0$，税收摊销价值为B，将年金现值系数（P/A，r，n）表示为δ，即 $\delta=\frac{1}{r}\left(1-\frac{1}{1+r}\right)=\frac{1}{1+r}$，$B=\frac{V_0T\delta}{n-T\delta}$。当税后收益为1时，应证明以下等式是否成立：

$$\frac{\frac{1}{1-T}}{\left(1+\frac{r}{1-T}\right)}=\frac{1}{1+r}\times\left(1+\frac{\frac{T}{1+r}}{1-\frac{T}{1+r}}\right)$$

$$\frac{1}{1-T+r}=\frac{1}{1+r}\times\left(1+\frac{T}{1-T+r}\right)$$

$$\frac{1}{1-T+r}=\frac{1}{1+r}\times\frac{1+r}{1-T+r}$$

**（2）当收益期大于1年且为有限年期时，税前税后模型等式不完全成立，只是近似相等（税前折现模型结果≈税后折现模型结果+税收摊销价值）**，这是因为税收摊销价值可以基本覆盖税前折现模型和税后折现模型的两部分差异（如前所述）之和，但并非完全相等。例如，设年金收益额为1，税前折现率为10%，企业所得税税率为25%，当收益年限为1—20年时，税前税后模型等式两边的差异率从0逐年增长至2.92%；当收益年限继续增加时，差异率最高上升至4.96%，之后逐年回落。

**（3）当收益期为无限时，税收摊销价值为零**。从税收摊销价值的计算公式 $B=\frac{V_0T\delta}{n-T\delta}$ 中可以看出，随着收益年限的延长，每年的可抵税摊销金额下降且平均摊销期后移，使得税收摊销价值下降，收益年限越长，税收摊销价值越小。当收益年限无限大时，税收摊销价值减为零，税前税后模型等式可以简化为“税前折现模型结果=税后折现模型结果”。

设税前收益的年金值为1，企业所得税税率为25%，税前折现率为10%，随着收益年限的逐年增加，税前折现模型与税后折现模型的结果差异率、税收摊销价值占税前价值之比逐年下降，变化趋势如下：

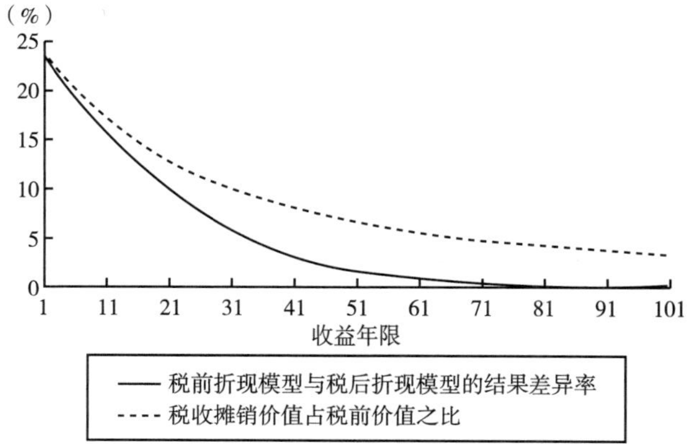

在“税后折现率=税前折现率×（1-企业所得税率）”的前提下，通过资本化公式可以快速验证该简化后的等式。设税前收益的年金值为A，税后折现率为r，则税前折现模型的资本化公式$=\frac{A}{r/(1-T)}$，税后折现模型的资本化公式$=\frac{A\times(1-T)}{r}$，可简单推导得出两种模型的结果相等的结论。

对于单项资产而言，其收益期通常为有限年期。因此，**简化后的等式“税前折现模型结果=税后折现模型结果”通常仅适用于股权价值评估或含商誉资产组的评估**。在运用收益法评估股权价值过程中，可以选择税前折现模型，也可以选择税后折现模型，且在采用税后折现模型时无须加计税收摊销价值。类似地，在商誉减值测试中，若含商誉资产组的收益期为无限年期，评估含商誉资产组的公允价值时，可以采用税前折现模型，也可以采用税后折现模型，且在采用税后折现模型时无须加计税收摊销价值。

**3.如何计算税收摊销价值？**

**在税后折现模型结果已知的前提下，利用税前税后模型等式（税前折现模型结果=税后折现模型结果+税收摊销价值），可以推导出税收摊销价值**。

设折现率（税后）为r，摊销年限为n，采用直线法摊销且残值为零，税率为T，尚未考虑税收摊销价值的资产价值（采用税后折现模型得到）为$V_0$，税收摊销价值为B，考虑了税收摊销价值的资产价值为V，则有$V=V_0+B$，每年摊销额为$\frac{V}{n}$，每年可抵减企业所得税为$\frac{VT}{n}$，将年金现值系数（P/A，r，n）表示为δ，则$B=\frac{VT\delta}{n}=V-V_0$，利用此等式可推导得出$V=\frac{V_0}{1-\frac{T\delta}{n}}$，则可进一步推导得出 $B=V-V_0=\frac{V_0}{1-\frac{T\delta}{n}}-V_0=\frac{V_0T\delta}{n-T\delta}=V_0\frac{T\delta}{n-T\delta}$

$=V_0\frac{n-(n-T\delta)}{n-T\delta}=V_0\left(\frac{n}{n-T\delta}-1\right)$。

从税收摊销价值计算公式可以看出，税收摊销价值与资产的收益（摊销）年限、折现率均呈负相关关系，收益（摊销）年限越短，税收摊销价值越大，折现率越低，税收摊销价值越高。

**对税收摊销价值进行评估时，应采用税后口径的折现率**。在折现率的具体取值方面，存在着两种不同的观点，一种观点认为应使用与特定资产相同的折现率，另一种观点认为应采用企业的折现率（即WACC）。

## 实务案例

### 1.案例背景

假设一项无形资产的预期收益年限n为10年，假设收益年限与摊销年限相同，每年税后收益为750万元，税后折现率r为7.5%，企业所得税税率为25%，采用税后折现模型得到的税后价值$V_0$为5148.06万元，请计算税收摊销价值。

### 2.案例分析

根据上述假设条件，年金现值系数（P/A，r，n）δ为6.8641，则将相关参数代入$B=V_0\left(\frac{n}{n-T\delta}-1\right)$，可求得本案例的税收摊销价值为1066.42万元。由此可近似求出该无形资产税前价值为6214.48万元，该无形资产的税收摊销价值占其税前价值之比为17.16%。

如果采用税前折现模型，则可直接得出该无形资产的税前价值，不需要再计算税收摊销价值。比如，若每年税前收益为1000万元，税前折现率为10%，其余参数不变，则可求得该无形资产的税前价值为6144.57万元，不需要再计算税收摊销价值。

**相关资料**

国际评估准则（2017）《无形资产准则》无形资产110.4段规定："实务中，在计算税收摊销收益时使用的合适的折现率存在差异，评估师可以采用下面的任何一种：(a)标的资产所在企业适合的折现率，如加权平均资本成本。这种观点的支持者认为，由于摊销可以用于抵消企业收入产生的税收，应该采用适用于企业整体的折现率；(b)标的资产适合的折现率（即评估标的资产时使用的）。这种观点的支持者认为，评估中不应该假设标的资产的所有者已经运营标的资产并可从中单独获取收入，因此计算税收摊销收益时使用的折现率应该和评估标的资产时使用的一样。"

# 第 10 章

# 资产评估报告的使用

# 10.1 股权交易价格是如何形成的?

## 问题:股权交易价格是如何形成的?

一项股权交易能否达成,取决于股权交易价格是否为交易主体所接受。那么,股权交易价格是如何形成的?股权交易价格由什么因素决定?还会受哪些因素的影响?

## 解答结论

股权交易价格取决于股权的交换价值,并受供求关系、主观因素和交易范畴的影响。股权的交换价值取决于股权的内在价值,并受股权流动性的影响。股权的内在价值源于持有股权和处分股权的效用,股权的流动性与其所处的市场类型和市场层级相关。

## 解答分析

**1.股权的价格与价值、供求之间的关系是怎样的?**

**价值是价格的内在决定因素,供求关系是价格的外在影响因素**。供求关系与价格之间是相互影响的关系。比如,供大于求,则价格下跌,而价格下跌,又会使供给减少,当供给减少到供小于求时,价格开始上涨,而价格的上涨,又会促使供给增加,当供给增加至供大于求时,又将重复上述关于供求关系与价格之间的相互影响关系,在这样的相互影响关系的作用下,表现为**价格始终围绕着价值而波动,价格不会长期或大幅度地偏离价值**。

**在股权交易中,交易主体特殊的交易动机、不平等的市场地位,会影响供求关系进而影响股权交易价格**。比如,股权卖方急于出售股权,短期内有购买意向的买方数量可能更少,即需求下降,股权交易价格下降;股权买方急于收购股权,短期内找到合适的股权可能更少,即供给下降,股权交易价格上升。在股权交易中,市场地位较为强势的一方,通常是供求关系中数量较少的一方。比如,在股权交易中,如果出售方很强势,通常是因为潜在投资者很多,供小于求;如果收购方很强势,通常是因为收购方可选择的标的企业很多,供大于求。

**价格与价值、供求之间构成上述关系,前提在于供求是完全竞争的,供求具有足够的弹性**。如果供给侧的进入端或退出端受到非市场因素的干预(比如,人为设置供给侧的进入门槛,人为地为供给侧的退出端提供保护),供给侧的弹性变小,则价值与价格、供求之间的关系将出现扭曲,甚至可能出现价格由供求决定,价值沦为价格的影响因素。

**2.哪些主观因素会对股权交易价格产生影响?**

价格与价值、供求之间的关系具有客观性，价值是抽象的一般的，而价格是具体的个别的，价格的形成还会受交易主体主观因素的影响。估值通常要求客观，特别是对于由第三方专业机构开展的估值，应当遵循客观原则。相比而言，定价则更具主观性，表现为交易当事方在确定价格时的主观判断及主观容忍程度。比如，在股权并购中，**交易主体的决策水平、谈判能力以及对风险的容忍程度等主观因素可能影响交易价格的形成**。

**3.股权价值有何表现形式?**

**价值存在使用价值和交换价值这两种表现形式**。经济学中的价值概念主要指交换价值，资产评估学是从经济学分离出来的应用经济学科，资产评估是对于交换价值的判断活动，**资产评估结果中的价值通常指的是交换价值**。交易假设是资产评估学的基本假设，该假设也印证了资产评估结果中的价值指的是交换价值。因此，在股权交易中，股权的评估结果应体现其交换价值。

**4.股权的使用价值有何决定或影响因素?**

**商品的使用价值就是其满足人们某种需要的属性**。企业是以营利为目的的经济组织，投资者持有企业股权是为了追求投资获利，投资者获取股权回报的途径主要包括持有期的效用和退出时的效用，这两种途径与投资者依法享有收益和处分的权利相对应，可将这两种途径归纳为持有股权所获得的效用，因此，**股权的使用价值也可以称作效用价值或内在价值，还可以称作绝对价值或创造的价值**。

商品的稀缺性通常增加消费者的情绪价值，而情绪价值也属于使用价值。**商品的稀缺性首先影响的是商品的使用价值，然后才通过交换价值影响价格**。对于股权来说，股权的稀缺会提高持有股权所获得的效用，即提高使用价值。出售也是股权的一种使用方式，当股权的效用来源于股权退出，则其使用价值与交换价值相同。

**对于同一股权，不同的投资者基于不同的使用方式所能获得的效用不同，股权的使用价值可以区分出不同的价值类型**。在价值类型中，投资价值相当于个体价值，市场价值相当于社会价值。

**5.股权的交换价值有何决定或影响因素?**

商品的交换价值是能够换取或支配其他商品的属性。**股权的交换价值是通过交易行为可以实现的价值，也可以称作外在价值，还可以称作相对价值或实现的价值**。

交换价值应取决于使用价值，使用价值是交换价值的决定因素。如果交换价值完全脱离于使用价值，则交换价值会因缺乏基础而变得不可持续。

股权的使用价值是其交换价值的决定因素，但除此之外，股权交换价值还会受到股权所处市场类型和市场层级的影响，而在不同的市场类型和市场层级中，股权交易机制、投资者结构、投资者数量以及股权交易难度均不同，表现为在不同的市场类型和市场层级中，股权具有不同的流动性。因此，**股权的交换价值取决于其使用价值，并受股权流动性的影响**。

**6.如何区分股权交易中的实际价格和名义价格?**

商品的名义价格一般是指在实际价格基础上考虑通货膨胀因素而表现出来的价格，但此处所称的股权交易中的实际价格与名义价格的概念与之不同。此处所称的股权交易中的实际价格，特指股权本身的交易价格，而股权交易中的名义价格，指的是真实交易范畴不仅仅包括股权本身，只是以股权名义表示的价格。

比如，为了降低收购方面临的不确定性（特别是信息不对称）风险，由出售方对收购方作出相应的承诺，未达约定条件时由出售方向收购方返还部分甚至全部的并购价款，收购方因而拥有了一项看跌期权。基于这样的对赌安排所表现出来的股权交易价格是名义价格，该名义价格由股权实际价格及看跌期权价格组成。

再比如，在以股票为支付方式的股权交易中，若用作支付介质的股票存在一定的泡沫，所表现出来的股权交易价格（即为支付的股票价格）也属于名义价格，该名义价格可能高于现金支付方式下的实际价格。

# 10.2　股权交易价格与评估价值之间有何关联?

## 问题：股权交易价格与评估价值之间有何关联?

对于持续经营的企业进行价值评估，涉及的价值类型主要为市场价值和投资价值，目前实务中大部分项目采用的是市场价值。那么，在价值类型为市场价值的评估结果基础上，股权交易价格与评估价值之间有何关联?股权交易价格与评估价值之间的差异是什么因素导致的?

## 解答结论

在股权交易双方完全平等并公平交易背景下，股权交易价格与评估价值之间的差异主要由协同效应、对赌条款和支付方式等因素形成。**交易过程中存在协同效应以及对赌安排，会使得交易范畴与评估范围不一致**，而在以非货币财产作为支付方式时，用于支付的非货币财产的评估，与标的企业股权价值的评估同等重要。协同效应、对赌条款、支付方式等因素对股权交易价格的影响，不会相互抵消，而是彼此独立和相互叠加的。**当交易过程中存在协同效应、对赌安排、以非货币财产进行支付等情形时，却要求以市场价值类型的评估结果覆盖交易价格的做法，是武断且没有道理的，这种做法不合理地提高了评估机构的风险**。

## 解答分析

在价值类型为市场价值的评估结果基础上，交易过程中是否存在协同效应、是否安排对赌条款、以何种方式支付价款以及交易双方的交易动机、市场地位、谈判能力，均会影响股权交易价格。假设交易双方完全平等并公平交易，我们暂且忽略交易动机、市场地位、谈判能力对股权交易价格的影响，本书重点分析协同效应、对赌条款和支付方式对股权交易价格的影响。

### 1.协同效应

在以产业发展为目标的企业并购中，交易双方均应追求并购协同效应。在市场竞争及市场经济的利己属性作用下，出售方会倾向于将股权出售给能形成最大协同效应的潜在买方，而收购方会选择能够实现最大协同效应的并购标的。

在大多数情形下，交易双方可能对并购协同效应均有贡献，协同效应可能体现在标的企业，也可能反映在收购方，交易双方的价格博弈在一定程度上转化为对并购协同效应的分配，这种情况下，**直接以市场价值类型的评估结果或投资价值类型的评估结果作为交易价格，可能都不合适**。以市场价值类型的评估结果作为交易价格，相当于并购中的协同效应全部由收购方贡献，而以投资价值类型的评估结果作为交易价格，代表着并购中的协同效应全部由出售方贡献。

投资价值类型的评估结果是交易价格的上限（也可称作“天花板价”），市场价值类型的评估结果是交易价格的下限（也可称作“地板价”）。**通常的情形是，交易价格应介于市场价值类型和投资价值类型的评估结果之间，这样一来，股权交易价格的定价范畴实质上包含了部分协同效应，大于市场价值类型下的评估范围**。

**2.对赌条款**

为了降低收购方面临的不确定性（特别是信息不对称）风险，在并购中引入对赌思维，**由出售方对收购方作出相应的承诺**，未达约定条件时由出售方向收购方返还部分甚至全部的并购价款，收购方因而拥有了一项看跌期权或期权组合。**在这种情况下，股权交易价格=标的企业股权价格+出售方作出的期权价格**，尽管交易价格在名义上仍通常表述为“股权交易价格”，但此交易价格对应于两项资产，相当于收购方支付的价款购买了两项资产，一是标的企业的股权，二是出售方授予的期权。

并购过程中的另外一种对赌安排，是**由收购方向出售方作出承诺**，当约定条件触发时，由收购方向出售方作出补偿或追加支付，出售方因此拥有了一项看涨期权或期权组合。在这种情况下，可视为收购方将应支付的股权交易价款分拆成两部分分别进行支付，收购方通过向出售方授予期权的方式相当于支付了部分价款，剩余价款再在股权交易时支付，则**此时的股权交易价格=标的企业股权价格−收购方作出的期权价格**。

实务中更普遍的承诺方式，是由出售方向收购方作出承诺，常见的承诺方式主要包括业绩补偿承诺、资产减值补偿承诺和回购承诺。**在出售方承诺方式下，股权交易价格的定价范畴包含了标的企业股权价格和期权价格，大于市场价值类型下的评估范围**。**在收购方承诺方式下，股权交易价格的定价范畴小于市场价值类型下的评估范围**。

**3.支付方式**

**股权评估结果所蕴含的支付方式应该是一次性现金支付**，当收购方分期付款时，出售方还需要承担收购方的信用风险，因此，受此因素影响，收购方可能会要求股权交易价格高于评估结果，理论上，股权交易价格按收购方信用风险进行折现的现值等于股权评估结果。

**在股权价款的支付方式为非货币财产时，理论上应当对用于支付的非货币财产的价值进行评估**。但在上市公司发行股份购买资产的过程中，并没有强制要求对上市公司用于支付股权交易价款的股份价值进行评估，《上市公司重大资产重组管理办法》（证监会令第166号）只规定了上市公司发行股份的价格不得低于市场参考价的90%。

没有对上市公司用于支付股权交易价款的股份价值进行评估，或者不考虑出售方取得的上市公司股份的锁定期限售因素，都会进一步扭曲交易价格与评估价值之间的关系。比如，当上市公司的股份价格存在明显泡沫时，出售方往往会要求提高股权交易价格，以抵消用于支付价款的股价泡沫。

因此，**在上市公司发行股份购买资产过程中，理应同步开展两项评估或估值：一是标的企业股权价值的评估，二是用于支付股权价格的上市公司股份价值的评估**。当股票市场处于牛市行情，或上市公司股价具有明显泡沫时，上市公司会更热衷于发行股份购买资产，此时对上市公司股份价值开展评估或估值，显然十分必要。在满足现行监管要求的条件下，即便不对上市公司的股份价值开展评估，以发行股份的方式支付并购价款，至少是解释交易价格与评估价款之间差异的原因之一。

## 相关资料

《上市公司重大资产重组管理办法》（证监会令第166号）第四十五条规定：“上市公司发行股份的价格不得低于市场参考价的90%。市场参考价为本次发行股份购买资产的董事会决议公告日前20个交易日、60个交易日或者120个交易日的公司股票交易均价之一。本次发行股份购买资产的董事会决议应当说明市场参考价的选择依据。

前款所称交易均价的计算公式为：董事会决议公告日前若干个交易日公司股票交易均价=决议公告日前若干个交易日公司股票交易总额/决议公告日前若干个交易日公司股票交易总量。

本次发行股份购买资产的董事会决议可以明确，在中国证监会核准前，上市公司的股票价格相比最初确定的发行价格发生重大变化的，董事会可以按照已经设定的调整方案对发行价格进行一次调整。

前款规定的发行价格调整方案应当明确、具体、可操作，详细说明是否相应调整拟购买资产的定价、发行股份数量及其理由，在首次董事会决议公告时充分披露，并按照规定提交股东大会审议。股东大会作出决议后，董事会按照已经设定的方案调整发行价格的，上市公司无需按照本办法第二十八条的规定向中国证监会重新提出申请。”

第四十八条规定：“上市公司发行股份购买资产导致特定对象持有或者控制的股份达到法定比例的，应当按照《上市公司收购管理办法》的规定履行相关义务。

上市公司向控股股东、实际控制人或者其控制的关联人发行股份购买资产，或者发行股份购买资产将导致上市公司实际控制权发生变更的，认购股份的特定对象应当在发行股份购买资产报告书中公开承诺：本次交易完成后6个月内如上市公司股票连续20个交易日的收盘价低于发行价，或者交易完成后6个月期末收盘价低于发行价的，其持有公司股票的锁定期自动延长至少6个月。

前款规定的特定对象还应当在发行股份购买资产报告书中公开承诺：如本次交易因涉嫌所提供或披露的信息存在虚假记载、误导性陈述或者重大遗漏，被司法机关立案侦查或者被中国证监会立案调查的，在案件调查结论明确以前，不转让其在该上市公司拥有权益的股份。"

《资产评估价值类型指导意见》(中评协〔2017〕47号)第四条规定："市场价值是指自愿买方和自愿卖方在各自理性行事且未受任何强迫的情况下，评估对象在评估基准日进行正常公平交易的价值估计数额。"第六条规定："投资价值是指评估对象对于具有明确投资目标的特定投资者或者某一类投资者所具有的价值估计数额，亦称特定投资者价值。"

《企业并购投资价值评估指导意见》中评协〔2020〕30号第三条规定："本指导意见所称企业并购投资价值，是指并购标的资产在明确的并购双方基于特定目的、考虑协同效应和投资回报水平的情况下，在评估基准日的价值估算数额。"

第四条规定："本指导意见所称协同效应，是指外部协同效应，具体是指在企业并购中，由并购双方基于特定并购目的、就并购标的资产实施并购并进行整合产生的、超过或者低于并购整合前并购标的资产独立运营的经济效益。

本指导意见将协同效应分为管理协同效应、经营协同效应、财务协同效应和其他协同效应四类。

(一)管理协同效应，主要指并购给企业管理活动带来的效率提高所产生的效益。具体表现为节省管理费用等方面。

(二)经营协同效应，主要指并购给企业生产经营活动带来的效率提高所产生的效益。具体表现为并购产生的规模经济、市场份额扩大、更全面的服务等。

(三)财务协同效应，主要指企业因获得并购资金所带来的融资成本降低、通过并购提升信用等级所带来的融资能力提高、通过并购实现业务整合所带来的税务优化等。

(四)其他协同效应，指未包含在上述三种类型之内的协同效应的统称。"

第五条规定："本指导意见所称投资价值评估，是指资产评估机构及其资产评估专业人员依据法律、行政法规和资产评估准则，对企业并购标的资产的投资价值进行评定、估算，并出具投资价值评估报告的专业服务行为。"

# 10.3　如何确定评估报告使用日？

## 问题：如何确定评估报告使用日？

评估报告的使用，通常自评估基准日起一年内有效。那么，在经济行为实施过程中，哪一个时点标志着评估报告被使用？一份评估报告能够被使用多少次？为了判断是否在有效期内使用评估报告，需要进一步明确评估报告使用日。

以企业产权转让为例，在产权转让过程中，涉及产业转让的批准日 / 产权转让的挂牌公告日、产权转让合同签署日、产权转让合同生效日、产权转让生效日等时点，哪一个时点是评估报告使用日？

## 解答结论

一份评估报告只能被使用一次。在经济行为实施过程中，首次正式使用评估结论的时间即为评估报告使用日。正式使用，是指使用评估结论的行为对当事方具有法律约束力。

## 解答分析

与评估目的唯一的要求相匹配，评估结论的使用也应当是唯一的，即一份评估报告的结论只能被使用一次。**对于一个经济行为而言，评估结论只需使用一次即可实现评估目的**。一份评估报告的结果被使用两次或两次以上，往往与评估目的唯一性的要求相悖。

我们认为，在经济行为实施过程中，首次正式使用评估结论的时间即为评估报告使用日。正式使用，是指使用评估结论的行为对当事方具有法律约束力。具体分析过程如下。

**1.需要进场交易的国有企业产权转让**

对于需要进场交易的国有企业产权转让行为，与评估结论或交易价格相关的时间节点主要包括产权持有单位内部决策日、产权转让预披露公告日、产权转让正式披露公告日、受让方确定日、产权转让合同签署日、产权转让合同生效日、产权转让生效日。

产权持有单位内部决策并非对交易价格的批准，该环节引用评估结论的行为对产权持有单位不具有法律约束力。

产权转让预披露公告通常不涉及转让底价的披露，即便预披露转让底价，因预披露公告并不构成要约邀请，对产权持有单位也不具有法律约束力。

产权转让正式披露，应认定为要约邀请，对产权持有单位具有法律约束力，且转让底价是参考评估结论而形成的（首次正式信息披露的转让底价，不得低于经核准或备案的转让标的评估结果），**因此，产权转让正式披露公告日，是首次正式使用评估结论的时间，即为评估报告使用日**。

至于此后的竞价过程以及产权转让合同的签署与履行等环节，不需要（也不允许）再次使用评估结果。

与此类似的是，**在司法拍卖过程中，一拍拍卖公告日，是首次正式使用评估结论的时间**，即为评估报告使用日。评估报告使用日应当位于评估报告有效期之内，但并不要求在评估报告有效期之内完成拍卖程序，只要求拍卖时未超过评估报告有效期6个月。

**2.采取非公开协议转让方式转让国有企业产权**

对于采取非公开协议转让方式转让国有企业产权的行为，与评估结论或交易价格相关的时间节点主要包括产权持有单位内部决策日、国资监管机构审批日/国家出资企业审议决策日、产权转让合同签署日、产权转让合同生效日、产权转让生效日。

根据《企业国有资产交易监督管理办法》（国资委、财政部令第32号）的规定，采取非公开协议转让方式转让国有企业产权，应当事先通过国资监管机构批准、国家出资企业审议决策。国资监管机构批准、国家出资企业审议决策时，应当审核产权转让协议等文件。

从上述规定可以看出，国资监管机构批准文件、国家出资企业审议决策文件，对于国有企业产权转让方具有法律约束力，国有企业产权转让方与受让方签署产权转让合同，是对国资监管机构批准文件、国家出资企业审议决策文件的具体实施。

因此，对于采取非公开协议转让方式转让国有企业产权的行为，**国资监管机构审批日/国家出资企业审议决策日是首次正式使用评估结论的时间，即为评估报告使用日**。

**3.无须进场交易且法律法规未要求前置审批的交易**

对于无须进场交易且法律法规未要求前置审批的交易行为，**若签署交易合同之前，股东大会或董事会同意产权转让合同并形成相关决议**，考虑到作为公司的权力机构，股东大会形成的决议具有法律效力，而董事会作为公司的常设机构，是股东大会的执行机构，**通常以股东大会或董事会形成决议的日期作为评估报告使用日；若在签署交易合同之前，并未形成股东会决议或董事会决议，则可以以交易合同生效日作为评估报告使用日**。对于交易合同签署日与生效日不同的情形，在合同生效条件成就前，合同尚未生效，此时交易条款对当事方缺乏法律约束力，这种情况下，交易合同签署日不宜作为首次正式使用评估结论的时间。

还需提醒注意的是，不要混淆交易合同生效与交易生效，后者指交易双方履行完交易合同约定的义务，交易行为已成就。因此，通常不应将交易生效日明确为评估报告使用日。

## 实务案例

### 1.案例背景

某国有企业拟增资扩股，相关时间节点如下：

| 序号 | 日期名称 | 具体日期 | 备注 |
|---|---|---|---|
| 1 | 评估基准日 | 20×0 年 12 月 31 日 | |
| 2 | 评估报告日 | 20×1 年 9 月 5 日 | |
| 3 | 申请备案日 | 20×1 年 9 月 25 日 | 产权持有单位将备案申请材料报送备案管理单位的日期 |
| 4 | 备案完成日 | 20×1 年 11 月 10 日 | 备案管理单位办理完成备案手续的日期 |
| 5 | 挂牌公告日 | 20×1 年 11 月 15 日 | 产权持有单位通过产权交易机构网站对外披露信息起始日 |
| 6 | 公告截止日 | 20×2 年 1 月 15 日 | 产权持有单位通过产权交易机构网站对外披露信息截止日 |
| 7 | 协议签署日 | 20×2 年 1 月 31 日 | 产权持有单位选定了投资方并签署了增资协议的日期 |
| 8 | 协议生效日 | 20×2 年 1 月 31 日 | 假设增资协议签署日与生效日相同 |
| 9 | 增资完成日 | 20×2 年 3 月 15 日 | |

### 2.案例分析

本案例评估报告的有效期为20×0年12月31日起至20×1年12月30日。在上表的各时间节点中，评估报告使用日应当为挂牌公告日20×1年11月15日，在该时点，评估报告在一年有效期之内。因此，该案例使用评估报告的时间，并未超出评估报告的有效期。

**相关资料**

《资产评估执业准则——资产评估报告》（中评协〔2018〕35号）第十条规定：“资产评估报告应当明确评估结论的使用有效期。通常，只有当评估基准日与经济行为实现日相距不超过一年时，才可以使用资产评估报告。”

《企业国有资产评估管理暂行办法》（国资委令第12号）第二十一条规定：“经核准或备案的资产评估结果使用有效期为自评估基准日起1年。”

国务院国资委于2022年6月14日在其官网，对于“关于国有企业股权转让中资产评估结果有效期的问题”答复如下：“根据《企业国有资产交易监督管理办法》（国资委 财政部令第32号），国资监管机构、国家出资企业批准企业国有产权非公开协议转让时，相应资产评估报告应在使用有效期之内。企业国有产权进场转让的，首次正式信息披露时资产评估报告应在有效期之内，首次正式披露信息之日起超过12个月未征集到合格受让方的，应当按规定重新履行相关工作程序。”

《最高人民法院关于人民法院确定财产处置参考价若干问题的规定》(法释〔2018〕15号)第十九条规定:“人民法院未在评估结果有效期内发布一拍拍卖公告或者直接进入变卖程序的,应当通知原评估机构在十五日内重新出具评估报告。”第二十七条规定:“司法网络询价平台、评估机构应当确定网络询价或者委托评估结果的有效期,有效期最长不得超过一年。”“人民法院在议价、询价、评估结果有效期内发布一拍拍卖公告或者直接进入变卖程序,拍卖、变卖时未超过有效期六个月的,无需重新确定参考价,但法律、行政法规、司法解释另有规定的除外。”

《中华人民共和国合同法》第四十五条规定:“当事人对合同的效力可以约定附条件。附生效条件的合同,自条件成就时生效。附解除条件的合同,自条件成就时失效。当事人为自己的利益不正当地阻止条件成就的,视为条件已成就;不正当地促成条件成就的,视为条件不成就。”

## 10.4　能否超期使用评估报告?

### 问题：能否超期使用评估报告?

### 解答结论

资产评估报告通常自评估基准日起一年内有效，不得超期使用评估报告。委托人或者评估报告使用人若超期使用评估报告将依法承担相应的法律责任，且评估机构和评估专业人员不承担责任，基于超期评估报告的交易行为还存在被认定为无效的可能。

### 解答分析

**1.评估报告有效期通常多长?**

根据现行资产评估执业准则的规定，**资产评估报告有效期通常为自评估基准日起一年**。国有资产评估、证券业务评估以及司法评估相关的管理文件，也分别作出了评估报告有效期最长不超过一年的规定。此外，也有一些评估项目的评估报告有效期短于一年，比如，《上海市企业国有资产评估核准备案操作手册》（沪国资委评估〔2020〕100号）规定，破产清算项目资产评估结果使用有效期为自评估基准日起6个月。

**2.为什么需要规定评估报告有效期?**

资产评估具有“时点原则”，即资产评估中的相关参数的取值应当使用评估基准日有效的数据，资产评估结论体现的是评估基准日的价值。为了使评估基准日的评估结论基本能够反映评估报告使用日的价值水平，评估报告使用日与评估基准日不宜相距太长，但两者究竟可以相距多长时间，这在理论上是一个非常复杂的问题，需要根据价值影响因素的变化情况并结合评估对象的实际情况进行判断。**为了提高可操作性，降低判断成本和道德风险，有必要人为规定一个基本的有效期**。

**3.超期使用评估报告会有哪些后果?**

超过评估报告有效期仍使用评估报告，可能产生以下三个方面的后果。

**一是基于超期评估报告的交易行为有可能被认定为无效**。在法定评估中，有司法判例表明，《国有资产评估管理暂行办法》第二十一条的规定是管理性强制性规定，并不是效力性强制性规定，而法律、行政法规中的管理性强制性规定不能作为认定合同无效的依据。还有司法判例表明，评估报告超过有效期并不一定无法证明评估对象的价值，还需考虑超过期限对评估结果产生的影响。也就是说，**基于超期评估报告的交易行为不必然无效，但如果相关当事方能够提交证据证明因评估报告超过有效期，对案涉评估对象的评估结果产生明显影响，则有可能认定基于超期评估报告的交易行为无效**。

**二是委托人或者评估报告使用人超期使用评估报告的，评估机构和评估专业人员不承担责任**。根据《中华人民共和国资产评估法》第三十二条第一款的规定，委托人或者评估报告使用人应当按照法律规定和评估报告载明的使用范围使用评估报告。中国民主法制出版社2016年7月出版的《〈中华人民共和国资产评估法〉释义》，在资产评估法第三十二条的释义部分中指出，“评估报告在有效使用期内有效”是评估报告使用范围应明确的事项之一。因此，**评估报告有效期是评估报告使用范围的重要组成部分**。

**根据《中华人民共和国资产评估法》第三十二条第二款的规定，委托人或者评估报告使用人违反前款规定使用评估报告的，评估机构和评估专业人员不承担责任**。上述《〈中华人民共和国资产评估法〉释义》也指出：“超过有效期限使用评估报告，所产生的不利后果评估机构和评估专业人员不承担责任。”

**三是委托人超期使用评估报告将依法承担相应的法律责任**。根据《中华人民共和国资产评估法》第五十二条的规定，委托人在法定评估中超期使用评估报告的，由有关评估行政管理部门会同有关部门责令改正，并基于情节严重程度及导致后果的不同，分别承担行政、民事和刑事三种法律责任，其中行政责任包括罚款、没收违法所得和处分；委托人在其他评估项目中超期使用评估报告，给他人造成损失的，依法承担民事赔偿责任。

**4.有效期内的评估结果也可能失效吗?**

如前所述，评估报告有效期是为了便于操作及降低成本和风险而人为作出的规定。从理论上看，超期使用评估报告，其评估结论仍可能反映评估对象于评估报告使用日的价值水平，但超期使用评估报告并不被评估执业准则及相关法律法规所允许。

**在评估报告有效期之内使用，其评估结论也有可能无法反映评估对象于评估报告使用日的价值水平**。为了防止出现此类风险，在评估报告有效期之内，当被评估资产的价格标准出现较大波动或影响评估对象价值的因素出现重大变化，不宜再采用原评估报告的结论。比如，《深圳市属国有企业资产评估管理办法（2021年修订）》第二十八条规定，资产评估报告中披露的评估假设条件和限定条件发生重大变化，导致原评估结果不能作为相应经济行为的作价参考依据时，企业应当聘请资产评估机构重新评估或进行相应调整。

**5.评估机构可以延长报告有效期吗?**

对于国有资产评估项目、证券评估项目以及司法评估项目，评估报告的有效期不得超过一年，评估机构延长报告有效期的做法将违反有关法律法规的规定。此外，评估机构延长报告有效期，还可能加大评估机构面临的责任范畴和风险，甚至可能损害相关当事方的利益。因此，**评估机构不宜延长评估报告的有效期**。

**相关资料**

《中华人民共和国资产评估法》第三十二条规定："委托人或者评估报告使用人应当按照法律规定和评估报告载明的使用范围使用评估报告。委托人或者评估报告使用人违反前款规定使用评估报告的，评估机构和评估专业人员不承担责任。"

《中华人民共和国资产评估法》第五十二条规定："违反本法规定，委托人在法定评估中有下列情形之一的，由有关评估行政管理部门会同有关部门责令改正；拒不改正的，处十万元以上五十万元以下罚款；有违法所得的，没收违法所得；情节严重的，对直接负责的主管人员和其他直接责任人员依法给予处分；造成损失的，依法承担赔偿责任；构成犯罪的，依法追究刑事责任：(一)未依法选择评估机构的；(二)索要、收受或者变相索要、收受回扣的；(三)串通、唆使评估机构或者评估师出具虚假评估报告的；(四)不如实向评估机构提供权属证明、财务会计信息和其他资料的；(五)未按照法律规定和评估报告载明的使用范围使用评估报告的。前款规定以外的委托人违反本法规定，给他人造成损失的，依法承担赔偿责任。"

《资产评估执业准则——资产评估报告》(中评协〔2018〕35号)第十条规定："资产评估报告应当明确评估结论的使用有效期。通常，只有当评估基准日与经济行为实现日相距不超过一年时，才可以使用资产评估报告。"

《企业国有资产评估管理暂行办法》(国资委令第12号)第二十一条规定："经核准或备案的资产评估结果使用有效期为自评估基准日起1年。"

《上海市企业国有资产评估核准备案操作手册》(沪国资委评估〔2020〕100号)"经核准或备案的资产评估结果使用有效期为自评估基准日起1年。破产清算项目资产评估结果使用有效期为自评估基准日起6个月。"

《最高人民法院关于人民法院确定财产处置参考价若干问题的规定》(法释〔2018〕15号)第二十七条第一款规定："司法网络询价平台、评估机构应当确定网络询价或者委托评估结果的有效期，有效期最长不得超过一年。"第二十七条第三款规定："人民法院在议价、询价、评估结果有效期内发布一拍拍卖公告或者直接进入变卖程序，拍卖、变卖时未超过有效期六个月的，无需重新确定参考价，但法律、行政法规、司法解释另有规定的除外。"

《公开发行证券的公司信息披露内容与格式准则第26号——上市公司重大资产重组》(证监会公告〔2023〕35号)第七十一条第三款规定："资产评估机构或估值机构为本次重组而出具的评估或估值资料应当明确声明在评估或估值基准日后×月内(最长十二个月)有效。"

证监会2023年2月17日发布的《监管规则适用指引——发行类第7号》规定："评估报告有效期为一年，本次发行前评估报告过期的，需要提供新一期的评估报告。经国资委等有权部门同意延长评估报告有效期的国有企业，以及标的资产在合法产权交易场所通过竞价方式已确定交易价格的或资产已经交割完毕的，可不重新出具评估报告。评估报告有效期计算起点为评估基准日。"

《深圳市属国有企业资产评估管理办法(2021年修订)》第二十八条规定:“企业在使用资产评估报告时，要充分考虑资产评估报告中载明的假设和限定条件及特别事项说明对评估结论的影响。资产评估报告中披露的评估假设条件和限定条件发生重大变化，导致原评估结果不能作为相应经济行为的作价参考依据时，企业应当聘请资产评估机构重新评估或进行相应调整。”

# 10.5　股权转让和增资扩股能否使用同一份评估报告？

## 问题：股权转让和增资扩股能否使用同一份评估报告？

在企业并购重组中，股权转让和增资扩股是两种常见的重组方式。股权转让和增资扩股的实施时间可能相近，甚至可能出现同步实施的情形。那么，股权转让和增资扩股是否属于两个不同的评估目的？股权转让和增资扩股能否使用同一份评估报告？

## 解答结论

股权转让和增资扩股是两个不同的经济行为，属于两个不同的评估目的。股权转让和增资扩股使用同一份评估报告的行为，不符合《中华人民共和国资产评估法》的规定。从评估要素的对比情况看，对于股权转让发生于增资扩股之前的情形，即便两者的评估基准日相同，但鉴于两者的委托人、评估报告使用者和评估报告使用过程不同，还可能存在其他差异因素，股权转让和增资扩股不宜使用同一份评估报告；对于增资扩股发生于股权转让之前的情形，两者的评估要素差异更为显著，股权转让和增资扩股不得使用同一份评估报告。

## 解答分析

**1.股权转让和增资扩股是否属于两个不同的评估目的？**

尽管股权转让和增资扩股均可能影响企业的股权结构，但两者之间的区别十分明显。股权转让方式下，交易主体为新老股东，交易资金的接受方为老股东，标的企业的注册资本不变，老股东出让股权所对应的权利义务由股权受让方承继。增资扩股方式下，交易主体为新老股东与标的企业，交易资金的接受方为标的企业，标的企业注册资本增加，增资行为通常不改变老股东的权利义务（除非新老股东作出另外的约定）。此外，股权转让和增资扩股这两种方式，应履行的法律程序不同，对老股东持股比例的影响不同，涉税事项及纳税义务也可能存在差异。**因此，股权转让和增资扩股属于两个不同的经济行为**。

根据《资产评估准则术语 2020》的规定，评估目的通常是指资产评估报告和评估结论的预期用途。股权转让和增资扩股是两个不同的经济行为，服务于不同经济行为的评估报告用途当然也不同。**因此，股权转让和增资扩股属于两个不同的评估目的**。

**2.股权转让和增资扩股能否使用同一份评估报告？**

根据《资产评估基本准则》（财资〔2017〕43 号）的规定，资产评估报告载明的评估目的应当唯一。**根据《中华人民共和国资产评估法》第三十二条的规定，委托人或者评估报告使用人应当按照法律规定和评估报告载明的使用范围使用评估报告**。评估目的是评估报告使用范围的重要组成部分。

中国民主法制出版社2016年7月出版的《〈中华人民共和国资产评估法〉释义》，在资产评估法第三十二条的释义部分中指出："评估价值、评估结论受评估目的的影响。由于评估目的不同，在评估中所选择的评估方法甚至评估的程序等都有可能有差异，所得出的评估价值、评估结论也是不同的。"该释义还指出，"评估报告只能用于评估报告载明的评估目的和用途"是评估报告使用范围应明确的事项之一。

**由此可以认为，鉴于股权转让和增资扩股是两个不同的经济行为，属于两个不同的评估目的，股权转让和增资扩股使用同一份评估报告的行为，不符合法律规定**。

**3.股权转让和增资扩股的先后顺序对使用评估报告有何影响?**

股权转让和增资扩股不宜使用同一份评估报告。可以分别从股权转让和增资扩股的先后顺序具体展开分析。

**(1)股权转让发生于增资扩股之前**。在这种情形下，股权转让和增资扩股的评估基准日可以相同。比如，某企业拟以2022年6月30日为评估基准日开展资产评估，评估机构以2022年9月20日为报告日出具资产评估报告，企业的老股东于2022年9月30日将所持企业的部分股权进行转让，然后引入新投资者，新投资者的出资于2022年10月31日到位，那么，股权转让和增资扩股的价格均可基于以2022年6月30日为评估基准日的评估报告进行确定。因股权转让行为位于增资扩股之前，股权转让行为本身并不改变标的企业，股权转让和增资扩股的评估基准日可以相同。

但是，评估基准日相同，并不说明股权转让和增资扩股可以使用同一份评估报告。虽然股权转让和增资扩股的评估基准日可以相同，但股权转让评估报告和增资扩股评估报告至少存在以下差异。

**一是委托人不同**。股权转让的委托人通常为转让方，增资扩股的委托人通常为增资企业。

**二是评估对象可能不同**。股权转让的评估对象可以是股东全部权益，也可以是股东部分权益，但增资扩股的评估对象通常是股东全部权益。

**三是评估假设可能不同**。通常情况下，在以增资扩股为评估目的的评估项目中，可以将企业拟引入的新增权益资本作为未来收益预测的假设条件之一，以合理反映评估基准日企业的股权融资能力。

**四是评估报告使用者不同**。股权转让的报告使用者为股权转让方和受让方，增资扩股的报告使用者为增资企业及新老股东。

**五是价值类型可能不同**。因股权转让和增资扩股的报告使用者不同，在是否存在协同效应方面也可能存在差异，使得两者的价值类型可能不同。

**六是评估报告使用过程不同**。根据《企业国有资产交易监督管理办法》(国资委、财政部令第32号）的规定，产权转让及企业增资有不同的审批流程和交易环节。即便在增资扩股与老股转让同步实施、要求投资人对增资扩股项目和老股转让项目同步摘牌、要求老股转让价格与增资扩股项目竞价结果一致的项目中，企业也需要分别履行增资扩股和老股转让的审批或审议，产权交易机构也需要分别发布挂牌公告。

**因此，尽管股权转让和增资扩股的评估基准日可以是相同的，甚至股权转让价格与增资价格也可能是相同的，但两者的委托人、评估报告使用者和评估报告使用过程均不同，且评估对象、评估假设和价值类型也可能不同。此外，股权转让和增资扩股的评估报告使用时间安排、评估报告日、评估报告使用日还可能存在差异，这也使得自评估基准日至评估报告日期间的期后事项可能不同。**

**以上分析说明，在股权转让发生于增资扩股之前的情形下，股权转让和增资扩股不宜使用同一份评估报告。**

**（2）增资扩股发生于股权转让之前**。在这种情形下，老股转让发生于增资扩股之后，股权转让和增资扩股更成为两项完全独立的经济行为，更应分别使用不同的评估报告。仍以上例为例，若企业于2022年9月30日引入新投资者，在此之后，企业的老股东拟转让其所持企业的部分股权。引入新投资者之后，新投资者向标的企业注入资金的行为，已改变了标的企业的权益资本及资产状况，老股东的持股比例、每股价格也在引入新投资者之后发生了改变，老股东股权转让价格不宜再以引入新投资者之前的2022年6月30日的评估结果为基础进行确定，而应以引入新投资者之后的某一基准日（如2022年10月31日）为基础进行确定。

**因此，增资扩股发生于股权转让之前的，增资扩股和股权转让之间的差异不仅体现于委托人、评估对象、评估报告使用者、评估假设、价值类型和评估报告使用过程等方面，更反映在两者的评估基准日不同。在这种情形下，股权转让和增资扩股不得使用同一份评估报告。**

**相关资料**

《中华人民共和国资产评估法》第三十二条规定：“委托人或者评估报告使用人应当按照法律规定和评估报告载明的使用范围使用评估报告。委托人或者评估报告使用人违反前款规定使用评估报告的，评估机构和评估专业人员不承担责任。”

《资产评估基本准则》（财资〔2017〕43号）第二十三条规定：“资产评估报告载明的评估目的应当唯一。”

《资产评估准则术语2020》规定：“评估目的通常是指资产评估报告和评估结论的预期用途。”

《中央企业混合所有制改革操作指引》（国资产权〔2019〕653号）规定：“企业混合所有制改革后继续保持国有控股地位的，如增资过程中国有股东拟同步转让其所持有的少部分企业产权，统一按照增资流程操作，产权转让价格应与增资价格保持一致。”

## 10.6 过渡期损益对股权交易价格有何影响?

### 问题：过渡期损益对股权交易价格有何影响?

在股权交易中，过渡期（评估基准日至交易完成日的期间）是客观存在的，通常无法消除。那么，评估范围与交易范围是否相同？交易范围是否涵盖过渡期损益？过渡期损益对股权交易价格有何影响？

### 解答结论

**对于通过产权市场公开转让的国有企业产权**，根据《企业国有资产交易监督管理办法》（国资委、财政部令第32号）的规定，交易双方不得以交易期间企业经营性损益等理由对已达成的交易条件和交易价格进行调整。

**对于上市公司重大资产重组涉及的购买资产**，且以收益现值法、假设开发法等基于未来收益预期的估值方法作为主要评估方法的，根据《监管规则适用指引——上市类第1号》的规定，过渡期收益归上市公司（受让方）所有，过渡期亏损则由交易对手（转让方）补足。

**对于其他情形下的股权交易**，过渡期损益原则上归属于转让方。涉及企业国有资产的，还应遵循相关法律法规的规定。

### 解答分析

#### 1.交易范围与评估范围的关系

过渡期可以分为三段：第一段是评估基准日至评估报告日，第二段是评估报告日至股权交易合同签署日，第三段是股权交易合同签署日至股权交易完成日。第二段和第三段过渡期均在评估报告日之后，评估报告根本无法考虑此期间的损益，而第一段过渡期中企业发生的重大事项只是作为期后事项披露。因此，**评估范围不包含过渡期损益**。

在股权交易完成之前，转让方仍为股东，可以根据公司法享有包括股权收益在内的各项股东权利，过渡期收益归属转让方，根据“权责对等”原则，过渡期亏损也由转让方承担。股权交易完成后，转让方不再享有包括过渡期收益在内的各项股东权利，也不再承担股东义务。民法典也有类似的规定，标的物在交付之前产生的孳息，归出卖人所有，交付之后产生的孳息，归买受人所有。

**因此，从公司法的相关规定可以看出，过渡期损益属于转让方。但交易范围是否包括**

**过渡期损益，则可以由交易双方约定**。若交易双方在交易合同中约定“过渡期损益由转让方另行分配”，则过渡期损益不再纳入交易范围；如果交易双方未作此类约定，则交易范围默认包含过渡期损益。这两种做法的交易结构虽然不同，但殊途同归，均体现了过渡期损益属于转让方的认定。

**2.过渡期与企业剩余收益期的关系**

从股权交易的法律属性看，交易价格宜反映交易完成日的股权价值，但受评估条件、评估程序以及交易价格形成过程等因素的影响，在交易完成日重新对股权价值进行评估是不现实的，不具有可操作性。而不同时点的股权价值往往不同，交易双方更为关注的是，交易完成日的股权价值与评估基准日的股权价值有何差异？过渡期的存在，是否会缩短企业的剩余收益期限而影响股权价值？

鉴于企业经营属性及资产滚存累积的特征，为了更直观地对比评估基准日和交易完成日的股权价值，先假设将过渡期损益剔除（即由转让方另行分配），不再滚存累积至股权交易完成日。基于此假设，进一步区分收益期无限和收益期有限并分析如下。

**在收益期无限的条件下，任何时点的企业剩余收益期限都是无限的，过渡期的存在不会改变企业的剩余收益期限**，企业在评估基准日和股权交易完成日的剩余收益期限相同。若企业收益保持不变，则两个时点的股权价值相同；若企业收益呈上升趋势，则交易完成日的股权价值大于评估基准日的股权价值；若企业收益呈下降趋势，则交易完成日的股权价值小于评估基准日的股权价值。

**在收益期有限的情况下，过渡期的存在占用了有限的企业寿命**，使得交易完成日的企业剩余期限短于评估基准日的剩余期限。不过，受企业在剩余期限的收益（含经营期届满可收回现金流）分布特征的影响，可能出现交易完成日股权价值低于基准日股权价值的情形，也可能出现相反情形。

为了降低交易完成日与评估基准日的股权价值差异，建议尽量缩短过渡期，且要求企业在过渡期不得出现重大购买、出售资产及重大投资行为。

**3.现行有关规定及实务建议**

截至目前，关于过渡期损益对交易价格的影响，主要有以下两项规定。

**一是对于通过产权市场公开转让的国有企业产权**，根据《企业国有资产交易监督管理办法》（国资委、财政部令第32号）的规定，首次正式信息披露的转让底价，不得低于经核准或备案的转让标的评估结果；受让方确定后，**交易双方不得以交易期间企业经营性损益等理由对已达成的交易条件和交易价格进行调整**。

从上述规定可以看出，交易范围不同于转让底价对应的评估范围，交易范围包含了过渡期损益，**公开竞价形成的交易价格实质上考虑了过渡期损益的影响**，转让方通过交易价格的收回一并兑现了其拥有的过渡期损益。

当过渡期盈利时，转让方也可以在评估结果基础上，加计过渡期盈利（通常指挂牌日之前的过渡期盈利，当然也可以对挂牌日之后的过渡期盈利作出合理预测），作为转让底价进行披露，这种做法有利于保障国有资产权益。

当过渡期亏损时，不应在评估结果基础上减去过渡期亏损而得出转让底价，因为这种做法会出现转让底价低于评估结果的情形。此时，要么由受让方承担过渡期的亏损，要么更改评估基准日。

**二是对于上市公司重大资产重组涉及的购买资产，且以收益现值法、假设开发法等基于未来收益预期的估值方法作为主要评估方法的，**根据证监会发布的《监管规则适用指引——上市类第1号》，**过渡期收益归上市公司（受让方）所有，过渡期亏损则由交易对手（转让方）补足**。该规定更倾向于保护上市公司及其投资者的利益。

对于同时涉及上述两项规定的股权交易行为，我们认为，应优先适用“国资委、财政部令第32号”的规定，以保护国有资产。

对于不涉及上述两项规定的股权交易行为，建议交易双方参考下列原则：（1）涉及企业国有资产的，应严格遵循相关法律法规的规定；（2）过渡期损益归属于转让方，可以由转让方另行分配过渡期收益（或补足过渡期亏损），也可以将过渡期损益留存企业一并纳入交易范围；（3）受让方在过渡期提前介入标的企业的管理，对过渡期损益产生影响的，交易双方可协商对过渡期损益作出合理分配。

## 实务案例

### 1.案例背景

案例假设背景：转让方拟将其持有某企业100%的股权对外转让，不涉及国有资产，也不涉及上市公司重大资产评估，企业持续经营且收益期无限，评估基准日（20×1年12月31日）的股权价值为1000万元，过渡期为9个月（20×2年1月1日至20×2年9月30日），过渡期利润为100万元，过渡期不存在重大购买、出售资产及重大投资行为等影响股权价值的行为，股权交易双方一致同意按评估值作价交易。

### 2.案例分析

在本案例中，股权交易双方可以选择以下两种交易方式。

第一种方式，过渡期利润由转让方另行分配，转让方获得100万元，在此基础上，股权交易范围与评估范围基本一致，转让方通过股权转让再取得1000万元，合计取得1100万元。

第二种方式，转让方不另行分配过渡期收益，过渡期收益留存企业，一并纳入股权交易范围，此时的股权交易范围与评估范围不同，股权交易价格=评估价值+过渡期收益=1100万元。

以上两种交易方式，转让方可收取的价款相同（尚未考虑两种方式下所得税的差异），均体现了过渡期损益属于转让方的认定。

## 相关资料

《中华人民共和国公司法》（2023年12月29日第十四届全国人民代表大会常务委员会第七次会议第二次修订）第四条规定："有限责任公司的股东以其认缴的出资额为限对公司承担责任；股份有限公司的股东以其认购的股份为限对公司承担责任。公司股东对公司依法享有资产收益、参与重大决策和选择管理者等权利。"第五十六条规定："记载于股东名册的股东，可以依股东名册主张行使股东权利。"

《中华人民共和国民法典》第六百三十条规定："标的物在交付之前产生的孳息，归出卖人所有；交付之后产生的孳息，归买受人所有。但是，当事人另有约定的除外。"第六百零四条规定："标的物毁损、灭失的风险，在标的物交付之前由出卖人承担，交付之后由买受人承担，但是法律另有规定或者当事人另有约定的除外。"

《企业公司制改建有关国有资本管理与财务处理的暂行规定》（财企〔2002〕313号）规定："自评估基准日到公司制企业设立登记日的有效期内，原企业实现利润而增加的净资产，应当上缴国有资本持有单位，或经国有资本持有单位同意，作为公司制企业国家独享资本公积管理，留待以后年度扩股时转增国有股份；对原企业经营亏损而减少的净资产，由国有资本持有单位补足，或者由公司制企业用以后年度国有股份应分得的股利补足。"

《关于进一步规范国有企业改制工作实施意见的通知》（国办发〔2005〕60号）规定："国有独资企业实施改制，自企业资产评估基准日到企业改制后进行工商变更登记期间，因企业盈利而增加的净资产，应上交国有产权持有单位，或经国有产权持有单位同意，作为改制企业国有权益；因企业亏损而减少的净资产，应由国有产权持有单位补足，或者由改制企业用以后年度国有股份应得的股利补足。国有控股企业实施改制，自企业资产评估基准日到改制后工商变更登记期间的净资产变化，应由改制前企业的各产权持有单位协商处理。"

《企业国有资产交易监督管理办法》（国资委、财政部令第32号）规定："产权转让项目首次正式信息披露的转让底价，不得低于经核准或备案的转让标的评估结果。""受让方确定后，转让方与受让方应当签订产权交易合同，交易双方不得以交易期间企业经营性损益等理由对已达成的交易条件和交易价格进行调整。"

证监会2020年7月31日发布的《监管规则适用指引——上市类第1号》，关于过渡期损益安排规定如下："上市公司重大资产重组中，对以收益现值法、假设开发法等基于未来收益预期的估值方法作为主要评估方法的，拟购买资产在过渡期间（自评估基准日至资产交割日）等相关期间的收益应当归上市公司所有，亏损应当由交易对方补足。具体收益及亏损金额应按收购资产比例计算。"

## 10.7 评估报告如何考虑或披露期后事项的影响?

### 问题：评估报告如何考虑或披露期后事项的影响?

根据《资产评估执业准则——资产评估报告》的规定，在特别事项说明中，应当披露重大期后事项。那么，什么是期后事项？期后事项有哪些类别？如何考虑或披露期后事项的影响？如何对期后事项进行披露？识别期后事项是否是评估人员的义务？

### 解答结论

对于为评估基准日已经存在的情况提供证据的期后事项，通常应当在评估结论中考虑；对于为评估基准日后发生的情况提供证据的期后事项，可以在评估结论中考虑。若未在评估结论中考虑，应当在评估报告中进行披露；若已在评估结论中考虑，也建议在评估报告中进行提示。

### 解答分析

**1.期后事项有哪些类别?**

期后事项通常是指评估基准日后的事项。需要特别说明的是，评估基准日之后被评估单位的企业经营收益的形成或变化，不属于期后事项，而是过渡期损益。对期后事项通常可以分别按事项发生的期间和事项内容进行分类。

**按事项发生的期间进行分类**，如果将期后时点截止于经济行为完成日，则期后可以分为三段：**第一段是评估基准日至评估报告日，第二段是评估报告日至评估报告使用日，第三段是评估报告使用日至经济行为完成日。第二段和第三段的期后事项均在评估报告日之后，评估报告根本无法对其进行考虑或披露**。这也说明，评估报告中应考虑或披露的期后事项涉及的周期，通常短于经济行为实施时涉及的期后事项的周期。

因此，评估报告只能对第一段的期后事项进行考虑或披露。那么，对于第一段的期后事项，要考虑其对评估结论的影响？还是不影响评估结论而只在特别事项中作出披露？这需要基于事项内容的区分而作出选择。

**按事项内容的不同，可以将期后事项区分为两类：第一类是对评估基准日已经存在的情况提供证据的事项，第二类是对评估基准日后发生的情况提供证据的事项**。

**2.如何考虑或披露期后事项的影响?**

**对于第一类期后事项，理应在评估基准日的评估结论中进行考虑。特殊情况下，如果**

**难以量化该类期后事项对评估结论的影响，则应当进行披露**。

比如，A公司应收B公司一笔债权，截至评估基准日法院已宣告B公司破产，但破产清算工作是在评估基准日之后、评估报告日之前完成的，即破产清算结果属于期后事项，对于A公司该笔债权于评估基准日的价值，应根据期后的B公司破产财产的清偿结果进行评估，因为B公司严重资不抵债而破产是评估基准日已经存在的事实，期后的清偿结果只是为评估基准日已经存在的情况提供了新的证据。

再比如，某项应收款项于期后实际收回，这成为该笔应收款项于评估基准日不存在风险损失的证据；某项资产于期后进行了处置，则该资产于评估基准日的评估值通常可以按其期后的处置价进行计算。这些均是实务中较为常见的第一类期后事项。

对于第二类期后事项，尽管其发生在评估基准日之后，直接影响的是评估基准日之后时点的价值，但也会间接影响评估基准日价值的实现。如果在评估基准日的评估结论中不考虑该类期后事项的影响，可能会加大报告使用者利用评估结论的难度。**因此，对于第二类期后事项，若能够量化其对评估基准日评估结论的影响，则可以在评估基准日的评估结论中考虑其影响；若在评估基准日的评估结论中难以量化或未予以考虑该类期后事项的影响，则应当进行披露**。

比如，被评估单位在评估基准日后因遭受台风袭击毁损了一座仓库，在扣除保险公司理赔金额基础上，被评估单位仍存在确定数额的损失，则可以在评估基准日的评估结论中考虑其影响；若未在评估结论中考虑此事项的影响，或在评估报告日前保险公司的理赔金额尚未确定，难以量化该事项对评估基准日的评估结论的影响，则应当作出披露。

再比如，对于持有上市公司股份的被评估单位，评估基准日后所持上市公司股份的股价发生的波动和变化，通常不在评估基准日的评估结论中进行考虑，而是作出相应的披露。

又比如，评估基准日后出台了刺激被评估单位所在行业发展的政策，被评估单位所在行业在评估基准日后存在政策红利，如果该政策红利对评估基准日评估结论的影响难以量化，则应当作出披露。

当然，如果被评估单位发生的期后事项对评估对象的价值无任何直接或间接的影响，则评估报告不涉及是否考虑该期后事项影响这一问题，也不需要在评估报告中进行披露。

**3.如何对期后事项进行披露?**

根据《资产评估执业准则——评估报告》的规定，应当在评估报告中的特殊事项说明项下，对重大期后事项进行披露。目的主要在于向报告使用者提供必要信息，使资产评估报告使用人能够正确理解评估结论。

**对于尚未在评估基准日的评估结论中考虑其影响的重大期后事项，应当进行披露**。披露的内容通常包括三部分：一是介绍期后事项的具体内容；二是对尚未在评估结论中考虑期后事项的影响这一情况进行声明；三是提醒报告使用者注意，在使用该评估报告时应自行考虑该期后事项的影响。

**对于已经在评估基准日的评估结论中考虑其影响的重大期后事项，为避免报告使用者在使用评估报告时重复考虑该期后事项的影响，建议作出披露**。披露的内容通常包括两部分：一是介绍期后事项的具体内容，二是对已经在评估结论中考虑期后事项的影响这一情况进行说明。

**4.识别期后事项是否是评估人员的义务？**

评估人员可以要求委托人提供期后事项相关的资料，这是资产评估法赋予评估专业人员的一项权利，而根据资产评估法的规定，委托人应当对其提供资料的真实性、完整性和合法性负责。因此我们认为，**对期后事项进行识别和申报，是委托人的一项当然义务**。

根据《资产评估基本准则》关于资产评估机构及其资产评估专业人员应当“勤勉尽责，谨慎从业”的要求，我们认为，在履行评估程序过程中，**评估人员应当对期后事项的识别保持必要的关注**，可以实施询问管理层和治理层、查阅评估基准日的财务报表和会议纪要等程序，同时应取得委托人关于期后事项的声明。

**相关资料**

《中华人民共和国资产评估法》第十二条规定，“要求委托人提供相关的权属证明、财务会计信息和其他资料，以及为执行公允的评估程序所需的必要协助”是评估专业人员享有的权利之一。

《中华人民共和国资产评估法》第二十条第三款规定：“委托人应当对其提供的权属证明、财务会计信息和其他资料的真实性、完整性和合法性负责。”

《企业国有资产评估报告指南》（中评协〔2017〕42号）第二十三条规定，“评估基准日至资产评估报告日之间可能对评估结论产生影响的事项”是资产评估报告应当说明的事项之一。

# 10.8　什么情况下可根据评估值调账?

## 问题：什么情况下可根据评估值调账?

在各类经济行为中，哪些行为可根据评估值调整账面价值？判断是否按评估值调账，有何规律可循？

## 解答结论

我们可以通过回答以下三个问题，以判断哪些情况下可以根据评估值调整账面价值。

**1.是否形成交易?**

对于已经形成的交易事项，应根据交易价格对交易标的作相应的账务处理。若交易价格刚好等于评估值，则具有“根据评估值调整账面价值”的形式。

**2.是否采用公允价值计量属性?**

若采用公允价值计量属性，且无法使用第一和第二层次输入值，可以将评估值作为公允价值计量的参考，以评估值调整账面价值。

**3.企业法律性质是否发生根本的改变?**

企业在法人与非法人组织之间的变更、在非公司制企业与公司制企业之间的变更，都属于企业法律性质发生了根本的改变，应根据评估值调整账面价值。

**除以上所列情形之外，不宜根据评估值调整账面价值。**

## 解答分析

为保障会计计量合法合规，提升会计信息可比性，降低人为盈余管理空间，《企业会计制度》明确规定“除法律、行政法规和国家统一的会计制度另有规定者外，企业一律不得自行调整其账面价值”。我们通过系统梳理现行企业会计制度、企业会计准则等相关规定，总结出判断是否按评估值调账的“三步曲”，即依次回答以下三个问题，即可得出是否根据评估值调账的结论。

**1.是否形成交易?**

不论采用何种会计计量属性，对于已经形成的交易事项，交易各方应根据交易价格对交易标的作入账处理。交易价格可能高于、低于或等于评估价值，若交易价格刚好等于评估值，则具有“根据评估值调整账面价值”的形式。

比如，在非同一控制下的吸收合并中，被购买方不再存继，交易对象是被购买方的各项资产负债，购买方在购买日应当按照合并中取得的被购买方各项可辨认资产、负债的公允价值确定其入账价值。

但在非同一控制下的控股合并中，被购买方存继，交易对象是被购买方的股权，被购买方的各项资产负债并非直接的交易对象，因此，一般不根据评估值调整被购买方的个别财务报表及账簿。

同一控制下的企业合并，作为一种特殊的交易形式，会计准则将其作了例外规定。

**2.是否采用公允价值计量属性?**

根据《企业会计准则——基本准则》的规定，会计计量属性主要包括历史成本、重置成本、可变现净值、现值和公允价值。按评估值调整账面价值的情形，主要存在于非历史成本计量属性中（除非企业法律性质发生根本改变，详见第3点的分析）。在非历史成本计量属性中，重置成本、可变现净值、现值的适用情景较少，重置成本的运用往往伴随着交易的实现，而可变现净值和现值主要运用于特定资产的减值测试当中。因此，我们着重分析在公允价值计量中是否根据评估值调整账面价值。

《企业会计准则——公允价值计量》将公允价值计量所使用的输入值划分为三个层次。当采用公允价值计量属性，且无法使用第一和第二层次输入值时，可以将评估值作为公允价值计量的参考，以评估值调整账面价值。实务中，公允价值计量、对价或价值分摊以及资产减值测试，是以财务报告为目的而开展评估的主要情形。

**3.企业法律性质是否发生根本的改变?**

民事主体包括自然人、法人和非法人组织，法人分为营利法人、非营利法人和特别法人三类，非法人组织包括个人独资企业、合伙企业、不具有法人资格的专业服务机构等。营利法人还可以进一步区分为公司制企业（有限责任公司和股份有限公司）和非公司制企业（比如全民所有制工业企业、集体所有制企业）。

**企业在法人与非法人组织之间进行变更，变更前后的企业分属于不同的民事主体，在能否独立承担责任方面存在实质界分。企业在公司制企业与非公司制企业之间进行变更，变更前后的企业虽然同属于营利法人，但其适用的法律规则不同，承担民事责任的范畴也不同**（比如，全民所有制工业企业以国家授予其经营管理的财产承担民事责任，有限责任公司的股东以其认缴的出资额为限对公司承担责任）。

**因此，企业在法人与非法人组织之间的变更、在非公司制企业与公司制企业之间的变更，均属于企业法律性质发生了根本的改变，也可视为变更前企业主体资格终止、变更后企业新设，会计计量的持续经营假设已被分割，在这种情形下，根据评估值调整账面价值（或按照评估值由变更后的企业重新建账）是必要的**。

**公司制企业与公司制企业之间的变更一般是不调账的**。比如，有限责任公司整体变更为股份有限公司一般是不调账的，其实质是以有限责任公司的账面净资产认缴股份有限公司的股本，企业持续经营时间可以从有限责任公司成立之日起计算；当然也可以调账，其实质是有限责任公司终止、股份有限公司新设，企业变更前的经营业绩不得连续计算。

再比如，国有独资公司、国有资本控股公司或非国有资本控股公司之间的变更，通常是通过产权转让、企业增资来实现的（即通过股权层面的交易来实现的，股权交易各方根据交易结果入账），标的企业不调账。

## 实务案例

**1.案例背景**

A公司收购B公司100%的股权，构成非同一控制下的控股合并，A公司为购买方，B公司为被购买方。A公司在购买日应当按照确定的企业合并成本，作为形成的对B公司长期股权投资的初始投资成本。B公司能否按照合并中确定的可辨认资产、负债的公允价值（该公允价值一般通过评估确定）调整其账面价值？这在实务中存在一定的争议。

**2.案例分析**

若参照《企业会计准则讲解2010》中提到的“非同一控制下企业合并中，购买方通过企业合并取得被购买方100%股权的，被购买方可以按照合并中确定的可辨认资产、负债的公允价值调整其账面价值”这一观点，对B公司按照合并中确定的可辨认资产、负债的公允价值调整其账面价值，将面临以下两点质疑。

**一是关于“收购100%股权标的企业可以调账”这一说法的现时有效性存疑。**在现行的企业会计制度、企业会计准则等文件中，并无该说法的依据。再往前追溯，该说法的依据可能源于《关于股份有限公司有关会计问题解答》（财会〔1998〕16号）中作出的“公司购买其他企业的全部股权时，被购买企业保留法人资格的，被购买企业应当按照评估确认的价值调账”规定。但“财会〔1998〕16号”文已于2011年被废止，关于“收购100%股权标的企业可以调账”这一说法，已无文件依据。

**二是在收购100%股权时对标的企业调账，不仅缺乏必要性，还将破坏会计信息的可比性。**在控股合并中，交易对象为标的企业（被购买方）的股权，标的企业持续经营假设未改变，就不应当改变标的企业会计核算的计量基础，否则会使得收购前后的标的企业会计信息纵向不可比。此外，横向对比收购100%股权和收购99%股权的情形，两者同属于控股合并，后者不得对标的企业进行调账，若前者对标的企业调账，将丧失会计信息的横向可比性，令人费解。实务中，鲜有企业参照《企业会计准则讲解2010》的上述观点进行调账。

基于以上分析，结合本书总结的判断是否按评估值调账的“三步曲”逻辑，**我们认为，本案例中，B公司不宜按照合并中确定的可辨认资产、负债的公允价值调整其账面价值**。

## 相关资料

《企业会计准则解释第1号》（财会〔2007〕14号）第十条规定："企业引入新股东改制为股份有限公司，相关资产、负债应当按照公允价值计量，并以改制时确定的公允价值为基础持续核算的结果并入控股股东的合并财务报表。改制企业的控股股东在确认对股份有限公司的长期股权投资时，初始投资成本为投出资产的公允价值及相关费用之和。"

《企业会计准则实施问题专家工作组意见（2008年1月21日）》第四问的答复："国有企业经批准进行公司制改建为股份有限公司的，应当按照《企业会计准则解释第1号》（财会〔2007〕14号）的规定，采用公允价值计量相关资产、负债。国有企业经批准改建为有限责任公司的，比照上述原则处理。"

《企业会计准则解释第2号》（财会〔2008〕11号）规定："企业进行公司制改制的，应以经评估确认的资产、负债价值作为认定成本，该成本与其账面价值的差额，应当调整所有者权益；企业的子公司进行公司制改制的，母公司通常应当按照《企业会计准则解释第1号》的相关规定确定对子公司长期股权投资的成本，该成本与长期股权投资账面价值的差额，应当调整所有者权益。"

《企业会计准则第20号——企业合并》应用指南规定："（一）非同一控制下的吸收合并，购买方在购买日应当按照合并中取得的被购买方各项可辨认资产、负债的公允价值确定其入账价值，确定的企业合并成本与取得被购买方可辨认净资产公允价值的差额，应确认为商誉或计入当期损益。（二）非同一控制下的控股合并，母公司在购买日编制合并资产负债表时，对于被购买方可辨认资产、负债应当按照合并中确定的公允价值列示，企业合并成本大于合并中取得的被购买方可辨认净资产公允价值份额的差额，确认为合并资产负债表中的商誉。企业合并成本小于合并中取得的被购买方可辨认净资产公允价值份额的差额，在购买日合并资产负债表中调整盈余公积和未分配利润。非同一控制下的企业合并形成母子公司关系的，母公司应自购买日起设置备查簿，登记其在购买日取得的被购买方可辨认资产、负债的公允价值，为以后期间编制合并财务报表提供基础资料。"

证监会发行监管部2019年3月25日发布的《首发业务若干问题解答》，对于如何计算持续经营起算时间的问题，回答如下："有限责任公司按原账面净资产折股整体变更为股份有限公司的，持续经营时间可以从有限责任公司成立之日起计算。如有限公司以经评估的净资产折股设立股份公司，视同新设股份公司，业绩不可连续计算。"

《首次公开发行股票并上市管理办法》（根据2022年4月8日中国证券监督管理委员会第四次修正）第九条规定："发行人自股份有限公司成立后，持续经营时间应当在3年以上。有限责任公司按原账面净资产值折股整体变更为股份有限公司的，持续经营时间可以从有限责任公司成立之日起计算。"

《中华人民共和国公司法》(2023年12月29日第十四届全国人民代表大会常务委员会第七次会议第二次修订)第一百零八条规定:“有限责任公司变更为股份有限公司时,折合的实收股本总额不得高于公司净资产额。有限责任公司变更为股份有限公司,为增加注册资本公开发行股份时,应当依法办理。”

# 10.9 国企能否高于评估值收购股权?

## 问题：国企能否高于评估值收购股权?

并购是企业发展中的重要活动，而交易价格是企业并购能否达成的核心条款。那么，在国有企业作为受让方的股权交易中，交易价格与评估值有何关系？国有企业能否以高于评估值的价格收购股权呢？

## 解答结论

国有企业收购股权的价格，原则上应不高于评估值。在特别例外情形下，收购价高于评估值的，应当事先作出书面说明并按规定履行决策和审批程序。

## 解答分析

### 1.国有企业转让股权的相关规定

在涉及国有企业的股权转让中，对于交易价格与评估值的关系，当国有企业作为转让方时有着明确的规定。比如，根据《企业国有资产交易监督管理办法》(国资委、财政部令第32号)的规定，对于符合并采取非公开协议转让的股权，转让价格不得低于经核准或备案的评估结果；对于通过产权市场公开转让的股权，首次正式信息披露的转让底价，不得低于经核准或备案的转让标的评估结果，**信息披露期满未征集到意向受让方且选择降低转让底价重新进行信息披露的，新的转让底价低于评估结果的90%时，应当经转让行为批准单位书面同意**。

### 2.国有企业收购股权的政策理解

相比而言，当国有企业作为受让方时，对于交易价格与评估值之间关系的规定不够具体。自2002年1月1日起施行的《国有资产评估管理若干问题的规定》(财政部令第14号)作出了“实际交易价格与评估结果相差10%以上的，占有单位应就其差异原因向同级财政部门(集团公司或有关部门)作出书面说明”的规定，但当时国务院国有资产监督管理委员会尚未成立。

2003年国务院国资委成立后，于2005年发布了《企业国有资产评估管理暂行办法》(国资委令第12号)。“国资委令第12号”的内容基本上覆盖了“财政部令第14号”的内容，关于交易价格与评估值之间的关系，“国资委令第12号”规定，“当交易价格低于评估结果的90%时，应当暂停交易，在获得原经济行为批准机构同意后方可继续交易”。但从该条款语义进行分析，该条款应该不适用于国有企业收购股权的情形，且该条款也已被2016年公布的“国资委、财政部令第32号”的相关规定所替代。

也就是说，“国资委令第12号”并未就“国有企业收购非国有企业的资产”情形下，交易价格与评估值的关系作出明确规定。那么，“财政部令第14号”第十二条的规定是否仍适用于国资委监管的国有企业呢？从国资监管体制的历史沿革进行分析，应该可以得出肯定的答案。在国务院国资委网站的政务公开栏目中，“财政部令第14号”也作为一项已发布的政策进行公开，这也为上述判断提供了佐证。

因此，在国有企业作为受让方的股权收购中，基于对“财政部令第14号”第十二条规定的理解，应“**以股权收购价格不高于评估结果为一般原则，以股权收购价格高于评估结果作为特别例外情形**”。鉴于股权收购价格是股权收购合同的核心条款，股权收购价格也往往是交易双方能否达成交易的决定因素，股权收购价格高于评估值可能蕴含了更多的投资风险，在股权投资后评价中更会被关注。因此，对于股权收购价格高于评估结果的“特别例外情形”，应有充分的理由，按照“财政部令第14号”第十二条的规定履行“作出书面说明”等程序，**但仅“作出书面说明”是远远不够的，还应在“作出书面说明”基础上，按规定履行决策和审批程序**。

根据《国务院办公厅关于建立国有企业违规经营投资责任追究制度的意见》（国办发〔2016〕63号）的规定，“未按规定履行决策和审批程序，决策未充分考虑重大风险因素，未制定风险防范预案”是投资并购方面的责任追究范围之一，在国有企业作为受让方的股权收购中，对于股权收购价格高于评估值的情形，更应当按规定履行决策和审批程序。

此外，部分省市出台了更为具体的规定。比如，《四川省属国有企业投资监督管理试行办法》（川国资委〔2017〕296号）第二十一条规定：“企业开展并购项目的，以资产评估值为参考确定股权并购价格，有特殊目的的，可考虑资源优势、协同效应、发展前景、市盈率等因素适当溢价，同时应就期间损益、职工安置、或有债务处理等事项作出明确安排。”

**相关资料**

《企业国有资产交易监督管理办法》（国资委、财政部令第32号）第十七条规定：“产权转让项目首次正式信息披露的转让底价，不得低于经核准或备案的转让标的评估结果。”第十八条规定：“信息披露期满未征集到意向受让方的，可以延期或在降低转让底价、变更受让条件后重新进行信息披露。降低转让底价或变更受让条件后重新披露信息的，披露时间不得少于20个工作日。新的转让底价低于评估结果的90%时，应当经转让行为批准单位书面同意。”

《国有资产评估管理若干问题的规定》（财政部令第14号）第十条规定：“占有单位发生依法应进行资产评估的经济行为时，应当以资产评估结果作为作价参考依据；实际交易价格与评估结果相差10%以上的，占有单位应就其差异原因向同级财政部门（集团公司或有关部门）作出书面说明。”

《国务院办公厅关于建立国有企业违规经营投资责任追究制度的意见》（国办发〔2016〕63号）对投资并购方面的责任追究范围规定如下："投资并购未按规定开展尽职调查，或尽职调查未进行风险分析等，存在重大疏漏；财务审计、资产评估或估值违反相关规定，或投资并购过程中授意、指使中介机构或有关单位出具虚假报告；未按规定履行决策和审批程序，决策未充分考虑重大风险因素，未制定风险防范预案；违规以各种形式为其他合资合作方提供垫资，或通过高溢价并购等手段向关联方输送利益；投资合同、协议及标的企业公司章程中国有权益保护条款缺失，对标的企业管理失控；投资参股后未行使股东权利，发生重大变化未及时采取止损措施；违反合同约定提前支付并购价款等。"

## 10.10　国有股东能否通过定向减资退出企业？

### 问题：国有股东能否通过定向减资退出企业？

本书所指的定向减资，是指公司的各股东不按相同比例减资，或只是特定股东减资。那么，国有股东能否通过定向减资退出企业？

### 解答结论

除了国有股东依法请求公司回购其股权所涉及的定向减资以外，国有股东一般不宜通过定向减资退出企业。若允许国有股东任意通过定向减资的方式退出企业，会形成明显的制度漏洞，不利于国有资产的保护。

### 解答分析

**1.国有股东定向减资应当遵循国资监管要求**

根据公司法的规定，在法律另有规定、有限责任公司全体股东另有约定或者股份有限公司章程另有规定的情况下，可以定向减资。公司法还规定了公司有义务接受异议股东回购请求的法定情形，而定向减资是公司回购股权后的处置方式之一。

但是，鉴于股东在享有股东资格和权益的同时，亦负有维持公司资本的法定义务，当标的企业经营状况不佳、亏损严重甚至经营无法持续时，定向减资行为可能会损害其他股东或债权人的利益而被认定为无效。

此外，对于国有股东定向减资，不仅应当履行公司法规定的法定程序，还应当符合国资监管要求。

**2.从股东结构视角分析定向减资的实质**

从股东结构视角分析，定向减资与股权转让都是减资股东向其他股东让渡股权，两者区别在于，股权转让的交易双方均为企业股东，而定向减资可分拆为标的企业先向股东收购股权，然后将回购的股权注销（其他股东的股权比例上升）这两个步骤。定向减资也可理解为定向增资的反向操作。**按“实质重于形式”原则，国有股东定向减资，宜参照国有股权转让实施财务审计、资产评估和进场交易等程序。**

**国有股东定向减资，若不进场交易，实质上相当于采取非公开协议方式转让股权。**现行国资监管政策（比如，“国务院国资委、财政部令第32号”“国资发产权规〔2022〕39号”等文件）对采取非公开协议转让方式转让国有企业产权设置了严格的限制。如果允许国有股东定向减资时不进场交易，相当于变相允许所有的国有企业产权均可采取非公开协议转让方式，这不符合现行国资监管政策的要求，形成制度漏洞。

**通过产权市场公开进行国有股东定向减资，不具有可操作性**。因为定向减资实质是减资股东与标的企业之间的交易，只有标的企业这一个买方，违反公平竞争原则，其实质与非公开协议转让无异。

基于以上分析，也鉴于现行国资监管文件中鲜有关于国有股权减资的规定，为防止国有资产流失，国有股东的退出方式建议采用股权转让。国务院国资委于2021年12月2日在其官网，对“国有股东能否通过定向减资方式退出”的提问答复：“国有股东退出所投资的公司原则上应当采取股权转让的方式进行”。

**3.从债权人角度分析定向减资的影响**

从债权人的角度看，定向减资行为减少了公司注册资本，降低了股东向公司承担责任的限额。在国有股东退出的同时，公司其他股东若有缩减责任限额的计划，则可以在国有股东通过股权转让方式退出公司后，公司其他股东实施同比例减资。

## 实务案例

**1.案例背景**

某公司的股权结构为国有股东持股55%、民营股东持股45%。该公司已停产多年且复产遥遥无期，国有股东拟退出该公司。鉴于该公司现状，若国有股东通过产权市场公开转让其股权，预计无人参与竞买。该公司民营股东也无意向购买国有股东的股权，民营股东也不同意将公司解散。虽然民营股东同意国有股东按评估值进行定向减资，但如前所述，国有股东通过定向减资退出企业并不符合国资监管要求。国有股东似乎退出无望，该如何化解？

**2.案例分析**

我们认为，国有股东可以按照公司法第二百三十一条的规定，请求人民法院解散公司。当然，国有股东也可以先履行进场交易程序，让市场对国有股权的转让进行检验，若确实无人参与竞买，再按照公司法第二百三十一条的规定，请求人民法院解散公司。

**相关资料**

《中华人民共和国公司法》(2023年12月29日第十四届全国人民代表大会常务委员会第七次会议第二次修订)第八十九条第一款规定：“有下列情形之一的，对股东会该项决议投反对票的股东可以请求公司按照合理的价格收购其股权：(一)公司连续五年不向股东分配利润，而公司该五年连续盈利，并且符合本法规定的分配利润条件；(二)公司合并、分立、转让主要财产；(三)公司章程规定的营业期限届满或者章程规定的其他解散事由出现，股东会通过决议修改章程使公司存续。”

《中华人民共和国公司法》(2023年12月29日第十四届全国人民代表大会常务委员会第七次会议第二次修订)第一百六十二条第一款规定:“公司不得收购本公司股份。但是,有下列情形之一的除外:(一)减少公司注册资本;(二)与持有本公司股份的其他公司合并;(三)将股份用于员工持股计划或者股权激励;(四)股东因对股东会作出的公司合并、分立决议持异议,要求公司收购其股份;(五)将股份用于转换公司发行的可转换为股票的公司债券;(六)上市公司为维护公司价值及股东权益所必需。”

《中华人民共和国公司法》(2023年12月29日第十四届全国人民代表大会常务委员会第七次会议第二次修订)第二百二十四条规定:“公司减少注册资本,应当编制资产负债表及财产清单。公司应当自股东会作出减少注册资本决议之日起十日内通知债权人,并于三十日内在报纸上或者国家企业信用信息公示系统公告。债权人自接到通知之日起三十日内,未接到通知的自公告之日起四十五日内,有权要求公司清偿债务或者提供相应的担保。公司减少注册资本,应当按照股东出资或者持有股份的比例相应减少出资额或者股份,法律另有规定、有限责任公司全体股东另有约定或者股份有限公司章程另有规定的除外。”

《中华人民共和国公司法》(2023年12月29日第十四届全国人民代表大会常务委员会第七次会议第二次修订)第二百三十一条规定:“公司经营管理发生严重困难,继续存续会使股东利益受到重大损失,通过其他途径不能解决的,持有公司百分之十以上表决权的股东,可以请求人民法院解散公司。”

《企业国有资产交易监督管理办法》(国资委、财政部令第32号)第三十一条规定:“以下情形的产权转让可以采取非公开协议转让方式:(一)涉及主业处于关系国家安全、国民经济命脉的重要行业和关键领域企业的重组整合,对受让方有特殊要求,企业产权需要在国有及国有控股企业之间转让的,经国资监管机构批准,可以采取非公开协议转让方式;(二)同一国家出资企业及其各级控股企业或实际控制企业之间因实施内部重组整合进行产权转让的,经该国家出资企业审议决策,可以采取非公开协议转让方式。”

《关于企业国有资产交易流转有关事项的通知》(国资发产权规〔2022〕39号)规定:“涉及政府或国有资产监督管理机构主导推动的国有资本布局优化和结构调整,以及专业化重组等重大事项,企业产权在不同的国家出资企业及其控股企业之间转让,且对受让方有特殊要求的,可以采取协议方式进行。”

国务院国资委于2021年12月2日在其官网,对“国有股东能否通过定向减资方式退出”的提问答复如下:“公司减资应按照《中华人民共和国公司法》、公司章程履行相应的工作程序。根据您所述事项,国有股东退出所投资的公司原则上应当采取股权转让的方式进行。”

## 10.11 国企可以作出股权回购承诺吗?

### 问题：国企可以作出股权回购承诺吗?

股权回购承诺是企业并购对赌条款中的一种常见类别，能够在一定程度上降低投资方的风险，促进并购达成。在企业并购涉及的对赌方式中，股权回购承诺的应用较为常见，即承诺方向投资方事先作出承诺，当触发条件成就时回购投资方的股权。其中又以标的企业的原股东或实际控制人向投资人作出承诺为主要情形，本书探讨的问题就是以该情形为背景。

那么，在涉及国有企业的并购活动中，国有企业能否作为承诺方向投资人作出股权回购承诺？股权回购合同中能否直接约定回购价格？比如，能否按以下公式（债权式定价公式）约定回购价格?

承诺回购价格=投资方入股时支付的对价×（1+投资方持股年数×同期银行贷款基准年利率）–投资方持股期间的历次分红–历次分红自分红日至回购日按同期银行贷款基准利息计算的利息

### 解答结论

国有企业回购股权应按规定履行决策和审批程序。在投资方入股环节，国有企业作出股权回购承诺时，应主张将“在国有企业履行相关决策和审批程序后本合同方生效”等条款纳入股权回购合同，且股权回购合同中不宜直接约定回购价格，原则上国有企业只可作出按不高于评估值回购的承诺。

### 解答分析

在企业并购活动中，为应对信息不对称，降低投资人的风险，投资人在入股标的企业时，可能要求标的企业原股东或实际控制人作出股权回购承诺，并在签订入股协议的同时签订股权回购合同。当承诺方是国有企业时，在签订股权回购合同时应特别关注以下两个问题。

**1.股权回购合同是否需要约定生效条件?**

关于股权回购合同是否需要约定生效条件的问题，根据民法典第五百零二条的规定，我们可以分析得出这样的结论：**对于法律、行政法规规定了应事先办理批准等手续的事项，未办理批准等手续时合同“法定无效”**（但不影响合同中履行报批等义务条款以及相关条款的效力），可以不在合同中作出“合同在办妥批准等手续后方可生效”的重复约定；**但对于法律、行政法规并未规定应办理批准等手续的事项，若不在合同中对生效条件作特别约定，则合同在成立时生效**。

那么，国有企业回购股权是否应履行批准等手续呢？借鉴“（2022）最高法民申232号”《民事裁定书》的裁判主旨，**现行法律、行政法规并无国有企业回购股权须经批准的规定**。但股权回购作为对外投资的一种，需要按其他相关规定履行决策和审批程序，否则，根据《国务院办公厅关于建立国有企业违规经营投资责任追究制度的意见》（国办发〔2016〕63号）等文件的规定，国有企业经营管理有关人员可能被追究责任。

部分省市也对国有企业回购股权应履行的决策和审批程序作出了明确规定，比如，北京市国资委发布的《市属国有企业混合所有制改革操作指引》（京国资发〔2019〕15号）规定：“市属国有企业在混合所有制改革中，原则上不得与投资者签订对赌条约和回购条款。确需签订的，应在确保国有权益不受损害的前提下，经市管企业董事会同意后执行，并充分考虑后续操作的规范性、可行性以及法律风险和隐患的解决预案。”

因此，国有企业在缔约股权回购合同中，**应主张在合同中作出“在国有企业履行相关决策和审批程序后本合同方生效”等约定**，否则股权回购合同自成立时生效，国有企业将面临未获审批情形下回购股权或合同违约的风险。更进一步地，各方还可以在股权回购合同中，对承诺方的具体报批义务以及承诺方未履行报批义务时的违约责任进行约定，以减少合同执行中的分歧与争议。

**2.股权回购合同中能否约定回购价格?**

根据《企业国有资产法》、《资产评估法》、《国有资产评估管理办法》（国务院令第91号）、《企业国有资产评估管理暂行办法》（国资委令第12号）、《国有资产评估管理若干问题的规定》（财政部令第14号）等法律法规的规定，在国有企业回购股权过程中，不论股权转让方是否为国有企业，均应当对拟回购的股权进行资产评估，在股权评估值的基础上履行规定程序后形成最终的交易价格。

未经评估就在股权回购合同中直接约定回购价格的做法，违反了国资监管相关法律法规的规定，作为受让方的国有企业及其责任人员可能被依法追责。比如，《资产评估法》第五十一条就规定了“应当委托评估机构进行法定评估而未委托”行为的法律责任。

**在国有企业作为受让方的股权回购合同中，不宜直接对回购价格进行约定，但交易各方可以在合同中约定交易价格的形成途径**。比如，当股权转让方为国有企业，且股权转让符合进场交易要求时，可以在合同中约定“转让方通过产权市场转让股权时，受让方承诺以评估值为出价参与竞买”；其余情况下，交易各方可以在股权回购合同中约定“受让方承诺以评估值为价格回购股权”。

在国有企业作为受让方的股权回购合同中，“债权式定价公式”基本没有存在的必要。当然，**从受让方的角度看，受让方可以接受按“债权式定价公式”与评估值两者孰低原则定价的做法**。也就是说，国有企业作出的回购承诺，只可保证投资人以合理价格（比如按评估值作价）退出，但无法保证投资人“旱涝保收”地以“债权式定价”实现退出。

此外，需要提醒注意的是，在股权回购过程中，若股权转让方同为国有企业，应当由转让方委托评估；若股权转让方并非国有企业，则应由受让方委托评估。

## 实务案例

### 1.案例背景

标的企业A公司为股份有限公司，其控股股东甲公司是国有独资企业，乙公司是有限合伙制股权投资基金，经各方协商，乙公司拟通过增资入股A公司。2×19年9月30日，A公司与甲公司、乙公司签订增资协议，约定由乙公司出资5000万元认购A公司增发的800万股新股，占A公司增发后总股本的10%。

同日，各方另行签订补充协议，约定：A公司若在补充协议签署三年后未能实现上市，则甲公司承诺回购乙公司所持的A公司股份，承诺回购价格为“（乙方认购股份时支付的对价+按照同期银行贷款基准利率加算的利息）-（乙方持股期间的历次分红+乙方收到历次分红日至股份被回购日按照同期银行贷款基准利率加算的利息）”，各方在补充协议中并未就协议的生效条件作特别约定。

增资协议和补充协议签订后，乙公司及时完成出资成为A公司的股东。因A公司未在补充协议签署后三年内即2×22年9月30日前完成上市，乙公司要求甲公司履行补充协议约定的股权回购义务。甲公司则认为，补充协议所涉股权回购事项对于甲公司属于重大决策需要，应当事先报批，因未经批准，该补充协议未生效，对甲公司没有约束力。

那么，甲公司主张补充协议未生效的理由是否充分？若不充分，甲公司将面临哪些风险呢？

### 2.案例分析

基于前面的分析我们可以知晓，鉴于现行法律、行政法规并无国有企业回购股权须经批准的规定，且本案例的各方在补充协议中并未就协议的生效条件作特别约定，本案例甲公司主张补充协议未生效的理由不充分，补充协议自成立时生效，甲公司应依约履行回购义务。

在这种情况下，若补充协议约定的回购行为未获批准，或约定的回购价格高于评估值且该事项未获批准，甲公司都将陷入“要么违规投资、要么违约”的两难境地，此时不论A公司如何选择，都可能导致国有资产流失。即便是补充协议获得批准且约定的回价价格不高于评估值，甲公司仍面临着“在履行资产评估程序之前达成交易价格”的监管风险。

因此，甲公司在补充协议中未设置“在甲公司履行完股权回购的相关决策和审批程序后本合同方生效”等条款，以及直接在补充协议中约定回购价格的做法，是不妥的，蕴含了较大的风险。

## 相关资料

《中华人民共和国企业国有资产法》第四十七条规定："国有独资企业、国有独资公司和国有资本控股公司合并、分立、改制，转让重大财产，以非货币财产对外投资，清算或者有法律、行政法规以及企业章程规定应当进行资产评估的其他情形的，应当按照规定对有关资产进行评估。"

《中华人民共和国企业国有资产法》第五十一条规定："违反本法规定，应当委托评估机构进行法定评估而未委托的，由有关部门责令改正；拒不改正的，处十万元以上五十万元以下罚款；情节严重的，对直接负责的主管人员和其他直接责任人员依法给予处分；造成损失的，依法承担赔偿责任；构成犯罪的，依法追究刑事责任。"

《国有资产评估管理办法》（国务院令第91号）第三条规定："国有资产占有单位（以下简称占有单位）有下列情形之一的，应当进行资产评估：（一）资产拍卖、转让；（二）企业兼并、出售、联营、股份经营；（三）与外国公司、企业和其他经济组织或者个人开办外商投资企业；（四）企业清算；（五）依照国家有关规定需要进行资产评估的其他情形。"

《企业国有资产评估管理暂行办法》（国资委令第12号）第六条规定："企业有下列行为之一的，应当对相关资产进行评估：（一）整体或者部分改建为有限责任公司或者股份有限公司；（二）以非货币资产对外投资；（三）合并、分立、破产、解散；（四）非上市公司国有股东股权比例变动；（五）产权转让；（六）资产转让、置换；（七）整体资产或者部分资产租赁给非国有单位；（八）以非货币资产偿还债务；（九）资产涉讼；（十）收购非国有单位的资产；（十一）接受非国有单位以非货币资产出资；（十二）接受非国有单位以非货币资产抵债；（十三）法律、行政法规规定的其他需要进行资产评估的事项。"

《企业国有资产评估管理暂行办法》（国资委令第12号）第二十二条规定："企业进行与资产评估相应的经济行为时，应当以经核准或备案的资产评估结果为作价参考依据；当交易价格低于评估结果的90%时，应当暂停交易，在获得原经济行为批准机构同意后方可继续交易。"

《国有资产评估管理若干问题的规定》（财政部令第14号）第三条规定："占有单位有下列行为之一的，应当对相关国有资产进行评估：（一）整体或部分改建为有限责任公司或者股份有限公司；（二）以非货币资产对外投资；（三）合并、分立、清算；（四）除上市公司以外的原股东股权比例变动；（五）除上市公司以外的整体或者部分产权（股权）转让；（六）资产转让、置换、拍卖；（七）整体资产或者部分资产租赁给非国有单位；（八）确定涉讼资产价值；（九）法律、行政法规规定的其他需要进行评估的事项。"第六条规定："占有单位有下列行为之一的，应当对相关非国有资产进行评估：（一）收购非国有资产；（二）与非国有单位置换资产；（三）接受非国有单位以实物资产偿还债务。"

《中华人民共和国民法典》第五百零二条规定："依法成立的合同，自成立时生效，但是法律另有规定或者当事人另有约定的除外。依照法律、行政法规的规定，合同应当办理批准等手续的，依照其规定。未办理批准等手续影响合同生效的，不影响合同中履行报批等义务条款以及相关条款的效力。应当办理申请批准等手续的当事人未履行义务的，对方可以请求其承担违反该义务的责任。依照法律、行政法规的规定，合同的变更、转让、解除等情形应当办理批准等手续的，适用前款规定。"

## 10.12　使用评估报告的十大关注事项

根据《中华人民共和国资产评估法》第三十二条的规定，委托人或者评估报告使用人应当按照法律规定和评估报告载明的使用范围使用评估报告。委托人或者评估报告使用人违反前款规定使用评估报告的，评估机构和评估专业人员不承担责任。而对于委托人在法定评估中未按照法律规定和评估报告载明的使用范围使用评估报告的，《中华人民共和国资产评估法》第五十条规定了相应的法律责任。

不过，资产评估法对于委托人使用评估报告的规范并不完整，局限于“按照法律规定和评估报告载明的使用范围使用评估报告”。除了资产评估法的规定以外，其他规范资产评估报告使用的相关规定较少，且不够系统，散见于一些对有关经济行为进行监管的文件（比如，对国有企业和上市公司进行监管的文件）之中。

违法违规或不当使用评估报告，可能损害资产评估当事人的合法权益或公共利益。规范使用评估报告，不仅需要熟悉相关法律法规的规定，而且使用评估报告还是一项专业化要求较高的事项。本书基于相关法律法规对资产评估报告使用作出的规定，结合实务中使用评估报告存在的问题或暴露的风险，进行归纳总结，提炼出使用评估报告的十大关注事项，并分别作出剖析，提出合法合规以及专业化使用评估报告的建议，供委托人及其他资产评估报告使用人参考。

**关注事项十：应完整阅读评估报告**

评估机构向委托人提交的评估成果一般包括评估报告、评估明细表和评估说明。评估明细表通常作为评估报告的附件之一。而评估说明主要用于对评估报告进行审核时使用，对于不属于法定评估的项目，也可能不需要提交评估说明。因此，报告使用者对评估成果的利用，具体指的是使用评估报告。

使用评估报告前，不能只看评估值，建议完整阅读评估报告。根据《资产评估职业道德准则》的规定，资产评估机构及其资产评估专业人员执行资产评估业务，应当与委托人进行必要沟通，提醒资产评估报告使用人正确理解评估结论。而资产评估报告使用人要正确理解评估结论，其前提首先在于要完整阅读评估报告，且**评估报告中的评估结论，不仅仅指评估值，评估结论至少包括评估值、评估假设、特别事项说明等内容**。

评估报告由标题及文号、目录、声明、摘要、正文以及附件所组成。其中，评估报告正文又有15个组成部分，对于这些组成部分的内容进行阅读，可以有不同的侧重程度，具体如下：

| 序号 | 分类 | 组成部分 | 阅读的侧重程度 |
|---|---|---|---|
| 1 | 报告抬头 | 绪言 | 低 |
| 2 | 要素相关 | 委托人、被评估单位和资产评估委托合同约定的其他资产评估报告使用人 | 低 |
| 3 | | 评估目的 | 中 |
| 4 | | 评估对象和评估范围 | 中 |
| 5 | | 价值类型 | 中 |
| 6 | | 评估基准日 | 中 |
| 7 | 过程相关 | 评估依据 | 中 |
| 8 | | 评估方法 | 中 |
| 9 | | 评估程序实施过程和情况 | 低 |
| 10 | | 评估假设 | **高** |
| 11 | 结论相关 | 评估结论 | **高** |
| 12 | | 特别事项说明 | **高** |
| 13 | | 资产评估报告使用限制说明 | **高** |
| 14 | 报告落款 | 资产评估报告日 | 低 |
| 15 | | 签字盖章 | 低 |

**关注事项九：应办理核准备案或发表意见**

对于企业国有资产评估项目，使用评估报告之前应当先办理核准或备案手续。根据《企业国有资产评估管理暂行办法》（国资委令第12号）的规定，**企业国有资产评估项目实行核准制和备案制**。企业进行与资产评估相关的经济行为时，应当以经核准或备案的资产评估结果为作价参考依据。

因此，对于企业国有资产评估项目，在评估报告的“资产评估报告使用限制说明”中通常会作出这样的提示：“委托人须按国有资产相关规定，将本资产评估报告报有关部门核准或备案后，本资产评估报告方生效。”

对于上市公司重大资产重组评估项目，根据《上市公司重大资产重组管理办法》（证监会令第214号）的规定，上市公司董事会应当对评估机构的独立性、评估假设前提的合理性、评估方法与评估目的的相关性以及评估定价的公允性发表明确意见。上市公司独立董事应当出席董事会会议，对评估机构的独立性、评估假设前提的合理性和交易定价的公允性发表独立意见，并单独予以披露。

对于上市公司向不特定对象发行证券涉及的评估项目，根据“证监会公告〔2023〕7号”“证监会公告〔2023〕8号”“证监会公告〔2023〕19号”的规定，发行人应披露董事会就评估机构的独立性、评估假设前提的合理性、评估方法与评估目的的相关性以及评估定价的公允性所发表的意见。

**关注事项八：适格主体才可使用评估报告**

并非所有能够获得评估报告的主体都可以使用评估报告。**使用评估报告的适格主体包括三类：一是委托人；二是资产评估委托合同中约定的其他资产评估报告使用人；三是法律、行政法规规定的资产评估报告使用人**。除以上三类适格主体之外，其他任何机构和个人不能成为资产评估报告的使用人。

对评估报告使用人作出限定，原因在于每一份评估报告的评估目的是唯一的，与评估目的对应的经济行为无关的主体，不应允许其使用评估报告，否则很可能导致评估报告被滥用，进而可能损害相关当事方的利益。

值得注意的是，对于需要进场交易的评估项目（例如，国有企业股权转让一般需要通过产权交易所挂牌），不得将尚未明确的交易方指定为评估报告使用者，在资产评估委托合同中进行约定。

**关注事项七：不得超范围披露评估报告**

**超范围披露评估报告存在两种情形：一是委托人超范围披露评估报告；二是评估机构及其资产评估专业人员超范围披露评估报告**。

对于委托人披露评估报告的要求是，未征得本资产评估机构同意，资产评估报告的内容不得被摘抄、引用或者披露于公开媒体，法律、行政法规另有规定以及相关当事人另有约定的除外。比如，对于证券评估业务，根据证监会有关公开发行证券的公司信息披露内容与格式准则的一系列公告的规定，应当披露评估报告或评估报告的内容。

评估机构及其资产评估专业人员披露评估报告的要求是，未经委托人书面许可，资产评估机构及其资产评估专业人员不得将资产评估报告的内容向第三方提供或者公开，法律、行政法规另有规定的除外。

**关注事项六：不得超期限使用评估报告**

根据现行资产评估执业准则的规定，资产评估报告有效期通常为自评估基准日起一年。国有资产评估、证券业务评估以及司法评估相关的管理文件，也分别作出了评估报告有效期最长不超过一年的规定。

**超过评估报告有效期仍使用评估报告，可能产生以下三个方面的后果**：一是根据《中华人民共和国资产评估法》第五十二条的规定，委托人超期使用评估报告将依法承担相应的法律责任；二是根据《中华人民共和国资产评估法》第三十二条的规定，委托人或者评估报告使用人超期使用评估报告的，评估机构和评估专业人员不承担责任；三是基于超期评估报告的交易行为有可能被认定为无效。因此，委托人或者评估报告使用人不得超期限使用评估报告。

**关注事项五：不得超用途使用评估报告**

根据《资产评估基本准则》（财资〔2017〕43 号）的规定，资产评估报告载明的评估目的应当唯一。根据《中华人民共和国资产评估法》第三十二条的规定，**委托人或者评估报告使用人应当按照法律规定和评估报告载明的使用范围使用评估报告**。而评估目的是评估报告使用范围的重要组成部分。

中国民主法制出版社2016年7月出版的《〈中华人民共和国资产评估法〉释义》在资产评估法第三十二条的释义部分中指出："评估价值、评估结论受评估目的的影响。由于评估目的不同，在评估中所选择的评估方法甚至评估的程序等都有可能有差异，所得出的评估价值、评估结论也是不同的。"该释义还指出，"评估报告只能用于评估报告载明的评估目的和用途"是评估报告使用范围应明确的事项之一。

将资产评估报告用于评估目的以外的经济行为，即属于超用途使用评估报告。将股权转让为目的的评估报告用于合并对价分摊或商誉减值测试、将抵押目的的资产评估报告用作资产收购、将有限责任公司整体变更为股份有限公司为目的评估报告用在股份支付中，是实务常见的超用途使用评估报告的情形。超用途使用评估报告，很可能给相关当事方造成不利影响，因而法律对此行为予以禁止。

**关注事项四：不得混淆评估调账情形**

对于已经形成的交易事项，应根据交易价格对交易标的作相应的账务处理。若交易价格刚好等于评估值，虽具有"根据评估值调整账面价值"的形式，但其实质是根据交易结果作账务处理。若采用公允价值计量属性，且无法使用第一和第二层次输入值，可以将评估值作为公允价值计量的参考，以评估值调整账面价值。

除以上情形以外，**根据评估值调整账面价值的条件在于企业法律性质发生了根本改变**。企业在法人与非法人组织之间的变更、在非公司制企业与公司制企业之间的变更，均属于企业法律性质发生了根本的改变，也可视为变更前企业主体资格终止、变更后企业新设，会计计量的持续经营假设已被分割，在这种情形下，根据评估值调整账面价值（或按照评估值由变更后的企业重新建账）是必要的。而公司制企业与公司制企业之间的变更一般是不调账的。

**关注事项三：应关注假设条件的影响**

在资产评估过程中，有些变量无法估计其未来的发生概率，因而形成了评估假设。根据《资产评估准则术语2020》的规定，评估假设是指资产评估专业人员在现实普遍认知的基础上，依据客观事实及事物发展的规律与趋势，通过逻辑推理，对评估结论的成立所依托的前提条件或者未来可能的发展状况作出的合理的推断或者假定。

**评估假设是一项十分重要的评估要素，评估假设合理与否会影响甚至决定评估报告的质量，实际情况与评估假设是否相符则决定着能否使用评估报告**。资产评估报告通常也会作出"评估报告的评估结论在假设条件同时得到满足的前提下成立"的提示。

例如，某企业价值评估过程中，以被评估单位的高新技术企业证书持续可获得为评估假设条件之一，基于此评估假设，在收益法评估中企业所得税税率按高新技术企业适用的

15%计算，但在使用评估报告前发现，被评估单位原高新技术企业证书已到期，且被评估单位实质上不再具备高新技术企业的条件，无法再通过高新技术企业的认定，则实际情况与评估假设不符。基于评估假设的评估结论存在虚高情形，不应再使用原评估报告。

**关注事项二：应关注特别事项说明的影响**

根据评估执业准则的规定，评估报告应当对资产权属瑕疵、关键资料缺失、未决法律事项、利用专家工作、重大期后事项、评估程序受限以及其他需要说明的事项，作出特别事项说明。这些特别事项说明，可能对评估结论或交易价格产生影响，也可能对交易各方在交易合同中的权利义务产生影响。在使用评估报告时，建议逐项对特别事项说明进行分析，并在交易决策环节考虑其影响。重点提示以下三点。

**一是对于权属等主要资料不完整或者存在瑕疵的情形**，若评估时以权属清晰为假设条件且评估值尚未将办妥权证所需款项进行扣除，则建议在交易合同中明确卖方办妥权证及支付相关款项的义务，避免交易各方的理解分歧或纠纷。

**二是对于未决事项、法律纠纷等不确定事项**，通常评估时无法量化这些不确定事项对评估结论的影响，只是在特别事项说明中作出披露。在交易环节对这些不确定事项通常有两种应对思路：第一种思路是在交易定价中量化这些不确定事项的影响；第二种思路是由卖方承担这些不确定事项带来的后果并在交易合同中进行约定。

**三是对于重大期后事项**，若在评估结论中尚未考虑该期后事项的影响，只是在评估报告中作出披露，则建议在使用评估报告时考虑该期后事项的影响，或在交易合同中对各方权利义务作特别约定，有时甚至可能需要更改评估基准日。此外，**在使用评估报告过程中，还应考虑过渡期的影响**。

**关注事项一：应科学处理交易价格与评估价值的关系**

交易价格与评估价值之间的差异，可能由协同效应、对赌条款和支付方式等因素形成，也可能缘于供求关系及交易定价制度。科学处理交易价格与评估价值的关系，建议重点关注以下四个方面。

**一是关注交易行为是否存在协同效应**。在大多数追求协同效应的交易中，交易双方可能对协同效应均有贡献，协同效应可能体现在标的企业，也可能反映在收购方，交易双方的价格博弈在一定程度上转化为对并购协同效应的分配，这种情况下，直接以市场价值类型的评估结果或投资价值类型的评估结果作为交易价格，可能都不合适。通常的情形是，交易价格介于市场价值类型和投资价值类型的评估结果之间，这样一来，股权交易价格的定价范畴实质上包含了部分协同效应，大于市场价值类型下的评估范围。

**二是关注交易范畴是否与评估范围不同**。比如，在股权并购中，若由出售方对收购方作出相应的承诺，未达约定条件时由出售方向收购方返还部分甚至全部的并购价款，则交易范畴包括标的企业股权和业绩补偿承诺对应的期权。通过该交易，收购方不仅收购了标的企业的股权，还因出售方的承诺而拥有了一项看跌期权。在这样的交易范畴下，交易价格理应高于股权评估值，差额即为收购方拥有的期权价值（也称作或有对价）。

再比如，在单项资产交易中，若评估值为“不含增值税评估值”，则交易价格应在评估值基础上加计应缴纳的增值税，在这种情况下，交易范畴包括资产的“价”和“税”，但评估范围仅包括资产的“价”。

**三是关注支付方式对交易价格的影响**。在支付介质和支付方式上，评估结论的默认属性为现金一次性支付，若实际支付介质及支付进度不同于该默认属性，则交易价格通常会偏离于评估结论。比如，在以股票为支付方式的股权交易中，若用作支付介质的股票存在一定的泡沫或股票设置了锁定期，则以股票市值衡量的交易价格通常应高于评估结论。

**四是建立科学的交易定价制度**。如果说价值评估是客观的，那么交易决策则更有主观性，客观的评估结论无法替代主观的交易决策。在交易定价环节，不应片面依赖资产评估报告而直接按评估结论进行定价和交易。交易定价制度首先应遵循相关规定（比如，涉及企业国有资产的交易定价，应遵循“国资委令第32号”和“国资委令第36号”的规定）。

在此基础上，还应遵循市场规律，利用或借鉴市场发现价格的功能进行合理定价。评估发现价值，市场发现价格。在企业国有资产评估项目中，通常应进场交易（即通过产权交易中心挂牌交易），对于符合条件采用非公开协议转让的国有资产评估项目以及非国有资产评估项目，也建议委托人和其他报告使用人建立决策定价机制，科学利用评估结果，有条件时还可利用或借鉴市场发现价格的功能，进行合理定价。

# 后　记

资产评估的相关理论与方法模型非常复杂，涉及的知识范畴十分广泛，也需要随着经济的发展不断更新与完善，并通过深入研究解决实务难题，持续提升专业能力。正是基于这样的背景，自2022年3月嘉学评估成立30周年起，嘉学评估的专业团队将长期以来积累的理论成果与实务经验进行归纳、提炼，并围绕行业实践中面临的难题开展深入研究，陆续形成一系列贴近评估实务的专业文章。其中的部分文章已发表于嘉学评估微信公众号中的“评估嘉话”专栏，中国资产评估协会微信平台及其他许多微信公众号也对部分“评估嘉话”专栏文章进行了转发，众多业界专家和公众号读者也提供了一些有益的反馈意见。以此为基础，嘉学评估的专业团队一方面结合专家及读者的反馈意见，另一方面考虑与2023年12月29日通过的新公司法相衔接，对“评估嘉话”专栏文章作了进一步的修订、补充与完善，再加上已完成尚未发表的近30篇专业文章，形成了本书共计10章89节的内容。

本书编著委员会不仅负责本书的策划、选题以及大纲的审定，而且对全书的撰写与审校工作进行统筹安排。本书的写作方面，丘开浪撰写了大部分章节，其余写作人员为：第5章的第2节由赵德勇撰写，第9章的第9节和第10节由章庆撰写，第1章的第7节由徐梁灵撰写，第9章的第11节和第12节由沈佳颖撰写。本书的文稿审核工作，主要由王健青负责，林建漳、邓泽亚、许雯婷、赵德勇、章庆分别审核了部分章节。在本书的编撰过程中，编著委员会全体成员始终秉持严谨认真的态度、勇于探索的精神以及通力协作的理念，不断提升专业素养，克服诸多困难，为本书的成功出版奠定了坚实的基础。在此，对编著委员会全体成员的辛勤付出致以由衷的敬意。

本书的编著，得到了中国资产评估协会领导以及厦门市资产评估协会、福建省资产评估协会、江苏省资产评估协会、上海市资产评估协会等多地评协领导的鼓励、关心与支持，得到了众多业界专家的支持或帮助，嘉学评估的其他同事也给予了充分的协助，向他们表示衷心的感谢。

本书内容属于撰写人员及审稿人员的学术思考与探讨，仅供读者学习参考，不得应用于其他任何用途。

在疑问解答类章节中的“相关资料”项下，对解答分析过程所涉及、参考或引用的相关法律法规、准则等条款进行了摘录列示，部分法律法规、准则可能已修订或正在更新，请以相关部门正式颁布的文件为准。

受编撰人员水平所限，本书难免存在不够完善、不够成熟甚至是错误之处，恳请广大读者批评指正。

**本书编著委员会**

2024年2月